“十四五”职业教育国家规划教材

创新创业教育课程群
系 列 教 材

U0663151

创新创业指导与训练
（第2版）

陈承欢　杨利军　王　磊 / 编著

电子工业出版社·

Publishing House of Electronics Industry

北京·BEIJING

内 容 简 介

本教材结合"大众创业，万众创新"的时代背景，遵循现代职业教育的规律和人才培养规律，从创新教育和创业教育相结合的角度，系统化规划创新创业课程的教学内容，科学设计教学单元，形成相对合理的 11 个教学单元： 培养创新意识→启迪创新思维→巧用创新技法→训练创新能力→激发创业热情→捕捉创业机会→塑造创业团队→启动创业计划→筹办创业企业→提升创业绩效→征战创业大赛，旨在培养大学生创新创业意识，强化其创新创业精神，提高其创新创业能力，锤炼其创新创业品质。

本教材每个教学单元整体上划分为两个部分： 知识导学和各个击破，"知识导学"部分主要讲解相关理论知识，"各个击破"部分主要进行实战训练。每小节设计了 4 个教学环节： 见多识广→案例剖析→交流探讨→实战训练。教学活动突出实践性，强调"做中学"。本教材创新教学内容的组织形式，采用线上和线下相结合的方式，学习者通过扫描二维码的方式在线浏览电子活页的内容，充分利用智能手机等信息化教学手段，激发学习兴趣，提高教学效率，从而提高教学效果。

本教材可作为各类职业院校创新创业教育教材，也可以作为创新创业教育的培训用书及创业自学用书。

图书在版编目（CIP）数据

创新创业指导与训练 / 陈承欢，杨利军，王磊编著 . —2 版 . —北京：电子工业出版社，2022.1
ISBN 978-7-121-42739-8

Ⅰ．①创… Ⅱ．①陈… ②杨… ③王… Ⅲ．①创业－高等学校－教材 Ⅳ．① F241.4

中国版本图书馆 CIP 数据核字（2022）第 014842 号

责任编辑：左　雅
印　　刷：三河市华成印务有限公司
装　　订：三河市华成印务有限公司
出版发行：电子工业出版社
　　　　　北京市海淀区万寿路 173 信箱　邮编　100036
开　　本：787×1 092　1/16　印张：19.25　字数：517 千字
版　　次：2017 年 6 月第 1 版
　　　　　2022 年 1 月第 2 版
印　　次：2025 年 6 月第 16 次印刷
定　　价：58.60 元

>> 前 言

2015 年 6 月，国务院颁布了《关于大力推进大众创业万众创新若干措施的意见》（国发〔2015〕32 号），明确指出：推进大众创业、万众创新，是培育和催生经济社会发展新动力的必然选择，是扩大就业、实现富民之道的根本举措，是激发全社会创新潜能和创业活力的有效途径。

大众创业、万众创新的提出把创新、创业与企业、个人这几个关键要素紧密结合在一起，不仅突出要打造经济增长的引擎，而且突出要打造就业和社会发展的引擎，不仅突出精英创业，而且突出大众创业和实用性创新，体现了创新、创业、企业和个人"四位一体"的创新发展总要求，为创新创业理论和实践研究开辟了崭新的新天地。大众创业、万众创新蔚然成风的社会环境和文化氛围逐步形成，让每一个充满梦想并愿意为之努力的人获得成功。大学生作为实施创新驱动发展战略和推进大众创业、万众创新的生力军，应积极投身创新创业活动，不断增强创新创业意识，提高创新创业能力。

大众创业、万众创新首先要解决的是育人问题。大众创业，教育先行；万众创新，文化先行。没有创新的人才，不可能有创业的成功；没有创新的教育，不可能有创新的人才。当前，我国大众创业、万众创新事业方兴未艾，越来越多大学生走上了创新创业之路。切实加强大学生创新创业教育，提高创新创业教师队伍的教学能力，提升大学生群体创新创业能力，是推进我国大众创业、万众创新事业深入健康发展的当务之急，对于我国在经济新常态下实施创新驱动发展战略，具有十分重要的意义。

创新创业教育教材是创新创业课程建设的核心，高质量的创新创业教材既是提高创新创业教学质量的前提，也是学生获取创新创业知识与技能的保障。创新创业教材的编写需要融合多学科、多领域知识，系统性组织教材内容。《国务院办公厅关于深化高等学校创新创业教育改革的实施意见》明确要求：健全创新创业教育课程体系，开发开设就业创业指导等方面的必修课和选修课，建设科学合理的创新创业教育专门课程群。为贯彻落实文件精神，我们组织从事创新创业教育的教师、企业专家和创业成功者组成编委会，编委会经过多次深入研讨和不断优化完善，完成了《创新创业指导与训练》的编写工作，本教材是一本特色鲜明、指导性强的创新创业教材。

为加快推进党的二十大精神进教材、进课堂、进头脑，本次教材再版将进一步创新优化教材的模块化结构，选取适应创新创业教育新需要的教学内容，编制满足创新创业教育新要求的教学案例，应用有效提高创新创业新能力的教学方法，以贯彻"创新是第一动力""创新驱动发展战略"精神。

作为一本指导大学生创新创业实践的教材，本身应有示范指导作用，在教材体例结构、教学理念、教学策略、教学资源应用等方面应不断进行创新，本教材的创新与特色如下。

（1）深入贯彻与落实相关文件精神，明确创新创业教育目标要求

树立先进的创新创业教育理念，以激发大学生创新创业热情为基础，以增强大学生的创新精神、创业意识和创新创业能力为重点，以创新教学模式为突破，把前沿学术发展、最新研究成果和成功创业者实践经验融入创新创业课程教学，注重培养学生的批判性和创造性

思维，激发创新创业灵感，解决创新创业过程中遇到的问题和疑惑，为创业者提供理论与方法指导，分享创新成功者的成功经验或独到观点。

（2）系统化规划创新创业课程的教学内容，科学设计教学单元，满足创新创业教育目标要求

对大学生创新创业所需的理论知识、方法技巧、成功经验、相关政策、实战案例进行系统化整合与优化，形成相对合理的 11 个教学单元：培养创新意识→启迪创新思维→巧用创新技法→训练创新能力→激发创业热情→捕捉创业机会→塑造创业团队→启动创业计划→筹办创业企业→提升创业绩效→征战创业大赛。这 11 个教学单元的教学内容从创新教育和创业教育相结合的角度，旨在培养大学生创新创业意识，强化其创新创业精神，提高其创新创业能力，锤炼其创新创业品质。

（3）基于行动导向、任务驱动的教学理念设计教学流程，教学活动突出实践性，强调"做中学"

每个教学单元整体上划分为两个部分：知识导学和各个击破，"知识导学"部分主要理解学习各个单元的相关理论知识，"各个击破"部分主要进行实战训练。每小节设置了 4 个教学环节：见多识广→案例剖析→交流探讨→实战训练。

（4）创新教学内容的组织形式，采用线上和线下相结合的方式

由于教材中涉及大量的成功案例、相关政策和方法技巧，对于一些篇幅较长的案例、政策和方法，不方便删减，为了保证这些案例、政策、方法内容的完整性和连续性，教材中只列出主干内容，其完整内容以电子活页方式呈现，学习者可通过扫描二维码的方式浏览这些案例、政策和方法的完整内容。采用线上和线下相结合的学习方式，既可以适度控制教材篇幅，也可以保证教学内容的完整性。同时充分利用智能手机等信息化教学手段，激发学习兴趣，提高教学效率，从而提高教学效果。

（5）体现教学内容的实用性和与时俱进的动态适应性

教材中选用的案例具有较强的典型性，理论知识具有较强的指导性，观点经验具有较强的实用性，训练内容具有较强的针对性。由于创新创业的相关理论发展很快，相关政策在不断完善，相关案例也在不断变化，纸质教材相对固定的教学内容必须适应这种变化，同时吸纳创新创业方面的新知识、新政策和新案例。将出现的新知识、新政策和新案例存放在本课程的教学资源网站中，学习者可通过扫描二维码的方式进行浏览。

（6）知识传授、技能训练、能力培养和价值塑造有机结合

本教材全面贯彻党的教育方针，弘扬社会主义核心价值观，有意、有机、有效地对学生进行思想政治教育。本教材挖掘了科学态度、辩证思维、系统思维、协同思维、创新意识、创新思维、创新技巧、创新能力、团队精神、实干精神、进取精神、踏实作风、竞争意识、忧患意识、正视困难、理想信念、超越自我、自强不息、求真务实、敬业乐业、机会意识、合作共赢、扬长避短、友善互信、效率意识、成本意识、发展观念、管理思维、责任意识、全局意识、质量意识、成本意识、效益观念、乐观心态、谦逊态度、精益求精等 36 项思政元素。从教学目标、教学过程、教学策略、教学组织、教学活动、考核评价等方面"因势利导、顺势而为"地有效地融入这些思政元素。在知识学习、技能训练中以"润物细无声"的方式培养学生崇高的理想信念和价值追求，着力提高学生的政治觉悟、道德品质和职业素养，实现价值引领有效化。

总之，本教材实现了共性与个性相结合、固定内容与变化内容相融合、实用与创新相统一，致力打造为一本优秀的创新创业教材。

本教材由湖南铁道职业技术学院陈承欢教授、杨利军教授，山东交通职业学院王磊副教授共同编著，湖南铁道职业技术学院的高峰、邝允新、颜谦和、毛亮、张丽芳、刘博菱、杨文等老师参与了教材编写工作和教材中案例制作工作。本教材的编写过程参阅了多本同类教材（详见参考文献）和大量网上资料，但有些资料的真实来源无从考证，在此谨向资料的原创作者致以真挚的感谢！

由于编者水平有限，教材中的疏漏之处敬请专家与读者批评指正。

编　者

2021 年 12 月

目 录

单元 1
培养创新意识

　　创新是知识经济时代企业生存最重要的法则，也是员工体现自身价值、获得事业成功必备的职业能力。打破惯性思维，善于寻找方法，不走常规路，用创新求变之法解决工作中存在的问题，就会大有前途，获得更大的发展空间，顺利打开通向成功之门。

　　创新是一种具有高度自主性的创造性活动，我们只有热爱学习和工作，在学习和工作中善于思考，从创新立场去思考问题，才能激发出思维的火花，提高我们的创新能力，拓展我们的发展空间。

　　创新意识是人类意识活动中的一种积极的、富有成果性的表现形式，是人们进行创造活动的出发点和内在动力，是创造性思维的前提。创新意识的激发可以从培养问题意识做起。问题意识可以促使人们探索新知，主动发现问题，这是创新的第一步。而兴趣是最好的老师，也是人们创新活动的内在动力。因此，我们要有意识地树立问题意识，激发创新兴趣。

　　成功创新源于创新意识，只有标新立异才能独领风骚，也只有不断创新才能获得成功。任何企业和员工要想在激烈的竞争中站稳脚跟，都必须要有创新意识。只有大胆突破惯性思维，不走常规路，更好、更快地找到解决问题之法，我们才能创造出非凡的业绩，才能增强竞争力，进而取得事业的成功。

【课程思政】

　　本模块为了实现"知识传授、技能训练、能力培养与价值塑造有机结合"的教学目标，从教学目标、教学过程、教学策略、教学组织、教学活动、考核评价等方面有意、有机、有效地融入科学态度、辩证思维、系统思维、协同思维、创新意识 5 项思政元素，贯穿课程教学全过程，让学生思想上有正向震撼，行为上有良性改变，真正实现育人"真、善、美"的统一、"传道、授业、解惑"的统一。

？【知识导学】

1.1　认知创新

1.1.1　创新的含义

　　创新是指以现有的思维模式提出有别于常规或常人思路的见解为导向，利用现有的知识和物质，在特定的环境中，本着理想化需要或为满足社会需求，而改进或创造新的事物、方法、元素、路径、环境，并能获得一定有益效果的行为。

创新是指人类为了满足自身需要，不断拓展对客观世界及其自身的认知与行为的过程和结果的活动。创新是指人为了一定的目的，遵循事物发展的规律，对事物的整体或其中的某些部分进行变革，从而使其得以更新与发展的活动。创新是指人们为了发展的需要，运用已知的信息，不断突破常规，发现或产生某种新颖、独特的有社会价值或个人价值的新事物、新思想的活动。创新的本质是突破，即突破旧的思维定式、旧的常规戒律。创新活动的核心是"新"，或者产品的结构、性能和外部特征的变革，或者是造型设计、内容的表现形式和手段的创造，或者是内容的丰富和完善。

创新是以新思维、新发明和新描述为特征的一种概念化过程。英语中 Innovation（创新）这个词起源于拉丁语，它原意有三层含义：第一，更新，就是对原有的东西进行替换；第二，创造新的东西，就是创造出原来没有的东西；第三，改变，就是对原有的东西进行发展和改造。创新是人类特有的认识能力和实践能力，是人类主观能动性的高级表现形式。

1.1.2 关于创新的论述

（1）创新是引领发展的第一动力

（2）创新是成功永恒的亮点

（3）创新是见证能力的需要

（4）人人可创新，人人能创新

电子活页 1-1

【电子活页】

扫描二维码，浏览"电子活页 1-1"的内容，了解"关于创新的论述"的具体内容。

1.1.3 创新的基本原则

创新的基本原则如下。

（1）遵守科学原理原则　　　（2）市场评价原则

（3）相对较优原则　　　（4）机理简单原则

（5）构思独特原则　　　（6）不轻易否定，不简单比较原则

电子活页 1-2

【电子活页】

扫描二维码，浏览"电子活页 1-2"的内容，了解"创新的基本原则"的具体内容。

1.1.4 创新的主要原理

创新的主要原理如下。

（1）综合原理　　　（2）组合原理　　　（3）分离原理

（4）还原原理　　　（5）移植原理　　　（6）换元原理

（7）迂回原理　　　（8）逆反原理　　　（9）强化原理

（10）群体原理

电子活页 1-3

【电子活页】

扫描二维码，浏览"电子活页 1-3"的内容，了解"创新的主要原理"的具体内容。

1.1.5　创新的基本阶段

英国心理学家沃勒斯提出创新的"四阶段理论"是一种影响最大、传播最广，而且具有较大实用性的过程理论。该过程理论认为创新的发展分 4 个基本阶段：准备期、酝酿期、明朗期和验证期。

【电子活页】

扫描二维码，浏览"电子活页 1-4"的内容，了解"创新的基本阶段"的具体内容。

电子活页 1-4

1.2　认知创新意识

1.2.1　创新意识的含义

所谓创新意识是人们对创新与创新的价值性、重要性的一种认识水平、认识程度，以及由此形成的对待创新的态度，并以这种态度来规范和调整自己的活动方向的一种稳定的精神态势。创新意识总是代表着一定社会主体奋斗的明确目标和价值指向性，成为一定主体产生稳定、持久创新需要、价值追求和思维定式及理性自觉的推动力量，成为唤醒、激励和发挥人所蕴含的潜在本质力量的重要精神力量。

创新意识是指人们根据社会和个体生活发展的需要，引起创造前所未有的事物或观念的动机，并在创造活动中表现出的意向、愿望和设想。它是人类意识活动中的一种积极的、富有成果性的表现形式，是人们进行创造活动的出发点和内在动力，是创造性思维和创造力的前提。

1.2.2　创新意识的主要作用与价值

创新意识的作用与价值如下。

（1）创新意识是决定一个国家、民族创新能力最直接的精神力量

（2）创新意识促成社会多种因素的变化，推动社会的全面进步

（3）创新意识能促成人才素质结构的变化，提升人的本质力量

电子活页 1-5

【电子活页】

扫描二维码，浏览"电子活页 1-5"的内容，了解"创新意识的主要作用与价值"的具体内容。

1.2.3　创新意识的主要特点

创新意识具有其自身特点，主要体现以下几个方面。

（1）创新意识是求新求变的意识

（2）创新意识是创新的起点

（3）创新意识是各种心理因素构成的整体

（4）创新意识具有可塑性

电子活页 1-6

【电子活页】

扫描二维码，浏览"电子活页 1-6"的内容，了解"创新意识的主要特点"的具体内容。

1.2.4　创新意识的构成

创新意识基本构成如下。

（1）强烈的创新动机　　（2）浓厚的创新兴趣

（3）健康的创新情感　　（4）坚定的创新意志

电子活页 1-7

【电子活页】

扫描二维码，浏览"电子活页 1-7"的内容，了解"创新意识的构成"的具体内容。

1.2.5　培养大学生创新意识的重要性

随着科技的发展和国际竞争愈演愈烈，各国的竞争归根是科技创新的竞争，创新已成为当今知识经济时代的主旋律。因此，创新型人才的重要性日益突出，培养和提高大学生的创新意识也就十分必要和迫切。大学生是建设创新型国家最为充足的后备力量，可以说大学生的创新意识直接关系到国家的发展和社会的进步。因此，培养我国大学生的创新意识必要而迫切。

（1）大学生创新意识是当今信息时代国家创新体系持续发展的要求

（2）大学生创新意识是高校教育发展的需要

（3）大学生创新意识是大学生全面发展的需要

电子活页 1-8

【电子活页】

扫描二维码，浏览"电子活页 1-8"的内容，了解"培养大学生创新意识的重要性"的具体内容。

1.2.6　当代大学生应如何增强创新意识

创新意识从何而来呢？创新意识存在于我们的现实生活中。只要你拥有一点想象力，拥有一颗好奇心，敢于打破思维定式，那么，你就会不断地发现新事物，不断地有新的成就出现。当代大学生应如何增强创新意识，我们应从以下几个方面入手。

1.　保持强烈的好奇心

创新源于好奇心，因为好奇心可以激发人们的求知欲，强烈的好奇心和求知欲能启发人们独立思考、细致观察，并从常见的现象中发现新问题，进而促使人们突破传统观念的束缚,别出心裁、标新立异地进行的新创造。爱迪生从小就具有极强的好奇心,在他很小的时候,对母鸡孵小鸡十分好奇,于是自己就找来些鸡蛋,趴在上面学起孵小鸡来,就是这种强烈的好奇心,引导着爱迪生去研究、探索、创造和发明。

2. 培养丰富的想象力

想象就是人脑在过去感知的基础上,对所感知的形象进行加工、改造、创建出新形象的心理过程。想象是创新翅膀,这是因为创新活动是从对生活中尚未存在的事物进行想象开始的。爱因斯坦想象人追光速时的情景而创造狭义相对论,又在想象人在自由下落的情景中创立广义相对论。他对想象力推崇备至:"想象力比知识更重要,因为知识是有限的,而想象力概括着世界上的一切,推动着进步,并且是知识的源泉。严格地说,想象力是科学的实在因素。"哲学家康德说得更加明确:"想象力作为一种创造性的认识能力,是一种强大的创造力量,它从实际自然所提供的材料中,创造出第二自然。"

3. 突破惯常思维障碍

一切创新活动都以创新思维为先导,创新思维是提高创新能力的起点和关键。思维是一种复杂的心理现象,"思"就是思考,"维"就是方向或次序,思维可以理解为沿着一定方向,按照一定次序而进行的思考。客观事物纷繁复杂,大脑思维相对简单,一旦长时间沿着一定方向、按照一定次序思考后,就会形成一种思维惯性。和物理学上的惯性相似,思维惯性也是很顽固的。如果对日常生活中经常发生的事物或自己长期从事的事物产生了思维惯性,并多次以这种惯性来对待客观事物,就形成了思维定式。思维惯性和思维定式合称为"思维障碍"。

思维障碍抑制着我们的创新意识,使我们的创新能力难以得到进一步的提高。要提高创新和创造能力就应该突破思维障碍,而突破思维障碍的关键就是拓宽思维视角。具体方法如下。

(1)改变思考顺序。我们思考问题时常常顺着想,顺着想能使我较为方便地找到问题的切入点,并且顺着想也的确能帮助我们解决一些问题。但客观事物的发展是千变万化的,凡事都顺着想未必能真实地反映事物的客观规律。一个立志于创新的人,一定要深刻认识顺着想的局限性,改变成事顺着想的惰性,不妨从事物的对立面多考虑考虑。也就是我们说的逆向思维。很多时候逆向思维能将我们带入"山重水复疑无路,柳暗花明又一村"的境界,它站在问题的对立面,使问题解决得干净利索而充满智慧。

(2)转化思维方式。哲学的基本原理告诉我们,世界万物是普遍联系的,这些相互联系的事物是可以转化的。在创新学里我们的转化更多指的是思维方式的转化:将直接转化为间接,将复杂转化为简单,将不可能转化为可能。

【各个击破】

1.3 树立问题意识

问题意识、问题能力可以说是创新意识和创新能力的基础。早在 20 世纪 30 年代，陶行知先生就言简意赅地说："创造始于问题。"有了问题才会思考，有了思考，才有解决问题的方法，才有找到独立思路的可能。

问题意识人人都有，所不同的是有强弱之分。问题意识较强的人，经常主动进行提问，努力进行工作改善。而问题意识较弱的人，通常是发发牢骚，或者干脆闭口不语，很少提出建设性的问题。人人都羡慕成功者，而要想成为一个成功的人，则必然不能安于现状，要具有强烈的问题意识，不断改进自己的缺陷和不足，朝着所设定的目标前进。

【见多识广】

1.3.1 问题与问题意识

现代思维科学研究认为，问题是思维的起点，任何思维过程总是指向某一具体问题的。问题是创造的前提，一切创造都是从问题开始的。培养学生的问题意识，提高学生发现问题和解决问题的能力是创造型人才素质的核心。

所谓问题，就是对尚待解决或弄不明白的事实产生的疑点。有关心理学专家根据问题的内容和性质，把问题大致分为呈现型、发现型和创造型三类。呈现型问题又称为低级型问题，它们是一些给定的问题，即由他人呈现的问题，解决的方法是已知的。问题的解决者只需通过记忆去按图索骥，就能得到与标准答案一样的结果。发现型问题是自己发现的，或由自己提出的，而不是由他人提供的。这些问题有的有已知的答案，有的却可能没有现成的公式、解决办法或答案，要通过思考或创造。这样的问题能引人思考，给人启迪。高层次的发现型问题能导致重大的科学发现。而创造型问题在人们发明、创造出来之前是不存在的，是全新的。它是科学家、艺术家们从事创造活动的基础。

所谓问题意识，是指人们在认识活动中，经常意识到一些难以解决或疑惑的实际问题及理论问题，并产生一种怀疑、困惑、焦虑、探索的心理状态，这种心理又驱使个体积极思维，不断提出问题、分析问题和解决问题。思维的这种问题性心理品质，称为问题意识。问题意识在思维过程和科学创新活动中占有非常重要的地位，对创新教育来说，问题意识是培养学生创新精神的切入点。不重视对学生问题意识的培养而谈创新精神及创新教育，是空洞抽象的，毫无实际意义。

问题意识在思维过程和创新活动中占有非常重要的地位。强烈的问题意识不仅体现了个体思维的活跃性和深刻性，也反映了思维的独立性和创造性。强烈的问题意识，作为思维的动力，促使人们去发现问题，解决问题，直至进行新的发现。

近代英国哲学家波普尔曾说："科学只能从问题开始""科学和知识的增长永远始于问

题，终于问题——越来越深化的问题，越来越能触发新问题的问题。"事实上，真正的科学发现、真正的创新，往往发轫于提出一个与众不同的、有科学价值的问题。问一个"为什么"，将有效地促使对隐藏在现象背后的规律或缘由的探索；提一个"怎么样"，常常引起对事情过程机理的思考。

一般来说，显而易见的问题毋须发现，难以发现的是蕴含在习以为常现象背后让人难以觉察的问题。所以，发现表现为意识到某种现象的隐蔽未解之处，意识到寻常现象中的非常之处。从这个意义上说，发现问题是解决问题的关键，发现问题是创新的起点和开端。

正因为如此，心理学理论中归纳出一个极其重要的观点是：科学上很多重大发明与创新，与其说是问题的解决者促成的，毋宁说是问题的寻求者促成的。伽利略对亚里士多德"自由落体定理"的科学修正及创新，非常清晰而准确地说明了这一点。因为比萨斜塔上的试验几乎人人可为，但是能意识并发现这一问题存在的仅有伽利略一人。就像时常有人坐在苹果树下，看到有苹果从树上掉下来，但没有人像牛顿那样提问：为什么苹果从树上掉下来，而不是飞上天？正是始于苹果树下的思索，牛顿发现了万有引力。这些理论与实践，非常有力地证明了一个简单却是十分重要的命题：一切创新都始于问题的发现，而发现问题又源于强烈的问题意识。所以没有问题意识，创新精神及创新活动只能是无本之木。

1.3.2　强化问题意识的主要作用

强化问题意识的作用主要体现在以下几个方面。
（1）强化问题意识有利于认知水平的发展
（2）强化问题意识有利于个性特质的形成
（3）强化问题意识有利于创造能力的培养

电子活页 1-9

【电子活页】
扫描二维码，浏览"电子活页 1-9"的内容，了解"强化问题意识的主要作用"的具体内容。

1.3.3　培养和激发好奇心和质疑精神

问题意识是创造的动力，是创新精神的基石，培养创新精神，应始于问题意识。然而问题意识不是天生的，它也需要培养和激发。其中，培养和激发好奇心和质疑精神是重要的举措。

1. 强烈的好奇心能导致问题意识的产生

好奇心既是一种寻根问底的求知情感，也是探索求知奥秘的钥匙，能激发进取的欲望。同时，好奇心还会增强人们对外界信息的敏感性，对眼前出现的新情况和发生的新变化及时做出反应，发现问题，并追根溯源，提出一连串的问题，从而激发思考，引起探索，开展创造活动。许多看似偶然的发现其实都隐含着一种必然：发现者必然具有强烈的好奇心。

瓦特小时候发现当水烧开时壶盖会跳，这引起了他的好奇。为什么壶盖会跳？正是瓦特的这个好奇和提问，以及由此发明的蒸汽机，直接推动了人类社会由农业文明进入工业文明。缺乏好奇心，必然对外界的信息反应迟钝，对诸多有意义的现象熟视无睹，对存在的问题无动于衷，更谈不上创造和发明了。

爱因斯坦有一句反复被人引用的名言："我并没有什么特殊的才能，我只不过是喜欢寻根问底地追究问题罢了。"大家都把此理解为科学家的谦逊，其实这一语道破了发现和创造的"天机"：好奇心、问题意识及锲而不舍的探求是科学研究获得成功的前提。

2. 好奇心与质疑精神有着密切的关系

一般来说，当人们寻求真理的好奇心受到传统习俗或传统科学的压制时，好奇心就马上转化为质疑精神。建立在仔细观察和深刻思考基础上的质疑精神，是对好奇心的进一步推进。这种质疑精神愈深刻，愈有力，对探索的目标就愈清晰。质疑就是对权威的理论、既有的学说和传统的观念等不是简单地接受与信奉，而是持怀疑和批判的态度。由质疑而求异，才能突破传统观念和思维定式，另辟蹊径，大胆创新。李四光说："不怀疑不能见真理，所以我希望大家都取一种怀疑的态度，不要为已成的学说压倒。"这充分肯定了质疑在创新中的重要作用。理学大师朱熹也说："读书无疑者，须教有疑，有疑者却要无疑，到这里方是长进。"这是对学习中的质疑的科学而辩证的阐述。宋代的著名学者陆九渊的观点更是精辟："为学患无疑，疑则有进，小疑而小进，大疑而大进。"另一学者张载也讲过："于无疑处有疑，方是进矣！"都是对质疑作用的充分肯定，强调激发问题意识，促进思维，培养创新精神和创新能力的重要性。

在创造过程中，人们常常在模糊不清的黑箱里摸索。为什么会发生这种问题呢？如何解决这一问题？它与创造又有什么关系呢？这种好奇心与怀疑精神常常驱使人们去刨根究底，去搞清事物或事件发生的原因，从而为创造提供基础。

值得提出的是，好奇心与质疑精神可以帮助人们在创造领域内搜索有意义的目标，并编织新事物因果关系的网络，但并不意味着它们一定会创造出奇迹。因为提出问题并不等于解决问题。提出问题只是在满河坚冰上打开窟窿，而解决问题有如破冰远航，还需要克服无数的艰难险阻，才能到达创造的彼岸。但是，不管怎样，奇迹往往属于那些充满好奇心与质疑精神的人们。

【案例剖析】

[案例1-1]　　　　　邬口关博的奇思异想

她叫邬口关博，她的偶像是她最崇拜的科学家爱迪生。在她看来，科学就像电灯一样，让人们的生活明亮起来。

当别的孩子疯玩时，她却干出了一连串让人啼笑皆非的事：研究如何在牛奶中加糖、醋、盐，调制怪味牛奶。她那双明亮的眸子始终投射在生活中的难题上，专注于每个细节。小学时，为使校徽不刺伤人，她从文件夹得到启示，发明了一种安全校徽，将针夹牢牢锁住。初中时，她发现了热水器时冷时热，而燃烧器排出的废气温度又很高，于是她在废气上设计了水管，让自来水先在此水管中预热后再进入燃烧器，这样就容易保证水温了。高一时，她从铺位上滚下来扭伤脚，于是从汽车安全带上获得启示，设计了一种不影响睡觉的"防滚带"。她的奇思异想，让她在科学的世界里美丽飞翔。

上海的媒体连续报道了几起交通事故，而其中的"致命杀手"都是司机在急刹车时误踩油门。看着电视上哭天喊地的画面，她的心被一种强烈的悲怆撕裂：血不能少流些吗？她便想为此做些什么，通过思考她有了想法："为什么不发明一种装置来杜绝此类事件的再次发生呢？"

当她确定要解决刹车问题时，她乘车时都要问司机正常的踩油门和误踩刹车有何不同。问了十几次之后，她发现，一般踩油门用时1.5秒左右，而踩急刹车仅0.5秒甚至更短。在对国内几乎所有型号的汽车进行测试后，她肯定了这个数据的确切性。于是，经过反复实验，经过一个多月的实践，一种以CMOS芯片为主的自动判断装置诞生了：如果判断司机属正常操作，则中央控制器不干涉，汽车如同没有装该套装置一样；一旦"发现"司机将油门误踩成刹车，该装置会进行提醒，能自动发出指令，打开气压刹车系统，刹住车轮，同时断开汽车发动机的点火线路。在科技部和通用公司共同举办的"中国智能交通系统设计大赛"上，邬口关博和全国的汽车设计专家发表了关于汽车、交通等相关问题的研究成果，而她是唯一被破格允许参赛的中学生。据市场调研，当时我国约有2000多万辆汽车，即使只有20%配备了她的发明，其市场价值也有60亿元。她因此荣获教育部颁发的"明天小小科学家"一等奖。对此，她很平静地说："我不知道60亿是多大一笔钱，但我却能感受到一个生命有多重。"当人们向她请教如何创造发明时，她说："创新并不神秘，就是见人之所未见，思人之所未思，只要大胆想象，就可以得到意想不到的收获。"

【感悟反思】

心理学研究表明，意识到问题的存在是思维的起点，没有问题的思维是肤浅的思维、被动的思维。有了问题，思维才有方向，才有动力；有了问题，才有主动探究的愿望。如果观察到某种事实但并不提出问题，那么无论这类事实被观察过多少次，它们仍然是平凡的事实。

学生如果有问题意识，就会产生解决问题的需要和强烈的内驱力，他们的思维就会为解决某一具体的局部的实际问题而启动，不同层次水平的学生就会采用查找资料、请教师长等手段，在有意或无意之中大大扩充了知识量。所以，培养学生的问题意识，有利于发挥学生的主体作用，有利于激发学生学习的动机。学生只有在不断地试图提出问题、克服一切困难、努力解决问题的过程中，才会具有科学的探索精神和创造品质。

问题意识在思维过程和科学创新活动中占有非常重要的地位，对创新教育教学活动来说，问题意识是培养学生创新精神的切入点。在弘扬创新精神的今天，培养学生的问题意识比任何时候都显得尤为重要，它对于学生掌握较好的学习方法、发挥学生的主体作用、激发学生探究社会现象的本质、培养学生创造意识具有重要的意义。

【交流探讨】

[探讨1-1]　　　　　　　　　　　谁是最好的学生

维特根斯坦是剑桥大学著名哲学家穆尔的学生。有一天，著名哲学家罗素问穆尔："你最好的学生是谁？"穆尔毫不犹豫地说："维特根斯坦。""为什么？""因为在所有的学生中，只有他一个人在听课时总是露出一副茫然的神色，而且总是有问不完的问题。"后来，维特根斯坦的名气超过了罗素。有人问："罗素为什么会落伍？"维特根斯坦说："因为他根本没有问题了。"

【各抒己见】

（1）结合以下经典名言，分析探讨问题意识在思维过程和科学创新活动的重要性。

英国哲学家培根曾经说过："如果你从肯定开始，必将以问题告终；如果你从问题开始，必将以肯定结束。"

爱因斯坦曾说："提出一个问题往往比解决一个问题更为重要，因为解决一个问题也许只是一个数学上或实验上的技巧问题。而提出新的问题、新的可能性，从新的角度看旧问题，却需要创造性的想象力，而且标志着科学的真正进步。"

弗·培根说过："多问的人将多得。"

古人云："学贵有疑，小疑则小进，大疑则大进。"

（2）谈谈在学习、生活中你是否经常有意识地发现问题，举例说明。

[探讨1-2]　　　　　　　　　世界上没有愚蠢的提问者

2004年7月27日《新民晚报》发表了一篇"世界上没有愚蠢问题的提问者"的文章，讲的是四个诺贝尔奖金获得者到北京演讲，每位演讲者发言结束后，都特地留出10分钟时间让听众提问，但让人感到尴尬的是千余名听众竟无一人提问，这些诺贝尔奖获得者充满疑惑："难道我的理论就那么完美无缺，一点问题都提不出来吗？"

【各抒己见】

（1）谈谈你对本案例的感想？你认为案例中出现的现象最大问题是什么？

（2）如果你有幸去听一场类似的报告或讲座，你会提问吗？你准备提什么问题？

idea【实战训练】

[训练 1-1]　留住公寓楼里的住户

在加利福尼亚的洛杉矶，一栋豪华的高层公寓楼里的住户一个接一个地搬走，而大楼的开发商却不明白这是为什么。这栋公寓楼外观漂亮、设备完善、周围环境安全，而且租金相当便宜，那么为什么人们纷纷搬走呢？

于是管理大楼的公司请来一个问题解决小组来揭开谜底。针对这个问题，解决小组访问了现在和以前的住户们，最后得出了结论：原来人们搬走的原因是楼里的电梯太慢了。一组问题解决人员马上赶来寻找解决方法，他们考虑了各种方案的人工和工程费用，发现所有方案的成本都太高了。开发商感到灰心丧气，就在他们决定卖掉大楼时，问题解决组中一个年轻的成员想出了一个创造性的解决办法。他认为，真正的问题不是电梯本身，而是住户们厌倦了等电梯的过程。那么他的解决方法是什么呢？

以小组为单位，发挥各自的想象力，展开充分的讨论，提出你认为省时省钱的解决办法。

[训练 1-2]　灵活处理尴尬的情况

假设在生活、工作中，遇到了以下使人尴尬的情况。

（1）准备了很久的野炊由于一场大雨而不得不中止。

（2）计划租住的公寓被人捷足先登。

（3）向心仪已久的知名公司投递的简历被退回。

（4）计划了一次精彩的演讲，中间需要播放幻灯片，在面对很多观众的时候，你想播放幻灯片时，电脑突然死机了。

（5）作为"国际音乐节"的主办方，公司预定了几个外国剧团的节目，因为机场上空天气恶劣，飞机停飞，这些节目在音乐节开始前被取消了。

当出现这些尴尬局面时，你的态度会怎样？你认为这些问题的出现是什么原因造成的？每小组从上述情况中选择 1 至 2 个，提出解决问题方法，且制作 PPT 进行汇报。

1.4　培养创新兴趣

【见多识广】

1.4.1　兴趣与创新兴趣

1. 兴趣

兴趣是指以特定活动、特定事物为对象，个人在积极选择的爱好倾向上产生的情绪紧张状态，它是个人积极探索某种事物或从事某种活动的认识或意识倾向，它标志着个人在某方面的积极性。兴趣表现为对某件事、某项活动积极的态度和情绪反应，并且使人对事物给予优先的注意，并且具有向往的心情。

兴趣具有吸引力，有了兴趣，人就会感到满意、快乐、兴奋。只有感兴趣才能自觉地、主动地、竭尽全力地观察它、思考它、探究它，或才会努力去实现某一设想，才能最大限度地发挥人的主观能动性。

可见，兴趣是一种思维的营养、一种强大的动力，催人奋进，人们对感兴趣的事物总是不满足于肤浅的了解，总是寻根究底地去追求更深层次的东西，促进人们摄取大量的信息。

兴趣是多种多样的，大学生的兴趣受知识和生理等身心发展水平的影响，兴趣表现得比较广泛，兴趣的内容比较明确。归纳起来，大学生兴趣的内容有：专业兴趣，业余（课外）活动兴趣、社会兴趣和物质兴趣。创新的自身特点，需要有明确健康的兴趣，还应有较广泛的兴趣。兴趣是在社会实践中发生、发展起来的，实践活动的丰富性形成人的兴趣的多种多样。

兴趣是在需要的基础上产生和发展的。一个人的社会实践要求反映在头脑中，变成个人的已有需要，并在它的推动下进行积极活动中所产生的兴趣才成为具有个性倾向的兴趣。

2. 创新兴趣

创新兴趣是对挑战陈规、创造新事物、提出新方法等感兴趣，热衷于从事创新活动。创新本身就是一种强烈的引起兴趣的刺激物。拥有创新兴趣的人，更能全神贯注、积极热情地调动一切潜能进行创新实践，更易于发现问题，探索未知领域，并且感到轻松愉快，不知疲倦地钻研。

1.4.2　兴趣的主要作用

兴趣，对于一个人追求事业的成功，及其能力的发展是十分重要的。

（1）兴趣可以使人善于创造条件、适应环境，对创新活动充满热情。

（2）兴趣对丰富知识、开发智力有重要的意义。

（3）兴趣有助于创造成功。

【电子活页】

电子活页 1-10

扫描二维码，浏览"电子活页 1-10"的内容，了解"兴趣的主要作用"的具体内容。

1.4.3　创新兴趣的作用

1. 创新兴趣引导着创新目标的确立，创新能力的开发

创新兴趣不仅是人们积极从事科技创新工作的动力之一，而且还能使人在艰辛烦琐的科学研究中体会到快乐，并孜孜以求。创新兴趣引导着创新目标的确立、创新能力的开发，创新方向和创新目标是由创新兴趣引导确定的，人们总优先根据自己的兴趣来选择合适的创新内容和方向。

对一项创新活动只要有了兴趣，就能钻进去，不知疲倦不畏艰险去闯。郭沫若说过："兴趣爱好也有助于天才的形成。爱好出勤奋，勤奋出天才。"这就是说，一个人如果被某一事情或者某一种思想完全吸引住的时候，他就会对所有和这种事情或者这种思想相联系的一切产生兴趣。当他被这种兴趣引起的求知直至突破的欲望完全控制了的时候，就到了钻研入迷的程度。培养兴趣、创新入迷、获得成功，这往往是创新成功的三部曲。历史上许许多多的发明创新者，都是沿着这三部曲走向成功的。

2. 创新兴趣是构成创新动力的成分之一

对创新的强烈兴趣，是进行创新活动最重要的心理条件之一，创新兴趣可以激发我们积极的情感，为创新建立良好的心境；可以增强我们克服困难的勇气，形成良好的创新意志品质。

当个体充满兴趣地从事创新活动，各项心理功能都积极地活跃起来，感觉清晰，观察准确，思维敏捷，记忆力牢固，注意力集中而持久，有助于把自己的智慧和能力充分发挥出来。

不过，创新兴趣只是创新活动的开始，也并非所有的创新兴趣都会引发实质的创新行为。因为创新兴趣有"了解兴趣"和"理解的兴趣"。"了解的兴趣"只是浅尝辄止的了解阶段，要继续上升到"理解的兴趣"才能真正走上创新之路。而且创新兴趣还存在创新品质的问题，需要培养真正推动创新的兴趣。

【案例剖析】

［案例1-2］　　　　乔布斯，创新创业从兴趣开始

史蒂夫·乔布斯（Steven Jobs），是美国苹果公司创始人，前 CEO。乔布斯传奇的一生，源于他研发了诸多影响世界的数字产品与技术，如第一代苹果电脑、Macintosh 电脑、第一

部全电脑制作动漫、iPad、iPod、iTunes Store、iPhone 等。微软联合创始人保罗艾伦这样评价乔布斯："一个无与伦比的科技潮流先驱和导演者，他懂得如何创造出令人惊叹的伟大产品。"乔布斯的成功在于，他找到了且全身心地投入到自己的兴趣之中。

乔布斯的创新历程印证了以下几个观点。

（1）兴趣是创新的开端

（2）兴趣是成功的基石

（3）兴趣是创新创业的动力

（4）好奇心是创新的源泉

【电子活页】

电子活页 1-11

扫描二维码，浏览"电子活页 1-11"的内容，了解"乔布斯，创新创业从兴趣开始"的具体内容。

【分析思考】

一些刚走出校园的大学生，会以为创业不难。但是慢慢地会发现：选项目、筹资金、

选店面、组团队没有一样是容易的。于是，很多人在创业屡屡受创之后，选择了放弃。容易放弃的都不是你所钟爱的，所以开始选项目时就应该选你最感兴趣的，而不是目前看来最赚钱的。只有选准你情有独钟的行业，你才会在遇到困难的时候坚持不懈地寻找突破口，在遇到瓶颈的时候去竭力创新。只有这样，你才能在你所选的行业中走得更加长远。创新创业不是容易的事，没有人能随随便便成功，遇到困难阻力在所难免，只有始终坚持自己兴趣的人才能得到胜利女神的青睐。

任何事物对于不同的人而言都有着各自的价值，盲目的效仿并不一定会获得同样的效果。找到自己的兴趣所在并从事它，是迈向成功创业的第一步。不要忽略你的兴趣，哪怕你现在觉得它微不足道，也许有天它会给你的人生带来巨大财富。积累任何与兴趣相关的知识或其他看似不相关的兴趣知识都会成为你创新创业道路上的基石。一个人对某一事物的热爱与好奇，能够促使他探索更多的知识，激发他最大的潜能，从而让他不断改进创新，走在行业的前端。大学生创业也要选择自己最为感兴趣的行业，才有可能迸发出创新创业的激情与无限潜能，早日迈入成功的大门。

世界上有四个苹果，一个给了夏娃，一个给了牛顿，一个给了乔布斯，还有一个，在你的手中。

💬【交流探讨】

[探讨1-3]　　　　　　　　兴趣是米利肯成功的阶梯

贝尔物理学奖得主罗伯特·安德罗·米利肯，小时候有一次看到伐木工人飞速跳上木排，把一条跃上水面的鱼轻巧地逮住了，这情景引起了米利肯的兴趣。以后，每逢父亲把船停在河岸边时，他就在船头和系船的码头之间跳来跳去。一次，他从船上纵身一跳，想跳回到岸上，由于船后退了，结果他摔到河里。父亲赶忙把他救起，给他擦干身上的水渍。米利肯就盯着父亲好奇地问："爸爸，为什么我向前跳，而船却向后退呢？""那是因为你纵身向前跳时，对船有一种反向推动作用，船在水中就向后移动，这种现象物理学上叫'反冲现象'。"由于船向后移，使你跳的速度变小了，所以，你就掉进水里了"。听了这番话，米利肯高兴得两眼眯成一条线，多么有趣的"反冲现象"，它竟能把人抛到河里去！这对他来说实在是太奇怪了，印象太深刻了。日后回忆起这件事的时候，他风趣地说："这是我上的第一次'反冲现象'课。"

米利肯8岁那年，父母把这个机灵的孩子带到了费城。对费城的一切，米利肯极感兴趣，而最能引起他兴趣的，就属电话了。当他从父亲那儿听说贝尔公司要举办一个展览会时，就打定主意自己也做个"电话装置"。父亲热情地支持他："希望你成为一个小小的电话专家！"父亲的赞语，在米利肯的心坎上燃起了强烈的试验的烈焰。他立即做了两个纸筒，在底面糊上纸，然后由纱线代替导线串着，在100米的距离内和邻居的孩子通话。当然，他这部再简单不过的"电话装置"没能运到展览会去展览，但他对科学研究感兴趣的幼芽，由此便一点点萌生，伴随着米利肯从读书到科学研究，从少年时代到青年时代。

【各抒己见】

（1）谈谈兴趣对米利肯成功的作用？另外米利肯的成功他的家长起到了什么作用？

（2）一个人聪明能干，再加上对创新的浓厚兴趣，他就有了自觉地、主动地不断追求创新的无尽热情。著名科学家爱因斯坦说："兴趣是最好的老师。"结合本案例故事，谈谈你对这句话的理解及你自身的体验。

［探讨1-4］　　　　整个探索的过程都充满了欢乐

英国生物化学家弗雷德里克·桑格。1958年，测定出胰岛素的氨基酸排列顺序，首次荣获诺贝尔化学奖。1980年，又发明测定ＤＮＡ碱基排列的方法，再次荣获诺贝尔化学奖。

弗雷德里克·桑格在致21世纪中国青年科学家的一封信中说：

我很幸运地获得了两次诺贝尔奖。我的工作能得到这么高度的认可，这当然是非常令人激动的，但真正的乐趣却蕴含在工作本身之中。科学研究就像发现新大陆，你不断地尝试以前没有尝试过的新事物。这些尝试中有很多是没有效果的，使你不得不尝试另外一些新的事物。有时，尝试是奏效的，并且告诉你某些新东西，这的确是令人兴奋的。不管怎样，也许一点点新发现就能伟大到足以让人产生"我是唯一知道它的的人"的想法，然后你就会有兴趣思考所发现的东西将指导和决定下一次尝试应是什么。科学研究最大的乐趣之一，就是你总是可以进行一些不同的尝试，它从来不会使人厌倦。事情进展顺利是令人高兴的，事情进展不顺利是令人痛苦的。有些人在遇到困难时就泄气，但我在计划遭受挫折时从来不着急，我会开始设计下一次实验，整个探索的过程都充满了欢乐。

有了新发现，这是非常令人激动的。有的人也许会做一些不可思议的事来宣泄自己的激动，比如驾热气球周游世界或步行到北极。现在，地球上可供人类发现的新地方不多了，但在科学领域却可以发现许多新东西。踏上探索未知领域的征程是相当有意义的，也是相当激动人心的。

有时候我问自己："要获得诺贝尔奖，什么是我必须做的？"

我的答案是"我不知道，我从没试过。"有的人投身于科学研究的主要目的就是为了得奖，而且一直千方百计地考虑如何才能得奖，这样的人是不会成功的。要想真正在科学领域有所成就，你必须对它有兴趣，你必须做好进行艰苦的工作和遇到挫折时不会太泄气的思想准备。

【各抒己见】

（1）弗雷德里克·桑格的这些观点主要说明什么道理。

（2）结合本案例谈谈兴趣对于创新的作用。

【实战训练】

［训练 1-3］ 收集自己最感兴趣的东西

以小组为单位完成以下专题训练。

（1）收集自己最感兴趣话题，并收集相关资料，展开讨论。

（2）收集自己最感兴趣的电子产品（如手机、台灯）的最新信息，包括外观、功能等。

（3）收集自己最感兴趣的事情,例如微信的新功能、网上支付的新方式、打车的新方式等,并向其他人进行展示。

单元 2
启迪创新思维

创新思维是创新能力的核心，是创新活动的关键。主动的求异、灵敏的观察、创造性的想象、独有的知识结构加上活跃的灵感，是创新思维的基本特征。创新思维能使学生更好地掌握知识，及时解决产生的新问题，把学到的知识迁移到学习新知识的过程中。因而，尊重学生个体的发展规律，是创新思维能否被正确引导的关键。

【课程思政】

本模块为了实现"知识传授、技能训练、能力培养与价值塑造有机结合"的教学目标，从教学目标、教学过程、教学策略、教学组织、教学活动、考核评价等方面有意、有机、有效地融科学态度、辩证思维、系统思维、协同思维、创新思维入 5 项思政元素，贯穿课程教学全过程，让学生思想上有正向震撼，行为上有良性改变，真正实现育人"真、善、美"的统一、"传道、授业、解惑"的统一。

【知识导学】

2.1 认知创新思维

2.1.1 思维与创新思维

1. 思维

思维是人脑对客观现实概括的和间接的反映，它反映的是客观事物的本质及其规律性联系。思维是人类认识的高级阶段，它是在感知基础上实现的理性认识形式。例如，通过对人的观察分析得出"人是能言语、能制造和使用工具的高等动物"；根据对水的研究得出水和温度之间的关系，在 101 千帕下，水的温度降低到 0℃，就会结冰，升高到 100℃，就会沸腾等。这些都是人脑对客观事物的本质及其规律的认识。人们常说的"考虑""设想""预计""沉思""审度""深思熟虑"等都是思维活动的表现形式。

2. 创新思维

创新思维是指以新颖独创的方法解决问题的思维过程，通过这种思维能突破常规思维的界限，以超常规甚至反常规的方法、视角去思考问题，提出与众不同的解决方案，从而产生新颖的、独到的、有社会意义的思维成果。

创新思维是人们在全方位、多角度观察问题后，跳脱出现实的制约，摆脱传统观念的束缚，寻找新的方式，运用新方法分析问题的一个思维过程。创新思维的关键在于多角度、多侧面、多方向地看待与处理事务、问题和过程。引发出创新性设想的思维形式，主要是指非逻辑思维。

2.1.2　思维的基本特征

1.　思维具有间接性和概括性两个基本特征

所谓思维的间接性，是指思维能对感官所不能直接把握的或不在眼前的事物，借助于某些媒介物与大脑加工来进行反映。

所谓思维的概括性，是指思维通过抽取同一类事物的共同的本质特征和事物间的必然联系来反映事物。由于这一特性，人能通过事物的表面现象和外部特征认识事物的本质和规律。

2.　思维的间接性和概括性是相互联系的

人之所以能够间接地反映事物，是因为人有概括性的知识经验，而人的知识经验越概括，就越能间接地反映客观事物。内科医生根据概括性的医学理论才能以中介性的检查，经过思考而间接地判断病人的病情。气象工作者根据概括性的气象规律，才能从大量天气资料中，经过思考做出天气预报。

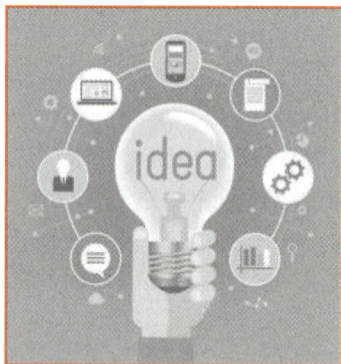

2.1.3　创新思维的主要形式

本单元后面各小节主要探讨以下5种创新思维形式。
（1）超前思维　　　　　　　（2）聚合思维
（3）纵向思维　　　　　　　（4）横向思维
（5）立体思维

【电子活页】

电子活页 2-1

扫描二维码，浏览"电子活页 2-1"的内容，了解"创新思维的主要形式"的具体内容。

2.1.4　创新思维的主要障碍

人人都想创新，但是因为我们的思维定式和习惯的思考方式、行动方式，我们又很难突破常规，大胆创新。让我们来看看是什么妨碍了我们创新。

创新思维的主要障碍如下。
（1）思维定式　　　　　　　（2）权威定式
（3）从众定式　　　　　　　（4）经验定式
（5）书本定式

【电子活页】

扫描二维码，浏览"电子活页 2-2"的内容，了解"创新思维的主要障碍"的具体内容。

电子活页 2-2

2.1.5 培养创新思维的常用技巧

培养创新思维的常用技巧如下。

（1）换位思维　　　（2）求同求异　　　（3）跳出定式
（4）移植思想　　　（5）形象思维　　　（6）非常规思维
（7）分解与综合　　（8）哲学思考　　　（9）增加艺术性
（10）增加新特征　　（11）预测未来　　　（12）胡乱联系
（13）行胜于言　　　（14）学做有心人

电子活页 2-3

【电子活页】

扫描二维码，浏览"电子活页 2-3"的内容，了解"培养创新思维的常用技巧"的具体内容。

【各个击破】

2.2 突破思维定式

研究表明：左右一个人成功的最关键因素是思维模式，而不是智商的差异，思维和观念才是控制成功的核心密码。

【见多识广】

2.2.1 思维定式的含义

思维定式也称"惯性思维"，就是按照积累的思维活动、经验教训和已有的思维规律，在反复使用中所形成的比较稳定的、定型化了的思维路线、方式、程序、模式。在环境不变的条件下，定式使人能够应用已掌握的方法迅速解决问题。而在情境发生变化时，它则会妨碍人采用新的方法。消极的思维定式是束缚创新思维的枷锁。

从另一个角度讲，思维定式是思维的惯性或思维的惰性，在人的思维能力上是一种重要的表现，是人通过不断的学习和实践累积下来的经验和自己独有的对世界、对客观认识、认知的规律。所以思维定式具有明显的个体性。

2.2.2 思维定式的作用

1. 思维定式的积极作用

思维定式对于问题解决具有极其重要的意义。在问题解决活动中，思维定式的积极作用是：根据面临的问题联想起已经解决的类似问题，将新问题的特征与旧问题的特征进行比较，抓住新旧问题的共同特征，将已有的知识和经验与当前问题情境建立联系，利用处理过类似的旧问题的知识和经验处理新问题，或把新问题转化成一个已解决的熟悉的问题，从而为新问题的解决做好积极的心理准备。具体地说，在问题解决中，思维定式主要包括以下三方面内容。

（1）定向解决问题总要有一个明确的方向和清晰的目标，否则，解题将会陷入盲目性。定向是成功解题的前提。

（2）定向方法是实现目标的手段，广义的方法泛指一切用来解决问题的工具，也包括解题所用的知识。不同类型的问题总有相应的常规的或特殊的解决方法。定向方法能使我们对症下药，它是解题思维的核心。

（3）定向解决问题是一个有目的、有计划的活动，必须有步骤地进行，并遵守规范化的要求。

思维定式是一种按常规处理问题的思维方式。它可以省去许多摸索、试探的步骤，缩短思考时间，提高效率。在日常生活中，思维定式可以帮助我们解决每天碰到的 90% 以上的问题。

2. 思维定式的消极作用

思维定式对问题解决既有积极的一面，也有消极的一面，它容易使我们产生思想上的惰性，养成一种呆板、机械、千篇一律的问题解决习惯。当新旧问题形似质异时，思维定式往往会使问题解决者步入误区。

大量事例表明，思维定式确实对问题解决具有较大的负面影响。当一个问题的条件发生质的变化时，思维定式会使问题解决者墨守成规，难以涌出新思维，做出新决策，造成知识和经验的负迁移。

根据唯物辩证法的观点，不同的事物之间既有相似性，又有差异性。思维定式所强调的是事物间的相似性和不变性。在问题解决中，它是一种"以不变应万变"的思维策略。所以，当新问题相对于旧问题，是其相似性起主导作用时，由旧问题的求解所形成的思维定式往往有助于新问题的解决。而当新问题相对于旧问题，是其差异性起主导作用时，由旧问题的求解所形成的思维定式则往往有碍于新问题的解决。

勇于前行，突破思维定势

从思维过程的大脑皮层活动情况看，定式的影响是一种习惯性的神经联系，即前次的思维活动对后次的思维活动有指引性的影响。所以，当两次思维活动属于同类性质时，前次思维活动会对后次思维活动起正确的引导作用；当两次思维活动属于异类性质时，前次思维活动会对后次思维活动起错误的引导作用。

【案例剖析】

［案例 2-1］　考考阿西莫夫的智力

世界著名的科普作家阿西莫夫从小就很聪明，在年轻时多次参加"智商测试"，得分总在 160 分左右，属于天赋极高之列。有一次，他遇到一位汽车修理工，是他的老熟人。修理工对阿西莫夫说："嗨，博士！我来考考你的智力，出一道思考题，看你能不能回答正确。"

阿西莫夫点头同意，修理工便开始说思考题："有一个聋哑人，想买几根钉子，就来到五金商店，对售货员做了这样一个手势：左手食指立在柜台上，右手握拳做出敲击的样子。售货员见状，先给他拿来一把锤子，聋哑人摇摇头。于是售货员就明白了，他想买的是钉子。聋哑人买好钉子，刚走出商店，接着进来一位盲人。这位盲人想买一把剪刀，请问：盲人将会怎样做？"

阿西莫夫心想，这还不简单吗？便顺口答道："盲人肯定会这样。"他伸出食指和中指，做出剪刀的形状。听了阿西莫夫的回答，汽车修理工开心地笑起来："哈哈，答错了吧！盲人想买剪刀，只需要开口说'我买剪刀'就行了，他干嘛要做手势呀？"

【分析思考】

思维定式、习惯思维框住了我们的思维，囚禁了我们心灵的拓展空间。年轻的阿西莫夫在获得"聋哑人通过手势买钉子"的思考经验后，想当然地将盲人买剪刀的行为通过手势进行表达，而忽略了盲人可以通过言语表达的能力。这种思维定式表现在人们生活、学习和工作的各个领域，构成了巨大的定式思维障碍。一方面，思维定式使人们的学习、生活、工作简洁明快，社会高度有序化；另一方面，思维定式往往会形成创新思维的障碍，极大地影响着人们创造力的发挥。

我们总习惯用一种常规的方式思考问题，长年累月地按照一种既定的模式工作、生活，从而形成思维定式。所以，遇到问题时我们不妨换个角度，打破模式，从而获得突破和创新。

【交流探讨】

［探讨 2-1］　怎样把一个鸡蛋立在桌面上

在哥伦布发现新大陆后，人们为他举行了宴会。有一些参加宴会的贵族认为他发现新大陆完全出于偶然。哥伦布拿出一个鸡蛋说："诸位，你们谁能把这个鸡蛋立在桌子上？"

哥伦布笑着说："问题是你们这些聪明人谁也没有在我之前想起这样做。"我的方法：其实任何鸡蛋的表面都是凸凹不平的，不用任何别的办法，我们只要仔细，总可以找到一个平面（实际上可能是三个凸点）将鸡蛋的重心放到上面，这样鸡蛋就立起来了！

所以答案是：不用任何特殊的办法，仔细就行。

在场其他人也提出了一些想法，例如：把鸡蛋来回摇晃十分钟左右，把大头放在桌子上，就把生鸡蛋立起来了；在蛋上涂上强力胶，竖直放到桌子上，鸡蛋就立起来了；要挑选一头大一头小的鸡蛋，立鸡蛋时将大头朝下，这样重心会比较低，就像不倒翁一样，容易保持平衡；桌面上涂上印泥，再把鸡蛋立在涂有印泥的桌面上。

【各抒己见】

案例中所描述立鸡蛋的方法也有其规律可循：能立住的鸡蛋，底部会有一个肉眼很难看清楚的平面，一旦重力作用线能经过这个平面，鸡蛋就能站立起来。另外，生鸡蛋里的蛋黄位置也会影响鸡蛋的站立情况，所以立鸡蛋的手要尽量保持不动，让蛋黄可以慢慢沉淀到鸡蛋下部，这样重心就能足够低，使鸡蛋保持平衡。

根据上述立鸡蛋的原理，突破案例中所提出的立鸡蛋方法的束缚，经研讨后提出一些新的立蛋方法。

[探讨 2-2]　　外婆家："低价"如何实现盈利

"外婆家"从一家路边店成长为拥有众多连锁分店的杭州餐饮航母。"排队候餐"成为外婆家的品牌标志。当越来越多的人愿意花上一两个小时在外婆家的等位区排队等候的时候，有不少人困惑不解："这么久的等待值不值？"

究竟什么原因让如此多的人心甘情愿地等上一两个小时只为吃顿饭？

外婆家从一开始，就把经营目标定位为居家用餐，锁定了朋友聚会和家庭聚会这类消费人群。30% 的产品 +40% 的环境 +30% 的服务，通过价格杠杆调节，实现最佳的性价比。

研究菜单可以发现，"外婆家"吸引食客的招数首推高性价比。别致的就餐环境、品种丰富的菜肴、良好的服务加上相对低廉的价格，让消费者觉得值。

1 元一个茶叶蛋、3 元一份麻辣豆腐、6 元一杯琥珀桃浆、12 元一份蓝莓山药、15 元一份葱花肉、26 元一份西湖醋鱼……这不是城乡接合部某个小饭馆的价位，而是位于北京金街王府井购物中心六层外婆家的几道菜品的价格。

而且，外婆家的华丽吊灯、藤编木椅、砖墙、鸟笼、装饰画，颇具小资情调。装修如此雅致、文艺的餐厅，价位却与普通餐厅相仿甚至更低，很自然就引发一个问题：外婆家究竟如何盈利？

如果说，性价比是外婆家提供给顾客的价值感，那么支撑外婆家盈利的则是产出比，其实，它是对企业而言的"性价比"。外婆家每桌在正餐时间能相继接待 4 群不同的顾客，而大部分生意好的餐厅营业系数一般是 2。

凡到过外婆家就餐的人都会发现，尽管这些餐厅装修颇有格调，但远没有同档次装修餐厅宽敞，桌与桌之间挨得很近，往往只能容一人通过。这样就能充分利用空间摆放尽可能多的餐位。与陌生人过于接近的座位安排，当然不是为了让大家彼此沟通，而是在暗示顾客不要停留太久，以加快翻台率。细心的消费者还发现，和咖啡馆相比，外婆家的椅子不是很舒服，不便久坐聊天，所以吃完了就撤，无形中也提高了营业系数。

而且，与别家餐馆不同，外婆家的就餐桌是定员的，引入定员服务法，寸土寸金利用空间经营，严格细分，按客群数量分区经营，每张桌子都规定了就餐人数。而叫号机的应用在带来时尚概念的同时，更大的意义是实现了餐厅的广告效应和人为造成排队的效果。

【各抒己见】

对于餐饮业如何赚钱，最常规的想法是提高菜价，让吃饭的顾客多掏钱，这样餐馆的利润就可以得到保障。而外婆家的管理者却能打破这种思维局限，将"让吃饭的顾客多掏钱"转变为"让更多的顾客来吃饭"，通过提升每张桌子的产出比来保障自己的利润，从而在一定程度上保障自己和顾客的利益，实现双赢。

观察周边"生意火爆""排队候餐"的餐馆，分析该餐馆的定位、价格和盈利模式。如果你开办一家特色餐饮，你打算如何定位，如何实现盈利？

【实战训练】

[训练 2-1] 突破从众思维，提出一种与众不同的观念

开动脑筋，想出一种与众不同的观念，这种观念也许并不高明，也很难有推广的价值，那也不要紧，只要它与人们的日常习惯相冲突即可。然后把自己的新观念告诉朋友，或者告诉在公园里或汽车上刚认识的其他人，听听大家会有什么说法。

[训练 2-2] 突破权威定式，海豚并不是最聪明的动物之一

很多年来，人们一直觉得，海豚是世界上最聪明的动物之一。而如今，一些研究人员认为，可能事实并不是这样的。生物学家 Justin Gregg 和神经行为学家 Paul Manger 通过多年的研究，他们认为海豚并不是一种聪明的动物，有时候甚至还不如小金鱼。查阅相关资料，然后思考对于这一问题你是相信以前的经验，还是认可研究人员的结论，并说明原因。

[训练 2-3] 如何安全过河

有一个人带着猫、鸡、米过河，船除需要人划外，至少能载猫、鸡、米三者之一，而当人不在场时猫要吃鸡，鸡要吃米。试设计一个安全过河方案，并使渡船次数尽量减少。

[训练 2-4] 怎样分苹果

篮子里有 4 个苹果，由 4 个小孩平均分。分到最后，篮子里还有一个苹果。他们是怎样分的？

2.3 发散思维训练

发散思维是指大脑在思维时呈现的一种扩散状态的思维模式，它表现为思维视野广阔，思维呈现出多维发散状。可以通过从不同方面思考同一问题,如"一题多解""一事多写""一物多用"等方式,培养发散思维能力。不少心理学家认为,发散思维是创新思维的最主要的特点,是测定创造力的主要标志之一。

【见多识广】

2.3.1 发散思维的含义

发散思维,也称多向思维、扩散思维、辐射思维、放射思维,是指在某一问题或事物的思考过程中,不拘泥于一点或一条线索,打破原有的思维格局,通过联想将思路拓展开来,从已有的信息出发,尽可能向各个方向扩展,而不仅仅局限于已知的或现存的方式、方法、规则和范围等的约束,并且从这种扩散、辐射和求异式的思考中,求得常规的和非常规的多种不同的解决办法,衍生出各种不同的结果。这种思路好比自行车车轮一样,许多辐条以车轴为中心沿径向外辐射。发散思维是多向的、立体的和开放的思维。

发散思维是针对一个问题,沿着各种不同的方法去思考,从多方面提出解决方案,寻求各种各样的解决办法。从定义可知,发散思维是从多方面寻求答案,尽可能多地提出不同的答案。它重视问题所提供的信息与记忆中的信息的关系,从而产生新的信息。发散思维有助于避免考虑问题的单一性,帮助人们摆脱思维的僵化、刻板和呆滞,获得创造成果。所以说,发散思维是创新思维的主要构成成分。著名创造学专家吉尔福特说过:"正是在发散思维中,我们看到了创新思维的最明显的标志。"

2.3.2 发散思维的主要特征

发散思维在人们的言语和行为表达上具有以下三个明显的特征,它们分别代表了发散思维从低到高的三个层次。

（1）流畅性　　　　　（2）变通性　　　　　（3）独特性

【电子活页】

扫描二维码,浏览"电子活页2-4"的内容,了解"发散思维的主要特征"的具体内容。

电子活页2-4

2.3.3 发散思维的方法

1. 一般方法

（1）材料发散法:以某个物品尽可能多的"材料"为发散点,设想它的多种用途。

（2）功能发散法:从某事物的功能出发,构想出获得该功能的各种可能性。

（3）结构发散法:以某事物的结构为发散点,设想出利用该结构的各种可能性。

（4）形态发散法:以某事物的形态为发散点,设想出利用某种形态的各种可能性。

（5）组合发散法:以某事物为发散点,尽可能多地与别的事物进行组合成新事物。

（6）方法发散法:以某种方法为发散点,设想出利用方法的各种可能性。

（7）因果发散法:以某事物发展的结果为发散点,推测出造成该结果的各种原因,或者由原因推测出可能产生的各种结果。

2.　假设推测法

假设的问题不论是任意选取的，还是有所限定的，所涉及的都应当是与事实相反的情况，是暂时不可能的或是现实不存在的事物对象和状态。

由假设推测法得出的观念可能大多是不切实际的、荒谬的、不可行的，但这并不重要，重要的是有些观念在经过转换后，可以成为合理的、有用的思想。

3.　集体发散思维

发散思维不仅需要用上我们自己的全部大脑，有时候还需要用上我们身边的无限资源，集思广益。集体发散思维可以采取不同的形式，例如我们常常戏称的"诸葛亮会"。在设计方面，我们通常要采用的"头脑风暴"，每人都说出自己的想法，只要自己能说通，都可以被大家认同，而且被采纳，最后总结出结论。

2.3.4　发散思维训练方法

以材料、功能、结构、形态、组合、方法、因果、关系等八个方面为"发散点"，进行具有集中性的多端、灵活、新颖的发散训练，以培养创新思维的能力。

（1）材料发散　　　（2）功能发散　　　（3）结构发散
（4）形态发散　　　（5）组合发散　　　（6）方法发散
（7）因果发散　　　（8）关系发散

【电子活页】

电子活页 2-5

扫描二维码，浏览"电子活页 2-5"的内容，了解"发散思维训练方法"的具体内容。

2.3.5　使用"图形发散"的方法训练发散思维

视觉图形在创造中有很重要的意义和作用。一个观念、一个思想有时很难用语言简单地表述出来，但用图形却能很简单地表示出来，而且图形能表示出用语言所无法表达的思想。在创造时，动手画画图，能起到使大脑清醒、增强意识功能、促进注意力集中、启发思维等作用。

1.　图形意义发散

从一个简单的图形中辨认出所表示的各种实物的名称，这是图形意义发散训练题目的形式。例如：在黑板上画一个小粉笔点，它代表什么？它代表苍蝇、香烟蒂、米粒、星星、箭头、小石子、猫头鹰的眼睛、圆珠笔头、露珠、珍珠、眼泪等。

2.　花边设计发散

花边设计发散是以一个角、一个点、一条曲线、一个或几个简单图形为基本元素，要求在允许的时间内设计出尽可能多的不同样式的花边。

例如：以"×"图形为基本元素，在 10 分钟内设计出尽可能多的花边样式。

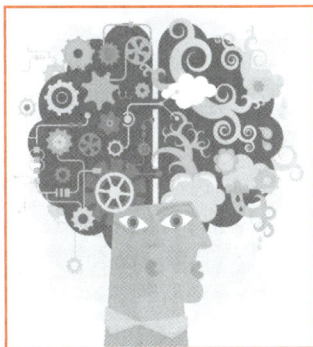

设计得到的几个答案如下。

（1）×××××××××××××

（2）×+×+×+×+×+×+×+×+

（3）※※※※※※※※※※※

3. 组合设计发散

给出几个简单图形，要求在允许的时间内进行各种各样的组合，并说出组合图形所表示的实物名称或意义。

4. 形成图像发散

给出一个图形，要求加上几个线条进行加工形成一定意义的图像，要求在允许的时间内尽可能多地形成各种图像。

2.3.6 使用"事物功能性质发散"的方法训练发散思维

事物的功能性质是方方面面的，不只是日常我们所使用的功能和所认识的性质，还有很多有待发掘、认识的功能性质。发现、认识事物的另一种新的功能性质，能为我们从另一方面、另一角度利用该事物指明方向，引导我们进行新的创造。

（1）物品用途发散　　　　（2）事物性质应用发散　　　　（3）组合发散

【电子活页】

扫描二维码，浏览"电子活页 2-6"的内容，了解"使用'事物功能性质发散'的方法训练发散思维"的具体内容。

电子活页 2-6

2.3.7 使用"语词发散"的方法训练发散思维

思维与语言的关系是很密切的。语词作为语言的载体具有一定的内涵，代表着相应的客观事物，所以人们可以用它作为中间媒介进行间接的认识活动，使语词成为思维的工具。语词发散训练是发散思维训练的重要形式。

（1）语词发散　　　　（2）反义词发散　　　　（3）观念发散

【电子活页】

扫描二维码，浏览"电子活页 2-7"的内容，了解"使用'语词发散'的方法训练发散思维"的具体内容。

电子活页 2-7

2.3.8 使用"分类发散"的方法训练发散思维

归类、分类在科学技术研究中意义是很大的。科学家们强调，我们不仅要能看出同中之异，而且要能看出异中之同，尤其是发现毫无相同之处的两件东西的相似或相同点，即共同特性。例如，一只猫和一台电冰箱，看起来是两种截然不同的东西。但是，如果我们仔仔细细推敲，它们有些共同特征，如都有不同的颜色，都有尾部（冰箱的尾部指冰箱接电源的电源插头线），都能发出声音等。分类发散训练是训练以多种方式对事物进行分类的能力。人们是根据种种事物所共同具有的属性来对它们进行分类的。

例如，对下列字母进行分组，要求每组至少有 3 个字母，问可以有几种分法？

B、T、H、S、V、O、N、Z

答案如下：

BSO（曲线）、THVNZ（直线组成）、HNZ（平行线）、THN（竖线）、THZ（横线）、VNZ（斜线）、VNZ（锐角）。

2.3.9　使用"语文发散"的方法训练发散思维

（1）遣字造句发散　　　　（2）关系结构类推发散
（3）确定事物关系的发散　（4）构思题目发散
（5）因果发散　　　　　　（6）情节发散

电子活页 2-8

【电子活页】

扫描二维码,浏览"电子活页 2-8"的内容,了解"使用'语文发散'的方法训练发散思维"的具体内容。

【案例剖析】

[案例 2-2]　　　　明白铅笔的用途

一位在美国学习的法学博士普洛罗夫在将近 6 年的时间里进行调查，问了同一个问题："圣·贝纳特学院教会了你什么？"共收到了 3756 份回函。在这些回函中有 74% 的人回答，他们在学校里知道了一支铅笔有多少种用途，入学的第一篇作文就是这个题目。

当初，学生都以为铅笔只有一种用途——写字。后来都知道了铅笔不仅能用来写字；必要时候还能用来替代尺子画线；还能作为礼品送朋友表达友爱；能当商品出售获得利润；铅笔的芯磨成粉后可以做润滑粉；削下的木屑可以做成装饰画；一支铅笔按照相等的比例锯成若干分，可以做成一副象棋；可以当作玩具的轮子；在野外缺水时，铅笔抽掉笔芯还能当作吸管喝石缝中的水；在遇到坏人时，削尖的铅笔还能作为自卫的武器等。

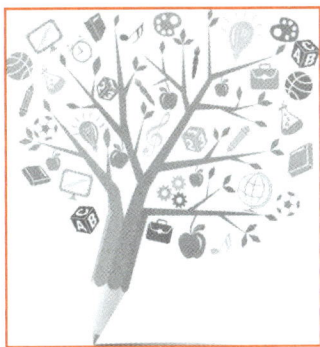

【分析思考】

圣·贝纳特学院让其学生明白，有着眼睛、鼻子、耳朵、大脑和手脚的人更是有无数种用途，并且任何一种用途都足以使我们成功。

【交流探讨】

[探讨 2-3]　　　　在没见到第 21 位之前别忙着做出决定

曾经有个叫佛瑞迪的美国青年去求职。当他赶到报考地点时，已有 20 位求职者排在前面，他是第21位。怎样才能引起老板的特别注意而赢得唯一的职位呢？佛瑞迪沉思了一会儿，终于想出了一个好主意。他在一张纸片上写了几行字，请人交给了老板。老板看后哈哈大笑起来，并且走到他的面前亲切地拍了拍他的肩。请你们想一想纸片上写的是什么字？纸片上写的是：先生，我排在队伍的第21位。在您看到我之前，请千万别忙着做出决定。

【各抒己见】

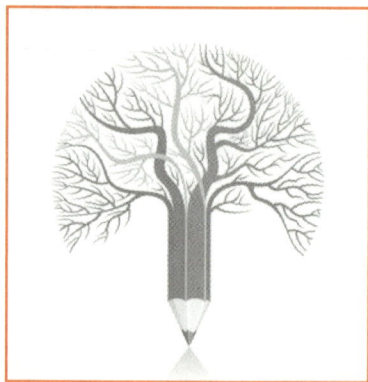

佛瑞迪恰当地运用了方法发散思维。方法发散是以人们解决问题或制造物品的某种方法为发散点，设想利用该种方法的各种可能性。

如果你听人家介绍说，新近出版的某本书很好，觉得这本书对你很有用，有收藏的价值，所以，你希望拥有这本书。那么，用什么办法能得到这本书呢？

运用发散思维完成以下任务：

（1）尽可能多地写出（或说出）手机的各种用途。

（2）尽可能多地写出（或说出）砖的各种用途。

（3）尽可能多地写出（或说出）玻璃杯的各种用途。

（4）尽可能多地写出（或说出）书的各种用途。

（5）尽可能多地写出（或说出）报纸的各种用途。

idea 【实战训练】

［训练 2-5］ 尽可能多地写出以字词为元素的各种语词

以"打"为元素的各种语词有：打人、打门、打鼓、打铁、敲打、击打、殴打、攻打、打官司、打交道、打墙、打刀、打卤、打包裹、打毛衣、打格子、打伞、打电话、打酒、打草、打主意、打手势、一打。

（1）在10分钟内尽可能多地写出以"发"为元素的各种语词。

（2）在10分钟内尽可能多地写出以"过"为元素的各种语词。

［训练 2-6］ 运用"分类发散"的方法训练发散思维

分类发散训练是训练以多种方式对事物进行分类的能力，人们是根据种种事物所共同具有的属性来对它们进行分类的。

（1）对下列词按意义进行分组，要求每组至少有3个词，问可以有几种分法？

A. 知更鸟　B. 飞机　C. 小船　D. 鲸鱼　E. 黄蜂　F. 小刀　G. 短鼻鳄鱼

（2）把下列物件尽可能按照性质分类：A. 鸭　B. 菠菜　C. 石　D. 人　E. 木　F. 铁　G. 菜油

（3）使用两个圆、两条直线和两个三角形，可以组成哪些有意义的图案？

2.4 逆向思维训练

【见多识广】

2.4.1 逆向思维的含义

逆向思维也称为反向思维、求异思维，是一种重要思维方式。它是朝着事物发展相反的方向去思考问题，从而提出不同凡响的超常见解的思维方式。

敢于"反其道而思之"，让思维向对立面的方向发展，从问题的相反面深入地进行探索，树立新思想，创立新形象。当大家都朝着一个固定的思维方向思考问题时，而你却独自朝相反的方向思索，这样的思维方式就叫逆向思维。人们习惯于沿着事物发展的正方向去思考问题并寻求解决办法。其实，对于某些问题，尤其是一些特殊问题，从结论往回推，倒过来思考，从求解回到已知条件，反过去想或许会使问题简单化，使解决它变得轻而易举，甚至因此而有所发现，创造出惊天动地的奇迹来，这就是逆向思维的魅力。

与常规思维不同，逆向思维是反过来思考问题，是用绝大多数人没有想到的思维方式去思考问题。运用逆向思维去思考和处理问题，实际上就是以"出奇"去达到"制胜"。因此，逆向思维的结果常常会令人大吃一惊，喜出望外，别有所得。

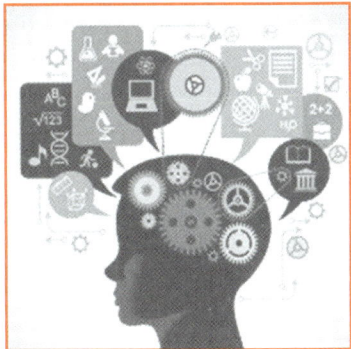

2.4.2 逆向思维的特点

逆向思维具有如下特点。

1. 普遍性

逆向思维在各种领域、各种活动中都有适用性，由于对立统一规律是普遍适用的，而对立统一的形式又是多种多样的，有一种对立统一的形式，相应地就有一种逆向思维的角度，所以，逆向思维也有无限种形式。如性质上对立两极的转换：软与硬、高与低等；结构、位置上的互换、颠倒：上与下、左与右等；过程上的逆转：气态变液态或液态变气态、电转为磁或磁转为电等。不论哪种方式，只要从一个方面想到与之对立的另一方面，都是逆向思维。

2. 批判性

逆向是与正向比较而言的，正向是指常规的、常识的、公认的或习惯的想法与做法。逆向思维则恰恰相反，是对传统、惯例、常识的反叛，是对常规的挑战。它能够克服思维定式，破除由经验和习惯造成的僵化的认识模式。

3. 新颖性

循规蹈矩的思维和按传统方式解决问题虽然简单，但容易使思路僵化、刻板，摆脱不掉习惯的束缚，得到的往往是一些司空见惯的答案。其实，任何事物都具有多方面属性。由于受过去经验的影响，人们容易看到熟悉的一面，而对另一面却视而不见。逆向思维能克服这一障碍，往往会出人意料，给人以耳目一新的感觉。

2.4.3　逆向思维的类型

逆向思维的常见类型如下。

（1）反转型逆向思维　　　　　（2）转换型逆向思维

（3）缺点逆向思维

电子活页 2-9

【电子活页】

扫描二维码，浏览"电子活页 2-9"的内容，了解"逆向思维的类型"的具体内容。

2.4.4　逆向思维的常见形式

逆向思维的常见形式如下。

（1）原理逆向　　　（2）功能逆向　　　（3）结构逆向

（4）属性逆向　　　（5）方向逆向　　　（6）状态逆向

（7）因果逆向

电子活页 2-10

【电子活页】

扫描二维码，浏览"电子活页 2-10"的内容，了解"逆向思维的常见形式"的具体内容。

【案例剖析】

［案例 2-3］　　　　　奇特的反复印机

如今，复印机、激光印表机等已成为日常的办公用品。然而，它却耗费了大量的纸张，既不经济又不符合环保要求。对此，日本理光公司推出了一种"反复印机"，其大小与一台激光印表机差不多，已经复印过的纸张通过它，上面的图文即会消失，还原成为能够多次复印的白纸。如此，一张复印纸可以重复使用 10 次左右，不仅节约了资源，创造了财富，而且使人们树立起新的价值观念：节俭固然重要，创新更可贵。这种"反复印机"的出现适逢世界各国日益重视保护森林资源，大力提倡节约用纸之时，故而深受用户欢迎，市场前景十分广阔。

【分析思考】

"反复印机"的发明恰当地运用了逆向思维的方法。逆向思维虽然超常，但不反常；虽然奇特，但不荒唐。它不是毫无根据的胡思，也不是虚无缥缈的乱想，而是一种在解决问题过程中更为艰苦的创造性脑力劳动。它是在一个更为广阔的天地里探求，并在突破常规、与别人完全相反的方向上，思考问题的思维方法。逆向思维不受旧观念束缚，积极突破常规，标新立异，表现出积极探索的创造性。逆向思维不满足于"人云亦云"，不迷恋于传统看法和惯用做法，这种方法常常使问题获得创造性的解决。逆向思维对于解决疑难问题或创新思维、标新立异具有特殊意义，往往能做出突破性的贡献。

怎样去适应市场和日趋变化的消费需求？开拓"反复印机"的成功事例告诉我们，同类产品并非没有开发的潜力和价值，只要生产经营者肯动脑筋，善于把先进的科学技术运用到老产品的挖潜和革新上，多在产品的款式、用途上下功夫，照样能够生产开发出适应市场需求的好产品来。

[案例 2-4]　　　　　懒马拉车

有一位赶马车的马夫，驱赶着一匹马，拉着一板车煤要上一个坡。无奈路长、坡陡、马懒，马拉着车上了整个坡的三分之一就再也不愿意前进了，任其马夫抽打，马只是原地打转。马夫这时招呼同行马车停下，从同伴处借来两匹马相助。按常规的思维方式，一匹马拉不上坡，另两匹马来帮忙，那肯定是来帮忙拉车的。但马夫并不是把牵引绳系在车上，而是将牵引绳系在自己那匹马的脖子上。这时，只听马夫一声吆喝，借来的两匹马拉着懒马的脖子，懒马拉着装煤的车子，很快便上了坡。对马夫这种做法你可能会感到疑惑，用借来的两匹马拉自己的懒马，其结果仍然是自己的懒马在使劲，另两匹马不但使不上劲，而且还有可能拉伤自己的马。

【分析思考】

马夫巧妙运用逆向思维解决懒马问题。这匹马的力量同其他马的力量差不多，车上装的煤也差不多，别的马能拉上去，这匹马也应当能拉上去，上不去的原因是这匹马懒惰，也就是说，是态度问题，而不是能力问题。

让两匹马拉住懒马的脖子，就逼使懒马必须尽最大的力量，拼命拉着煤车前进。否则，脖子就有可能被另外的两匹马拉断。求生欲使得懒马必须积极主动地拉车上坡。

如果让另外两匹马帮助拉车，虽然可以顺利地将车拉上坡，但让这匹马尝到偷懒的甜头后，再遇到上坡时一定还会坐等别的马帮忙。而系住它的脖子让另外两匹马教训它一下，则可以使其记住偷懒所吃的苦头，以后上坡时不敢再偷懒，从而根治该马的懒病。

【交流探讨】

[探讨 2-4]　　什么样的 18 层大厦可以在地震中屹立不倒

1972 年 12 月 23 日，尼加拉瓜共和国首都马那瓜发生了大地震，一座现代化城市顷刻间变成了一片废墟，死亡万余人，震中 511 个街区的房屋被无情地震毁。令人惊奇的是，一片废墟中唯独 18 层的美洲银行大厦竟安然屹立，而大厦正前方的街道地面却呈现了上下达1/2 英寸的错动！如此奇迹，轰动了全球。

奇迹的创造者就是著名工程结构专家美籍华人林同炎。他在设计美洲银行大厦时，试图设计一座震中不会出现房屋崩裂的大厦，但是无论如何都没有办法解决建筑材料在强大外力下不变形、裂开的问题。就在他一筹莫展之际，忽然想到如果不是把思维的重点放在正面（因为放在正面不能彻底解决防震问题），而是把重点放在反面呢？

于是，在多方筛选测算后，他采取了框筒结构。这种结构和一般结构不同，具有刚柔相济的特点：在一般受力的情况下，建筑物有足够的刚度来承受外力；而当受到突如其来的强烈外力时，可由房屋内部结构中某些次要构件的开裂使房屋总刚度骤然减弱，从而大大减少主要构件建筑材料承受的地震力。这种以房屋次要构件开裂的损失来避免建筑物倒塌的设计思想突破了一般常规的思维框架，突破了以刚对刚的正面思维模式，从而创造了世界上少有的奇迹。

在这里，林同炎选择了以"逆"保护来保护。保护与破坏是完全对立的，但这不意味着它们不能互补共存。如果不遗余力地保护不能达到"保护"的最终目的，那么就用"破坏"来"保护"。使"保护"和"破坏"双方呈现出相互依存的态势，主动设计一些在强地震中会被破坏的东西，恰恰成就了保护的目的。在主要建筑体完好的前提下，次要内部结构的破坏反而使得建筑物避开了强震的摧残。

【各抒己见】

结合本案例，谈谈计算机病毒、中小学生上网等问题的积极因素和不利影响。

💡【实战训练】

[训练 2-7]　王老板损失了多少钱

王老板花 30 元进了一双鞋，零售价 40 元。一个小伙子拿一张 100 元人民币来买鞋，王老板找不开，只能去找邻居换了这 100 元，然后找给了小伙子 60 元。后来邻居发现这个 100 元是假币，没办法王老板又还了邻居 50 元。

这场交易里，王老板一共损失了多少钱？

[训练 2-8]　猴子采回来多少个桃子

有一只猴子，采回来一堆桃子。第一天吃了一半多一个；第二天吃了剩下的一半多一个；第三天又吃了剩下的一半多一个；接下来的每一天都吃了剩下的一半多一个，到第 10 天的时候剩下一个桃子（第 10 天没有吃桃子）。问这只猴子采回来多少个桃子？

[训练 2-9]　走哪条路你才能生存

假设你是一个求生者，现在面对分岔路口，分别通向生与死。

现在，路口分别站着士兵 A 与士兵 B。

（1）士兵 A 与士兵 B 清楚生与死的方向，但你不知道。

（2）两位士兵其中一位一直讲真话，而另一位一直讲假话。

（3）两位士兵都互相知道谁说真话，谁说假话，但你不知道。

现在只有一次选择机会，选择一位士兵并提出一个问题，由此判断出走哪一条路你才能生存。请说出你的问题。

2.5　侧向思维训练

在现实生活中,经常会见到人们在思考问题时"左思右想",说话时"旁敲侧击",这种从旁侧开拓出思路的思维方式就是侧向思维。它要求思考者尽量利用其他领域的知识,从别人想不到的角度观察、分析,达到解决问题的目标。

【见多识广】

2.5.1　侧向思维的含义

侧向思维又称"旁通思维",是发散思维的又一种形式,侧向思维的思路、思维方向不同于正向思维、多向思维或逆向思维,它是沿着正向思维旁侧开拓出新思路的一种创新思维。通俗地讲,侧向思维就是利用其他领域里的知识和资讯,从侧向迂回地解决问题的一种思维形式。

侧向思维与正向思维是不一样的,正向思维遇到问题,是从正面去想,但是侧向思维是要你避开问题的锋芒,从侧面去想,是在最不打眼的地方,也就是次要的地方,多做文章,把它挖掘出来,并把它的价值扩大。这样往往会有意想不到的效果,会更简单、更方便。

2.5.2　侧向思维的运用

侧向思维的具体运用方式有以下几种。

（1）侧向移入　　　　　（2）侧向转换　　　　　（3）侧面移出

【电子活页】

电子活页 2-11

扫描二维码,浏览"电子活页 2-11"的内容,了解"侧向思维的运用"的具体内容。

【案例剖析】

[案例 2-5]　　　　　　　　　　圆珠不坏油先尽

圆珠笔是美国比罗兄弟在 1934 年发明的,这种笔一经问世,由于其具有不用灌墨水,可以复写,使用方便等优点,立即受到人们广泛欢迎。但遗憾的是,每当圆珠笔笔芯写到 2 万字左右时,笔芯上的圆形滚珠就由于磨损而变小,这样油就漏出来了。针对这一漏油问题,圆珠笔制造商投入了大量的人力、物力,进行圆形滚珠耐磨损的研究,在如何延长圆珠的寿命上想办法、找出路,使用更耐磨的金属材料来制造圆形滚珠,从而延长滚珠的磨损寿命。但这样一来就会出现一对矛盾,如果用贵重耐磨金属制造圆形滚珠,就必然大幅度地提高圆珠笔的生产成本和价格，从而在市场上失去竞争力；而普通的廉价金属耐磨损性又比较差。正因为如此，圆珠笔漏油这个看似简单的问题多年来都没有得到很好的解决。正当专家们一筹莫展的时候，有位叫中田滕三郎的日本年轻人却另辟蹊径，提出了一个绝妙的想法，从控制圆珠笔芯的油量着手，缩短笔芯使用寿命来达到圆珠不坏油先尽的目的，使色油在写到15 000字左右时正好用完，从而轻而易举地解决了问题。

【分析思考】

有句成语叫作"他山之石，可以攻玉"。当我们在一定的条件下解决不了问题或虽能解决但只是用习以为常的方案时，可以用侧向思维来产生创新性的突破。

很多时候，我们盯住事件本身，也许只能陷入困境，但是侧向思维的恰当运用，会让人以最少的付出达到最大的收益。科学研究发现，一个人为某一问题苦苦思索时，会在大脑里形成一种优势灶，一旦受到其他事物的启发，就很容易与这个优势灶产生相联系的反应，从而解决问题。做有心人，仔细观察，善于思考，捕捉灵感，专心研究，坚持不懈，总会有成功的时候。

本案例巧妙利用逆向思维（从油多逆向为油少）与侧向思维（不从圆珠而从笔芯解决问题）获得成功。

💬【交流探讨】

❓ ◀ [探讨 2-5] ▶   **乌鸦杯中取水**

有一年夏天，乌鸦的家乡非常干旱，它到处都找不到水喝。乌鸦决定搬到一个新地方，那里要有清澈的小河。乌鸦飞了很久，也没有看到小河。它觉得好渴呀，真想马上就喝到水。

突然，乌鸦看到地上有个瓶子，瓶子里有一些水。"终于有水喝了！"乌鸦开心地飞到瓶子旁边。乌鸦把嘴伸到瓶子里，可是瓶口太小了，瓶子里的水又太低，乌鸦怎么也喝不着。乌鸦急得团团转，怎么才能喝到水呢？

乌鸦想："如果瓶口再低一点儿，就能喝到水了。"乌鸦一边想，一边衔起一块石子，准备把瓶口砸掉。"不行，不行，万一瓶子被砸碎了，水就流走了。"乌鸦扔掉石子，转念一想，"如果能让水升到瓶口，就好了。"

乌鸦拨弄着瓶子旁边的小石子，忽然想出了一个好办法：往瓶子里放一些石子，水就能升高了。乌鸦衔来很多小石子，小心地把它们放进瓶子里，瓶子里的水渐渐升高了。

不一会儿，瓶子里的水就升到了瓶口，乌鸦开心极了。它张开嘴巴，欢快地喝了一大口，凉凉的、甜甜的，真舒服！乌鸦拍着翅膀，大口大口地喝水。喝了一会儿，它就往瓶子里放些小石子，然后继续大口喝水。

乌鸦喝完水，感觉自己又有力气了。它要继续向前飞啦！又飞了很久，乌鸦终于到了一个美丽的地方。这里有清澈的小河，还有绿绿的树木、漂亮的花朵，乌鸦开心极了。

【各抒己见】

乌鸦往瓶子里放一些石子，使瓶子里的水渐渐升高，欢快地喝到了水。

一只装满水的杯子，不能倾倒，也不能打碎杯子，如何取出杯中全部的水，请说出你的奇思妙想。

[探讨 2-6]　　　　　　　　　　　　　叩诊的发明

一百多年前，奥地利的医生奥恩布鲁格，想解决怎样检查出人的胸腔积水这个问题。他想来想去，突然想到了自己的父亲。他的父亲是酒商，在经营酒业时，只要用手敲一敲酒桶，凭叩击声，就能知道桶内有多少酒。奥恩布鲁格想：人的胸腔和酒桶相似，如果用手敲一敲胸腔，凭声音，不也能诊断出胸腔中积水的病情吗？"叩诊"的方法就这样被发明出来了。

【各抒己见】

奥恩布鲁格将什么移入"叩诊"方法的发明？请收集一些创意来源于侧向思维的发明。

idea【实战训练】

[训练 2-10]　一笔连九点

在最短的时间内，一笔将以下九点（三个一排，分三排共九个点）连接起来，必须用直线连接，线条之间必须连贯，不可重复，要一气呵成，总的线条数不能超过四根。完成后并说说这个游戏给你带来什么样的启示。来试试吧。

```
○     ○     ○

○     ○     ○

○     ○     ○
```

[训练 2-11]　剪实心圆圈

在 15 分钟内剪下大小不一的 30 个实心圆圈。

2.6 组合思维训练

【见多识广】

2.6.1 组合思维的含义

组合思维又称"连接思维"或"合向思维"，是指把多项貌似不相关的事物通过想象加以连接，从而使之变成彼此不可分割的新的整体的一种思考方式，如鸡尾酒。

组合，不是简单的加法，而是一种创新。它的思维方式是将两个看似不相干的事物进行组合，是"整体具有单个事物所不具备的新质"，增加了新的功能。原来只是一次性的水杯，现在变成茶杯加时刻表了。原来只供喝水用，现在可以边喝茶水边看沿线站名和到站时刻，自己下车的时间就在水杯上，就不用担心坐过站了。而且这种水杯具有新意的情趣，使用起来方便实惠，能满足旅客理性需求的"利益点"，带来情感需求的"兴奋点"，大大增强了为消费者服务的能量。

组合是思维的积极发散。它对对象在空间上进行拓广思考，多方位、多角度探索组合的可能性。例如水杯的用途除旅行中方便喝水之外，还能提供点什么其他服务呢？它对对象在时间上做延伸思考，既看到它的过去（质量可以，杯上印有杂七杂八的画），又看到它的现在（组合后可到千百次列车上去卖，市场宽广），还预测它未来的销售趋势。可见，组合不是偶然的巧合，它是以某一对象为中心，思维向上下左右、四面八方散发中探求新思路、新点子的创造性活动。组合从突破思维定式开始。惯常的看法是水杯就是供喝茶水的，列车时刻表就是记载列车到发时刻的，两者似乎风马牛不相及，没想过它们还有什么联系。只有破除这种思维定式，才能察人之未察，组合出前所未有的"时刻表茶水杯"。

2.6.2 组合思维的主要形式

组合思维的主要形式如下。

（1）同类组合   （2）异类组合   （3）重组组合
（4）共享与补代组合   （5）概念组合   （6）综合

电子活页 2-12

【电子活页】
扫描二维码，浏览"电子活页 2-12"的内容，了解"组合思维的主要形式"的具体内容。

2.6.3 组合思维的常用方法

组合思维的常用方法如下。

（1）主体附加法   （2）二元坐标法   （3）焦点法
（4）形态分析法   （5）信息交合法

电子活页 2-13

【电子活页】
扫描二维码，浏览"电子活页 2-13"的内容，了解"组合思维的常用方法"的具体内容。

【案例剖析】

[案例 2-6] 爱迪生组合创新发明留声机

1877 年的一天，爱迪生将一张画着锡纸圆筒、螺旋杆、带有尖针和薄膜的圆头的图纸交给一个工人去制作。这个工人虽然根据要求把爱迪生需要的东西制造出来了，但他不懂这是什么东西。当爱迪生把这台"会说话的机器"带到《科学美国人》杂志编辑部去表演时，各报记者都来观看，盛况空前。

当爱迪生把尖针放在锡纸圆筒上，转动圆筒，发出记录在锡纸上的说话声音时，大家无不热烈欢呼。这就是爱迪生发明留声机的故事，也是爱迪生进行组合思维的结果：几件平凡的东西组合在一起产生了意想不到的效果。

【分析思考】

组合思维就是对现有的实物加以组织，以形成形态、功能更优的事物的创新思维方法。

在科学界、商业和其他行业都有大量的组合创造的实例。当然组合不是随心所欲的拼凑，必须是遵循一定的科学规律的有机的最佳组合。

【交流探讨】

[探讨 2-7] 金门大桥堵塞问题的解决

美国旧金山的金门大桥横跨 1900 多米的金门海峡，连接北加利福尼亚与旧金山半岛，大桥建成通车后，大大节省了两地往来的时间。但是，新问题随之出现，由于出行车辆太多，金门大桥总会堵车。当地政府为堵车的问题迟迟不能解决感到头疼，如果筹资建第二座金门大桥，必定要耗资上亿美元，当地政府决定以重金 1000 万美元向社会征集解决方案。最终一个年轻人提出了一个方案：将原来传统的"4+4"车道改成"6+2"车道，即上午左边车道为 6 道，右边车道为 2 道；下午则相反，右边为 6 道，左边为 2 道。他的方案试行之后，困扰多时的堵车问题迎刃而解。同样是 8 条车道，"6+2"的效果明显优于"4+4"。当地政府付给了他奖金，并给予高度赞扬。

【各抒己见】

金门大桥堵塞问题的解决，在于成功运用了组合创新的思维方式，通过充分发掘和利用现有资源，科学合理地重组，产生大于原有资源组合的高效益。

请简述药物牙膏、可视电话、无声手枪、电子秤、航空母舰、组合音响、电动自行车、傻瓜照相机、全自动脱干洗衣机是如何应用组合的。

［探讨 2-8］　　　知识、技术、模式的有机组合

许多科学家认为知识体系的不断重新组合是人类知识不断丰富发展的主要途径之一，从这一角度看，近现代科学的三次大创造是由三次大组合所带来的。

第一次大组合是牛顿组合了开普勒天体运行三定律和伽利略的物体垂直运动与水平运动规律，从而创造了经典力学，引起了以蒸汽机为标志的技术革命。

第二次大组合是麦克斯韦组合了法拉第的电磁感应理论和拉格朗日、哈密顿的数学方法，创造了更加完备的电磁理论，因此引发了以发电机、电动机为标志的技术革命。

第三次大组合是狄拉克组合了爱因斯坦的相对论和薛定鄂的波动方程，创造了相对量子力学，引起了以原子能技术和电子计算机技术为标志的新技术革命。

【各抒己见】

（1）探讨乔布斯是如何把世界上最先进的技术进行最优组合，从而达到完美的用户体验，让消费者满意的目标的。

（2）探讨微信组合了哪些技术，是如何将计算机技术、通信技术、金融支付融合，形成 Internet 平台、通信平台、支付平台最优组合的。

【实战训练】

［训练 2-12］　主体附加训练

在保留以下器物主体功能不变的情况下，加上其他附加物，以改善或扩大其功能，把结果填入表内。

主　体	附　加　物	改进后的名称
日历	手表	带日历的手表
电视机		
自行车		
钱包		
黑板		
旅行包		
皮靴		

［训练 2-13］　汉字重组训练

请给下面每个字各配一个字，再将两字拆一拆，拼一拼，变成一个常用语。

例：注 +（吾）=（主）（语）

勋 + （　　）= （　　）（　　）　　汗 + （　　）= （　　）（　　）

夯 + （　　）= （　　）（　　）　　汕 + （　　）= （　　）（　　）

杆 + （　　）= （　　）（　　）　　杳 + （　　）= （　　）（　　）

柱 + （　　）= （　　）（　　）　　洽 + （　　）= （　　）（　　）

[训练 2-14]　从洞里怎么掏出铁球

有一棵长在沙丘旁边的大树，树的根部有一个 1 米深的、碗口一般大的洞。一天，几个小孩在树下玩铁球，一不留神，铁球掉进了洞里。小孩们只有一根 1 米长的木棍，此外再没有其他什么可以利用的工具。

如何通过动态的组合把掉进洞里的铁球掏出来？如何利用已有的各种信息、资源、条件组合完成？

2.7　联想思维训练

【见多识广】

2.7.1　联想思维的含义

联想思维是指在人脑内记忆表象系统中，由于某种诱因使不同表象发生联系的一种没有固定思维方向的自由思维活动。主要思维形式包括幻想、空想、玄想。其中，幻想，尤其是科学幻想，在人们的创造活动中具有重要的作用。

联想思维是指由一种事物的外部构造、形状或某种状态与另一种事物的类同、近似而引发的想象延伸和连接，是指联想物和触发物之间存在一种或多种相同而又具有极为明显属性的联想。例如，看到学生想到教室、实验室及课本等相关事物。

联想思维是指由某种事物联想到另一种事物产生认知的心理过程，即由所感知所思事物、概念或现象的刺激而想到其他与之有关的事物、概念或现象的思维过程。由于有些事物、概念或现象往往在时空中伴随出现，或在某些方面表现出某种对应关系，这些联想由于反复出现，就会被人脑以一种特定的记忆模式接受，并以特定的记忆表象结构储存在大脑中。一旦以后再遇到其中一个时，人的大脑会自动地搜索过去已确定的联系，从而马上联想到不在现场的或眼前没有发生的另外一些事物、概念或现象。

2.7.2　联想思维的特征

1.　连续性

联想思维的主要特征是由此及彼，连绵不断地进行，可以是直接的，也可以是迂回曲折地形成闪电般的联想链，而链的首尾两端往往是风马牛不相及的。

2.　形象性

由于联想思维是形象思维的具体化，其基本的思维操作单元是表象，是一幅幅画面。

所以，联想思维和想象思维一样显得十分生动，具有鲜明的形象。

3. 概括性

联想思维可以很快把联想到的思维结果呈现在联想者的眼前，而不顾及其细节如何，是一种整体把握的思维操作活动，因此可以说有很强的概括性。

2.7.3 联想思维的作用

1. 在两个以上的思维对象之间建立联系

通过联想，可以在较短时间内在问题对象和某些思维对象间建立联系，这种联系会帮助人们找到解决问题的答案。

正如《科学研究的艺术》一书的作者贝佛里奇在书中所说："独创性常常在于发现两个或两个以上对象或设想之间的联系或相似点，而原来以为这些对象或设想彼此没有联系。"

2. 为其他思维方法提供一定的基础

联想思维一般不能直接产生有创新价值的新的形象，但是，它往往能为产生新形象的想象思维提供一定的基础。

3. 活化创新思维的活动空间

联想，就像风一样，扰动了人脑的活动空间。由于联想思维有由此及彼、触类旁通的特性，常常把思维引向深处或更加广阔的天地，导致想象思维的形成，甚至灵感、直觉、顿悟的产生。

4. 有利于信息的储存和检索

思维操作系统的重要功能之一，就是把知识信息按一定的规则存储在信息存储系统中，并在需要的时候再把其中有用的信息检索出来。联想思维就是思维操作系统的一种重要操作方式。

2.7.4 联想思维的主要类型

联想思维的主要类型如下。

（1）相近联想　　　（2）相似联想　　　（3）对比联想
（4）因果联想　　　（5）类比联想　　　（6）连锁联想
（7）飞跃联想

电子活页 2-14

【电子活页】

扫描二维码，浏览"电子活页 2-14"的内容，了解"联想思维的主要类型"的具体内容。

2.7.5 联想思维的方法

1. 类比法

类比法是把陌生的对象与熟悉的对象、把未知的东西与已知的东西进行比较，从中获得启发和解决问题的方法。

类比法的实施分为：直接类比、仿生类比、因果类比、对称类比。

（1）直接类比：根据原型的启发，直接将一类事物的现象或规律应用到另一类事物上。例如，在扣子上戳个小洞注入香水，成为"香扣子"。

（2）仿生类比：根据气步甲虫（当它遇敌时会喷出一种液体"炮弹"），德国科学家研制出世界上最先进的二元化学武器。根据狗鼻子灵敏的现象，人们发明了"电子警狗"，灵敏度达到狗的 1000 倍。

（3）因果类比：根据某一事物的因果关系推断出另一个事物的因果关系，而产生新成果。例如，美国一教授根据浴池放水时水流旋向的研究，推断出台风旋向的结论。

（4）对称类比：利用对称关系进行类比而产生新成果。例如，原来化妆品都是女人的专用，根据对称类比，男士化妆品应运而生了。

2.　移植法

移植法是指把某一事物的原理、结构、方法、材料等转移到当前研究对象中，从而产生新成果的方法。

移植法的实施分为：原理移植、结构移植、方法移植、材料移植。

（1）原理移植：就是将某种科学技术原理转移到新的研究领域。例如，根据有声贺卡的原理，一位业余发明家将其移植到汽车倒车提示器上，倒车即会发出"倒车请注意"的提示声音。

（2）结构移植：就是将某事物的结构形式和结构特征转移到另一个事物上，以产生新的事物。例如拉链，某公司为有口蹄疫地区的动物做了数双短筒拉链靴，美国将拉链移植到外科手术的缝合技术。

（3）方法移植：就是将新的方法转移到新的情景中，以产生新的成果。例如，香港某集团的老总根据参观荷兰的"小人国"——荷兰风光的缩影，建成了"锦绣中华园"。

（4）材料移植：亚硫酸锌具有白天能吸收光线、夜间发光的特性，有人将它用于制造电器开关、夜光工艺品、夜光航标灯、夜光门牌等。

◎【案例剖析】

［案例 2-7］　　　　　　电影《手机》的联想过程

2003 年岁末，作家刘震云的小说《手机》和冯小刚导演的同名电影上市，均创造了不菲的业绩，电影的票房收入超过 3500 万元。其实，这部电影来自作家和导演的一个偶然的联想。

2003 年 9 月底，刘震云在冯小刚工作室发表"向生活要艺术"还是"向艺术要艺术"的高论时，每个人都不停地在接打手机，且状态各异，冯、刘二人的兴奋点便不知不觉地转移到他们的身上。冯小刚突然说："应该拍一部电影，就叫《手机》，谨以此片献给每一位手机持有者。"刘震云一巴掌拍在冯小刚的肩上——这就是"向生活要艺术"！

"手机本来是用来沟通的，但它却使人们变得心怀鬼胎，这时手机就不再是手机了，手机变成了手雷，反过来控制了它的使用者……"刘震云当即当众表示，"我愿意写这个剧本，如果你们不做，我就把它写成小说——因为手机的使用极大地改变了汉语的说话习惯，手机连着人的嘴，嘴连着心，心里的秘密源源不断地输入了手机。字掩盖手机里藏着的秘密，人们开始说谎和言不由衷。"

【分析思考】

小说《手机》和电影《手机》诞生的契机，其实就是联想思维所产生的创造性成果。其联想过程是：向生活要艺术—开会解决讨论—与会人员经常接打手机—话语与手机是喧嚣与助长的关系—写一部表现话语与手机的书—拍一部同样的电影。

联想可以唤醒沉睡在意识底层的记忆，把当前的事物与过去的事物有机地联系起来，产生新观念。联想使我们所学的知识可以由此及彼扩展，举一反三，触类旁通，以至产生认识的飞跃，出现创意的灵感。许多成功的创意或发明是靠联想获得的。例如，瑞士人美斯托拉，有一次上山打猎回到家里，发现自己的裤子上粘了许多草籽，他灵机一动，能不能人工造出一边是钩形刺另一边是纺织环的东西呢？不久，这种被称为"魔术带"的新鲜玩意很快被人们接受，慢慢演变成今天人们常用的尼龙子母扣。

【交流探讨】

[探讨 2-9]　　南极输油冰管

有一支南极探险队首次准备在南极过冬时，遇到了这样一个难题：队员们打算把船上的汽油输送到基地上，但由于输油管的长度不够，当时又没有备用的管子，无法输送。正当大家一筹莫展的时候，队长帕瑞格突发奇想：南极到处都是冰，能不能用冰来做成冰管子呢？由于南极气温极低，屋外能"点水成冰"，这个联想并非不切实际的空想。可以用冰做管子，但怎样才能使冰成为管状又不至于破裂呢？帕瑞格又想到了医疗上使用的绷带，在出发时带了不少这样的绷带，他们试着把绷带缠在铁管子上，然后在上面浇水，让水结成冰后，再拔出铁管子，这样果然就做成了冰管子。他们再把冰管子一截一截地连接起来，需要多长就接多长。就是依靠这些冰制的管子，解决了输油管长度不够的难题。

【各抒己见】

想象的力量是巨大的，它往往能超越现实，解决许多事物所不能解决的问题。

（1）人们所熟知的大量西方雕塑都是赤裸的，从中可以体味出人类的阳刚之美或阴柔之美。有没有想过给雕塑穿上衣服？想象一下给雕塑穿上衣服，会有什么不一样的效果。

（2）想象一下如果当代掌握了光速旅行技术，人类社会会在哪些方面发生怎样的变化。

（3）房价居高不下，想象一下有什么办法可以让普通民众都能买上心仪的房子。

（4）结合自己所经历的沙尘暴、雾霾等极端恶劣天气，想象一下如果环境进一步恶化，人们的生活将会出现哪些问题。

（5）想象一下，如果温室效应使全球气温上升、海水上涨，会带来哪些新的问题。

[探讨 2-10]　"回到1986年"：过没有网络没有手机的生活

大多数人都无法想象没有智能手机的日子，但是加拿大圭尔夫市有个家庭决定在生活中摒弃所有1986年以后的科学技术，时间为一年，作为一种社会体验。

一切开始于去年，当 Blair McMillan 每次问五岁的儿子想不想去外面玩时，他发现，哪怕是在完美的夏日，孩子也宁愿宅在家里拿个 iPad 玩游戏。他开始回想自己的童年，再想想今天的青少年是如此依赖现代科技，比如电脑、智能手机和网络。这位26岁的拥有两个孩子的父亲和青少年们谈话，他们中大部分人直言自己无法想象没有那些工具或玩意儿的生活，也会质疑今天的那种鼓励父母每天带孩子室外活动30分钟的公益广告。Blair 记得自己小时候，让孩子们在家里安静地坐上半小时几乎是不可能的。突然他灵光一闪，如果让时光倒流到他的童年时代，让自己的孩子体会下那种生活，将会怎样呢？于是，从4月开始，Blair 一家抛了所有现代的科技，回到了1986年的生活（Blair 和妻子出生那一年），糟糕的发型、盒式录音带，最重要的是，开始了真实的社会交往。

Blair 一家没有网络，也没有24小时的新闻频道。他们只有一台放在木柜里的1980年的老古董电视，和一台播放着怀旧老歌的卡式录音机。他们扔掉了手机，邮寄真实的信件而不是 E-mail，去敲别人家的门而不是在脸书上互粉，使用胶卷照相机，用真实的地图导航而不是 GPS。

Blair 说："我们以我们曾经被养育的方式来养育自己的孩子一年，看看到底会怎样。我当然不反对科技，它提高了燃油效率和医疗保健水平。我不反对科学，只是想体验一下，想让孩子们体验下如果没有科技会怎样，看我们能否做到。"

【各抒己见】

（1）想象一下未来网络会有哪些新的功能，对我们的学习、生活、工作会带来哪些变化。

（2）想象一下微信、电子支付未来会有哪些新变化，对人们生活会带来哪些影响。

（3）想象一下未来购物会有哪些新途径。

【实战训练】

[训练 2-15]　**将两个看似不相干的词语建立起联系**

将两个看似不相干的词语通过多个步骤的联想建立起联系。例如，高山和镜子，是两个风马牛不相及的事物，但是联想思维可以使它们之间发生联系：高山—平地，平地—平面，平面—镜面，镜面—镜子。

针对以下各组词语，通过多个步骤的联想建立起联系。

（1）足球—讲台　（2）汽车—绘图仪　（3）发动机—台灯　（4）黑板—冬天

【注意事项】

① 在读完题目后，要立即进入题目的情境，设身处地地进行联想。虚拟的情境越逼真，效果就越好。

② 开始联想后，每联想到一件事物，就填写在相应题目后，直到想不出来为止，但不要急于求成。

③ 一般可用 2 ～ 3 分钟完成一个问题，完成后，马上转入下一个问题。

[训练 2-16] **辐射式的联想思维**

从一滴水置于阳光之下，一下子便干涸，但如果汇入大海就永远存在的角度，联系到个人与集体的问题。从水虽是液体，却能冲决堤围、冲垮桥梁、毁坏公路，其柔弱身躯却有如此力量，联系到柔能克刚的问题。从水的遇冷结成冰，变为冰山冰川；遇热变为水蒸气，变为云霞，甚至变为海市蜃楼，联想到善于应变的问题。

对水、船、小草、向日葵等物进行丰富联想，可以想到哪些问题或现象？

单元 3
巧用创新技法

如何通过提问题来达到发明创造的目的？这有个方法和技巧的问题。创新技法的应用既可直接创造成果，也可启发人的创新思维，提高人们的创新能力。

如果把创造创新活动比喻成过河的话，那么方法和技法就是过河的桥或船。可以说，方法和技巧比内容和事实更重要。法国著名生理学家贝尔纳曾说过："良好的方法能使我们更好地发挥天赋的才能，而笨拙的方法则可能阻碍才能的发挥。"黑格尔说："方法是任何事物所不能抗拒的、最高的、无限的力量。"笛卡儿认为："最有用的知识是关于方法的知识。"

【课程思政】

本模块为了实现"知识传授、技能训练、能力培养与价值塑造有机结合"的教学目标，从教学目标、教学过程、教学策略、教学组织、教学活动、考核评价等方面有意、有机、有效地融入科学态度、辩证思维、系统思维、协同思维、创新技巧 5 项思政元素，贯穿课程教学全过程，让学生思想上有正向震撼，行为上有良性改变，真正实现育人"真、善、美"的统一、"传道、授业、解惑"的统一。

【知识导学】

3.1 认知创新技法

3.1.1 创新技法的含义

创新技法是指创造学家收集大量成功的创造和创新的实例后，研究其获得成功的思路和过程，经过归纳、分析、总结，找出规律和方法以供人们学习、借鉴和仿效。简言之，创新技法就是创造学家根据创新思维的发展规律而总结出来的一些原理、技巧和方法。

3.1.2 创新技法的主要特点

创新技法有如下主要特点。

（1）可操作性　　　　（2）技巧性　　　　（3）概略性
（4）多样性

【电子活页】

扫描二维码，浏览"电子活页3-1"的内容，了解"创新技法的主要特点"的具体内容。

电子活页 3-1

3.1.3　创新技法的常见类型

创新技法有很多类型，将这些创新技法的常见类型总结如下。

（1）研究类　　　　　（2）激励类　　　　　（3）取向类
（4）组合类　　　　　（5）类比类　　　　　（6）联想类
（7）设计类　　　　　（8）综合类　　　　　（9）设问类
（10）系统类

电子活页 3-2

【电子活页】

扫描二维码，浏览"电子活页3-2"的内容，了解"创新技法的常见类型"的具体内容。

本单元后面各小节将重点介绍头脑风暴法、奥斯本检核表法、特性列举法、缺点列举法、希望列举法和组合法等常用的创新技法。

【各个击破】

3.2　头脑风暴法及其应用

【见多识广】

3.2.1　头脑风暴法的含义

头脑风暴法是世界上最早付诸实施的创新技法，是指利用特定的会议形式，使与会者产生联想和创造性想象，激发灵感，以获得大量的创新性设想的创新技法。

头脑风暴法是由美国创造学家 A.F. 奥斯本于1939年首次提出、于1953年正式发表的一种激发性思维的方法。此法经各国创造学研究者的实践和发展，至今已经形成了一个发明技法群，如奥斯本智力激励法、默写式智力激励法、卡片式智力激励法等。

头脑风暴法是一种通过小型会议的组织形式，让所有参加者在自由愉快、畅所欲言的气氛中，自由交换想法或点子，并以此激发与会者创意及灵感，使各种设想在相互碰撞中激起脑海的创造性"风暴"。它适合于解决那些比较简单、严格确定的问题，例如研究产品名称、广告口号、销售方法、产品的多样化研究等，以及需要大量的构思、创意的行业，例如广告业。

3.2.2　头脑风暴法的优势与局限性

头脑风暴法是一种生动灵活的创新技法，应用这一技法时，完全可以并且应该根据与会者情况及时间、地点、条件和主题的变化而有所变化，有所创新。

头脑风暴法可以让人自由交流，容易碰撞出思维性的火花，是创新的有效手段。同时，这种方式所诞生的创意往往是由多方面的各行业人士进行完善的，会比单个专家单独思考得出的创意更为全面、合理。

【电子活页】

扫描二维码，浏览"电子活页 3-3"的内容，了解"头脑风暴法的优势与局限性"的具体内容。

电子活页 3-3

3.2.3　头脑风暴法的组织形式

头脑风暴法通常采用会议形式实施，会议要求参加的人都能尽情地发表意见，充分发挥想象力，鼓励大家在别人提出设想的基础上进行补充和综合，进一步提出自己的新设想。

（1）参加人数一般为 5 ～ 10 人（课堂教学也可以班为单位），最好由不同专业或不同岗位者组成。

（2）会议时间控制在 1 小时左右。

（3）设主持人一名，主持人只主持会议，对设想不做评论。

（4）设记录员 1 ～ 2 人，要求认真将与会者每一设想不论好坏都完整地记录下来。

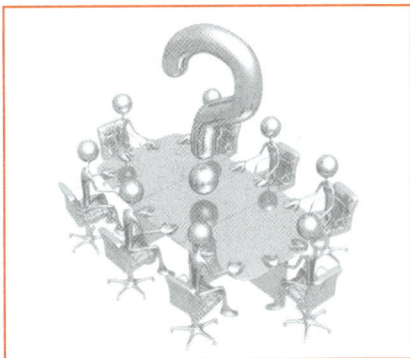

3.2.4　头脑风暴法的会议类型

1. 设想开发型

这是为获取大量的设想、为研究对象寻找多种解题思路而召开的会议，因此，要求与会者要善于想象，语言表达能力要强。

2. 设想论证型

这是为将众多的设想归纳转换成实用型方案召开的会议，要求与会者善于归纳、善于分析判断。

3.2.5　头脑风暴法的会前准备工作

（1）会议要明确主题。会议主题提前通报给与会者，让与会者有一定准备。

（2）选好主持人。主持人要熟悉并掌握该技法的要点和操作要素，摸清主题现状和发展趋势。

（3）与会者要有一定的训练基础，懂得该会议提倡的原则和方法。

（4）会前可进行柔化训练，即对缺乏创新锻炼者进行打破常规思考、转变思维角度的训练活动，以减少思维惯性，从单调的紧张工作环境中解放出来，以饱满的创造热情投入激励设想活动。

3.2.6　头脑风暴法的会议原则

为使与会者畅所欲言，互相启发和激励，达到较高效率，必须严格遵守下列原则。

（1）禁止批评和评论，也不要自谦。

（2）目标集中，追求设想数量越多越好。

（3）鼓励巧妙地利用和改善他人的设想。

（4）与会者一律平等，各种设想全部记录下来。

（5）主张独立思考，不允许私下交谈，以免干扰别人思维。

（6）提倡自由发言，畅所欲言，任意思考。

（7）不强调个人的成绩。

电子活页 3-4

【电子活页】

扫描二维码，浏览"电子活页 3-4"的内容，了解"头脑风暴法的会议原则"的具体内容。

3.2.7　头脑风暴法的会议实施步骤

（1）会前准备。与会者、主持人和课题任务三落实，必要时可进行柔性训练。

（2）设想开发。由主持人公布会议主题并介绍与主题相关的参考情况；突破思维惯性，大胆进行联想；主持人控制好时间，力争在有限的时间内获得尽可能多的创意性设想。

（3）设想的分类与整理。一般分为实用型和幻想型两类。前者是指目前技术工艺可以实现的设想，后者指目前的技术工艺还不能完成的设想。

①完善实用型设想：对实用型设想，再用头脑风暴法去进行论证、进行二次开发，进一步扩大设想的实现范围。

②幻想型设想再开发：对幻想型设想，再用头脑风暴法进行开发，通过进一步开发，就有可能将创意的萌芽转化为成熟的实用型设想。这是头脑风暴法的一个关键步骤，也是该方法质量高低的明显标志。

3.2.8　头脑风暴法的主持人技巧

（1）主持人应懂得各种创造思维和技法，会前要向与会者重申会议应严守的原则和纪律，善于激发成员思考，使场面轻松活跃而又不失脑力激荡的规则。

（2）可轮流发言，每轮每人简明扼要地说清楚创意设想一个，避免形成辩论会和发言不均。

（3）要以赏识激励的词句语气和微笑点头的行为语言，鼓励与会者多提出设想，例如，"对，就是这样！""太棒了！""好主意！这一点对开阔思路很有好处！"等。

（4）禁止使用下面的话语："这点别人已说过了！""实际情况会怎样呢？""请解释一下你的意思。""就这一点有用。""我不赞赏那种观点。"等。

（5）经常强调设想的数量，例如平均 3 分钟内要发表 10 个设想。

（6）遇到出现与会者计穷智短，出现暂时停滞时，可采取一些措施，例如休息几分钟，自选休息方法，散步、唱歌、喝水等，再进行几轮脑力激荡。或发给每人一张与问题无关的图画，要求讲出从图画中所获得的灵感。

（7）根据课题和实际情况需要，引导大家掀起一次又一次脑力激荡的"激波"。例如，课题是某产品的进一步开发，可以从产品改进配方思考作为第一激波、从降低成本思考作为第二激波、从扩大销售思考作为第三激波等。又如，对某一问题解决方案的讨论，引导大家掀起"设想开发"的激波，及时抓住"拐点"，适时引导进入"设想论证"的激波。

（8）要掌握好时间，会议持续 1 小时左右，形成的设想应不少于 100 种。但最好的设想往往是会议要结束时提出的，因此，预定结束的时间到了可以根据情况再延长 5 分钟，这是人们容易提出好的设想的时候。在 1 分钟时间里再没有新主意、新观点出现时，头脑风暴会议可宣布结束或告一段落。

3.2.9　头脑风暴法的成功要点

一次成功的头脑风暴除了在实施步骤上的要求，更为关键的是探讨方式、心态上的转变。概言之，即充分、非评价性的、无偏见的交流，具体而言，则可归纳为以下几点。

（1）自由畅谈　　　　　　（2）延迟评判

（3）禁止批评　　　　　　（4）追求数量

【电子活页】

扫描二维码，浏览"电子活页 3-5"的内容，了解"头脑风暴法的成功要点"的具体内容。

电子活页 3-5

3.2.10　头脑风暴法应遵循的基本原则

为顺利实施头脑风暴法，应遵循以下基本原则。

（1）自由原则　　　　（2）平等原则　　　　（3）不评判原则

（4）数量原则　　　　（5）单一原则　　　　（6）优先原则

（7）综合改善原则　　（8）公开原则　　　　（9）奖励原则

【电子活页】

扫描二维码，浏览"电子活页 3-6"的内容，了解"头脑风暴法应遵循的基本原则"的具体内容。

电子活页 3-6

【案例剖析】

[案例 3-1]　　　　　　　　如何清除电线上的积雪

有一年，美国北方格外严寒，大雪纷飞，电线上积满冰雪，大跨度的电线常被积雪压断，严重影响通信。过去，许多人试图解决这一问题，但都未能如愿以偿。后来，电信公司经理应用奥斯本发明的头脑风暴法，尝试解决这一难题。他召开了一种能让头脑卷起风暴的座谈

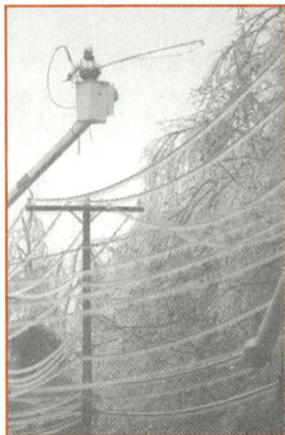

会，参加会议的是不同专业的技术人员，要求他们必须遵守以下原则。

第一，自由思考。即要求与会者尽可能解放思想，无拘无束地思考问题并畅所欲言，不必顾虑自己的想法是否"离经叛道"或"荒唐可笑"。

第二，延迟评判。即要求与会者在会上不要对他人的设想评头论足，不要发表"这主意好极了！""这种想法太离谱了！"之类的"捧杀句"或"扼杀句"，至于对设想的评判，留在会后组织专人考虑。

第三，以量求质。即鼓励与会者尽可能多而广地提出设想，以大量的设想来保证质量较高的设想的存在。

第四，结合改善。即鼓励与会者积极进行智力互补，在自己多提出设想的同时，注意思考如何把两个或更多的设想结合成另一个更完善的设想。

按照这种会议规则，大家七嘴八舌地议论开来，有人提出设计一种专用的电线清雪机，有人想到用电热来化解冰雪，也有人建议用振荡技术来清除积雪，还有人提出能否带上几把大扫帚，乘直升机去扫电线上的积雪。对于这种"坐飞机扫雪"的想法，大家心里尽管觉得滑稽可笑，但在会上也无人提出批评。相反，有一位工程师在百思不得其解时，听到用飞机扫雪的想法后，大脑突然受到冲击，一种简单可行且高效率的清雪方法冒了出来。他想，每当大雪过后，出动直升机沿积雪严重的电线飞行，依靠调整旋转的螺旋桨即可将电线上的积雪迅速扇落。他马上提出"用干扰机扇雪"的新设想，顿时又引起其他与会者的联想，有关用飞机除雪的主意一下子又多了七八条。不到一小时，与会的10名技术人员共提出90多条新设想。

会后，公司组织专家对设想进行分类论证。专家们认为设计专用清雪机，采用电热或电磁振荡等方法清除电线上的积雪，在技术上虽然可行，但研制费用大，周期长，一时难以见效。那种因"坐飞机扫雪"激发出来的几种设想，倒是一种大胆的新方案，如果可行，将是一种既简单又高效的好办法。经过现场试验，发现用直升机扇雪真能奏效，一个久悬未决的难题，终于在头脑风暴会中得到了巧妙的解决。

【分析思考】

自古以来中国民间流传着"三个臭皮匠顶个诸葛亮"的说法，形容在遇到问题时采取集思广益的方式，博采众长。英国学者萧伯纳也说："倘若你有一个苹果，我也有一个苹果，而我们彼此交换这些苹果，那么，你和我仍然只有一个苹果。但是，倘若你有一种思想，我也有一种思想，而我们彼此交流这种思想，那么我们每个人将各有两种思想。"头脑风暴法就是基于这个道理产生的，这种技术一方面能够给予与会者的大脑较多的信息刺激，促进与会者的大脑把已有知识和所得信息围绕着要解决的问题重新安排，形成多种新的组合，从而产生大量的新设想；另一方面能够造成一种鼓励与会者大胆思维和提出新设想的氛围，提高与会者的创新积极性。

随着发明创造活动的复杂化和研究对象涉及技术的多元化，单枪匹马式的冥思苦想将变得软弱无力，而"群起而攻之"的发明创造战术则显示出攻无不克的威力。

【交流探讨】

[探讨3-1]　　　　　　　　**破解砸核桃问题**

运用头脑风暴法讨论"砸核桃的方法"，以下是讨论的过程和大家提出的方案。

主持人：我们的任务是砸核桃，要求多、快、好，大家有什么办法？

甲：平常在家里用牙磕，用手或榔头砸，用钳子夹，用门挤压。

主持人：几个核桃用这种办法行，但核桃多怎么办？

乙：应该把核桃按大小分类，各类核桃分别放在压力机上砸。

丙：可以把核桃沾上粉末一类的东西，使它们成为一般大的圆球，在压力机上砸，用不着分类。

丁：沾上粉末可能带磁性，在压力机上砸压后，或者在粉碎机上粉碎后，由于磁场作用，核桃壳可能脱掉，只剩下核桃仁。

主持人：很好！大家再想想用什么样的力才能把核桃砸开，用什么办法才能得到这些力。

甲：应该加一个集中的挤压力。用某种东西冲击核桃，就能产生这种力，或者相反，用核桃冲击某种东西。

乙：可以用气枪往墙壁上射核桃，例如，可以用射软木塞的儿童气枪射。

丙：当核桃落地时，可以利用地球引力产生力。

丁：核桃壳很硬，应该先用溶剂加工，使它软化、溶解……或者使它们变得很脆，经过冷冻就可以变脆。

主持人：动物是怎么完成这一任务的，例如乌鸦？

甲：鸟儿用嘴啄……或者飞得高高的，把核桃扔在硬地上。我们应该把核桃装在容器里，从高处往硬的地方扔，例如说在气球上、直升机上、电梯上往水泥板上扔，然后把摔碎的核桃拾起来。

乙：可以把核桃放在液体容器里，借助水力冲击把核桃破开。

主持人：是否可使用发现法，例如认同、反向……解决问题呢？

丙：应该从里面把核桃破开，把核桃钻个小孔，往里面打气加压。

丁：可以把核桃放在空气室里，往里打气加压，然后使空气室里压力锐减，内部压力就会使核桃破裂，因为内部压力不可能很快减少。或者可以急剧增加和减少空气室压力，这时核桃壳会承受交变负荷。

甲：应该掘口深井，井底放一块钢板，在核桃与深井之间开几道沟槽。核桃从树上掉下来，顺着沟槽滚到井里，摔在钢板上就会摔破。

结果，仅用十分钟就收集了四十个想法，经评价后，从中得出参考解决方案。

【各抒己见】

运用头脑风暴法，讨论砸核桃的解决方案，由每组的代表做主题发言，组内成员可以补充。

[探讨3-2]　　　　　　　　突破自我，尝试创新

分析思考以下创新案例。

1. 改变外形

单层公共汽车加倍变成双层公共汽车，轿车加长变成加长汽车，根据运输货物的特殊要求设计其外形，如液罐汽车、冷藏汽车、散装水泥汽车、集装箱汽车。裙子减少长度变成超短裙或比基尼，鲜花弄干变成干花，面包切开变成汉堡包。

2. 寻找替代物

汽车的动力源由车载电源代替燃油，于是产生了电动汽车。用小球替代钢笔尖，于是诞生了圆珠笔。按键拨号代替手摇方式，于是产生了按键电话机。传输方式由无线信号代替有线信号，于是产生了移动电话。电脑的使用方式由便携方式代替固定方式，于是产生了笔记本电脑。实时聊天方式代替电子邮件方式，于是产生了QQ及微信等聊天工具。

3. 多个元素组合

耳机与收放机组合产生了随身听。尼龙与紧身裤结合产生了连裤袜。电话机与录音机结合产生了录音电话机。"房"和"车"的功能结合就产生了房车。

4. 不断改进

台式电脑改为笔记本电脑，再改为平板电脑。电视机由电子管式改为晶体管式，再改为集成电路式。人们的通信方式由通过邮局寄送书信改为发E-mail，再改为通过QQ或微信实时聊天。白炽灯改为荧光灯，再改为LED灯。

5. 冲破功能限制

可以将手机当作电脑用，也可以将电脑当作手机用。可以将电视机当作电脑显示器用，也可以将电脑显示器当作电视机用。电梯门口也可以做广告，饭馆内也可以搭台表演节目。塑料纸也可以做成时装。通过QQ或微信也能实现视频电话。

6. 新的组合

一个新想法可能是旧想法的新组合。所有的色彩都是由3原色组合而成的。所有的音乐都是以未超过12种音调的方式构成的。所有的数字都是由10个符号构成的。电脑所有的逻辑运算只有两个量：0和1。中文的基本笔画不超过15个，可它们组成了汉字可以描述客观与主观的整个世界。移动电话与上网功能、多媒体功能、辅助办公功能融为一体就产生了智能手机。

【各抒己见】

采用头脑风暴法说出其他的创新事例或创新设想。把一个组的全体成员都组织在一起，每个成员都毫无顾忌地发表自己的观点。

💡**【实战训练】**

[训练3-1]　讨论旅游活动方案

拟组织一次旅游活动，运用头脑风暴法讨论活动方案，包括目的地、费用、时间、交通等方面。以组为单位进行讨论，并阐述各组的活动方案设计。

[训练 3-2] 运用默写式智力激励法解决问题

头脑风暴法虽然能造成自由探讨、互相激智的气氛，但也有一些局限性。如有的创造性强的人喜欢深思，但会议无此条件；表现力强和控制力强的人会影响其他人提出设想；会议严禁批评，虽能保证自由思考，但又难于及时对众多的设想进行评价和集中。针对这些局限性，德国人提出了一种默写式智力激励法。此法规定：每次会议请 6 人参加，每人在卡片上默写 3 个设想，每轮限时 5 分钟，即默写式智力激励法（也称为 635 法）。

有一位船长，和 12 名水手一起驾船出海，船上有足够的粮食和水，船上还携带了 5 只鸭子和 5 只鸡，请问：船长还带了几只羊？运用默写式智力激励法写出自己的答案，即 6 人一组，每人在纸上默写 3 个设想，每轮限时 5 分钟。

3.3 奥斯本检核表法及其应用

奥斯本检核表法是指以该技法的发明者奥斯本命名，该方法引导主体在创造过程中对照 9 个方面的问题进行思考，以便启迪思路，开拓思维想象的空间，促进人们产生新设想、新方案的方法。

【见多识广】

3.3.1 奥斯本检核表法的定义

1941 年出版了世界上的第一部创新学专著《创造性想象》，在这本专著中，奥斯本提出了检核表法，该书的销量达 4 亿册。奥斯本检核表法又称"分项检查法"或"对照表法"。所谓检核表法，是根据需要研究对象之特点列出有关问题，形成检核表，然后一个个来核对、讨论，从而发掘出解决问题的大量设想。它引导人们根据检核项目一条条求解问题，以便于系统周密地思考。奥斯本检核表是针对某种特定要求制定的检核表，主要用于新产品开发等。

3.3.2 奥斯本检核表法的检查项目与包括的问题

奥斯本检核表法共有 9 类 75 个问题，如表 3-1 所示，其实质就是从 9 个方面的 75 个角度，启发我们提出问题和思考问题，使思路沿着正向、侧向、逆向及合向发散开来。因此它的侧重点是提出思考问题的角度而不是步骤，它的核心是启发和发挥联想的力量。

表 3-1　奥斯本检核表法的检查项目与包括的问题

序号	检核项目	含　义	包括的问题
1	能否他用	现有的事物有无其他用途；保持不变能否扩大用途；稍加改变有无其他用途	1-1　有无新的用途 1-2　是否有新的使用方法 1-3　可否改变现有的使用方法

序号	检核项目	含　义	包括的问题
2	能否借用	能否引入其他创造性设想；能否模仿别的东西；能否从其他领域、产品、方案中引入新的元素、材料、造型、原理、工艺、思路	2-1　有无类似的东西 2-2　利用类别能否产生新观念 2-3　过去有无类似的问题 2-4　可否模仿 2-5　可否超越
3	能否改变	现有事物能否做些改变？如颜色、声音、味道、式样、花色、音响、品种、意义、制造方法；改变后效果如何	3-1　可否改变功能 3-2　可否改变颜色 3-3　可否改变形状 3-4　可否改变运动 3-5　可否改变气味 3-6　可否改变音响 3-7　可否改变外观 3-8　是否还有其他改变的可能性
4	能否扩大	现有事物可否扩大适用范围；能否增加使用功能；能否添加零部件；能否延长它的使用寿命，增加长度、厚度、强度、频率、速度、数量、价值	4-1　可否增加些什么 4-2　可否附加些什么 4-3　可否增加使用时间 4-4　可否增加频率 4-5　可否增加尺寸 4-6　可否增加厚度 4-7　可否提高性能 4-8　可否增加新成分 4-9　可否加倍 4-10　可否扩大若干倍 4-11　可否放大 4-12　可否夸大
5	能否缩小	现有事物能否体积变小、长度变短、质量变轻、厚度变薄，以及拆分或省略某些部分（简单化）？能否浓缩化、省力化、方便化、短路化	5-1　可否减少些什么 5-2　可否密集 5-3　可否压缩 5-4　可否浓缩 5-5　可否聚合 5-6　可否微型化 5-7　可否缩短 5-8　可否变窄 5-9　可否去掉 5-10　可否分割 5-11　可否减轻 5-12　可否变成流线型
6	能否替代	现有事物能否用其他材料、元件、结构、力、设备力、方法、符号、声音等代替	6-1　可否代替 6-2　用什么代替 6-3　还有什么其他的排列 6-4　还有什么其他的成分 6-5　还有什么其他的材料 6-6　还有什么其他的过程 6-7　还有什么其他的能源 6-8　还有什么其他的颜色 6-9　还有什么其他音响 6-10　还有什么其他照明

续表

序号	检核项目	含　义	包括的问题
7	能否变换	现有事物能否变换排列顺序、位置、时间、速度、计划、型号；内部元件可否交换	7-1　可否变换 7-2　有无可互换的成分 7-3　可否变换模式 7-4　可否变换布置顺序 7-5　可否变换操作工序 7-6　可否变换因果关系 7-7　可否变换速度或频率 7-8　可否变换工作规范
8	能否颠倒	现有的事物能否从里外、上下、左右、前后、横竖、主次、正负、因果等相反的角度颠倒过来用	8-1　可否颠倒 8-2　可否颠倒正负 8-3　可否颠倒正反 8-4　可否前后颠倒 8-5　可否上下颠倒 8-6　可否颠倒位置 8-7　可否颠倒作用
9	能否组合	能否进行原理组合、材料组合、部件组合、形状组合、功能组合、目的组合	9-1　可否重新组合 9-2　可否尝试混合 9-3　可否尝试合成 9-4　可否尝试配合 9-5　可否尝试协调 9-6　可否尝试配套 9-7　可否把物体组合 9-8　可否把目的组合 9-9　可否把特性组合 9-10　可否把观念组合

3.3.3　奥斯本检核表法应用实例

奥斯本检核表法应用实例如下所示。
（1）能否他用的应用实例
（2）能否借用的应用实例
① 移花接木，借月生辉　　② 借用紫外线黑光的魔法
③ 建议的借用　　④ 借力
⑤ 物的借用
（3）能否改变的应用实例
① 结构变化　　② 形状、式样变化
③ 颜色变化　　④ 声音变化
⑤ 味道变化　　⑥ 制造方法变化
（4）能否扩大的应用实例
① 附加功能　　② 添加部件
③ 强化技术　　④ 增加长度、宽度、厚度
⑤ 增加时间

（5）能否缩小的应用实例

① 微型化　　　　　　　　② 浓缩化

③ 拆分化　　　　　　　　④ 简单化

⑤ 方便化　　　　　　　　⑥ 短路化

⑦ 自动化

（6）能否替代的应用实例

① 材料代替　　　　　　　② 方法代替

（7）能否变换的应用实例

① 重排位置　　　　　　　② 重排时间和布局

（8）能否颠倒的应用实例

① 里外颠倒　　　　　　　② 上下颠倒

③ 主客颠倒　　　　　　　④ 因果颠倒

（9）能否组合的应用实例

电子活页 3-7

【电子活页】

扫描二维码，浏览"电子活页 3-7"的内容，熟悉"奥斯本检核表法应用实例"的具体内容。

3.3.4　奥斯本检核表法实施时的注意事项

奥斯本检核表法实施时应注意以下几点。

（1）要联系实际一条一条地进行检核，不要有遗漏。

（2）要多检核几遍，效果会更好，或许会更准确地选择出所需创新、发明的方面。

（3）在检核每项内容时，要尽可能地发挥自己的想象力和联想力，产生更多的创造性设想。进行检索思考时，可以将每大类问题作为一种单独的创新方法来运用。

（4）检核方式可根据需要，1 人检核也可以，3 ~ 8 人共同检核也可以。集体检核可以互相激励，产生头脑风暴，更有希望创新。

3.3.5　运用奥斯本检核表法进行创新活动的实施过程

运用奥斯本检核表法进行创新活动的实施过程如下。

（1）根据创新对象明确需要解决的问题。

（2）根据需要解决的问题，参照表中列出的问题，运用丰富的想象力，强制性地一个个检核讨论，写出新设想。

（3）对新设想进行筛选，将最有价值和创新性的设想筛选出来。

3.3.6　和田十二法及其应用

在长期的实践中，有些创造学家又对奥斯本检核表法进行了改进，这里我们以和田十二法为例。和田十二法是上海市创造学者许立言、张奎福根据上海和田路小学开展创造发明活动所总结的一种创新技法，这种技法通俗易懂、运用简便，非常适合在中小学发明创造活动中使用，被称为创造发明的"一点通"。

　　简单地说，和田十二法可以归纳为 36 个字，其操作要点、操作说明及应用实例如表 3-2 所示。

表 3-2　和田十二法的操作要点、操作说明及应用实例

序号	操作要点	操作说明	电风扇的创新应用
1	加一加	这件事物还可以添加点什么	带电脑的电风扇
2	减一减	在这件东西上还可以减去点什么	去掉吊杆——吸顶电风扇
3	扩一扩	这件东西在功能、结构上可以扩展吗	扩大送风角度——全方位电风扇
4	缩一缩	这件东西在功能、结构上还可以减缩吗	婴儿电风扇
5	变一变	这件东西在功能、结构、形态方面还可以变化吗	球式电风扇
6	改一改	这件东西有哪些缺点需要改进呢	保健电风扇
7	联一联	这件事物与哪些有联系呢	防火、驱蚊电风扇
8	代一代	这件事物能用别的事物取而代之吗	木叶片电风扇
9	搬一搬	这件东西搬到别的场合会派上新用途吗	电视机罩内微型电风扇：防止电视机过热
10	反一反	将这件事逆反一下会产生什么新的结果呢	无叶片电风扇：振动送风、排风扇
11	定一定	为了完善此事还要规定些什么呢	低噪声电风扇
12	用一用	对新技术能不能用上一用呢	太阳能电风扇

【案例剖析】

[案例 3-2]　　　　　针对手电筒的创新思路

　　运用奥斯本检核表法对手电筒进行分析并提出创新思路，如表 3-3 所示。

表 3-3　针对手电筒的创新思路

序号	检核项目	创新思路
1	能否他用	其他用途：信号灯、装饰灯
2	能否借用	增加功能：加大反光罩，增加灯泡亮度
3	能否改变	改一改：改灯罩、改小电珠和用彩色电珠等
4	能否扩大	延长使用寿命：使用节电、降压开关
5	能否缩小	缩小体积：1 号电池→2 号电池→5 号电池→7 号电池→8 号电池→纽扣电池
6	能否替代	替代：用发光二极管替代小电珠
7	能否调整	换型号：两节电池直排、横排、改变式样
8	能否颠倒	反过来想：不用干电池的手电筒，用磁电机发电
9	能否组合	与其他组合：带手电收音机、带手电的钟等

【分析思考】

奥斯本检核表法有利于提高发现创新的成功率，创新发明的最大敌人是思维的惰性。大部分人思维总是自觉和不自觉地沿着长期形成的思维模式来看待事物，对问题不敏感，即使看出了事物的缺陷和毛病，也懒于去进一步思索，不爱动脑筋、不进行积极的思考，因而难以有所创新。

奥斯本检核表法的设计特点之一是多向思维，用多条提示引导你去发散思考。奥斯本检核表法中有九个问题，就好像有九个人从九个角度帮助你思考。你可以把九个思考点都试一试，也可以从中挑选一两个集中精力深思。奥斯本检核表法使人们突破了不愿提问或不善提问的心理障碍，在进行逐项检核时，强迫人们思维扩展，突破旧的思维框架，开拓了创新的思路。

【交流探讨】

[探讨3-3]　　　　运用奥斯本检核表法进行创新设计

以电风扇为对象，运用奥斯本检核表法进行创新设计的设想，如表3-4所示。

表3-4　运用奥斯本检核表法对电风扇进行创新设计的设想

序号	检核类别	创造性设计的设想
1	能否他用	（1）湿气干燥装置；（2）吸气除尘装置；（3）风洞试验装置
2	能否借用	（1）仿古电风扇；（2）借用压电陶瓷制成的无翼电风扇
3	能否扩大	（1）可吹出冷风的电风扇；（2）可吹出热风的电风扇；（3）驱蚊电风扇
4	能否缩小	（1）微型吊扇；（2）直流电微型电风扇；（3）太阳能微型电风扇
5	能否改变	（1）方形电风扇；（2）立柱形电风扇；（3）其他外形奇异的电风扇
6	能否代用	（1）玻璃纤维风叶的电风扇；（2）遥控电风扇；（3）定时电风扇；（4）声控或光控电风扇
7	能否调整	（1）模拟自然风的电风扇；（2）保健电风扇
8	能否颠倒	（1）利用转栅改变送风方向的电风扇；（2）全方位风向的电风扇
9	能否组合	（1）带灯电风扇；（2）带负离子发生器的电风扇；（3）对转风叶的电风扇

我们来看一款可拆卸的无线电风扇。

电风扇无疑是夏日生活的必备良伴，但电风扇储存时却又往往占据很大空间，这与其一年中短暂的使用期限显然不成正比。

为解决这一问题，Jiyoun Km 工作室开发了一款"conbox"电风扇，这款风扇不仅将美感与功能性完美结合，可以完全拆卸储存，也可以组装成两种不同高度使用，大大节省了储存空间。不仅如此，"conbox"还支持无线供电，可通过 App 控制，有多种功能供选择。

再来看一款没有扇叶的风扇。

有一款名叫"Dyson Air Multiplier"的风扇，其最大的特点是没有扇叶，通过高效率的无刷电机使气流增加15倍，以每秒118加仑的速率释放出来。它能产生强有力的凉爽空气，而且安静无声，也比传统电扇安全。清洗起来也比传统电风扇方便得多，扇叶上难以清理的灰尘将成为过去式。

接下来看一款鹦鹉螺形风扇。

这款风扇的设计灵感来自鹦鹉螺，利用内置的涡轮产生风力，再从剖面的通风口吹出来。它四周突出的花纹使得这款小巧的风扇可以随意摆放成任何角度。当然了，也可以随身带着它，不仅会在炎炎夏日给你带来一丝清凉，时尚的外观也可以起到很好的装饰作用。

"branch table fan" 看着像是一盏台灯，其实它无法为你提供照明，它不折不扣的是一台风扇。"branch table fan" 不为照明却为送风，其风扇头设计小巧，而且非常灵活，类似台灯的设计，任意方向、任意高低、任意角度都可以送风。

【各抒己见】

运用奥斯本检核表法进行创新设计或思维。

（1）眼镜、电吹风、水泥、纸张、机关枪等物品能否他用？
（2）超声波、激光、红外辐射等技术能否借用？
（3）在纯牛奶、纯铁、玻璃中增加点什么可提高功能或性能？
（4）衣架、尺子、澡盆、电话机能缩小吗？
（5）热水瓶、算盘、轮胎、自行车能改变吗？
（6）汽车燃料、文字记录能否被替代？
（7）车床、刨床的加工方式可否调整？
（8）大炮能否向地下发射？
（9）定时器、程序控制器可与什么物品组合在一起？

【实战训练】

［训练3-3］ 运用奥斯本检核表法分析优化产品

运用奥斯本检核表法对下列产品从九个方面进行分析，并提出相应的优化改进解决方案。

①枕头，②眼镜，③拖鞋，④手机，⑤自动车，⑥空调。

以组为单位进行讨论，并提出各自的优化改进解决方案。

［训练3-4］ 优化产品的设计与制造

美国通用汽车公司针对产品生产制造过程进行优化的训练内容如下。

（1）为了提高工作效率，不能利用其他适当的机械吗？

（2）现在使用的设备有无改进的余地？

（3）改变滑板，传送装置等搬运设备的位置或顺序，能否改善操作？

（4）为了同时进行各种操作，不能使用某些特殊的工具或夹具吗？

（5）改变操作顺序能否提高零部件的质量？

（6）不能用更便宜的材料替代目前的材料吗？

（7）改变一下材料的切削方法，不能更经济地利用材料吗？

（8）不能使操作更安全吗？

（9）不能除掉无用的形式吗？

（10）现在的操作不能更简化吗？

德国奔驰公司针对产品设计与制造进行优化的训练内容如下。

（1）增加产品——能否生产更多的产品？

（2）增加性能——能否使产品更加经久耐用？

（3）降低成本——能否除去不必要的部分？能否换用更便宜的材料？能否使零件更加标准化？能否减少手工操作而使用自动化？能否提高生产效率？

（4）提高经销的魅力——能否把包装设计得更引人注意？能否按用户、顾客要求卖得更便宜？

以组为单位到周边企业实地调研一种产品的外观、性能、包装和生产过程，并运用以上两组方法对该产品的设计与制造进行优化。

3.4 特性列举法及其应用

✔【见多识广】

3.4.1 特性举例法的含义

特性也称为特有属性，是指某类对象都具有，而别的对象都不具有的属性。特性列举法，也称为属性列举法，是一种通过创新对象的特征，包括名词性、形容词性和动词性等一一列举出来，然后分析、探讨能否以更好的特性替代，最后提出革新的方案的创新技法。

特性举例法是美国布拉斯加大学教授克劳斯特归纳、总结出来的一种创新技法，他提出用一个词来描述产品的一个特性，这些词分为名词（部件、材料、制造方法等），形容词（形状、颜色、状态等），动词（功能、作用等）三大类。然后，逐一思考每个词的替代、修改、取消、补充，只要某一特性得到改进，其整体性能就可能出现质的飞跃。

3.4.2 运用特性列举法进行创新活动的基本原理

运用特性列举法进行创新活动的基本原理有两点。

1. 对物体的特性加以描述

例如键盘，那么如何来描述键盘的特性呢？可以用形状、颜色、使用功能、使用方法、使用人群等。又如显示屏，又如何描述？可以用材料、尺寸、形状、使用场合、使用人群、质量等。使用这种方法首先要熟悉所要研究的对象，列举它的特性。

2. 分解

由整体到局部，由大到小，分得细了，容易发现问题和解决问题，当然在分解的同时要同时考虑此物品的使用环境和使用人群，就更容易发现创新点。

3.4.3　运用特性列举法进行创新活动的一般过程

运用特性列举法进行创新活动的一般过程如下。

（1）确定一个研究对象

（2）将研究对象加以分解

（3）按照特性分类加以创新

【电子活页】

电子活页 3-8

扫描二维码，浏览"电子活页 3-8"的内容，了解"运用特性列举法进行创新活动的一般过程"的具体内容。

【案例剖析】

［案例3-3］　运用特性列举法对圆珠笔进行特性分析

运用特性列举法对圆珠笔进行特性分析，可提出许多改进设想。

1. 名词特性

① 部件：笔杆、笔帽、笔夹、笔芯、笔珠、弹簧等。

改进设想：笔杆中能否放置一小卷备用纸？能否将油墨直接灌入笔杆中？笔帽是否可以取消？笔夹能否设计成内嵌式？笔芯能否加粗？笔芯能否重复使用？笔珠能否用其他耐磨材料取代？弹簧非要不可吗？

② 材料：塑料、金属、竹木、油墨等。

改进设想：能否采用其他材料？能否制造一种永不褪色的油墨？能否制造一种可擦写的油墨？能否制造一种定时褪色的油墨？

③ 制造方法：注塑、冲压、装配等。

改进设想：能否一次性注塑而成？能否进行流水线作业？能否应用机器人进行装配？能否生产过程全部自动化？

2. 形容词特性

① 形状：圆柱形。

改进设想：能否采用三棱柱形、头圆尾扁形、鹅毛形、尖刀形、汤匙形？笔杆能否按手指压痕塑造？能否采用动物或植物造型？

② 颜色：白、红、蓝、绿、黑、紫色等。

改进设想：能否采用一些淡雅颜色来保护视力？能否在笔上设置一些变幻图案，以吸引消费者？

③ 状态：固定式、活动式、单色笔、双色笔等。

改进设想：能否设计一种可自由弯曲的笔？能否设计一种可

折叠的多色笔？

3. 动词特性

① 功能：书写、复写、绘图等。

改进设想：可否制成带磁性按摩器的笔？可否制成带指南针的笔？可否制成带放大镜的笔？可否制成带发光装置的笔？可否制成带计算器的笔？可否制成带反光镜的牙科笔？可否制成涂胶水的笔？

② 作用：文具。

改进设想：能否拓展为工艺精品笔？能否拓展为生肖纪念笔？能否拓展为情侣对笔？

如果将上述的设想进行认真整理，就可筛选出一些创新课题。

【分析思考】

通过对需要革新改进的对象作观察分析，尽量列举该事物的各种不同的特征或属性，然后确定应加以改善的方向及如何实施，应用这种方法进行创新可以大大提高创新效率。

【交流探讨】

［探讨3-4］　运用特性列举法进行创新思维训练

当对某一产品进行创新设计时，倘若只是从整体上考虑，由于涉及面较广，很难找出主要矛盾，也难以发掘创新点和得出创新设想。如果先按照产品的属性将该产品化整为零，按组成要素分解并分别进行研究，就比较容易找出问题，得到创新的方案。

下面以台灯为例说明运用特性列举法进行创新设计的方法。

1. 名词特性

① 整体：台式台灯、挂式台灯、夹式台灯、吊式台灯。

② 部件：灯罩、灯泡、立柱、底座、开关、电源线。

③ 材料：金属、塑料、玻璃、铝合金、钢、棉布、纸、木质。

④ 制造方法：手工制作、机器加工、锻造、铸造。

⑤ 性能：高低、能见度、可调节。

针对名词特性进行思考，改进设想：增加一组？即换用双层灯罩，组成"双层台灯"。开关的改进，可以改成"遥控式开关"或"感应式开关"。

2. 形容词特性

① 外形：圆形、椭圆形、梯形、方形、三角形、多边形、不规则形。

② 颜色：彩色，黑、白、蓝色。

针对形容词特性进行思考，改进设想：能否做成"装饰性"台灯？日常台灯闲置不用，可以改变其造型的设计，外形设计新颖，灯罩配以各种造型，作为很好的室内装饰品；台灯的灯罩涂色能否多样化？将单色变为彩色，让其有个性化特点，或者采用变色材料，开发一种"迷幻式台灯"，给人以新的感受。

3. 动词特性

功能：照明、发热、辐射、防近视、清新空气、风扇式。

针对动词特性进行思考，改进思考：防近视台灯，能够有效发出可保护眼睛的光，对正在照明的人的眼睛进行"保护"；清新空气灯，具有清新空气的功能，通过发热一段时间挥发作用，来达到清新空气的功能；风扇式台灯，在台灯原有的功能下多加一个风扇的功能，两者并用。

【各抒己见】

参考台灯的创新设计方法，针对以下物品进行创新思维与优化设计。

① 枕头，② 空调，③ 拖鞋，④ 手表，⑤ 自动车，⑥ 杯子。

以组为单位进行讨论，并提出各自的优化改进设计方案。

【实战训练】

[训练 3-5]　运用特性列举法进行创新设计

运用特性列举法对以下物品进行创新设计。

① 眼镜，② 帽子，③ 雨伞，④ 香肠，⑤ 手机，⑥ 插座。

每小组选取一种物品，组内运用特性列举法进行讨论，从而得到多种设计方案。

3.5　缺点列举法及其应用

【见多识广】

3.5.1　缺点列举法的含义

在创新技法中有一种名为缺点列举法的方法，这是一种易理解、易操作、易见效的改善方法。缺点列举法是指通过发掘现有事物的缺点，把事物的缺点一一列举出来，然后提出改革或革新方案的一种技法。列举缺点就是发现问题，而创造发明就是要解决现有存在的问题。每发现一个缺点，提出一个问题，也就找到了一个创造发明的课题。

缺点列举是针对一个产品（部件）进行的，任何产品无论它设计得多么合理，制造得如何精致，一旦它交付生产或使用就会显露出某些方面的不足，这是一个客观的规律。所以当我们拿任何一个产品进行分析时，都能很快找到它的不足之处。例如钢笔的缺点：不易下水、灌水不方便、刚灌水时字体粗、水快干时字体细、携带不便、易摔坏笔尖、漏水把手染色、磕碰后笔帽不易拔出、挂不住时污染衣物、写错字不易涂改、钢笔水涸脏纸、长时间不用易堵塞、有油的纸不易写上字、特软的纸无法写字、笔帽易滑落、笔尖只能朝一个方向使用。这种寻找产品在使用中的缺点的方法就是缺点列举法，也许正是由于钢笔存在的上述种种缺点，现在已基本上被圆珠笔、签字笔所替代。

缺点列举的方法是主动围绕产品的功能、材料、结构、造型、性能、装饰等方面去寻找不足之处。由于人们使用产品时的感受不同，所观察产品的角度也不同，提出的缺点也是五花八门，这样更能全面地看待和分析产品。

自贝尔 1875 年发明第一部磁石电话机，一百多年来，随着社会和科学技术的进步，世界各国竞相研制出各种新型电话机。从创新的观点看，这些新型电话机的开发，与人们对已有电话机的"吹毛求疵"有关，在不断地列举已有电话机的缺点的过程中，激发科技人员的创新。也就是说，新型电话机的开发是以现有电话机的缺点作为创造背景的。例如，移动电话机，克服了固定电话机不能移动的缺点；可视电话机，克服一般电话无法看见通话者形象和活动的缺点；防窃听电话机，克服一般电话能被第三者窃听谈话内容的缺点；声控电话机，用声音识别代替号码盘，克服一般电话机需要拨号的缺点；自动应答电话机，克服普通电话机不能将对方讲话内容记录下来，也不能帮助主人简单应答的缺点；灭菌电话机，克服一般公用电话机送话筒缺少防止病毒传染性能的缺点。

3.5.2 运用缺点列举法进行创新活动的一般过程

运用缺点列举法进行创新活动的一般过程如下。

（1）确定研究对象。研究对象要相对小一些、简单一些，这样比较容易成功。如果研究对象过大，则可以把它分解开来，就该研究对象的局部进行考虑。

（2）确定与研究对象有关的相关信息种类，如材料、功能、结构等。

（3）根据已确定的信息一一列出缺点，分析产生缺点的各种原因。

（4）针对一个或几个缺点提出改进方案。

（5）综合各类解决办法，提出最先解决主要缺点的可操作方案。

运用缺点列举法分析体温表，并提出改进方案。采用头脑风暴会的形式提出目前国内使用的体温表的缺点如下。

容易碎（表体是玻璃）、使用不方便（要解开衣服放置）、不卫生（消毒后轮流使用）、看不清刻度（要转动表体找刻度）、测试时间长（至少 5 分钟）、存放不方便、水银有毒（破碎后不好清除）、能够弄虚作假、冬天使用时发凉、只能从一面看刻度（其他角度看不见）、夜间无光线时无法使用、重病人夹持不住、测量精度低、表体太光滑容易脱落、样式单一、功能单一、易污染环境、使用前要甩动表体（有些人不易掌握该方法）、技术落后（靠液体受热膨胀）、盲人无法使用（无法读数）、测量部位单一、小孩看了害怕等。

根据列举出的缺点，逐条找出生产缺点的原因，此阶段不要满足于一一对应的方式，因为形成缺点的原因往往不是唯一的。

针对产生缺点的原因，提出相应的改进设想或改进的具体方法。列举几条改进设想如下。

（1）为改变易碎、不卫生、使用不方便的缺点，应该设计一种一次性高敏测温纸，贴在身上可测温。纸的颜色可随温度发生变化，类似 pH 试纸，包装可呈卷尺或书本状，用一次撕一条。

（2）测体温元件与手表或手表带组合在一起，制成柔性体温表。

（3）体温计和退烧药物组合在一起。

（4）采用音乐定时。

（5）鸣叫式报体温，供盲人使用。

（6）电子测温表，数字显示、可报时间、测好后鸣叫。
（7）不接触身体的测体温系统。

【案例剖析】

[案例3-4]　　　　　减震网球拍的发明

日本美津浓有限公司原是一家规模较小的体育用品生产厂商，为了拓展产品销售市场，将产品销至海外，公司研发人员进行了市场调查。在调查过程中，他们了解到，初学网球者在打球时不是打不到球，就是容易打出"触框球"，把球碰偏了，十分头疼。很多人都想，要是球拍大一点，兴许不会出现上述毛病。国际网联规定，球拍面积必须在710平方厘米之下。美津浓有限公司就专门做了一些比标准大30%的初学者球拍。这种球拍一经上市果然畅销。

后来，公司研发人员又了解到初学者打网球时，手腕容易患一种称为"网球腕"的炎症，这是腕力弱的人打球时因承受强烈的腕震而造成的。于是，该公司又发明了减震球拍。他们用发泡聚氨酯为材料，但是经过试验，发现打起球来软塌塌的，很容易疲劳。又重新进行了试验，终于制成了著名的"减震球拍"，产品打进了欧美各国市场。

这里，他们运用了什么技法呢？这种技法叫作缺点列举法。

【分析思考】

这家公司如何实现缺点列举？市场调查，了解消费者需求。

他们针对几个缺点进行改造？两个，一个是对初学者而言球拍太小，另一个是对初学者而言球拍造成腕震而导致一种炎症。

两次改造，两次都得到了市场的认可。这就是"缺点"对于创新的魅力。

缺点列举的实质是一种否定思维，唯有对事物持否定态度，才能充分挖掘事物的缺点，然后加以改进。因此，运用缺点列举，必须克服和排除由习惯性思维所带来的创造障碍，培养善于对周围事物寻找缺点、追求完美的创新意识。

【交流探讨】

[探讨3-5]　　　　运用缺点列举法进行创新思维训练

从伞的演变，可以清楚地看到人们是怎样一一发现缺点并进行改进的。

中国在公元前11世纪已发明了伞。伞的主要结构有伞衣、伞柄、伞骨。材料有油纸、油布、竹。功能有遮雨和遮阳等。在千百年的使用过程中，人们根据其存在的缺点一一改进如下。

①伞衣：油纸不结实，就改用油布。油布太粗糙，就改用细布或尼龙布；单色布不美观，

不容易辨认，又改用花布，也有印上十二生肖等图案的。再如撑伞时遇上顶面风，伞撑在前面挡住了视线，撑伞人看不见前面的车辆，很容易造成车祸，于是就有了透明伞和带有观察窗的伞。

②伞柄、伞骨：竹质不结实，就改用钢质；直柄不能挂，就装上弯把；伞尖太尖，容易刺痛人，就改为圆钝形；伞柄太长，存放不便，就改为缩折型的；伞开合不便，就改为自动开合伞；为了防止"吹伞喇叭"，就装上防吹顶装置。

③功能：雨夜赶路，一手持伞，一手握手电筒照明，多不方便！人们就发明了照明伞。另外，还有散热消暑的风扇伞，一物多用的手杖伞、折凳伞等。

④种类：有晴雨两用伞，两人合用的椭圆形伞，母子合用的高低伞，不用手持的肩背伞、帽伞。此外，还有撑在自行车上的自行车伞、不用伞骨的充气伞和伞帽两用的帽伞等。

【各抒己见】
应用缺点列举法提出改进长柄雨伞的创新设想。

【实战训练】

[训练3-6]　运用缺点列举法进行创新设计

1. 人员分组
按四种不同用具（剪刀、筷子、削皮器、螺丝刀）分四组，每组选出一名主持人。

2. 准备教具
（1）剪刀组：普通剪刀、头发、纸张、布料、硬纸板、一截软水管。该组的口号为：人生是一把剪刀，应该剪出最美的图案。

（2）筷子组：竹筷、碗、豆腐、花生米、肉、螃蟹脚、粗粉干、水。该组的口号为：多用筷子，有助心灵手巧。

（3）削皮器：普通瓜果刨、芒果、土豆、南瓜、柿子（水柿）。该组的口号为：去除赖皮，留取精华，演绎精彩生活。

（4）螺丝刀：大小不同的一组螺丝刀，大小不同的螺丝钉、木板、闹钟。该组的口号为：螺丝刀，旋紧人生的每一个接口。

3. 列举生活用具的缺点
给四组学生分别发放活动任务书，分别研究四种用具。各主持人给本组成员分派研究任务，并做缺点记录。本组全体成员认真观察、体验，并结合生活经验，运用头脑风暴法，每人至少说出一个缺点。

（1）剪刀。
研究任务：剪一张长2厘米宽10厘米长的纸条，剪大小不同的五角星两个、爱心两个，剪断一把头发，将一个硬纸板对半剪开，剪断一根软水管。

（2）筷子。

研究任务：用筷子夹花生米吃完，每吃两口把筷子放下一次；用筷子夹粗粉干；用筷子当工具吃螃蟹脚；用筷子吃豆腐；将一块肉分成两块；吃完以后将筷子、碗等装到盒子里。

（3）削皮器。

研究任务：刨南瓜皮，刨马铃薯皮，刨芒果皮，刨橙子皮，刨晒干的番薯皮，把马铃薯刨成丝。

（4）螺丝刀。

研究任务：将闹钟上的一组螺丝钉扭出来，再扭进去，保持螺丝钉离闹钟表面 7 毫米；将大小不同的螺丝钉扭进一块木板；将一组小螺丝钉扭进一个凹槽的一组孔眼里；估算一下扭螺丝刀要多少力。

4.　找出生产缺点的原因

根据列举的缺点，逐条找出产生缺点的原因，此阶段不要满足于一一对应的方式，因为形成缺点的原因往往不是唯一的。

5.　提出改进设想或改进方法

针对产生缺点的原因，提出相应的改进设想或改进的具体方法，各小组列举几条改进设想。

3.6　希望列举法及其应用

【见多识广】

3.6.1　希望列举法的含义

人们很早以前就有顺风耳和千里眼、上天和入地的"希望"。经过一代又一代人的不懈努力，现在都如愿以偿了：雷达、收音机、电视机就是顺风耳和千里眼，宇宙飞船和探地雷达可以上天和入地。"希望"给人们带来许许多多新的发明。人们希望在暗处能够书写，于是就发明了既可照明又可书写的"光笔"。人们希望擦黑板时没有飞扬的粉笔灰，于是就发明了无尘黑板擦。人们希望削苹果不用手，于是就发明了削苹果机。人们希望钉纽扣不用线，于是就发明了拆装式纽扣等。

常言道"需要为发明之母"，心里想要什么东西，或希望能有哪些功能的东西，常常是促使你产生解决方法的动机。今日不可行的幻想，或许是明日最成功、最畅销的产品。就某项产品积极地幻想，希望它还能有什么优点（希望点）和期望，不论是否可行、是否天马行空都将之逐条列出来，如果过于拘泥于现状或常识，反而成为障碍，而难以自由自在地构思；再根据这些希望点来进而构思新创意，这种方法称为希望列举法。它与缺点列举法刚好相反，从希望的优点（功能）出发来构思新创意，所产生的创意经常是石破天惊的。希望列举法也是特性列举法的一种，所要列出的特性是产品所希望拥有的希望点（功能），要积极地幻想，将不论是否可行、是否天马行空的希望点（功能）都列出来，再针对这些希望点（功能）来构思新的改进方案、产生新的创意。

希望列举法是由 Nebrasa 大学的克劳福特（Robert Crawford）发明的。这是一种不断地提出"希望""怎么样才会更好"等的理想和愿望，进而探求解决问题和改善对策的技法。这种方法是通过提出对该问题和事物的希望或理想，使问题和事物的本来目的聚合成焦点来加以考虑的技法。

希望列举法的特点是要求运用扩散性想象去发现问题、解决问题。有时非专业人员的参与反倒可以激发新设想。希望列举法是从发明者的愿望出发提出各种新的设想，可以不受原有物品的束缚。因此，它是一种积极的、主动型的发明方法。

3.6.2　运用希望列举法进行创新活动的一般过程

运用希望列举法进行创新活动的一般过程如下。

（1）确定研究对象。

（2）针对研究对象列出希望点。

（3）制定具体的实施方案。

我们以常用的笔来说明希望点列举法的施行步骤。

（1）确定研究对象和欲改进的目标：改进现有笔的功能。

（2）列出笔的希望点如下。

① 如果能够有好几个颜色可以更换，该多好。

② 如果能够调整笔的粗细，该多好。

③ 如果能够同时具有测电功能，该多好。

④ 如果能够同时具有激光指示的功能，该多好。

⑤ 如果能够长久使用又不会断墨水，该多好。

以上仅列出部分希望点，并未完全列举出来，可依个人主观意愿加以列举。接着评估所列出的希望点，构思改进方案，提升笔的功能。

（3）根据这些希望点构思，满足其中一项或多项希望点，构思新的创意，可能的方案如下。

① 利用按钮或旋转来更换笔芯的方法，将笔设计成具有好几种颜色的功能。

② 利用按钮或旋转来更换笔芯的方法，将笔设计成具有不同粗细的功能。

③ 在笔的头部增加测电装置，使之具有测电功能。

④ 在笔的头部增加激光装置，使之具有激光指示功能。

⑤ 将笔的内部挖空并装入大量的墨水，使之长久使用又不会断墨水。

【案例剖析】

[案例3-5]　　　　　设计色盲可辨的信号灯

现在，市场上许多新产品都是根据人们的"希望"研制出来的。例如，人们希望茶杯在冬天能保温，在夏天能隔热，就发明了一种保温杯。人们希望有一种能在暗处书写的笔，就发明了内装一节五号电池、既可照明又可书写的"光笔"。在研制一种新的服装时，人们提出的希望有：不要纽扣，冬天暖夏天凉，免洗免熨，可变花色，两面都可以穿，重量轻，肥瘦都可以穿，脱下来可作提物袋等。现在，这些愿望大多数都在日常生活中变成了现实。

在 1992 年北京国际发明展览会上，有位小学生的参展项目格外引人注目。他为色盲者辨别交通信号灯提供了一个可行方案。由于色盲者只对颜色辨别不清，而对形状的辨别与常人无异。因此，只要将红灯的玻璃罩改为三角形，将黄灯的玻璃罩改为正方形，绿灯的玻璃罩保持原来的圆形，色盲者即可从交通信号灯所显示的形状中，间接地获得红、黄、绿的信息。倘若这个方案被交警部门采纳，则可提高色盲者的交通安全。

【分析思考】

在创造发明活动中，希望是灵感的源泉，通过对研究对象的希望和理想，使问题的本来目的聚合成焦点，再加以考虑的技法，就是希望列举法。

希望列举法是一种启发大家产生新设想的有效工具，它能够在较短的时间里让大家通过使用扩散思维、求异思维、横向思维等思维方法去发现问题和提出问题。有意识地使用希望列举法，可以摆脱人们的思维惰性，突破事物的旧框框，提出改进管理、产品、流程、营销的新点子，通常情况下还会使人产生新奇的设想。

【交流探讨】

[探讨 3-6]　列举物品的希望点

自从 1878 年法国发明天然水泥以来，水泥以它独特的性能独占建筑材料的鳌头。为了适应某些特殊工程和特殊环境的需要，人们对水泥提出了更高的要求，也陆续发明了许多新型水泥。

（1）速凝水泥：这种水泥能在短时间凝固，可在修复飞机跑道、堤坝及水下建筑物等工程的施工中大显身手。

（2）黏接水泥：用来修补断裂的水泥构件，其牢固程度高于原先未损的部分，施工简便，被誉为"焊接水泥"。

（3）弹性水泥：普通的水泥材料抗拉性能极差，倘若泥浆中添加一些细小的强化纤维，则其弹力可增加 100 倍。这种弹性水泥，特别适用于抗弯曲和振动的地方。目前，有些国家甚至制造出水泥弹簧。

（4）变色水泥：掺入少量二氧化钴的水泥具有变色功能，空气干燥时呈蓝色，空气潮湿时变成紫色，下雨时又变成玫瑰色。用这种水泥盖起的房子，等于耸立起一座天然的"气象台"，还有美化环境的效果。

（5）可加热的水泥：加入一些金属颗粒和纤维的水泥通上电后，水泥就会变热。这种水泥特别适用于铺设寒冷地区的路面和机场跑道，可防止结霜和积雪。

（6）家具水泥：这种特制的水泥板材的性能几乎跟木材一样，可以锯、刨、钉。用它制作的家具，可与木制家具相媲美，是一种便宜又耐用的替代品。

（7）医用水泥：这种可塑性特强的水泥不是用来盖病房，而是一种新型的补牙材料。

【各抒己见】

尽可能多地把对纸、鞋子、空气净化器的希望列举出来。

【实战训练】

[训练 3-7] 运用希望列举法进行创新设计

（1）电风扇的希望点如表 3-5 第 2 列所示，针对这些希望点进行创新设计，将创新设想填写在表 3-5 的第 3 列中。

表 3-5　电风扇的希望点与创新设想

序号	希　望　点	创新设想
1	希望角度不仅仅限制在一定角度范围	
2	希望不摆头部就能得到不同的风向	
3	希望风吹的范围更大	
4	随意调节风力的强弱，而不用换挡位	
5	希望电扇也能像电视一样用遥控器控制	
6	希望风扇能丰富多彩	
7	希望风扇像折扇那样方便随身携带	
8	希望风扇的转叶不会伤到人	
9	希望有一种节约空间的风扇	
10	希望只是调节空气流动的功能	
11	希望更关注健康功能	
12	希望风速能根据温度的高低而变化	
13	希望电扇能驱蚊虫	
14	希望在停电时也能享受风扇	
15	希望在电脑前享受舒服的凉风	
16	希望结合空调和风扇的优点	

（2）塑料曾以结实耐用、易成形、成本低、耐腐蚀等优点，成为人们喜爱的材料。然而，它一旦废弃，便成为不易腐烂的环境污染物。据统计，垃圾中塑料占 8% 左右，在自然条件下，塑料分解起码需要 100 年的时间。有效地控制和消除塑料这个"白色污染"源，是人类共同的"希望"。科学家们经过多年的研究，终于发明出可降解的塑料。构成塑料的分子链长度是决定塑料强度的关键，分子链一旦断裂，塑料也就变得易碎和易化解了。当在塑料中掺入 3% 左右的添加剂（以淀粉为主）后，分子链的长度就会变短，废弃后由细菌进行生物化解，最后变成对环境无害的水和二氧化碳。塑料的分解速度取决于添加剂的数量。目前，可降解塑料的寿命可控制在 2 个月至 6 年的时间范围内。

"可降解塑料"除应用于快餐盒外，还可以应用在哪些项目上？

3.7 组合创新技法及其应用

【见多识广】

3.7.1　组合创新技法的含义

组合创新技法是指利用创新思维将已知的若干事物合并成一个新的事物，使其在性能和服务功能等方面发生变化，以产生出新的价值。以产品创新为例，可根据市场需求分析比较，得到具有创新性的技术产物，包括功能组合、材料组合、原理组合等。

人类的许多创造成果来源于组合。正如一位哲学家所说："组织得好的石头能成为建筑，组织得好的词汇能成为漂亮文章，组织得好的想象和激情能成为优美的诗篇。"同样，发明创造也离不开现有技术、材料的组合。

3.7.2　组合创新的常见形式

组合创新是很重要的创新方法，组合创新的形式主要有以下几种。

（1）功能组合　　　　（2）意义组合　　　　（3）构造组合
（4）成分组合　　　　（5）原理组合　　　　（6）材料组合

电子活页 3-9

【电子活页】

扫描二维码，浏览"电子活页 3-9"的内容，了解"组合创新的常见形式"的具体内容。

【案例剖析】

[案例 3-6]　　　　　　　　瑞士军刀的精彩组合

被世界各国视为珍品的瑞士军刀，被认为是迄今为止最精彩的组合。其中被称为"瑞士冠军"的款式最为难得，它由大刀、小刀、木塞拔、螺丝刀、开瓶器、电线剥皮器、钻孔锥、剪刀、钩子、木锯、鱼鳞刂、凿子、钳子、放大镜、圆珠笔等 31 种工具组合而成。携刀一把等于带了一个工具箱，但整件长只有 9 厘米，重只有 185 克，完美得令人难以置信。正因为如此，素以苛求著称的美国现代艺术博物馆也收藏了一把瑞士军刀中的极品。美国前总统约翰逊、里根、布什都特地订购瑞士军刀，作为赠送国宾的礼品。瑞士军刀的生产商在国际消费电子展上推出了一款数字版的瑞士军刀，这把军刀集成了一个 32GB 的 U 盘，可支持硬件 256bit 数据加密，并整合了指纹识别认证功能。除此之外，它还集成了蓝牙模块，在连接计算机后，用户可利用刀身上的两个按钮来控制幻灯片的播放，并附带了一个演讲中常用的激光灯。当然，作为一把瑞士军刀，它依旧配备了主刀、指甲锉、螺丝刀、剪刀和钥匙圈等工具。

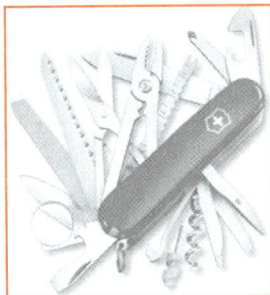

【分析思考】

巧妙的组合就是创新，组合在创新活动中极为常见并被广泛运用。组合创新方法，是以两个或多个事物为基础，按照一定的原理或目的，进行有效组合而产生的创新方法。当今世界，大多数创新成果的获得都是采用组合创新方法取得的，在进行创新时，只要组合合理有效，就是一项成功的创新。

"巧妙的组合就是创新"似有夸大其词之嫌，但却道出了组合的真谛。组合绝不是各种事物的简单凑合。组合的本质是想象和创新。某些组合看起来不合理，其实，在这不合理中却融进了创造性的想象，在标新立异中开辟出一片新天地。在一定的目标下，把若干事物、元素等按照一定的原则进行组合，生成创新成果。其中，各个组成事物和元素相互协调，有机组合，相互作用。当然，组合创新的事物必须具有创新的特征，组合创新事物的功能之和应大于内部各组成事物、元素的单独功能之和。所以，进行组合创新，找到组合对象并不难，困难在于找到组合对象后，如何有机地把它们组合在一起。要做到这点，除了要有知识和经验，还需要有丰富的想象力。

组合创新方法以组合为核心，把表面看来似乎不相关的事物，有机地结合在一起，合多为一，从而产生意想不到、奇妙新颖的创新成果。组合创新的机会无穷无尽，组合创新的方法也多种多样。

创造学研究者认为，创新的实质是信息的截取和处理后的再次结合。在组合创新实践中，把聚集的信息分离开，以新的方式进行组合，就会产生新的事物。组合是对事物的创造性综合，综合的结果是创新出新思想、新概念、新技术、新产品等。参与组合的事物，相辅相成，优势互补，共同发挥作用，使得组合后不仅是量的叠加，更是质的突变。

【交流探讨】

[探讨3-7]　　　　　　　　多功能的智能手机

随着科技的发展与进步，以及人们在通信领域对手机要求的不断提高，手机已经成为大家生活中必不可少的一部分。最初，使用手机只为了打打电话、发发短信，现在，人们已广泛使用"智能手机"，智能手机就是一种安装了开放性操作系统的手机。它不仅具备普通手机的全部功能，而且像一部小型的电脑，比传统的手机具有更多的综合性处理功能。成为一部智能手机所必备的几个条件如下。

第一，具备普通手机的全部功能，能够进行正常通话、发短信等。

第二，具备无线接入互联网的能力，即需要支持GSM网络下的GPRS，或者CDMA网络下的CDMA1X，或者4G网络、5G网络。

第三，具备掌上电脑的功能，包括PIM（个人信息管理）、日程记事、任务安排、多媒体应用、浏览网页。

第四，具备一个开放性的操作系统，在这个操作系统平台上，可以安装更多的应用程序，从而使智能手机的功能可以得到无限扩展。以上条件中，以最后一条最为关键，因为一个好的操作系统直接决定了可以在手机上应用的各种软件的数量和质量。

【各抒己见】

（1）智能手机主要应用了哪种组合创新技法？对手机应用其他形式的创新技法，还可以创新出什么样的产品？

（2）对于梳子、水杯、桌子、手机、黑板这几种事物，在保留这些事物主体功能不变的情况下，加上其他附加物，以扩大其功能，描述自己的创新设想。

[探讨3-8]　超声波与电动牙刷的组合

在购物网站上，一种新的超声波电动牙刷很受人们追捧。它结合了电动牙刷和超声波的功能，清洁效果优于一般的电动牙刷和普通牙刷。超声波牙刷在刷牙时，利用强力的摆动速度，通过流体动力来清洁牙齿，摆动频率每分钟可达 31 000 转，利用共振的原理，产生动态流体强力清洁作用。由于超声波牙刷是利用超声波能量的空化效应达到清除牙周的病菌和不洁物的目标，其可以全方位深入手动刷牙根本无法到达的牙缝甚至牙龈内。超声波能量通过刷头的刷毛传递到牙齿和牙龈表面，使菌斑、牙垢和细小的牙石松动，破坏在龈袋及牙面各处隐藏的细菌的繁殖；同时，超声波能量通过触及牙龈的刷毛传递到牙龈表面，并渗透到牙齿内部，作用于细胞膜后，可以加速血液循环，促进新陈代谢，从而抑制牙周炎症和牙龈出血，防止牙龈萎缩。

【各抒己见】

（1）超声波牙刷主要应用了哪种组合创新技法？对牙刷应用其他形式的创新技法，还可以创新出什么样产品？

（2）收录机、电子表笔、闪光装饰品、香味橡皮、音乐贺卡、钢筋混凝土、混纺毛线、玻璃纤维分别由哪些对象组合创新而来？

【实战训练】

[训练3-8] 运用各种类型的组合创新

先看一款创新产品：打火机与手电筒完美合体。

手电筒的主体是由耐用的阳极氧化铝制作而成的，符合人体工程力学的设计，完全符合人的拇指抓力，确保了人们手拿电筒时的舒适度。

打火机的盖子可以用来覆盖等离子打火机，实现打火机的"快开快灭"，同时还能够挂在手电筒上变身灯笼。

这款打火机充满了高强度的等离子，在任何天气条件下都可以使用，这多亏了里面3350毫安的可充电锂电池，能够保证几百次的使用。为了防止不必要的点火，这款打火机还设计有安全装置，使用前需要使用者连续按三次按钮。

在设计这款"sparker"的时候，设计师意识到他们可以将相似的功能结合在一款更小的产品之中，打造一款更为实用的生活用品，因此设计了"sparker mini"。

新设计其功能更像是一款传统的打火机，底部内置有 LED 灯源，可以作为手电筒使用。因此"sparker mini"呈现了更加经典的外形及优化后的功能。

（1）列举几种组合创新的物品。

（2）对列举的物品进行甄别，删除不属于组合创新的物品。

（3）围绕以上创新进行新的组合创新，可以异想天开，无须考虑能否实施。

（4）讨论新的创新方案，并评选出 3 ~ 5 项最佳创意。

（5）选取一项自己最感兴趣的最佳创意。

单元 4
训练创新能力

　　创新能力是民族进步的灵魂、经济竞争的核心；当今社会的竞争，与其说是人才的竞争，不如说是人的创造力的竞争。创新是一个民族的灵魂，是一个国家兴旺发达的不竭动力。培养大学生的创新能力既是实施科教兴国和建设创新型国家的必然要求，也是提高大学生自身综合素质的重要途径。在国家建设创新型国家的总体战略部署下，大学生主动培养创新能力势在必行。

　　企业的竞争归根到底是员工素质的竞争，而核心是员工发现问题、解决问题能力的竞争。只有善于用创新思维发现问题并积极探寻解决问题方法的员工才是企业最需要的员工。因为积极寻找解决问题方法的员工表现出更高的企业忠诚度和职业责任感，能够把解决企业存在的问题当成自己的使命，能够为企业创造良好的经济效益，从而成为企业生存和发展的可靠基础。企业员工必须立足于岗位，也就是说从解决生产技术难题、攻克生产难关做起，用创新去完善自己的劳动，去提升自身劳动价值。

　　企业中每个问题的发现和解决的过程都可以说是一个创新的过程。因此，是否能够积极发现问题、解决问题是区分员工优秀与平庸的分水岭，也是衡量员工分析、解决问题能力和创新能力强弱的重要标尺。有探索才会有创新，有创新才会有办法。

　　创新并不像人们通常想的那样神秘、复杂，伟大的创新往往来自对最简单、最容易被忽略的事实的观察。

【课程思政】

　　本模块为了实现"知识传授、技能训练、能力培养与价值塑造有机结合"的教学目标，从教学目标、教学过程、教学策略、教学组织、教学活动、考核评价等方面有意、有机、有效地融入科学态度、辩证思维、系统思维、协同思维、创新能力 5 项思政元素，贯穿课程教学全过程，让学生思想上有正向震撼，行为上有良性改变，真正实现育人"真、善、美"的统一、"传道、授业、解惑"的统一。

?【知识导学】

4.1　认知创新能力

4.1.1　创新能力的含义

　　所谓创新能力，是指为了达到某一目标，综合运用所掌握的知识，通过分析、解决问题，获得新颖、独创的，具有社会价值的精神和物质财富的能力；是指人们根据一定的目标任务，提出新理论、新构想或发明新技术、新产品，从而创造性地解决问题的能力。

创新能力是指运用知识和理论，在科学、艺术、技术和各种实践活动中打破常规与惯例，不断改进工作方法，不断提供具有经济价值、社会价值、生态价值的新思想、新理论、新技术、新方法和新发明，创造新产品、新成果的能力。

创新能力是人们用已经积累的丰富知识，通过不断地探索研究，在头脑中独立地创造出新的形象、提出新的见解和做出新的发明的能力。创新能力是人们产生新认识、新思想和创造新事物的能力。

对于创新能力的最好诠释，应当是一位著名学者的话："既要异想天开，又要脚踏实地"。是的，创新能力指的不仅仅是良好的发散思维能力，还指持之以恒的忍耐力。当然更重要的是将这两者有机结合起来的综合能力。

创新能力是人才素质的核心，包括发现问题、提出问题的能力，创造性地分析问题和解决问题的能力，发现规律的能力，发明新技术、创造新产品的能力等。它是由观察敏锐性、记忆保持性、思维灵活性、独立思考能力、创造性思维、创造性想象和创新意识等基本要素构成的。

创新能力是个体的一种创造力，它从来就不是孤立地存在于个体的心理活动中的，而是与每个人都具有的人格特征紧密相联的。古今中外科学发展史的实践证明，优秀的人格特征是创造力充分发挥的必备品质。一般来说，对科技发展和人类进步有突出贡献的科学家都具有优秀的人格特征，其中，坚定的事业心，强烈的责任感，勇于探索、敢于创新的精神尤为重要。

4.1.2　培养创新能力的主要方式

我们要培养自己的创新意识，敢于突破思维定式，提高创新能力。创新能力的表现主要有：发现问题的敏锐观察能力、分析问题的思维能力、远见卓识预见未来的能力、拓展思路求索答案的能力、借鉴经验开拓新路的能力等。

培养创新能力的主要方式如下。

（1）善于思考　　　（2）满怀好奇　　　（3）敢于冒险
（4）充满自信　　　（5）具有耐力　　　（6）学习求知
（7）付诸实践

【电子活页】

扫描二维码，浏览"电子活页4-1"的内容，了解"培养创新能力的主要方式"的具体内容。

电子活页 4-1

4.1.3　大学生主动培养创新能力的途径

当代大学生在学习知识、增强才干的过程中，应同时注重培养想象力和发散思维，通过实践锻炼和经验积累，积极开发个人创新潜能。大学生毕业后，在实际工作中，将会遇到一些前人所从未问津的新课题，有的人能对这些问题进行科学的分析，理出头绪、分清主次、抓住本质、提出方案，充分利用自己解决实际问题的能力进行不断的探索研究，得出科学的结论，取得创新成果。相反，也有的人面对无成规可循的新问题，不知所措、不敢问津，或者乱撞乱碰，费了不少精力和时间，到头来一事无成。这些差异正是由开拓创新能力的不同所致的。因此，大学生在学校期间，要不断加强自己的开拓创新能力的锻炼，增强开拓创新意识，为在今后的工作中有所发明、有所创造奠定良好的基础。

积极进取，努力创新

著名教育学家陶行知说过："处处是创造之地，天天是创造之时，人人是创造之人。"当代大学生应该通过各种途径勇于培养自我的创新能力，为此，必须树立创新意识，掌握创新方法，培养创新精神，逐步提高创新能力。大学生主动培养创新能力的途径如下。

（1）勤于实验观察，树立创新意识
（2）努力学习课程知识，掌握创新思维方法
（3）积极参与科研项目，锻炼创新技能
（4）善始善终参加各种竞赛，培养创新精神

电子活页 4-2

【电子活页】

扫描二维码，浏览"电子活页 4-2"的内容，了解"大学生主动培养创新能力的途径"的具体内容。

4.2　认知创新途径

4.2.1　创新的十种表现形态

创新的十种表现形态如下。

（1）盈利模式创新　　（2）网络创新　　　　（3）结构创新
（4）流程创新　　　　（5）产品性能创新　　（6）产品系统创新
（7）服务创新　　　　（8）渠道创新　　　　（9）品牌创新
（10）顾客契合创新

只选择一两种创新形态的简单创新不足以获得持久的成功，尤其是单纯的产品性能创新，很容易被模仿、被超越。企业需要综合应用上述多种创新形态，才能打造可持续的竞争优势。

【电子活页】

扫描二维码，浏览"电子活页 4-3"的内容，了解"创新的十种表现形态"的具体内容。

电子活页 4-3

4.2.2 企业创新能力的主要表现形态

企业创新能力的主要表现形态如下。

（1）发展战略创新　　（2）产品（服务）创新　　（3）技术创新

（4）组织与制度创新　　（5）管理创新　　　　　（6）营销创新

（7）文化创新

【电子活页】

扫描二维码，浏览"电子活页4-4"的内容，了解"企业创新能力的主要表现形态"的具体内容。

电子活页4-4

4.3 创新案例赏析

1. 光圈扳手

Steranka是一名资深摄影爱好者，他长期以来一直为光学相机中控制光线进入相机镜头的"光圈"所着迷。于是便有想法将这一模型应用于工业设计中，"Aperture Wrench"（光圈扳手）的想法由此产生。"Aperture Wrench"这款工具可以让用户随意调整扳手的尺寸大小，大大减少了备用工具的数量。

他利用相机孔径内机械运动的原理，以一把扳手应对不同直径的螺母。这把扳手的操作十分简单，使用者只需旋转位于工具顶部的红色刻度盘来调整尺寸，直到大小合适，再按下侧面下方的"锁定"按钮便可锁定开口。这把扳手还有一个类似相机的闪光灯，位于光圈结构的下方，按下这个闪光灯的红色的电源按钮，闪光灯便可以照亮工作环境。

2. 刷牙只需6秒

"Blizzident"是一款3D打印牙刷，刷牙时咬咬它即可。这款名为"Blizzident"的3D打印牙刷与传统的牙刷区别很大，除了外形，使用方式也有很大的不同，将其放置在牙齿表面，"咬"即是刷牙，可在6秒时间内彻底清洁牙齿。

"Blizzident"采用量身定制的方式，它是由塑料和400个软毛构成的，软毛起到清洁牙齿间隙的齿线作用。它的软毛非常柔软，且呈现锥形，可匹配用户的牙齿结构，以45°清洁牙龈，人们只需咬着这款牙刷大概 6 秒，就能完全清洁牙齿。而且它还是舌苔清洁器，使用过程中可清除舌头上的细菌。

3. 二合一自行车灯
4. 电梯里的创意
5. 迪士尼乐园的路径设计
6. 柯特大饭店的电梯
7. 格林斯曼成功的秘诀
8. 微信的创新和未来

【电子活页】

扫描二维码，浏览"电子活页 4-5"的内容，了解"创新案例赏析"文档中各个创新案例的具体内容。

电子活页 4-5

【各个击破】

4.4　提高问题解决能力

我们在工作、学习、生活中遇到问题，总要"想一想"，想到办法后，再进行实际操作、解决问题，需要经过一系列分析、综合、概括、抽象、比较、具体化和系统化等过程，对感性材料进行加工并转化为理性认识，最后解决问题。

【见多识广】

4.4.1　问题解决能力的含义

问题是指在目标确定的情况下达到目标的途径或手段却不明确。

问题解决是指把问题的给定状态转化为目标状态。在问题解决的过程中，为了达到特定的目标，人们会运用既有的知识、经验、技能，借助于各种思维活动和行动来处理问题，使问题得以解决。问题解决的过程非常复杂，它包括整个认识过程、情绪和意志过程，其中关键性的是思维活动。

问题解决是一个过程或一种活动，是在一定条件和准则制约下，对问题情境或未知因素要求确定出最佳方案或最佳值的活动过程。在一个问题解决的活动中，应该包括以下一些特点。

（1）问题解决者想达成一个目标。

（2）达成这个目标需要一个操作序列。

（3）提出多种方案供选择，并提高从这些方案中选择最有效方案的概率。

（4）需要使用知识、技能来间接地处理问题。

（5）根据此方案所进行的实施过程。

问题解决能力就是一种面对问题的习惯和处理问题的能力。这种能力体现在：一个人在遇到问题时，能自主地、主动地谋求解决方法，能有规划、有方法、有步骤地处理问题，并能适宜地、合理地、有效地解决问题。

4.4.2　问题解决过程划分的阶段

问题解决能力是一种面对问题的习惯和处理问题的能力，它必定要在问题解决过程中才能展现出来。问题解决过程可以划分为四个阶段。

1.　理解和表征问题阶段

第一步确定问题到底是什么，需要找出相关信息而忽略无关的细节，并准确地表征问题。

2.　寻求答案阶段

如果表征能够使问题解决者联想起一个顿悟式的解决方案，就能使问题被有效解决；反之，就只能遵循寻求解答的路线。寻求解答，可能存在算法式（指对一个问题所有可能的途径都加以尝试）和启发式（凭借经验来解决问题）两种途径。

3.　执行计划或尝试某种解答阶段

当表征某个问题并选好某种能够解决的方案之后，就开始计划和尝试解答问题。如果解答方案主要涉及某些算法的使用，一定要在使用算法的过程中避免产生系统性的错误。

4.　评价结果阶段

评价结果的方法之一就是寻找能够证实或证伪这种解答的证据，对解答进行核查。许多人在这一步完成之前就停止了工作，其实有可能得出的解答只是在一定情况下行得通而已。所以这一步与其他各阶段一样，是应该被重视的。

问题解决过程各个阶段之间的界限不一定非常明显，在某些阶段可能存在与其他阶段相区别的鲜明特点，在有些问题情境中我们甚至能判断出问题可能出在哪个阶段上，但在有些情况下就只能笼统地对整个过程加以评价。

4.4.3　提高问题解决能力从培养四大问题意识开始

工作的过程就是一个不断解决问题的过程，养成以下四大问题意识将会让你从平凡走向优秀，从优秀走向卓越。

（1）机会意识　　　　　　　（2）发现意识
（3）解决意识　　　　　　　（4）预防意识

【电子活页】

电子活页 4-6

扫描二维码，浏览"电子活页4-6"的内容，了解"提高问题解决能力从培养四大问题意识开始"的具体内容。

4.4.4　如何使顿悟经常光顾你的大脑

顿悟是一种重要的创造性思想方式，是指人们对情况的一种突如其来的领悟或理解，也就是人们在不自觉地反复想着某一题目（问题）时，突然跃入意识的一种使问题得到澄清的想法。许多科学家认为，在科学发现的认识阶段，解决问题主要是使用灵感或顿悟去提出猜想的。灵感与顿悟是新思想产生的主要途径。生理学家赫尔姆霍茨从他的科学创造活动中认识到科学发现存在着三个阶段：（1）最初的持续不断的研究，直至不可能再进行下去；（2）一段时间的休息，然后恢复研究；（3）一个突然的、意想不到的答案的出现，这就是直觉、灵感和顿悟。

现代心理学家发现，任何顿悟必须以明确的思考为大前提，同时顿悟必然在对此问题进行长期、认真，甚至艰苦的思考基础上才可能出现。由此看来，顿悟所产生的灵感也是长期积累的结果。

那么，如何使顿悟经常光顾你的大脑呢？

（1）对问题和资料进行长时间的考虑，直至达到思想的饱和，这是最重要的前提。必须对问题抱有浓厚的兴趣，对解决问题抱有强烈的愿望。

（2）摆脱分散注意力的其他问题或有兴趣的事，特别是有关生活的烦恼，这是一项重要的条件。

（3）另一个有利条件是研究不被中断，并摆脱一切使人分心的因素，例如，室内的有趣的对话或突然发出的声音。

（4）在紧张工作一段时间以后，稍事休息，悠游闲适，更容易产生直觉。

（5）长期思考以后与别人攀谈或浏览一下其他书籍，有利于诱发直觉、灵感和顿悟。

（6）新想法常常瞬间即逝，必须努力集中注意力，牢记在心，方能捕获直觉。一个普遍使用的好方法是养成随身携带纸笔的习惯，记下闪过脑际的有独到之见的念头。

4.4.5　问题解决能力的评价

对"能力"内涵解释的方式不同，陈列出的能力内涵指标项也不相同。许多学者都曾试图对问题解决过程中可能运用到的能力加以解释。黄茂在、陈文典在《"问题解决"的能力》一文中认为，问题解决过程中各个阶段包含了 20 项不同的能力，如表 4-1 所示。

表 4-1　问题解决过程中所运用的能力

问题解决的过程	相对应的"四阶段"	各阶段运用的能力
发现问题	理解和表征问题阶段	① 对境况的发展能保持正向、积极的心态。 ② 面对问题能够先做合理评估，并具有勇于承担的态度。 ③ 借助批判和想象等思维活动，意识到问题情境中还可能有许多开拓空间
确定问题		④ 能根据情境演变的脉络，确定"问题"的意义。 ⑤ 能准确评估问题的初始状态和预测问题的最终状态。 ⑥ 能洞察问题的各层次结构，并从结构中发现解决问题的关键。 ⑦ 能适当和准确地评估可运用的资源和所受到的限制条件。 ⑧ 能恰当地表述问题
形成策略	寻求答案阶段	① 能借助推论和想象来开拓"问题"的发展空间。 ② 能同时拟定多种解题策略，能合理地进行决策
执行实现	执行计划或尝试某种解答阶段	① 能以行动来处理问题，具有动手实做的习惯。 ② 具有行动能力，能控制变量并进行有条理的处理。 ③ 能随机处理预料之外的情境变化，使工作持续地沿主轴推进。 ④ 养成能在过程中随时做好对"要达成的目标""活动""评价"三者之间进行相互校正的习惯
整合成果	评价结果阶段	① 对所获得的信息，能统合整理出成果，并做出合理的评价。 ② 能根据事件的前因后果，发现其中的意义并进行解释。 ③ 能观察到处理问题过程中的不足之处和可以改进的地方
推广应用		④ 体会处理事件过程所产生的影响，并进行合理的调节。 ⑤ 了解事件后续的发展，并进行适当的处理。 ⑥ 获得经验，并应用于解决其他的问题上

具体使用时，可以参考表 4-1 中列出的指标项来观察。但是对如此多的项目在短时间内观测并给出一个对问题解决能力的总体评价仍是很不容易的。《"问题解决"的能力》一文中黄茂在、陈文典建议改用"面对问题的态度""处理问题的方式""问题解决的品质"三项来评价，即"三项"评价法。并且为了使评价中的指标项更具可观察性，还将解析出来的三项内涵（"态度""方式""品质"）加以仔细地界定，如表 4-2 所示。

这里把"问题解决能力"分成三项来评价，只是为了评价时观察的方便。三个评价项目之间的联系是很紧密的，有一项做得好，三项都会有提升；反之亦然。因此，这样的划分对"问题解决能力"的评价并不会有质的影响。

表 4-2　问题解决能力的评分指标

评价的项目：5 级与精熟度评分指标		所对应的各项能力的表现
面对问题的态度	5 级：面对问题能事先评估，觉得合理后能勇于承担责任。 4 级：接纳问题，并认真去处理。 3 级：承接问题，动手去执行。 2 级：承受问题，参与支持性的活动（不去承担责任）。 1 级：没有参与的意愿，但尚能敷衍式地参与活动	【正向态度】 ① 对境况的发展能保持正向、积极的心态。 ② 面对问题能先进行合理评估，并具有勇于承担的态度。 ③ 养成一种遇到问题时，先行考虑、了解、规划的习惯。 【了解问题】 ① 能根据情境演变的脉络，确定"问题"的意义。 ② 能准确评估问题的初始状态和预测问题的最终状态。 ③ 能洞察问题各层次结构，并从结构中发现解决问题的关键。 ④ 能适当和准确评估可运用的资源和受到的限制条件。 ⑤ 能恰当地表述问题。
处理问题的方式	5 级：了解问题并能掌握目标，合理地、有效地、协调地去推行。 4 级：知道问题，并能合理有效地去执行。 3 级：能与人合作，把自己应完成的工作负责努力地完成。 2 级：能接受分派到的任务，实地去执行。 1 级：未能了解问题，随机反应、盲目尝试，不计后果	【执行实现】 ① 能以行动来处理问题，具有动手实做的习惯。 ② 具有行动力，能控制变因做有条理的处理。 ③ 能随机处理预料之外的情境变化，使工作持续沿主轴推进。 ④ 养成能在过程中随时做好"要达成的目标""活动""评价"三者之间进行相互校正的习惯。 ⑤ 能与人分工合作完成工作。 【鉴赏结果】 ① 能由事件的前因及后续发展看出其意义并进行诠释。 ② 对所获得的信息，能统合整理出成果并进行合理的评价
问题解决的品质	5 级：能经由创造性的工作，获得可信赖的、优良的成果。 4 级：能切实有效地执行，获得可信的成果。 3 级：能依指示去执行，所得结果符合一般常情。 2 级：所依据资料勉强可信，所得结果尚可交差。 1 级：处理问题零乱遗落、有始无终	【批判创造】 ① 对所获得的信息，能整理出成果，并进行合理的评价。 ② 能借助推论和想象来开拓"问题"的发展空间。 ③ 能同时拟定多种解题策略，也能合理地进行决策。 ④ 能观察到处理问题过程中的不足之处和可以改进的地方。 ⑤ 了解事件后续的发展，并进行适当的处理。 ⑥ 体会处理事件过程所产生的影响，并进行合理的调节。 ⑦ 获得经验，并应用于解决其他的问题上

4.4.6　如何提高自身的问题解决能力

遇到一个问题，无论是工作或生活上的，都能手到擒来、很快解决，工作上，是不是会更快地发展？生活上，是不是会更惬意一些？答案是毫无疑问的。所以，应该提高自身的问题解决能力。那么如何提高自身的问题解决能力呢？

一般而言，问题解决能力可解构为预见力、决策力、执行力。

1.　预见力

预见力是指以信息为依据预见结果的能力，具体而言，就是在限定的时间内通过采集客观信息，预测结果，并预设高成功率达成结果的路径或解决方案。

我们每天都要面临如何解决问题的困境。在这种情况下，无论在时间上还是在资源上都不允许调查完所有情况后再拿出解答。如果能在限定的时间内只用很少信息就能找到最佳解答，那么就能显著提高业务上的成功率。这种能力就是结合现有经验通过少量信息进行结果预测的。

2.　决策力

决策力是指根据已掌握的有效信息，高效率做出路径或解决方案的选择决策。具体而言，根据掌握的有限的信息、尽快选出达成预期结果的最优路径或解决方案。

一旦信息过多，就会延误做决策的时机。在做决策的时候，只有那些可以帮助缩小现有选择范围的信息才有用。

一般而言，许多企业也有这样一个比较强的倾向：在搜集尽可能多的信息后做出决策。遗憾的是，很多企业由于在做决策上花的时间过多，反而延误了执行必要措施的时机。或者，有的企业会出现这种情况：在搜寻新信息的过程中使选项增多，或出现了原本不知道的新的实际情况，从而使企业一直瞻前顾后怎么都做不出决策。事实上，很多人是这么做的：从能想到的各个角度展开调查、分析，再以调查分析结果为基础得到结论。

3.　执行力

执行力是指根据解决方案制订计划，并保障计划实施和完成预定目标的能力。具体而言，根据解决方案，制订执行方案，然后以行动能力保障方案的执行。

以上对问题解决能力的解构属于概念性知识的一级解构，这种一级解构的价值在于明确了提高自身问题解决能力的三个方向，这三个方向也就构成了问题解决能力的三个子能力系统，我们应着力提高这三方面的能力，从而提高自身的问题解决能力。

这三个子系统在日常问题解决的过程中，一般是从系统的角度出发，落实到不同的职能模块或职能主体之中的，例如，企业高层的关键职能在于预见、决策，中层的关键职能在于执行。

4.4.7　提升解决问题能力的五个步骤

提升解决问题能力的五个步骤如下。

步骤一：发现问题
步骤二：设定课题
步骤三：列举并检查替代方案
步骤四：评估替代方案
步骤五：实施解决方案

【电子活页】

扫描二维码，浏览"电子活页 4-7"的内容，了解"提升解决问题能力的五个步骤"的具体内容。

电子活页 4-7

【案例剖析】

［案例4-1］　　颇爱派牙膏的"三大武器"

目前，我国牙膏市场已经进入竞争白热化阶段而且形成了高度垄断的竞争态势，外资品牌、合资品牌、区域性品牌及新生的各种品牌不断出现。

面对传统巨头咄咄逼人的气势，新兴牙膏品牌该何去何从呢？颇爱派是广州颇爱派生物科技有限公司推出的牙膏品牌，作为国内日化新贵的颇爱派牙膏将怎么扭转这一局面呢？

1. 颠覆性外观设计

该牙膏摒弃了传统牙膏的外观设计，大胆地采用泵头式圆形彩罐设计，让业界和消费者直呼惊喜。传统的牙膏使用烦琐，这一设计重新定义了人类的刷牙程序，让我们习以为常的7步刷牙，变为"打开瓶盖—挤牙膏—盖上瓶盖"的3步极简程序，方便人们生活的同时，绚丽的外形还能为生活添上一抹亮色。颇爱派通过创新的设计颠覆了消费者的体验。

2. 添加卓效精油

首次上市的四款产品，分别添加三款精油：来自保加利亚的玫瑰精油、来自意大利的佛手柑精油，以及来自印度的绿薄荷精油，充分运用精油分子更小、更活跃的优势，让精油分子能够进一步深入基底滋养，渗透到口腔软组织当中，不仅保证了牙齿口腔健康的深层滋养，更确保了长时间内由天然活性而散发出来的清新气息。

3. 营销先行

市场机会转瞬即逝、营销手段层出不穷。快消品"渠道先行"，颇爱派将以线下渠道为核心，着力开发日化店、超市连锁、美容美发店等终端渠道。定价定天下，颇爱派将价格定在55～60元这个价格区间，直接与传统高端产品对抗。"狭路相逢，勇者胜"颇爱派上市后，已经开展了多场线下体验活动，消费者争先恐后地体验产品，该牙膏获得了极大赞誉。

【分析思考】

颇爱派牙膏致力于做一款有情怀、有灵魂的牙膏。颠覆传统，弃管为罐，成为颠覆牙膏的先驱者。颇爱派自创立之日起就以"因为深爱、所以勇敢，颠覆有理、自成一派"为产品理念，颠覆创新，致力于运用人性科技提升大众口腔健康水平。

现在产品不可能100%没有问题，重要的是发现问题、解决问题。创新就是一个不断解决问题的过程。如西哲弗兰西斯·培根所言："如果你从肯定开始，必将以问题告终；如果你从问题开始，必将以肯定结束"。换句话说，当我们没有问题的时候，问题就真的严重了。发现问题，揭开盖子将问题暴露出来，这是个好消息，因为我们可以着手解决问题，可以将之变成进步和提高的途径。

[案例4-2]　　　　　　　　竞争力源自解决问题的能力

迈克尔·奥利里于1991年接管濒临破产的瑞安航空公司。很快，他就使这家航空公司成为欧洲旅游业内利润最高的企业之一。1999年，当大多数欧洲航空公司都在苦苦挣扎时，瑞安航空公司总收入却高达2.6亿美元，税前利润为5180万美元。

瑞安航空公司能在市场大环境不景气的情况下，取得如此良好的经营业绩，关键在于公司CEO迈克尔·奥利里较早地认识到了航空旅游业存在的问题，并对解决策略进行了系统和理性的分析。

其实，奥利里的管理并不复杂，只是他比一般的管理者更善于发现问题、解决问题。当他发现公司亏损是由于机票价格太高使旅客流失时，便决定改变经营方针。首先，瑞安航空公司开始为一些欧洲机场，例如，瑞典马尔默、伦敦北郊的卢顿和斯坦斯特德提供飞机。另外，奥利里还大幅度降低了机票价格：当瑞安航空公司开通英国飞往威尼斯航线时，往返票价仅为147美元，而英国航空公司是815美元。

奥利里的目标是使坐飞机成为更多欧洲人能够负担的交通方式，同时公司还要盈利。1999年，在欧洲航空公司中排名第八的瑞安公司载客量是600万人次。奥利里计划在五年之内使这一数字翻一番。但是一开始，计划实施得并不顺利，因为公司的成本总是居高不下。对此，奥利里没有坐在办公室里发脾气，也没有一味责怪下属，而是亲自下到各个分公司了解情况。

通过调查研究，奥利里发现公司成本过高的原因是机场收费较高，而要解决这一问题的最佳方法就是逐渐将公司业务转移到英国较小且收费较低的机场，因为那里的乘客比爱尔兰多。找到问题的症结和解决方案后，奥利里立即实施自己的计划，将业务转移到了英国，约有55%的瑞安航空公司的乘客从英国机场起飞。

在奥利里解决了一系列问题后，瑞安航空公司不仅闯过了危机，而且由此建立了良好的运营机制，公司也逐渐摆脱了困境，走上了健康、良性的发展道路。

【分析思考】

竞争力来源于解决问题的能力。企业经营的过程就是不断地发现问题、解决问题的过程。企业发展的程度取决于员工解决问题能力的高低。一个员工的智商再高，人际关系处理得再好，如果缺乏解决问题的能力，那也不会受到企业的青睐。企业不会容忍一名不具备解决问题的能力的员工。

企业的持续竞争优势只有通过稀缺的、竞争对手难以模仿的价值创造过程才能获得。传统的竞争优势如自然资源、技术、规模经济等，日益变得易于模仿。只有人才，才是企业取得竞争优势的关键，而人才的价值又体现在解决问题的能力上。一个人才的竞争力必须表现为卓越的解决问题的能力，否则一文不值。因此，优秀员工必须具备解决问题的能力。

【交流探讨】

[探讨4-1]　　　　　　　　小小汤匙的"妙想"

世界上等待我们去改良的物品用具不知有多少，如果你注意观察，勤于思考，新的创意将会源源不断而来。

大家知道，抚育小孩少不了小汤匙，年轻的母亲要用小汤匙给小孩喂饭、喂汤、喂药，也就是说小汤匙的使用频率是很高的。

美国加州有一家小工厂，专门生产各种汤匙，经理是一名年轻人。因为资金少，又有实力强大的公司与之竞争，工厂生产的汤匙销路一直不好。有一天，这位年轻人正在街上行走，突然，一位抱小孩的妇女引起了他的注意。这位妇女正在用小汤匙给婴儿喂汤，一边喂汤一边向汤匙吹气，一边用舌头试探汤的温度，直到温度合适，她才让婴儿喝下。

看到这一情形，这位年轻人灵机一动，心里有了主意。他把温度计装在汤匙上，开发出"温度匙"，非常适合母亲喂婴儿用，这种"温度匙"能够显示匙内物品的温度，有效地避免烫伤婴儿。由于"温度匙"非常实用，特别受母亲们的欢迎，果然，销路很好。

【各抒己见】

想象是一种惊人的思维能力。合理的、科学的想象是指立足已知事实，根据已知的规律，充分发挥人的思维潜能，创造性地提出新问题、解决新问题。合理的想象和创造性思维对人们认识世界和改造世界极为有益。在竞争激烈的市场经济条件下，任何人都应该发挥合理的想象和创新精神，破除思想僵化、墨守成规和安于现状的旧观念，不断学习新知识、新技术，这样才能取得新成果。

本案例中的年轻人是如何发现小汤匙存在的不足，又是如何解决问题的？

你常用的学习用品、生活用品是否也存在问题，思考一下，如何解决这些问题？

【实战训练】

[训练 4-1] 移动圆环

图中从左至右依次为 B 柱、A 柱和 C 柱，B 柱上套有 1 个圆环，A 柱上套有 2 个圆环，并且小圆环在上，大圆环在下，C 柱上套有 1 个圆环。要求将 A 柱上的两个圆环移到 C 柱上去，每次仅能从一柱到另一柱移动一个圆环，不能将大圆环放到小圆环上。

[训练 4-2] 测试问题解决能力

问题解决能力测试表如表 4-3 所示，每个测试项有 5 个选项，依次为从不这样（1 分）、很少这样（2 分）、有时这样（3 分）、经常这样（4 分）、总是这样（5 分）5 个等级。数值越大，代表能力越强。请根据自身相符合的实际程度作答，选择相应的等级选项。注意：每个问题只选一个等级选项。

表 4-3　问题解决能力测试表

序号	测 试 项	从不这样	很少这样	有时这样	经常这样	总是这样
1	面对问题时，我能很快地理解问题是什么					
2	遇到问题时，我能很快地确定哪些信息是主要的，哪些是次要的					
3	我能很快地明确解决问题所需要的知识					
4	面对问题时，我能恰当地表述问题内容					
5	我会很快抓住问题的主要信息来进行思考					
6	能准确评估问题的初始状态和预测问题的最终状态					
7	能洞察问题的各层次结构，并从结构中发现解决问题的关键					
8	能清楚地列出需要解决的复杂问题中的要点					
9	能清晰地阐述解决问题的过程和结果					
10	能清晰且连贯地解释推理过程，并且推理过程富有见解					
11	真实的结果常常和我所预测的结果相似					
12	成功解决问题后，我能获得经验，并将其应用于解决其他的问题上					
13	遇到问题时，我会首先想到寻求他人的帮助					
14	遇到问题时，我经常上网查资料，相信通过自己的能力可以解决问题					
15	我通常用自己想到的第一个方法去解决问题					
16	我使用学科领域的策略、工具和知识来解决问题					
17	解决问题前，我会制定一个具体的目标，以清楚知道自己要完成的部分					
18	我会同时拟定多种解题策略，并且合理地进行决策					
19	我会在开始解决问题之前，细心且有步骤地分析问题的所有特征					
20	我会分析并尝试找出哪些是妨碍我成功的因素					
21	遇到问题时，我会尽量想出所有可能解决问题的方法去处理它，直到我无法想出其他的方法为止					

4.5　提高变通能力

变通是一种审时度势的智慧，变通是一种打破常规的勇气，变通更是一种挑战自我的决心。

【见多识广】

4.5.1　变通能力的含义

古人云：穷则变，变则通，通则久。这并不是一句无凭无据的空话，而是一个经过实践反复验证了的道理。懂得变通的人才能走出梦想的困境，找到人生的新支点，觅出通向成功的光明大道。鲁迅弃医从文，用脆弱的笔杆直刺敌人的心脏，成就了他'中国的民族魂'的崇高地位；比尔·盖茨在看到软件开发的前景后毅然改变读书成才途径，投身商场，终于获得成功。他们的生命因为变通而更加绚丽，他们的梦想因为变通而更加有意义，他们的人生价值也因为变通而得到提升。

变通能力是指思维迅速地由一类对象转变到另一类对象的能力。具有变通能力的人，一般都能根据客观情况的变化来解决问题，思维灵活，不囿于条条框框，敢于提出新观点；而缺乏变通能力的人，往往机械呆板，墨守成规，没有创新精神，思想陈旧，观点保守。

创新实践表明，凡是在创新上大有作为的人，都思路开阔、妙思泉涌。因为创新需要找到不同的应用范畴或新观念，越是能带来重大突破的创新，越是需要借助于其他领域的知识，吸取外来的思想。

创新需要多向思维，仅仅有流畅的思维远远不够，还需要变通的能力。变通性不只反映思维的广度，还反映思维的维度及其多样化。要提高变通能力，就必须克服思维定式，打破传统的思维习惯。

4.5.2　如何提高自己的变通能力

我们可以从以下几个方面入手提高自己的变通能力。
（1）学会变通要审时度势、打破常规
（2）学会变通要借助外力为我所用
（3）学会变通要有勇气应对变化
（4）学会变通要有信心开发潜能
（5）学会变通要善于改变自己的思维定式

电子活页 4-8

【电子活页】

扫描二维码，浏览"电子活页4-8"的内容，了解"如何提高自己的变通能力"的具体内容。

【案例剖析】

[案例4-3]　　　　　　　　　*卖水的淘金者*

19世纪中叶，美国加州传来发现金矿的消息。许多人认为这是一个千载难逢的发财机会，于是纷纷奔赴加州。17岁的亚默尔也加入了这支庞大的淘金队伍，他同大家一样，历尽千辛万苦，赶到了加州。

淘金梦是美丽的，做这种梦的人很多，越来越多的人蜂拥而至，一时间加州遍地都是淘金者，而金子自然越来越难淘。

不但金子难淘，生活也越来越艰苦。当地气候干燥，水源奇缺，许多不幸的淘金者不但没有圆致富梦，反而葬身此处。

小亚默尔经过一段时间的努力，和大多数人一样，没有发现黄金，反而被饥渴折磨得半死。一天，望着水袋中一点点舍不得喝的水，听着周围人对缺水的抱怨，亚默尔忽发奇想：淘金的希望太渺茫了，还不如卖水呢。

于是亚默尔毅然放弃对金矿的努力，将手中挖金矿的工具变成挖水渠的工具，从远方将河水引入水池，用细纱过滤，成为清凉可口的饮用水，然后将水装进桶里，挑到山谷一壶一壶地卖给找金矿的人。

当时有人嘲笑亚默尔，说他胸无大志："千辛万苦地到加州来，不挖金子发大财，却干起这种蝇头小利的小买卖，这种生意哪儿不能干，何必跑到这里来？"

亚默尔毫不在意，不为所动，继续卖他的水。结果，亚默尔在很短的时间内靠卖水赚到了一笔非常可观的财富。

【分析思考】

淘金场缺水是一个共知的事实，为什么只有亚默尔才能发现其中的利益呢？因为亚默尔知道变通，其他人只知道淘金可以致富，却不知道路的旁边也是路。走向成功的路不止一条，学会变通，当一条走不通时，为何不换一条更加通畅的呢？

将人们通常思考问题的思路稍加扭转，另辟蹊径，换一个角度，可采用被人忽视的方法解决问题。

[案例4-4]   坚守与变通

从前，有个渔夫，听说市场上墨鱼价格高，出海时，便发誓专捕墨鱼。但出海后，遇到的却全是螃蟹，他便空手而归。上岸后，他发现螃蟹比墨鱼的价格更高。第二次出海时，他又发誓："此次出海专捕螃蟹。"可这一次遇到的却全是墨鱼，他又空手而归。第三次出海时他又发誓："此次出海，墨鱼、螃蟹都要。"可出海后，一只墨鱼、螃蟹也没遇到，遇到的全是马鲛鱼，他又空手而归。没等他赶上第四次出海，就在饥寒交迫中死去了。

【分析思考】

一路上磕磕碰碰，最终能够到达目的地的人，无疑在坚守着。是的，人需要坚守，坚守"实现自我价值"这一人生信念，坚守骨子里大无畏的那股闯劲，坚守心底里无人能挡的那股冲劲……只有坚守了，人才有成功的可能。

但，坚守并不等于死守。

可怜的渔夫一次次地发誓要专捕什么，一次次地扬帆出海，却又一次次地空手而归。或许是他太固执，或许是他把生活想得太美好了，以为凡是眼下热门的海鲜他撒网即得。可生活哪会时时处处顺你的意呢？正是因为他将自己的目标守得太死了，所以最终他才落了一个可悲的结局，出人意料又在情理之中啊！坚守，不是选定了一条路就一定要走到底。好比开车，如果在原定的路线上发生了堵车，难道你会死心塌地地等在那儿、不管车要堵到何年何月？想必不会，你肯定会转动方向盘，寻觅别的捷径。这才是聪明之举！条条大道通罗马，人要坚守的其实是那个"罗马"，就像渔夫坚守的要赚钱的梦想一样。在通往目的地的过程中，我们不能在一棵树上吊死，不要将自己锁在一个永无尽头的圆圈中，直至转了无数圈之后趴地不起。我们要做的是在圆圈的某个位置偏一个角度、拐出去，那么迎接我们的将是"柳暗花明又一村"。其实，这就是变通。

人需要变通。变通正是为了抓住机遇，因为机遇总是稍纵即逝的，而机遇往往又会给你添加动力。试想，假如那个渔夫在第一次出海时捕回螃蟹，在第二次出海时捕回墨鱼，在第三次出海时捕回马鲛鱼，那么渔夫的命运又将会是怎样的呢？好的机遇总会给你带来一次又一次的惊喜，前提是你能走出那个永无尽头的圆圈，勇敢地伸手抓住机会。

【交流探讨】

［探讨4-2］ 小河流跨越沙漠

有一条小河流从遥远的高山上流下来，经过了很多个村庄与森林，最后来到了一个沙漠。它想："我已经越过了重重的障碍，这次应该也可以越过这个沙漠吧！"

当它决定越过这个沙漠的时候，发现它的河水渐渐消失在泥沙当中，它试了一次又一次，总是徒劳无功，于是它灰心了。"也许这就是我的命运了，我永远到不了传说中那片浩瀚的大海。"它颓丧地自言自语。

这时候，四周响起了一阵低沉的声音，"如果微风可以跨越沙漠，那么河流也可以。"原来这是沙漠发出的声音。小河流很不服气地回答说："那是因为微风可以飞过沙漠，可是我却不行。"

"因为你坚持你原来的样子，所以你永远无法跨越这个沙漠。你必须让微风带着你飞过这个沙漠，到达你的目的地。只要你愿意放弃你现在的样子，让自己蒸发到微风中。"沙漠用它低沉的声音这么说。

小河流从来不知道有这样的事情，"放弃我现在的样子，然后消失在微风中？不！不！"小河流无法接受这样的概念，毕竟它从未有过这样的经验，叫它放弃自己现在的样子，那么不等于自我毁灭吗？"我怎么知道这是真的？"小河流这么问。

"微风可以把水汽包含在它之中，然后飘过沙漠，到了适当的地点，它就会把这些水汽释放出来，水汽就变成了雨水。这些雨水又会形成河流，继续向前进。"沙漠很有耐心地回答。

"那我还是原来的河流吗？"小河流问。

"可以说是，也可以说不是。"沙漠回答，"不管你是一条河流还是看不见的水蒸气，你内在的本质从来没有改变。你会坚持你是一条河流，是因为你从来不知道自己的本质。"

此时在小河流的心中，隐隐约约地想起了自己在变成河流之前，似乎也是由微风带着，飞到内陆某座高山的半山腰，然后变成雨水落下，才变成今日的河流。

于是小河流鼓起勇气，投入微风张开的臂膀，消失在微风之中，让微风带着它，奔向它生命中的梦想。

【各抒己见】

南孚电池是中国著名品牌。其广告语大家非常熟悉：遥控车用完，电视机还能接着用。

南孚电池也成了我国最早可以二次利用的电池。电池没电的情况时常发生，可为什么只有南孚电池厂家想到了变废为宝呢？这就是学会了创新，学会了灵活变通，最重要的是学会了把它应用到生活中的每一处。

（1）要拧一个螺钉，在一般人的想法里，一定要有扳手，但是，如果当时没有扳手，还有别的应变的方法吗？分组探讨在没有扳手的情况下拧螺钉的方法。

（2）说说你在学习、生活中曾发生过的变通的事例和固执的事例。

[探讨4-3]　　　　金边凤尾裙的变通

有一位裁缝在吸烟时不小心将一条高档裙子烧了一个窟窿，这使其成了废品。这位裁缝为了挽回损失，凭借其高超的技艺，在裙子四周剪了许多窟窿，并精心饰以金边，然后，将其取名为"金边凤尾裙"。裙子不但卖了好价钱，还一传十，十传百，不少女士上门求购，裁缝的生意十分红火。

【各抒己见】

变通，变则通，通则久。裁缝的灵机一变，不仅使他的生意红火，还令他的名声大振。所以，我们要学会改变自己的思维，学会变通，才能走向成功！

如果你遇到这种情形，你会如何变通？分组讨论还有什么变通方法可以处理烧了一个窟窿的高档裙子？

【实战训练】

[训练4-3] 奇数、偶数报数

将全班人分为若干小组，所有小组的人都围成一个圆圈，面向内侧坐下。以圆中央主持人的口令逐次报数，但是和普通的报数不同，以只报奇数或只报偶数的不规则的形态进行。如果主持人说："报奇数"，就是1、3、5、7……主持人说："报偶数"，则接着报8、10、12、14……如果出错了，就被判出局，必须离开圆圈。玩到最后的人越来越少，就可以结束游戏。剩下人较多的组获胜。

[训练4-4] 车往哪里开

下图中有辆公共汽车，还有A和B两个车站。请问，公共汽车现在是要驶向A车站还是B车站？试试看，你能找出正确答案吗？请说明理由。

单元 5
激发创业热情

　　创业就是发现机会、整合资源，从而创造财富的过程。创业是指创业者依自己的想法及努力工作来开创一个新企业，包括成立新公司、提供新产品或新服务，以实现创业者的理想。

　　创新和创业是两个既有紧密联系又有区别的概念。两者在某种程度上具有互补和替代的关系，创新是创业的基础和灵魂，而创业在本质上是一种创新活动。

【课程思政】

　　本模块为了实现"知识传授、技能训练、能力培养与价值塑造有机结合"的教学目标，从教学目标、教学过程、教学策略、教学组织、教学活动、考核评价等方面有意、有机、有效地融入团队精神、实干精神、进取精神、踏实作风、竞争意识、忧患意识、正视困难、理想信念、超越自我、自强不息 10 项思政元素，贯穿课程教学全过程，让学生思想上有正向震撼，行为上有良性改变，真正实现育人"真、善、美"的统一、"传道、授业、解惑"的统一。

【知识导学】

5.1 增强创业意识

5.1.1 创业的内涵

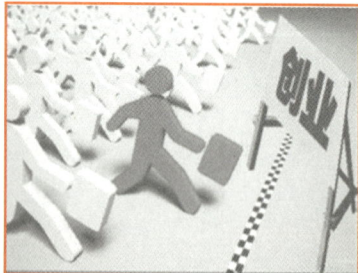

　　创业是指某个人利用或借用相应的平台或载体，将其发现的信息、资源、机会或掌握的技术，以一定的方式，转化成更多的财富、价值，并实现某种追求或目标的过程。

　　创业是在动态竞争前提下的机会驱动过程，是创业者在面对大量的不确定性因素时分析、评估机会并进行有选择的投资决策的行动。简单来说，创业是指创办新的企业或开辟新的事业，实践性是创业的标志。

　　创业是创业者对自己拥有的资源或通过努力对能够拥

有的资源进行优化整合，从而创造出更大经济或社会价值的过程。创业是一种劳动方式，是一种需要创业者组织与运用服务、技术、器物作业的思考、推理和判断的行为。

根据杰夫里·提蒙斯（Jeffry A.Timmons）所著的创业教育领域的经典教科书《创业创造》（*New Venture Creation*）的定义：创业是一种思考、推理结合运气的行为方式，它为运气带来的机会所驱动，需要在方法上全盘考虑并拥有和谐的领导能力。

5.1.2　创业意识的内涵

创业意识是指人们从事创业活动的强大内驱动力，是创业活动中起动力作用的个性因素，是创业者素质系统中的第一个子系统，即驱动系统。

创业意识的内涵主要体现在以下几个方面。

（1）商机意识　　　　　（2）转化意识

（3）战略意识　　　　　（4）风险意识

（5）勤奋敬业意识

电子活页 5-1

【电子活页】

扫描二维码，浏览"电子活页 5-1"的内容，了解"创业意识的内涵"的具体内容。

5.1.3　创业意识的要素

1. 创业需要

指创业者对现有条件的不满足，并由此产生的最新的要求、愿望和意识，是创业实践活动赖以展开的最初诱因和最初动力。仅有创业需要，不一定有创业行为，想入非非者大有人在，只有创业需要上升为创业动机时，创业行为才有可能发生。

2. 创业动机

指推动创业者从事创业实践活动的内部动因。创业动机是一种成就动机，是竭力追求获得最佳效果和优异成绩的动因。有了创业动机，才会有创业行为。

3. 创业兴趣

指创业者对从事创业实践活动的情绪和态度的认识指向性。它能激活创业者的深厚情感和坚强意志，使创业意识得到进一步的升华。

4. 创业理想

指创业者对从事创业实践活动的未来奋斗目标较为稳定、持续的向往和追求的心理品质。创业理想属于人生理想的一部分，主要是指一种职业理想和事业理想，而非政治理想和道德理想。创业理想是创业意识的核心。

5.2 分享创业经验

5.2.1 分享任正非的创业经验

【创业经历简介】

1987 年，43 岁的任正非集资 2.1 万元，在深圳创立了华为公司；次年，任正非出任华为公司总裁。随后 34 年间，任正非凭借持续创新创业的精神，引领华为不断创造商业奇迹，并走出中国，走向世界。如今，华为从一家立足于中国深圳特区的民营企业，稳健成长为世界 500 强公司。华为的电信网络设备、IT 设备和解决方案及智能终端已应用于全球 170 多个国家和地区。

作为华为创始人，任正非成为中国杰出的企业家之一，曾两度登上美国《时代》杂志全球 100 位最具影响力人物榜单。《时代周刊》曾这样评价他："任正非是一个为了观念而战斗的硬汉。"

【创业经验分享】

任正非从 1987 年仅有 2 万余元到如今拥有 20 万名员工，到底如何做到的。任正非在中国民企中是一个十分成功的企业家，那他是如何成功的呢？

（1）从零开始，任正非不惑之年创业

（2）"假设"未来的思考者

（3）放眼全球的战略家

任正非说："什么叫成功？九死一生还能好好地活着，这才是真正的成功！"

【电子活页】

电子活页 5-2

扫描二维码，浏览"电子活页 5-2"的内容，了解"分享任正非的创业经验"的具体内容。

5.2.2 分享刘强东的创业经验

【创业经历简介】

刘强东，京东集团首席执行官，1974 年出生于江苏省宿迁市，毕业于中国人民大学。

1998 年 6 月 18 日，刘强东在中关村创办京东公司，代理销售光磁产品，并担任总经理。2004 年，他初涉足电子商务领域，创办"京东多媒体网"（京东商城的前身），并出任 CEO。目前，京东商城已成为中国最大的自营式电商企业，而京东集团的业务也从电子商务扩展至金融、技术领域，拥有近 12 万名正式员工，跻身全球十大互联网公司之列。2014 年 5 月，京东在美国纳斯达克成功上市。

【创业经验分享】

刘强东曾说：不管是在哪行哪业，一家创业公司能够取得成功，有四点最重要，而且这四点基本能够判断一个全新的商业模式是否有价值。

（1）团队　　　　　　　（2）用户体验
（3）成本　　　　　　　（4）效率

【电子活页】

扫描二维码，浏览"电子活页 5-3"的内容，了解"分享刘强东的创业经验"的具体内容。

电子活页 5-3

5.2.3　分享马化腾的创业经验

【创业经历简介】

马化腾，1971 年出生于广东汕头，中国著名企业家，毕业于深圳大学计算机系。1998 年 11 月创办腾讯，现为广东深圳腾讯公司现任董事会主席兼首席执行官，有"QQ 之父"之称。

【创业经验分享】

腾讯董事会主席兼首席执行官马化腾在他的微博上发表过一篇文章《创业者写给创业者的一封信》。马化腾在信中总结道，创业者们需要有创新思维、创业精神，并为用户创造价值。

【电子活页】

扫描二维码，浏览"电子活页 5-4"的内容，了解"分享马化腾的创业经验"的具体内容。

电子活页 5-4

5.2.4　分享俞敏洪的创业经验

【创业经历简介】

俞敏洪，1962 年出生于江苏江阴，1993 年创办了北京新东方学校，担任校长。2003 年成立新东方教育科技集团。

【创业经验分享】

谈及创业，其实，俞敏洪自己的故事就是一个生动的案例和教材，他在讲台上坦诚地分享自己的故事和经验。用俞敏洪的话说，"只要你心理上做好了准备，你就得试一下。"

【电子活页】

扫描二维码，浏览"电子活页 5-5"的内容，了解"分享俞敏洪的创业经验"的具体内容。

电子活页 5-5

5.2.5　分享雷军的创业经验

【创业经历简介】

雷军，1969年出生于湖北仙桃，小米科技创始人、董事长兼首席执行官；金山软件公司董事长；中国大陆著名天使投资人。2012年12月，雷军荣获"中国经济年度人物新锐奖"。2013年12月12日，他再次荣获"中国经济年度人物"及"十大财智领袖人物"。2014年2月，雷军首次以280亿元财富进入"胡润全球富豪榜"，跃居大中华区第57名，全球排名第339位。

【创业经验分享】

专注、极致、口碑、快，这七个字是雷军认为的互联网最核心思想，他认为以此标准做任何一件事情，都会有巨大的效果。这也是雷军的一条做事的普适规则。

【电子活页】

扫描二维码，浏览"电子活页5-6"的内容，了解"分享雷军的创业经验"的具体内容。

电子活页5-6

5.2.6　分享周鸿祎的创业经验

【创业经历简介】

周鸿祎，1970年生于湖北黄冈，360公司董事长、知名天使投资人。1992年，大学本科毕业于西安交通大学电信学院计算机系。1995年始，就职于方正集团。2004年3月，就任雅虎中国总裁。2006年8月，投资奇虎360科技有限公司，出任奇虎360董事长。2011年3月30日，带领奇虎360在美国纽交所上市。

【创业经验分享】

周鸿祎用他自己的创业经历，分享给了年轻人创业必备的三个要素。

（1）创新是几乎所有创业者都要考虑的问题

（2）两个改变：一是用户习惯的改变，二是企业商业模式的改变

（3）不要恐惧失败，从哪儿跌倒就要从哪儿爬起来

【电子活页】

扫描二维码，浏览"电子活页5-7"的内容，了解"分享周鸿祎的创业经验"的具体内容。

电子活页5-7

5.2.7　分享董明珠的创业经验

【创业经历简介】

董明珠，江苏南京人，企业家。她是中国家电行业的风云人物，一位位于风口浪尖上

的商海女性。2016 年 10 月 18 日，董明珠卸任珠海格力集团有限公司董事长、董事、法定代表人职务，继续担任珠海格力电器股份有限公司董事长、总裁。2017 年 1 月 10 日，董明珠荣获 "2016 十大经济年度人物"。

【创业经验分享】

（1）珍惜时代给的机会

（2）靠别人不如靠自己

（3）工作努力做到极致

【电子活页】

扫描二维码，浏览 "电子活页 5-8" 的内容，了解 "分享董明珠的创业经验" 的具体内容。

电子活页 5-8

5.2.8　分享喻渭蛟的创业经验

【创业经历简介】

2000 年，喻渭蛟借了 5 万元钱，带领 17 名志同道合者到上海创办了圆通速递。如今，圆通速递已名列行业前茅，网络覆盖全国 31 个省、自治区和直辖市，县市级以上覆盖率接近 100%，拥有自己的航空公司和飞机，2016 年的业务量接近 50 亿件，业务收入达到 500 亿元。

【创业经验分享】

（1）打破快递行业常规，全年无休

（2）坚持降价，与淘宝合作，收获颇丰

（3）以变革顺应市场发展

电子活页 5-9

【电子活页】

扫描二维码,浏览 "电子活页 5-9" 的内容，了解 "分享喻渭蛟的创业经验" 的具体内容。

5.2.9　分享李想的创业经验

【创业经历简介】

李想，"汽车之家" 网站创始人，"汽车之家" 前任总裁。李想是 80 后的典型代表，1998 年还在上高中的李想就开始做个人网站，2000 年注册泡泡网并开始运营，仅凭借着自己对 IT 产品的一腔热爱和滚雪球式的资本积累，高中学历的李想让泡泡网在中国互联网行业中独树一帜。2005 年,李想带领团队从 IT 产品向汽车业扩张,创建 "汽车之家" 网站。2012 年底，"汽车之家" 实现了月度覆盖用户 8000 万。2015 年 7 月李想卸任 "汽车之家" 总裁，继续担任董事股东。

【创业经验分享】

（1）用户永远是最重要的

（2）把握用户的要素：需求、频率、信任感

【电子活页】

扫描二维码，浏览"电子活页 5-11"的内容，了解"分享李想的创业经验"的具体内容。

电子活页 5-10

【各个击破】

5.3　培养创业精神

创业本身是一种无中生有的历程，只要创业者具备求新、求变、求发展的心态，以创造新价值的方式为企业创造利润，那么我们就能说这一过程中充满了创业精神。创业精神是指在创业者的主观世界中，那些开创性的思想、观念、个性、意志、作风和品质等。

【见多识广】

5.3.1　创业精神的含义

哈佛大学商学院对创业精神的定义是："创业精神就是一个人不以当前有限的资源为基础而追求商机的精神。"从这个角度来讲，创业精神代表着一种突破资源限制，通过创新来创造机会、创造资源的行为，而不是简单地体现在创造新企业，或体现在创新上。因此，创业精神可以简洁地概括为："没有资源创造资源，没有条件创造条件，用有限资源去创造更大资源。"

创业精神指的是一种追求机会的行为，这些机会不存在于目前资源应用的范围内，但未来有可能创造资源应用的新价值。因此我们可以说，创业精神是促成新企业形成、发展和成长的原动力。

创业精神类似一种能够持续创新成长的生命力，一般可区分为个体的创业精神及组织的创业精神。所谓个体的创业精神，指的是以个人力量，在个人愿景引导下，从事创新活动，进而创造一个新企业；而组织的创业精神则指在已存在的一个组织内部，以群体力量追求共同愿景，从事组织创新活动，进而创造组织的新面貌。

创业精神有三个层面的内涵：哲学层次的创业思想和创业观念，是人们对于创业的理性认识；心理学层次的创业个性和创业意志，是人们创业的心理基础；行为学层次的创业作风和创业品质，是人们创业的行为模式。

5.3.2　创业精神的特征

创业精神具有以下几方面特征。

1. 高度的综合性

创业精神是由多种精神特质综合作用而成的，如创新精神、拼搏精神、进取精神、合作精神等都是形成创业精神的特质精神。

2. 三维整体性

无论是创业精神的产生、形成和内化，还是创业精神的外显、展现和外化，都是由哲学层次的创业思想和创业观念，心理学层次的创业个性和创业意志，行为学层次的创业作风和创业品质三个层面所构成的整体，缺少其中任何一个层面，都无法构成创业精神。

3. 超越历史的先进性

创业精神的最终体现就是开创前无古人的事业，创业精神本身必然具有超越历史的先进性，想前人之不敢想，做前人之不敢做。

4. 鲜明的时代特征

不同时代的人们面对着不同的物质生活和精神生活条件，创业精神的物质基础和精神营养也就各不相同，创业精神的具体内涵也就不同。创业精神对创业实践有重要意义，它是创业理想产生的原动力，是创业成功的重要保证。

5.3.3　创业精神的五大要素

创业精神的五大要素如下。

（1）激情（Passion）　　　　（2）积极性（Positivity）

（3）适应性（Adaptability）　（4）领导力（Leadership）

（5）雄心壮志（Ambition）

【电子活页】

扫描二维码，浏览"电子活页 5-11"的内容，了解"创业精神的五大要素"的具体内容。

电子活页 5-11

5.3.4　培养大学生创业精神的基本途径

良好的精神品质是创业成功的前提和条件，一个人对于创业的理解和追求是在后天的生活实践中陶冶训练出来的，高校只要通过正确的途径，创建良好的培养环境氛围，对于大学生创业精神的培养就会起到很好的促进作用。

培养大学生创业精神的基本途径如下。

（1）开展创业思想教育课程

（2）建设有利于创业的环境

（3）树立创业榜样进行引导

（4）提供创业实践锻炼的机会

（5）加强创业心理指导

【电子活页】

扫描二维码，浏览"电子活页 5-12"的内容，了解"培养大学生创业精神的基本途径"的具体内容。

电子活页 5-12

5.3.5 创业者必备的优秀品质

纵观所有成功的创业者和企业家，成功的方法各有不同，但他们所拥有的思想观念和精神境界却基本相同。创业者必备如下优秀品质。

（1）远大理想——兴奋源泉　　（2）坚强意志——成功保障
（3）积极心态——发现机会　　（4）敢为气魄——必备品质
（5）诚信态度——精神基石　　（6）善于合作——精华所在
（7）承担责任——甘于奉献　　（8）超强适应——精神力量

【电子活页】

扫描二维码，浏览"电子活页 5-13"的内容，了解"创业者必备的优秀品质"的具体内容。

电子活页 5-13

【案例剖析】

[案例 5-1]　　　　　　　　*董明珠的创业经验*

格力电器董事长董明珠说过一句话，"我不觉得自己很强大，只是在做一件事而已。但做决定时，果断是不可缺少的。"

进入格力以来，董明珠说她只做了一件事，那就是"好空调，格力造"。

一谈起空调，从空调各个零部件的成本、各种技术的应用、市场销售价格到对手的价格及销售策略，董明珠都能如数家珍。董明珠从一名普通的销售人员做到拥有 8 万员工公司的总裁，她自己的经历已然证明了这一点。这就是她身上那股劲儿：只要有目标，就一定会实现。

现在的格力深深打上了董明珠的烙印，强调核心技术，强调工业精神。

在中国，99% 的家电业都有与外资合作的背景，将别人的技术转化为自己的产品。格力也曾经持同样的观点。所以在 20 世纪 90 年代，董明珠也曾赴日本，希望以最简单的购买方式，直接从日本企业手中换取核心技术，以便在国内的竞争中赢得主动。但是日本人拒绝了格力，"这种技术我们是不会卖的，因为它现在是世界上最先进的技术"。日本人的话点醒了董明珠，让她真正意识到：跟外资合作无非是别人将即将淘汰的技术给你，而他们会用更新的产品、更新的技术与你竞争，而且还能用这些淘汰的技术获得另外的收益。"只有走中国创造之路，才能有中国制造的天下"，这让格力在痛定思痛中开展了自主研发之路。为此，格力付出了 10 年的时间。

2009 年，格力反过来再次与日本企业大金空调合作，双方站在了一个完全平等的地位上，并且改变了过去简单购买别人技术的合作方式。合作公司以技术攻关为主业，格力出 5.3 亿元的资本实现控股，对方出 4.9 亿元，共同研发、共同享用从合作公司中所产生的科技成果。

"格力掌握核心科技"这句话，在格力内部也经历了几个阶段：最早的是"8 年不回头"，就是 8 年消费者不回头；后来格力又推出了"6 年免费服务"，强调"没有售后服务的服务才是最好的服务"，这相当于把自己逼到了墙角。"工业精神就是要精益求精"，董明珠说。

在格力的生产车间及实验室里，随处可见体现着"董氏风格"的标语，"绝不拿消费者当实验品""创造不需要售后服务的产品才是好产品""严禁返修机进入市场"等。

格力研发中心有 4 个特殊的实验室，分别研究在微生物、雨打、噪声及模拟环境对空调运作的影响，模拟环境设计了从高温 80℃到零下 30℃时空调温度、湿度及风速的运转情况。正是有了这种前期准备，格力在新疆克拉玛依已经占到了 80% 以上的市场份额。而在前几年南方出现极严寒天气时，格力空调也经受住了考验。

【分析思考】

从某种程度上，董明珠就代表了格力，而董明珠也几乎扛住了各方面的外来压力。在董明珠的强势领导下，格力在强势前行。

这就是董明珠的创业精神，你领悟了多少？

【交流探讨】

［探讨 5-1］ 史玉柱的创业经验

改革开放以来，我国高速、强劲的经济发展为创业者创造财富的活动提供了丰富的土壤和环境，无数关于冒险、机会、财富创造与成功的故事向人们演绎着一个又一个创业者的传奇，史玉柱就是这些创业家中一个最具传奇色彩的典型人物之一，他的传奇经历，向我们生动地展示了一连串关于创业精神和财富创造的故事，在他身上，我们看到一种不屈、顽强的精神在熠熠生辉，这就是创业精神——财富创造和经济发展的原动力。

史玉柱曾经是莘莘学子万分敬仰的创业天才；从一无所有到亿万富翁，他是一个著名的成功者；从亿万富翁到一无所有，他是一个著名的失败者；再从一无所有到亿万富翁，他是一个著名的东山再起者。他创造了一个中国乃至全球经济史上的传奇故事，支持史玉柱东山再起的正是他坚定、不服输的信念，以及他的才智与努力。

创业精神之一：机会敏锐，精细过人

创业家的成功，很大程度上取决于他们对机会具备的天生的敏锐感和判断力，正如经济学家柯兹纳所言："机会源于信息不对称"。正是这种"精细"和"敏锐"，使创业家能够抓住眼前稍纵即逝的机会，并且常常先于平常人看到这些机会的苗头，从而采取行动赢得先机。在史玉柱身上，我们看到了很多这样的"敏锐"：20 世纪 80 年代末创业初期看准汉字桌面系统软件开发、90 年代初期开发保健品市场、

脑白金、黄金搭档
著名的网游-征途
均是"巨人"
集团下的产业

2003年售出公司拳头保健品产品的知识产权及其营销网络75%的股权转而投资股票市场、2004年进军网络游戏……尽管这个过程中，史玉柱也有过失误和沉痛的教训，但是，在每个经济发展时期，他似乎都抓住了熊彼特所说的"具有吸引力"的产业，而且，善于将这些机会与企业资源有效地匹配起来，从而，为他未来的财富帝国找到立足的根基。

创新精神之二：首创精神和冒险精神

创业家们怀揣着梦想和意志，企图建立起一个属于自己的"王国"，他们不甘人后，思想和行动常常先于天下，这为创业家们创造财富提供了"先动"优势。冒险精神是创业家们身上表现出的突出特质之一，创业家们的血液中流淌着对"生意"的激情，他们具有创造的激情，追求成功的激情，施展个人能力和智谋的激情，他们喜欢挑战，迎接变革，敢于冒险去追求成功。在史玉柱的传奇经历中，史玉柱创业之初，倾其所有为自己的产品做广告，后来在其产品营销中惯用的"高强度"广告攻势，以及不断探索新的业务领域和经营模式，都充分地体现了这种冒险精神。企业家们的冒险是在精心"计算"基础之上的理性决策，他们胆大心细又才智过人，对于这一点，我们在经历了从成功到失败、再从失败到成功的史玉柱身上看到了明显的变化。在控制财务风险、保障企业经营安全、科学决策和完善管理方面，完成资本原始积累的企业需要在这些地方多下功夫。

创新精神之三：不断创新，不断变革

经济学家威廉·鲍莫尔认为，创新是指发现一种有利可图的机会并且不断追寻这种机会直到使它们在实践中得到运用。创新就是实现资源的"新组合"，这是创业精神最重要的特征，即以新的形式和方法，把资本、技术等要素有效地组合起来，创造性地应用到企业生产和管理过程中去。史玉柱的创业成功历程就是一个个的创新行动，例如，"脑黄金""脑白金""黄金搭档"准确的产品市场定位；极富创意和人气响应的广告设计；《征途》网络游戏产品设计和销售模式中的诸多创新点；以及企业不断根据外部环境变化调整、开辟新业务领域，从最早的软件行业到保健品行业，再到资本市场投资及网络游戏行业，都体现出一种极强的应变能力、学习能力和遗忘能力。一个企业如果具备核心力，但缺乏应变和遗忘能力，则可能陷入核心能力僵化陷阱而丧失竞争优势，这正是时下许多大型公司面临的创业难题。

创业精神之四：渴望成功，百折不屈

熊彼特认为，只有不甘平庸，而且具有强烈"成功欲"的人，才有成为企业家的资格。创业家具有征服的意志、战斗的冲动，证明自己比别人优越的冲动，他求得成功不是为了成功的结果，而是为了取得成功的过程。企业家具有坚韧不拔的毅力，百折不挠战胜困难的勇气和能力。从史玉柱的创业经历中，我们看到，正是在成功和理想驱动下的百折不回的创业精神和永无止境的探索与奋斗，使他从平庸中崛起，从失利与逆境中重新奋起。

作为企业家的史玉柱，带给我们关于创业精神缔造财富神话的诸多思考。

【各抒己见】

（1）史玉柱的创业故事带给我们哪些启发？你认为史玉柱的哪些创业精神值得大学生学习与借鉴？

（2）你认为以下精神：理想主义情怀和精神、坚定的信念和坚持的精神、大胆精神、诚信精神、合作态度，哪些是创业者必须具备的精神？大学生在校期间应重点加强哪些精神的培养？

【实战训练】

［训练 5-1］树立创业精神

纵观成功的创业者，很多都是白手起家，出身草根的，靠的是勇气和智慧、勤奋和执着。创业确实让很多人实现了人生理想，对创业者来说，创业既是一件极具诱惑的事，又是一件极具挑战的事，既会领略到蓝天白云、风和日丽的顺境，也会陷入步履艰难的困境。不是人人都能成功的，但成功也并非想象中的遥不可及。一个梦想成功的创业者，只要通过学习创业知识，参加创业培养，树立创业精神，摆脱传统的择业观，克服自身的心理障碍，勇于创新，敢于实践，那么成功终将属于你！

以小组为单位，在班内组织一次有关"创业精神"的演讲比赛，通过竞赛活动培养创业精神，激发创业热情。

5.4　提升创业素质

【见多识广】

5.4.1　创业素质的含义

创业素质指的是创业者的心理素质和人格素质。其中心理素质包括要有明确目标，要有激情，要有拼搏意识，要明白创业的风险而有创业失败的心理准备。而人格素质包括坚强的意志品质，坚强的必胜信心，良好的沟通能力，较强的组织管理能力，一定的企业工作或管理经验，良好的交际能力，要公平公正做人，广交朋友，这样才能调动所有人的积极性。

目前关于创业素质的含义有三种代表性的观点。

（1）认为"创业素质是指人在后天接受教育和环境影响下形成和发展的，在社会实践活动中表现出来的比较稳定的个性特征"。

（2）认为"创业素质是指在人的心理素质和社会文化素质基础上，在环境和教育的影响下形成和发展起来的，在社会实践活动中全面、较稳定地表现出来并发挥作用的身心组织要素、结构及其质量水平"

（3）认为"创业素质是以人的先天禀赋为基础、在环境和教育的影响下形成和发展起来的，在创业实践活动中表现出来并相对稳定地发挥作用的身心组织要素的总称"。

由此可见，创业素质的培养，主要依靠后天的教育，在某些特定环境和教育的影响下形成和发展。当代大学生的创业素质教育，也离不开这些基础和条件。因此，我们将当代大学生的创业素质的含义概括为：以其时代特点和自身特点为基础，优化整合优质教育资源，通过学校、家庭、企业、社会等多种渠道，帮助他们树立创业意识，激发创业激情，掌握创业知识，提高创业能力，进一步培养具有时代特征的创业素质。

5.4.2 提高大学生创业素质的途径和方法

1. 加强职业指导，强化创业知识的培训

创业知识是学生进行创业的基本要素，包括专业技术知识、经营管理知识和综合性知识。专业技术知识对于创业者了解创业现状，明确创业目标有着直接作用，特别是在一些应用高科技的领域，扎实掌握专业技术知识能够使创业者具有竞争优势。经营管理知识的掌握，可以通过一些针对性的学习，例如开设的职业指导课、市场经济和法律课程等，使大学生更好地了解市场运行规律，掌握管理经营企业的知识和谈判技巧。而综合性知识，可以通过开设第二课堂，例如模拟经营，以及其他相关领域课程的学习来获得。总之，只有具备了深厚的专业知识和广博的非专业知识，才能认清形势，抓住机遇，把握全局，实现创业目标。

2. 锻炼创业能力，提高自身综合素质

创业能力是大学生创业素质的一个重要方面，也是多数初入社会的大学生创业者所缺乏的一种综合能力，主要包括以下五个方面。

（1）创新能力。主要包括制度创新、管理创新、产品创新等能力。创新精神是一个民族发展的灵魂，开拓创新也是创业发展的灵魂和赢得竞争优势的关键。新的管理体制和产品开发要求创业者善于推陈出新，打破传统思维的樊篱。

（2）管理能力。主要包括决策、组织、计划、控制、领导和协调等能力，还包括经营能力，市场调查分析、谈判和推销等能力。管理活动贯穿于组织运行过程的每个环节。

（3）资源整合能力。创业者在创业之初不可能面面俱到，必须借用外力，利用自身的资源去整合他人资源，最终达到共赢的效果。

（4）语言表达和书面表达能力。创业者必须与投资者、政府部门、客户、消费者进行沟通，其口语表达要求清楚、流畅、准确、简洁、生动。另外各类创业策划书和投资计划书的写作也对创业者的表达能力提出了较高要求。

（5）人际交往能力。人际交往是创业者同各行业、部门、人员打交道的过程中不可或缺的。因此，大学生在校期间需有意识地培养与他人的协作能力，获得他人和社会的支持。

3. 塑造创业人格，形成自身人格魅力

阿玛尔·毕海德在《新企业的起源与演进》中通过对有发展前景的企业的分析，得出企业家创建有前途的新企业需要一些特殊的品质的推论，其中起决定作用的重要品质如下。

（1）受家庭背景、文化程度和经验所影响的创业倾向。

（2）适应性调整能力，例如果断、开明、控制内心冲突与发现因果关系的能力等。

（3）获取资源的能力，例如应变能力、自制力、洞察力和销售技巧等；相比较而言，承担风险、创造性活动、愿望与远见、雄心壮志、领袖气质、运用权力、管理才能等是次要的品质。

国内也有学者根据对中国创业者的调查，得出成功企业的领导人应具有以下品质。

（1）诚实、谦虚以赢得别人的信任。

（2）克制、忍耐以获得良好的人际关系。

（3）热情、富有责任感以保持克服困难的决心，并感染别人。

（4）积极的心态和创造精神使创业者充分发挥潜能，不被束缚，开创新局面等。

（5）公道正派、团结协作，具有自信心和较强的适应能力。

5.4.3   创业者最重要的十个素质

创业者应具备如下最重要的十个素质。

（1）诚信——创业立足之本

（2）自信——创业的动力

（3）勇气——视挫败为成功之基石

（4）爱心——创业成功的催化剂

（5）领导才能——创业的无形资本

（6）社交能力——借力打力觅捷径

（7）合作能力——趋利避害形成合力

（8）创新精神——创业成功的"维生素"

（9）敢于冒险——该出手时就出手

（10）敏锐眼光——识时务者为俊杰

电子活页 5-14

【电子活页】

扫描二维码，浏览"电子活页 5-14"的内容，了解"创业者最重要的十个素质"的具体内容。

5.4.4   创业者成功创业需具备的创业素质

创业素质是一种包括知识、技能或能力、经验和人格在内的复杂结构，是一种综合性的主体因素。因此，就提高和增强人们的创业素质而言，可以分别从下面六个方面进行。由于知识、技能或能力、经验和人格之间是密切联系的，因此，更应该注重对这六个方面的整体把握。

（1）强烈的创业意识　　　　　　（2）自信的创业精神

（3）优秀的创业品质　　　　　　（4）超强的创业能力

（5）扎实的创业知识　　　　　　（6）一定的创业经验

电子活页 5-15

【电子活页】

扫描二维码，浏览"电子活页 5-15"的内容，了解"创业者成功创业需具备的创业素质"的具体内容。

5.4.5　创业者成功创业需具备的五大能力

创业不是一件简单的事情，需要忍受我们平时难以想象的艰难和困苦，因此这也更加考验创业者的能力。拥有过人的能力，可以让创业之路走得更加顺畅一些。

（1）决策能力

（2）经营管理能力

① 学会经营　　② 学会管理　　③ 学会用人

④ 学会理财　　⑤ 要讲诚信

（3）创新能力

（4）专业技术能力

（5）协调交往能力

电子活页 5-16

【电子活页】

扫描二维码，浏览"电子活页 5-16"的内容，了解"创业者成功创业需具备的五大能力"的具体内容。

5.4.6　无限的激情是创业成功的保障

创业需要梦想，有梦想未来才会精彩纷呈。人生需要激情，创业更需要激情。

马云曾说："创业路上需要激情、执着和谦虚，激情和执着是油门，谦虚是刹车，一个都不能缺少。"无限的激情是创业成功的保障。

（1）激情是创业成功的助动剂

（2）激情是创业遭遇逆境和失败时的强心剂

（3）激情使创业者高效率、忘我地创业

（4）激情激励着你的团队和下属

电子活页 5-17

【电子活页】

扫描二维码，浏览"电子活页 5-17"的内容，了解"无限的激情是创业成功的保障"的具体内容。

5.4.7　如何创业才是成功之道

哈佛大学拉克教授讲过这样一段话："创业对大多数人而言是一件极具诱惑的事情，同时也是一件极具挑战的事。不是人人都能成功的，也并非想象中那么困难。但任何一个梦想成功的人，倘若他知道创业需要策划、技术及创意的观念，那么成功已离他不远了"。

创业素质对一个成功的创业者来说十分重要，如果你想成为一个成功创业者就必须做到以下七大要点。

（1）制订创业计划书

（2）做好周密的资金运作计划

（3）在创业中不断强化创业能力与知识

（4）培养一个执行力强效率高的团队

（5）确定企业最终的目标

（6）在失败中寻找经验

（7）在创业中为自己制订一个台阶

【电子活页】

扫描二维码，浏览"电子活页 5-18"的内容，了解"如何创业才是成功之道"的具体内容。

电子活页 5-18

【案例剖析】

[案例 5-2]　　　　　　雷军创业生涯的成功

成功的创业者究竟应具备些什么条件？你是否具备成为企业家的潜质呢？解析名人的成功之道，可以让我们更清晰地发现成功的奥秘。让我们一同解析雷军的创业生涯。

1. 七字诀

专注、极致、口碑和快，这七字是雷军认为的互联网最核心的思想，他认为以此做任何一件事情，都会有巨大的效果。这也是雷军的一条做事的普适规则。

（1）专注是前提

就是以少搏多，高度聚焦、专注做事，把事情做好。

（2）极致是关键

就是专注在一个点上，把事情做细，做到自己能力的极限，从而做到别人达不到的高度和水准。

（3）口碑是核心

形成口口相传的品牌，最核心的是超预期，超越客户预期。一个产品只有真正超过了用户的心理期待才会有真正的口碑。首先，这个世界一定存在口碑两个字。其次，在全球竞争的市场，一个产品能形成口碑，它背后真实的原因是它总有那么几点能打动消费者，才会真正形成一种口碑，造成一种巨大的光环效应，达到一种无法比喻的热度。

（4）快是保证

互联网讲究唯快不破，所以创业一定要保持极快的速度。首先，开发产品必须在两、三个月或者最多半年就做出来。其次，快速测试用户的需求和反馈，并给出一个结果。还有怎么跟用户快速沟通，做到快速反馈，快速修正，这几个问题就是快的关键。

2. 创业要乐观

创业这个活儿很苦，但是既然干了就要有乐观的态度，把这个相对比较艰苦的创业过程变成一个有意思的人生之旅。

创业就是从无到有，很多时候伴随着颠覆、打破和创造的过程，是一种人生蜕变的历练过程。一旦选择创业，在决定创业的时候就是已经选择了一种"苦"的生活方式。面对艰难险阻，创业者尤其需要一颗无限乐观的心，要享受创业过程。首先，找一群志同道合的伙伴一起干，初期找几个联合创业者非常关键。其次，想方设法提升创业过程的快乐，要一边唱着歌，一边吃着火锅，吃完干活，开开心心，这样每个人的持续性会更好，正向激励的作用会更强。比如小米就特别强调快乐创业。公司不打卡，也没人管几点上班，所以自始至终公司的整个精神面貌都是很快乐的，气氛甚至醉人。其实极力渲染一种悲壮无助于创业。只要创业者不要把目标定得过高，而是真正去享受创业的每个环节和过程，享受一起克服困难的过程，就能收获强大的成就感。

其实在创业中，实现自己目标，超越自己目标的人，都是自己人生的英雄。经得起输，万一输了就输了，吸取经验教训重新来过。

3. 做好减法

创业要学会做减法。一个上市公司老总想第二次创业时找雷军咨询。雷军告诉他，创业是要花很多钱干好几年时间才知道结果的事情，需要聚焦。

首先，确定了创业方向，就先把要做的事情都列出来。其次，找出必须要做的事情，按照轻重缓急排好。最后，集中精力做一件事情。

做减法的目的是为了聚焦，少做一些事情，把问题想清楚，这样反过来看，反而更容易成功。

4. 不要害怕资源少

很多时候，初始的创业者反而容易成功。为什么？是因为他们资源少，无可选择，反而能够听从自己内心的指引，把一件事情做得专、做得透。而一个有很多资源的人，往往退路多，方向也多，受到的掣肘也多，在充满变换和诱惑的市场中，往往不能听从自己内心的指引。尤其是一个曾经创业成功的人第二次创业时更是如此，他的经验往往成为再创业的阻碍。

5. 从一开始就拧紧发条

四年前，雷军刚刚开始创业，一、两个月时间，一切还在磨合期。有一天，一个微软来的前同事找他，中午两个人吃饭。前同事说，雷军这个公司很像微软，大家十点多钟来，五六点钟就走，这么干，肯定会"死"。雷军吓了一身冷汗。在他的观念中，认为自己的公司刚在组团队还没正经开干呢。于是雷军马上开会，提醒大家一定要意识到是在创业，决心用一个创业者的态度去做事情，从一开始就拧紧发条。

6. 豁出去创业

既然选择创业，就要正经干，就要豁出去干，不要给自己留什么退路，输了也没什么大不了，而且也只有这样活，人生才不会后悔。而无限的人生动力正是来源于二三十年如一日，听从自己内心的方向，坚持不懈的努力。

【分析思考】

成大业者必须目光远大、志存高远，但也必须脚踏实地、求真务实。雷军为创业者树立了榜样。在"资源有限、创意无限"的创意时代，在以创新为主要推动力的新一轮创业中，我们期待涌现出更多善于把经济文化化、文化经济化的企业家。

【交流探讨】

[探讨5-2] **创业始于梦想，成于坚持**

1996 年巨人大厦资金告急，史玉柱决定将保健品方面的全部资金调往巨人大厦，保健品业务因资金"抽血"过量，再加上管理不善，迅速盛极而衰。巨人集团解体后，史玉柱一夜之间身无分文，但是他并没有放弃，而是选择重整旗鼓，东山再起。1998 年，山穷水尽的史玉柱找朋友借了 50 万元，开始运作脑白金。脑白金一炮走红并没有让史玉柱满足。2001 年，黄金搭档上市，并很快走红全国市场。从此，这两个产品成了保健品市场上的常青树，史玉柱再次成为商界的佼佼者。试想如果没有当初的坚持，怎么会有日后的巨人崛起。

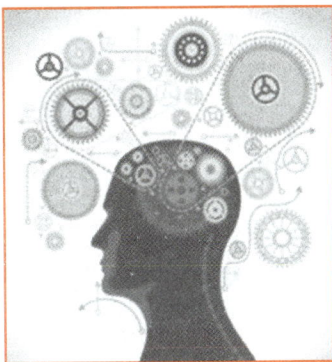

【各抒己见】

（1）大学生创业有哪些优势和劣势？

（2）你认为以下素质中哪些是大学生创业者应重点培养的素质？你具备了哪些素质？

自信自立、敢于冒险、善于沟通、团结合作、吃苦耐劳、乐观豁达、诚实守信、把握机遇、创新精神、终身学习、勤奋努力、领导才能、坚忍执着、责任感、勤奋、毅力等。

【实战训练】

[训练5-2] **大学生创业的 SWOT 分析**

现在大学生创业是一种趋势，虽然有优势和机遇，但同时也存在劣势和威胁。大学生在创业的同时要根据自己的特点，抓住机遇发挥优势，要找出具体的不足，制定方案解决威胁与困难，从而实现自己的人生目标。

SWOT 分析是指分析优势（Strengths）、劣势（Weaknesses）、机会（Opportunities）和威胁（Threats）四个方面，参考以下内容试进行大学生创业的 SWOT 分析。

1. 大学生创业的优势

（1）接受新鲜事物快，甚至是潮流的引领者。（2）思维普遍活跃，不管敢不敢干、至少敢想。（3）自信心较足，对认准的事情有激情去做。（4）年纪轻，精力旺盛，故有"年轻是最大的资本"之说。

2. 大学生创业的劣势

（1）缺乏社会经验和职业经历，尤其缺乏人际关系和商业网络。（2）缺乏真正有商业前景的创业项目，许多创业点子经不起市场的考验。（3）缺乏商业信用，在校大学生信用档案与社会没有接轨，导致融资借贷困难重重。（4）心理承受能力差，遇到挫折易放弃，有的学生在前期听到创业艰难，没有尝试就轻易放弃了。（5）整个社会文化和商业交往中往往不信任年轻人，俗语说的"嘴上没毛，办事不牢"，很不利于年轻人的创业。

3. 大学生创业的机遇

现在国家政策都鼓励大学生创业，学校也注重培养大学生的创业技能，社会也开始逐步承认大学生创业，家庭也开始给予大学生一些创业的资金，大学生创业的环境在逐渐改善。

4. 大学生创业的威胁

人才竞争越来越激烈，大学生毕业走向社会的压力也越来越大。虽然自己创业，但是市场竞争也很激烈，资金压力也很大。想得到家长和社会的认可，更不容易。一开始的创业虽然解决了就业，但是自己还年轻还想让生活更加充实，想生存得更有尊严。

[训练 5-3] 创业素质训练之我见

大学生创业素质训练载体的类型主要包括课堂教学载体、文化活动载体、社会实践载体、管理服务载体等，承载着教授创业知识、训练创业技能、丰富创业经验等功能。

以小组为单位，对所在学校教授创业知识、训练创业技能、丰富创业经验的平台、载体、制度情况进行调查分析，也对学生在创业素质训练方面的需求进行调查分析，然后综合各方面的情况，撰写一份"加强创业素质训练、提升创业能力"的建议书。

单元 6
捕捉创业机会

创业往往是从发现、把握、利用某个或某些商业机会开始的。识别创业机会是创业成功最重要的一步，好的创业机会是创业成功的一半。创业与一般管理不同，创业机会的寻找过程，并非一个理性的过程，也并非一个求最大值的过程。

【课程思政】

本模块为了实现"知识传授、技能训练、能力培养与价值塑造有机结合"的教学目标，从教学目标、教学过程、教学策略、教学组织、教学活动、考核评价等方面有意、有机、有效地融入团队精神、实干精神、进取精神、踏实作风、竞争意识、忧患意识、正视困难、求真务实、敬业乐业、机会意识 10 项思政元素，贯穿课程教学全过程，让学生思想上有正向震撼，行为上有良性改变，真正实现育人"真、善、美"的统一、"传道、授业、解惑"的统一。

?【知识导学】

6.1 认知创业机会

6.1.1 创业机会的含义

所谓创业机会，也称商业机会或市场机会，是指有吸引力的、较为持久的和适时的一种商务活动的空间（机会窗口），并最终表现在能够为消费者或客户创造价值或增加价值的产品或服务之中。创业者据此可以为客户提供有价值的产品或服务，并同时使创业者自身获益。所谓机会窗口是指市场存在的发展空间有一定的时间长度，使得创业者能够在这一时间段内抓住机会，创立起自己的企业，并获得相应的投资回报。

创业机会主要是指具有较强吸引力的、较为持久的有利于创业的商业机会。创业机会是指进行创业活动存在的可能性范围和创业者通过自己的行为影响成功的范围。创业机会是指技术、经济、政治、社会及人口环境发生了变化，使新产品、新服务、新原材料和新的组织方式出现了新的情景。

6.1.2 创业机会的基本类型

创业机会产生于一定的环境中，创业机会往往来源于环境的变动，市场的不协调或混乱，信息的滞后、领先或缺乏，以及各种各样的其他因素的影响。也就是说，在一个自由的企业系统中，当行业和市场中存在着变化的环境：混乱、混沌、矛盾、落后、领先、知识和信息的鸿沟，以及各种各样其他变化，例如技术革新、消费者偏好的变化、法律政策的调整等，创业机会就产生了。

创业机会主要包括技术机会、市场机会和政策机会三种类型。

1. 技术机会

技术机会是指由技术变化带来的创业机会，它主要来源于新的科技突破和社会的科技进步。技术上的任何变化或多种技术的组合都可能给创业者带来某种商业机会。

技术机会主要表现为以下三种形式。

① 新技术替代旧技术。

② 实现新功能、创造新产品的新技术的出现。

③ 新技术带来的新问题。

2. 市场机会

市场机会是指富有吸引力的领域能给企业营销活动带来良好机遇与盈利的可能性。市场机会来源于营销环境的变化，表现为市场上尚未满足或尚未完全满足的需求。

市场机会主要有以下四类。

① 市场上出现了与经济发展阶段有关的新需求，相应地，就需要有企业去满足这些新的需求，这同样是创业者可以利用的商业机会。

② 当前市场供给缺陷产生的新的商业机会。

③ 先进国家（或地区）产业转移带来的市场机会。

④ 从中外差距中寻找隐含的某种商机。

3. 政策机会

政策机会是指由于政府制定的法律、法规有所变动而带来的新的行业、新的市场、新的创业机会；或是由于政府的发展计划重点的转移，原来没有受到重视的区域市场重新受到人们的重视，创业者也跟随政府开发这一没有开发过的市场，从中获取新的创业机会。

政策机会主要包括以下几类。

① 法律、法规开禁带来的创业机会。

② 因政府在地区政策上的差异而带来的创业机会。

③ 新政策的实施所带来的创业机会。

6.1.3 创业机会的主要来源

1. 来自问题的存在

创业的根本目的是满足顾客需求，而顾客需求在没有被满足前就是问题。寻找创业机会的一个重要途径是善于发现和体会自己和他人在需求方面的问题或生活中的难处。例如，上海有一位大学毕业生发现远在郊区的本校师生往返市区的交通十分不便，创办了一家客运公司，就是把问题转化为创业机会的成功案例。

2. 来自不断变化的环境

变化是创业机会的重要来源，人们通过这些变化，常常会发现新的创业机会。创业的机会大都产生于不断变化的市场环境，环境变化了，市场需求、市场结构必然发生变化，就会给各行各业带来商机。著名管理大师彼得•德鲁客将创业者定义为能"寻找变化，并积极反应，把它当作机会充分利用起来的人"。这种变化主要来自产业结构变动、消费结构升级、城市化加速、人口思想观念变化、政府政策变化、人口结构变化、居民收入水平提高、全球化趋势等诸多方面。例如居民收入水平提高，私人轿车的拥有量不断增加，这就会派生出汽车销售、修理、配件、清洁、装潢、二手车交易、陪驾等诸多创业机会。

3. 来自创造发明

创造发明提供了新产品、新服务，更好地满足顾客需求，同时也带来了创业机会。在人类发展史上，每次重大的发明创造都引起了产业结构的重大变革，产生了无数的创业机会。例如随着计算机的诞生，计算机维修、软件开发、计算机操作的培训、图文制作、信息服务、网上开店等创业机会随之而来，即使你不发明新的东西，你也能成为销售和推广新产品的人，从而给你带来商机。

4. 来自竞争

如果你能弥补竞争对手的缺陷和不足，这也将成为你的创业机会。看看你周围的公司，你能比他们更快、更可靠、更便宜地提供产品或服务吗？你能做得更好吗？若能，你也许就找到了机会。

5. 来自新知识、新技术的产生

新知识可以改变人们的消费观念，新技术可以进一步满足人们的需求，甚至使人们产生新的需求进而引导消费。例如，当生产微型计算机的技术形成后，中国的企业也获得了生产与维护计算机的创业机会，联想等企业抓住了这个机会。又如，随着健康知识的普及和技术的进步，围绕"水"就带来了许多创业机会，上海就有不少创业者加盟"都市清泉"而走上了创业之路。

6.1.4 创业机会的特征

有的创业者认为自己有很好的想法和点子，对创业充满信心。有想法、有点子固然重要，但是并不是每个大胆的想法和新奇的点子都能转化为创业机会的。创业机会有以下四个特征。

1. 普遍性

凡是有市场、有经营的地方，客观上就存在着创业机会。创业机会普遍存在于各种经营活动过程之中。

2. 偶然性

对一个企业来说，创业机会的发现和捕捉带有很大的不确定性，任何创业机会的产生都有"意外"因素。

3. 消逝性

创业机会存在于一定的时空范围之内，随着产生创业机会的客观条件的变化，创业机会就会相应地消逝和流失。

6.1.5 从哪里发现创业机会

既然业务要从机会中产生，那么机会在哪儿？哪些情况又代表着机会呢？可以说机会无时不在，无处不在。但如果想知道掌握机会的方法，不妨关注以下几个方面。

1. 变化就是机会

环境的变化会给各行各业带来良机，人们透过这些变化，就会发现新的前景。变化可以包括：①产业结构变化；②科技进步；③通信革新；④政府政策变化；⑤经济信息化、服务化；⑥价值观与生活形态变化；⑦人口结构变化。以人口因素变化为例，可以列举出以下一些机会。

- 为老年人提供的健康保障用品；
- 为独生子女服务的业务项目；
- 为年轻女性和上班女性提供的用品；
- 为家庭提供的文化娱乐用品。

2. 从"低科技"中把握机会

随着科技的发展，高科技领域开发是时下热门的课题，但是，公司机会并不只属于高科技领域。在运输、金融、保健、饮食、流通这些所谓的"低科技"领域也有机会，关键在于开发。

3. 集中盯住某些顾客的需要就会有机会

机会不能从全部顾客身上去找，因为共同需要容易认识，因此很难再找到突破口。而实际上每个人的需求都是有差异的，如果我们时常关注某些人的日常生活和工作，就会从中发现某些机会。因此，在寻找机会时，应习惯把顾客分类，例如政府职员、菜农、大学教师、杂志编辑、小学生、单身女性、退休职工等，认真研究各类人员的需求特点，机会自见。

4. 追求"负面"就会找到机会

所谓追求"负面"，就是着眼于那些大家"苦恼的事"和"困扰的事"。因为是苦恼，是困扰，人们总是迫切希望解决，如果能提供解决的办法，实际上就找到了机会。例如双职工家庭，没有时间照顾小孩，于是有了家庭托儿所；没有时间买菜，就产生了送菜公司。这些都是从"负面"中寻找机会的例子。

【各个击破】

6.2　寻找与识别创业机会

创业难，发掘创业机会更难。一般而言，改进现有商业模式比创造一个全新的商业模式更为容易。许多创业者都可以由过去任职公司的经验中，发现大量可以立即改进的缺失，包括未被满足的顾客需求、产品品质上的瑕疵、作业程序上的不经济等。

机会如风，来无影去无踪，但它却经过每个人的身旁，就看你是否感觉得到。机会在每个人面前都是平等的，有的人总以为机会来临时还要先打个招呼，只知空等不知错失了多少机会，所以说机会不是等来的。但是机会在等着所有的人，所以机会需要主动去寻找，我们要成为第一个它等到的人。人一生之中能够果断坚定，把握机会，就可能品尝到成功的欢乐；优柔寡断，瞻前顾后，就可能错过很多机会，甚至留下永远的遗憾。

识别创业机会是创业的起点，也是核心。机会识别是创业的开端，也是创业的前提。

【见多识广】

6.2.1　影响创业机会识别的因素

为什么是有些人而不是另外的人看到一个机会？这些看到了机会的创业者有什么独特之处？普遍而言，下面的几类因素是被认为影响创业机会识别的基本因素，也是这些人具备的一些特征。

1.　先前经验

在特定产业中的先前经验有助于创业者识别机会。有调查发现，70% 左右的创业机会，其实是在复制或修改以前的想法或创意，而不是发现全新创业机会。

2.　专业知识

在某个领域拥有更多专业知识的人，会比其他人对该领域内的机会更具警觉性与敏感性。例如，一位计算机工程师，就比一位律师对计算机产业内的机会和需求更为警觉与敏感。

3.　社会关系网络

个人社会关系网络的深度和广度影响着机会识别，这已是不争的事实。通常情况下，建立了大量社会关系网络的人，会比那些拥有少量关系网络的人容易得到更多机会。

4.　创造性

从某种程度上讲，机会识别实际上是一个创造过程，是不断反复创造性思维的过程。在许多产品、服务和业务的形成过程中，甚至在许多有趣的商业传奇故事中，我们都能看到有关创造性思维的影子。

尽管上述特征并非导致创业成功的必然因素，但具备了这些特征，往往较其他创业者具有更多的优势，也更容易获得成功。

6.2.2 创业机会的识别过程

创业者从繁杂和梦幻的创意中选择他心目中的创业机会，随之而来的是组织资源着力开发这一机会，使之成为真正的企业，直至最终收获成功。这一过程中，机会的潜在预期价值及创业者的自身能力得到反复地考量，创业者对创业机会的战略定位也越来越明确，这一过程称为机会的识别过程。

机会识别包括三个截然不同的过程。

（1）感觉或感知到市场需求和尚未利用的资源。

（2）认识和发现在特殊的市场需求和特别的资源之间"相匹配的东西"。

（3）这种"相匹配的东西"以新业务的形式展现出来。

这些过程分别代表了感知、发现和创造，而不仅仅是"识别"。

创业机会的识别过程分为以下三个阶段。

1. 机会的搜寻

这一阶段创业者对整个经济系统中可能的创意展开搜索，如果创业者意识到某一创意可能是潜在的商业机会，具有现在的发展价值，将进入机会识别的下一阶段。

2. 机会的识别

相对整体意义上的机会识别过程，这里的机会识别应当是狭义上的识别，即从创意中筛选合适的机会。这一过程包括两个步骤。首先根据整体的市场环境，以及一般的行业分析来判断该机会是否在广泛意义上属于有利的商业机会，称为机会的标准化识别阶段。其次对于特定的创业者和投资者来说，考察这一机会是否有价值，也就是个性的机会识别阶段。

3. 机会的评价

实际上机会评价已经带有部分调查的含义，相对比较正式考察的内容主要是各项财务指标、创业团队的构成等，通过机会的评价，创业者决定是否正式组建企业，吸引投资。

通常机会识别和机会评价是共同存在的，创业者在对创业机会进行识别时也在有意无意地进行评价活动。在机会活动的初始阶段，创业者可以非正式地调查市场的需求、所需的资源，直到断定这个机会值得考虑或进一步深入开发；在机会开发的后期，这种评价变得较为规范，并且主要集中于考察这些资源的特定组合是否能够创造出足够的商业价值。

6.2.3 发掘创业机会的主要方式

发掘创业机会的主要方式如下。

（1）分析特殊事件来发掘创业机会

（2）分析矛盾现象来发掘创业机会

（3）分析作业程序来发掘创业机会

（4）分析产业与市场结构变迁的趋势来发掘创业机会

（5）分析人口结构的变化趋势来发掘创业机会

（6）分析价值观的变化来发掘创业机会

（7）分析新知识的产生来发掘创业机会

【电子活页】

扫描二维码，浏览"电子活页 6-1"的内容，了解"发掘创业机会的主要方式"的具体内容。

电子活页 6-1

6.2.4　创业机会识别所需的条件

面对具有相同期望值的创业机会，并非所有潜在创业者都能把握。成功的机会识别是创业愿望、创业能力和创业环境等多种因素综合作用的结果。

1.　创业愿望是机会识别的前提

创业愿望是创业的原动力，它推动创业者去发现和识别市场机会。没有创业意愿，再好的创业机会也会视而不见，或失之交臂。

2.　创业能力是机会识别的基础

识别创业机会在很大程度上取决于创业者的个人（团队）能力，这一点在《当代中国社会流动报告》（简称报告）中得到了部分佐证。报告通过对 1993 年以后私营企业主阶层变迁的分析发现，私营企业主的社会来源越来越以各领域精英为主，经济精英的转化尤为明显，而普通百姓转化为私营企业主的机会越来越少。国内外研究和调查显示，与创业机会识别相关的能力主要有：远见与洞察能力、信息获取能力、技术发展趋势预测能力、模仿与创新能力、建立各种关系的能力等。

3.　创业环境是机会识别的关键

创业环境是创业过程中多种因素的组合，包括政府政策、社会经济条件、创业和管理技能、创业资金和非资金支持等方面。一般来说，如果社会对创业失败比较宽容，有浓厚的创业氛围；政府有各种渠道的金融支持和完善的创业服务体系；产业有公平、公正的竞争环境，那就会鼓励更多的人创业。

6.2.5　如何研究市场动向

能够自己去识别和把握创业机会，根据自己的具体情况找到适合的创业方向，明确了想做什么和能做什么以后，这还不够，还要研究市场。市场需求是客观的，你能够做到的是主观的，主观只有和客观一致起来，才能变成现实，才能有效益。因此，要尽所能研究市场，捕捉信息，把握商机。机会从来都是垂青有心人的，做一个有心人，就会发现处处有市场，你就会发现你拥有的各种资产的最佳用处。所以还应该做以下的工作，为更好地创业做铺垫。

1.　研究大家都在做什么、如何做

不妨先向做得好的人虚心学习，学习他们经营的长处，摸清一些做生意的门道，积累必要的经验与资金。学习该行业的知识和技能，体会他们经营的不足之处，在你做的时候力争改进。

2.　研究自己家庭生活需要什么商品和服务

研究大众需求从你自己的家庭需要开始，首先研究你家里每天什么东西消费得最多。普通老百姓衣食住行的日常需要是一个稳定而广阔的市场。

3. 研究当前及今后一段时间的社会热点与公众话题

对精明的商人来说，热点就是商机，就是挣钱的项目和题材。抓住热点，掌握题材，独具匠心就能挣钱。同时，注意潜在热点的预测和发现，在热点没有完全热起来之前，就有所发现，有所准备，在别人没有发现商机时，你能发现商机，就更胜一筹。

4. 研究社会难点，关注社会焦点

只要用心看就会发现我们身边有这样那样小的难点，看看我们能做什么来解决这些"麻烦"，这就是商机。

5. 研究市场的地区性差异

不同的地区需要不同的产品和市场，地理因素的限制会带来不同地区之间的市场差异。市场的地区性差异是永远存在的，关键在于你能不能发现，发现差异并做缩小差异的工作，就是在满足市场需求，就是挣钱之道。

6. 研究生活节奏变化而产生的市场需求

现代生活节奏越来越快，快节奏的生活方式必然会产生新的市场需求，用金钱购买时间，是现代都市人的时髦选择。精明的生意人就会看到这一点，做起了各种各样适应人们快节奏生活需求的生意。

6.2.6 如何筛选创业机会

经过创业机会的识别以后，要进行机会的选择。在现实经济生活中，适于创业的机会并不很多。创业者需要借助"机会选择漏斗"，经过一层一层地筛选，在众多机会中筛选出真正适合自己的创业机会。

1. 要筛选出优质的创业机会

一般而言，较好的创业机会有五个特点。

（1）在前景市场中，前五年的市场需求会稳步快速增长。

（2）创业者能够获得利用该机会所需的关键资源。

（3）创业者不会被锁定在"刚性的创业路径"上，而是可以中途调整创业的"技术路径"。

（4）创业者有可能创造新的市场需求。

（5）特定机会的商业风险是明朗的，且至少有部分创业者能够承受相应风险。

2. 要筛选出利己的创业机会

面对较好的创业机会，特定的创业者需要回答四个问题。

（1）创业者能否获得自己缺少但他人控制的资源。

（2）遇到竞争时，自己是否有能力与之抗衡。

（3）是否存在该创业者可能创造的新增市场。

（4）该创业者是否有能力承受利用该机会的各种风险。

6.2.7 如何培养和提高发现创业机会的能力

机会为何总青睐于特定创业者。

虽然大量的创业机会可以经由系统地研究来发掘。不过，最好的创业机会还是来自创业者长期观察与生活体验。创业者可以在日常生活中有意识地加强实践，培养和提高发现创业机会的能力。

1. 养成良好的市场调研习惯

发现创业机会的最根本一点是深入市场进行调研。要了解市场供求状况、变化的趋势，顾客的需求是否得到了满足，竞争对手的长处与不足等。

2. 多看、多听、多想

我们常说见多识广，识多路广。我们每个人的知识、经验、思维及对市场的了解不可能做到面面俱到。多看、多听、多想能使我们广泛获取信息，及时从别人的知识、经验、想法中汲取有益的东西，从而增强发现机会的可能性和概率。

3. 培养独特的思维

机会往往是被少数人抓住的。我们要克服从众心理和传统的习惯思维的束缚，敢于相信自己，有独立见解，不为别人的评头论足、闲言碎语所左右，才能发现和抓住被别人忽视或遗忘的机会。

6.2.8 如何把握创业机会

创业者不仅要善于发现机会、评估机会，更需要正确把握并果敢行动，将机会变成现实的结果，这样才有可能在最恰当的时候出击，获得成功。

把握创业机会，应好好注意以下几点。

（1）着眼问题把握机会　　　（2）利用变化把握机会
（3）跟踪技术创新把握机会　　（4）在市场夹缝中把握机会
（5）捕捉政策变化把握机会　　（6）弥补对手缺陷把握机会

【电子活页】

电子活页 6-2

扫描二维码，浏览"电子活页 6-2"的内容，了解"如何把握创业机会"的具体内容。

6.2.9 大数据时代的创业特征与创业方向

1. 大数据时代的创业特征

大数据时代，人们寻找创业机会，最重要的是数据收集和分析，从数据中找到好点子。

首先，大数据技术在萌芽阶段就是应用的开源技术，这会给基础架构硬件、应用程序开发工具、应用服务等各个方面的相关领域带来更多的机会。

其次，创业者并非统计学家或者数据分析师也可以轻松获取数据，然后凭借分析和洞察力开发可行的产品。

此外，将众多数据聚合，或者将公共数据和个人数据相结合，新数据组合能开辟出产品开发的新机遇。总之，开放数据和开源技术将使创业门槛降低，使创业机会大大增加。

2. 大数据时代的创业方向

现有的大数据工具有着技术门槛高、上手成本高、和实际业务结合较差，以及部署成本高、小公司用不起等特点。那么新创企业就可以根据以往这些产品的缺陷，来做更适合市场和客户的大数据分析工具和服务。

另外，将大数据工具完整化和产品化也是一个方向。新一代的大数据处理工具应该是有着漂亮 UI、由功能按键和数据可视化等模块组成的完整产品，而不是一堆代码。因此大数据创业的 2B（企业与企业）方向，更多的是做工具和服务，如数据可视化、商务智能、CRM 等。而在 2C（个人与个人）方向，大数据一个很大的作用就是为决策做依据，以前做决定是"拍脑袋"，现在是根据数据结果做决定。个人理财（我的钱花哪去了，哪些可以省下来）、家庭决策（孩子报考哪所大学）、职业发展／自我量化（该不该跳槽，现在薪水到底合适不合适）及个人健康都可以用到大数据。

6.2.10　把握大数据时代的创业机会

大数据在各个行业的垂直特色化应用会更有想象空间，包括金融、电信、健康、媒体广告、零售、交通、政府、智慧城市、房地产和家居家电等行业都会有很多应用机会。

【电子活页】

扫描二维码，浏览"电子活页 6-3"的内容，了解"把握大数据时代的创业机会"的具体内容。

电子活页 6-3

【案例剖析】

[案例 6-1]　　　　　　　　　"牛仔大王"李维斯

当年李维斯像许多年轻人一样，带着梦想前往西部追赶淘金热潮。一日，突然间他发现有一条大河挡住了他西去的路。苦等数日，被阻隔的行人越来越多，但都无法过河。于是陆续有人向上游、下游绕道而行，也有人打道回府，更多的则是怨声一片。心情慢慢平静下来的李维斯想起了曾有人传授给他的一个"制胜法宝"，是一段话："太棒了，这样的事情竟然发生在我的身上，又给了我一个成长的机会。凡事的发生必有其因果，必有助于我。"于是他来到大河边，"非常兴奋"地不断重复着对自己说："太棒了，大河居然挡住我的去路，又给我一次成长的机会，凡事的发生必有其因果，必有助于我。"果然，他真的有了一个绝妙的创业主意——摆渡。没有人吝啬一点小钱坐他的渡船过河，迅速地，他人生的第一笔财富居然因大河挡道而获得。

一段时间后，摆渡生意开始清淡。他决定放弃，并继续前往西部淘金。来到西部，四处是人，他找到一块合适的空地，买了工具便开始淘起金来。在刚到西部那段时间，他多次被人欺侮，有一次被人打之后，看着那些人扬长而去的背影，他又一次想起他的"制胜法宝"。终于，他又想出了另一个绝妙的主意——卖水。

西部不缺黄金，但似乎自己无力与人争雄；西部缺水，可似乎没什么人能想到它。不久他卖水的生意便红红火火了。慢慢地，也有人参与了这个新行业，再后来，同行的人越来越多，竞争越来越激烈。终于有一天，李维斯不得不再次无奈地放弃卖水生意。然而他立即开始调整自己的心态，再次强行让自己兴奋起来，又一次想起他的"制胜法宝"，并开始调整自己注意的焦点。他发现来西部淘金的人，衣服极易磨破，同时又发现西部到处都有废弃的帐篷，于是他又有了一个绝妙的好主意——把那些废弃的帐篷收集起来，清洗干净，就这样，他缝制了世界上第一条牛仔裤！从此，他一发不可收拾，最终成为举世闻名的"牛仔大王"。

【分析思考】

"只有愚者才等待机会，而智者则造就机会。"培根的这句话也在启发着我们，创业机会需要我们去创造和发现。只要我们平时时刻注意周围的事物，观察生活中的点点滴滴，勇于开动大脑，找到灵感，我们就能寻找到机遇，再为此付出自己的汗水，就一定能开启成功之门。

李维斯是如何选择他的三个创业项目的？前两次为什么失败了？为什么第三次创业成功了？

【交流探讨】

［探讨6-1］　　　　　　　向前看两年

1999年，李彦宏回国准备创业，但是做什么呢？这是首先要解决的问题。当时有三条路摆在李彦宏面前：电子商务、翻译和搜索。那时电子商务刚刚兴起，李彦宏的搭档徐勇就是做电子商务出身的，可以说在电子商务方面具备了天时、地利、人和，非常具有诱惑力；而当时的一些风投公司则建议李彦宏做翻译。

李彦宏到底会选择哪一个呢？这是他创业路上的第一道坎。

李彦宏没有选择当时正火热的电子商务，他说服徐勇说："B2B虽然很火，但是已经有很多公司在做了，我们现在进去不一定能成功。"他也没有选择似乎有着大好前景的翻译网站，而是果断选择了搜索。

首先，李彦宏本身具有技术优势。在搜索领域，李彦宏不仅在中国算得上是最早的专家，在世界上也已经跻身前列。1996年，李彦宏发明了"超链分析"，这是1999年之后，世界主流搜索引擎都采用的一种搜索引擎技术。1998年，在硅谷，李彦宏是第一个将长远分析理论和技术实际运用到搜索引擎上的人。那时，谷歌还不是一家主流搜索引擎企业，但已经开始使用这套技术做搜索引擎了。2000年，当李彦宏回国做百度的时候，谷歌也还不是一个具有巨大影响力的公司。其实，搜索引擎的门槛非常高，不是谁想做就能做的。对于李彦宏而言，与其花大力气在一个并不擅长的领域和强大对手去肉搏，还不如在自己领先的领域集中精力保持领先地位。

还有更重要的一点，那就是李彦宏看准了搜索领域的巨大潜力。在网络技术领域摸爬滚打了这么多年，李彦宏对这个行业的现状和未来走向都有了清晰的认识。在互联网领域，当网页内容还不多时，搜索引擎还可有可无，随着网上内容的丰富，人们对搜索引擎的要求必然会越来越高。搜索引擎的发展潜力巨大。李彦宏记得，在美国留学期间，一次打高尔夫球的间隙，他的导师说了一句漫不经心的话："搜索引擎技术是互联网一项最基本的功能，应当有未来。"导师的话，更坚定了李彦宏的信心。

"向前看两年"的理念，让李彦宏更加坚定了自己的决心——做搜索。李彦宏对徐勇说："国内在搜索引擎方面还是一片空白，尽管现在不热，但是向前看两年，这个市场一定会火起来。"果不其然，百度成立没多久，就开始在市场上崭露头角，成为一匹无人可以争锋的黑马。

选择意味着取和舍，意味着得到和放弃，意味着正确或错误，意味着机会成本。对商业来说，选择，特别是商业模式的选择，往往决定着成败。能不能做出正确的选择，依靠科学而不是盲目做选择，是商业选择的基本要求。除此之外，选择者也要具备一些独到的性格特质。

李彦宏选择创业之时，正是电子商务最火的时候，当时不知道有多少人疯了似的想要挤上这趟"网络列车"。但李彦宏认为，这种跟风式的创业，吃到的只能是别人的残羹剩饭。他选择了搜索，是因为他看到了搜索在未来将对这个世界产生的重大作用。如今百度的成功也验证了李彦宏眼光的独到和长远。时至今日，面对跃跃欲试想要创业的年轻人，李彦宏说得最多的就是"一定要有向前看两年的眼光"。

【各抒己见】

1. 关联产业从婴儿潮中受益

在我国"放开生育二孩"的背景下，分析儿童玩具、儿童服饰、儿童食品、母婴医疗、教育培训等产业所出现的创业机会。

2. 人口城镇化有效释放消费潜力

在我国人口城镇化率稳步提升的过程中，分析旅店业、餐饮业、批发和零售业、交通运输、旅游业、仓储业、租赁、代理业、计算机服务等服务行业的创业机会。

[探讨6-2] 来自一份国际电池行业动态的创业灵感

比亚迪老总王传福的创业灵感来自一份国际电池行业动态报告，一份简报似的东西。1993年的一天，王传福在一份国际电池行业动态上读到，日本宣布本土将不再生产镍镉电池，王传福立刻意识这将引发镍镉电池生产基地的国际大转移，意识到自己创业的机会来了。果然，随后的几年，王传福利用日本企业撤出留下的市场空隙，加之自己原先在电池行业多年的技术和人脉基础，做得顺风顺水，于2002年进入了《福布斯》中国富豪榜。

【各抒己见】

在传统的商业观里，只要在繁华地带有个场地，开个衣服店、书店，也许你就能造就一个盈利的企业。

新一轮全球技术革命在移动互联网领域取得了巨大的进展，我国在移动互联网技术的研发特别是应用领域也有不错的表现。根据中国《2016年通信运营业统计公报》显示，2016

年，全国电话用户净增 2617 万户，总数达到 15.3 亿户。其中，移动电话用户净增 5054 万户，总数达 13.2 亿户，移动电话用户普及率达 96.2 部 / 百人，4G 用户数呈爆发式增长，全年新增 3.4 亿户，总数达到 7.7 亿户。

随着信息科技的快速发展和时间的推移，曾经的消费人群逐渐老龄化，而 80 后、90 后、00 后正处于消费的增长期，一方面要得益于当今中国教育的发展和普及，使得这三代人的教育水平普遍比较高，同时得益于信息科技的发展，使得这三代人对信息的获取更加便利。

在这样的大环境下，80 后、90 后、00 后的消费需求正在成为主流，50 后、60 后、70 后的消费需求逐渐变得边缘化。而传统企业的消费观念和管理体制，还有产品观念都是非常陈旧的，例如过去的时代对产品的追求是"有"就可能满足了市场，"卖出"就代表着产品已经销售等观念还在传统企业里占据着主要地位。因为传统企业的管理者大多是 50 后～70 后，他们无法接受当今 80 后、90 后、00 后这些消费人群的观念，产品也无法契合他们的审美，而新兴的移动互联网企业产品，更加符合年轻人的审美，所以必将赢得市场，80 后、90 后、00 后的消费需求正在成为主流。

移动互联网对人类的生产生活方式带来了革命性的影响和冲击，在移动互联网颠覆传统领域的背景下，分析基于移动互联网满足 80 后、90 后、00 后的消费需求的创业机会。

【实战训练】

[训练 6-1] 捕捉我国人口老龄化背景下的创业

据统计，2015 年我国 60 岁及以上人口达到 2.22 亿，占总人口的 16.25%。预计到 2025 年，60 岁以上人口将达到 3 亿，我国将成为超老年型国家。考虑到 20 世纪 70 年代末，计划生育工作力度的加大，预计到 2040 我国人口老龄化进程达到顶峰，之后，老龄化进程进入减速期。

彼得·德鲁克认为，创业机会有以下七大来源。

（1）从意外情况中捕捉创新动机。

（2）从实际和设想不一致中捕捉创新动机。

（3）从过程的需要中捕捉创新动机。

（4）从行业和市场结构变化中捕捉创新动机。

（5）从人口状况的变化中捕捉创新动机。

（6）从观念和认识的变化中捕捉创新动机。

（7）从新知识、新技术中捕捉创新动机。

针对我国人口老龄化现象，分析老年医疗、保健护理、老年教育、老年文化、老年卫生、老年体育、老年用品生产经销、社区养老等老龄产业所出现的创业机会。

6.3 评估创业机会

创业机会是指通过把资源创造性地结合起来，迎合市场需求（或兴趣、愿望）并传递价值的可能性。创业者对机会的评价来自他们的初始判断，而初始判断通常就是假设加简单计算。这种直觉的商业判断，有时候是简单有效的。但对于一般创业者而言，这种判断显得有些武断，甚至不够科学。

【见多识广】

6.3.1 创业机会的评估准则

所有的创业行为都来自绝佳的创业机会，创业团队与投资者均对创业前景寄予极高的期待，创业者更是对创业机会在未来所能带来的丰厚利润满怀信心。但是，创业失败的教训也会时常发生。为了尽可能地避免这样的情况，创业者应该先以比较客观的方式进行评估，评估准则分为以下两类。

（1）市场评估准则
① 市场定位   ② 市场结构   ③ 市场规模
④ 市场渗透力   ⑤ 市场占有率   ⑥ 产品的成本结构
（2）效益评估准则
① 合理的税后净利   ② 达到损益平衡所需的时间   ③ 投资回报率
④ 资本需求   ⑤ 毛利率   ⑥ 策略性价值
⑦ 资本市场活力   ⑧ 退出机制与策略

【电子活页】

扫描二维码，浏览"电子活页 6-4"的内容，了解"创业机会的评估准则"的具体内容。

电子活页 6-4

6.3.2 蒂蒙斯创业机会评价体系

蒂蒙斯的创业机会评价框架，涉及行业和市场、经济因素、收获条件、竞争优势、管理团队、致命缺陷问题、个人标准、理想与现实的战略差异 8 个方面的 53 项指标，如表 6-1 所示。通过定性或量化的方式，创业者可以利用这个体系模型对行业和市场问题、竞争优势、财务指标、管理团队和致命缺陷等做出判断，来评价一个创业项目或创业企业的投资价值和机会。

1. 蒂蒙斯创业机会评价体系

蒂蒙斯（Timmons）创业机会评价体系具体评价指标如表 6-1 所示。

表 6-1 蒂蒙斯创业机会评价体系具体评价指标

指标类别	具体指标
行业与市场	（1）市场容易识别，可以带来持续收入 （2）顾客可以接受产品或服务，愿意为此付费 （3）产品的附加价值高 （4）产品对市场的影响力高 （5）将要开发的产品生命长久 （6）项目所在的行业是新兴行业，竞争不完善 （7）市场规模大，销售潜力达到 1000 万～10 亿元 （8）市场成长率在 30%～50% 甚至更高 （9）现有厂商的生产能力几乎完全饱和 （10）在 5 年内能占据市场的领导地位，市场占有率达到 20% 以上 （11）拥有低成本的供货商，具有成本优势

指标类别	具体指标
经济价值	（1）达到盈亏平衡点所需要的时间在 1.5～2 年以下 （2）盈亏平衡点不会逐渐提高 （3）投资回报率在 25% 以上 （4）项目对资金的要求不是很高，能够获得融资 （5）销售额的年增长率高于 15% （6）有良好的现金流量，能占到销售额的 20%～30% 以上 （7）能获得持久的毛利，毛利率要达到 40% 以上 （8）能获得持久的税后利润，税后利润率要超过 10% （9）资产集中程度低 （10）运营资金不多，需求量是逐渐增加的 （11）研究开发工作对资金的要求不高
收获条件	（1）项目带来的附加价值具有较高的战略意义 （2）存在现有的或可预料的退出方式 （3）资本市场环境有利，可以实现资本的流动
竞争优势	（1）固定成本和可变成本低 （2）对成本、价格的控制较好 （3）已经获得或可以获得对专利所有权的保护 （4）竞争对手尚未觉醒，竞争较弱 （5）拥有专利或具有某种独占性 （6）拥有发展良好的网络关系，容易获得合同 （7）拥有杰出的关键人员和管理团队
管理团队	（1）创业者团队是优秀管理者的组合 （2）行业和技术经验达到了本行业内的最高水平 （3）管理团队的正直廉洁程度能达到最高水平 （4）管理团队知道自己缺乏哪方面的知识
致命缺陷	不存在任何致命缺陷
创业者的个人标准	（1）个人目标与创业活动相符合 （2）创业者可以做到在有限的风险下实现成功 （3）创业者能接受薪水减少等损失 （4）创业者渴望进行创业这种生活方式，而不只是为了赚大钱 （5）创业者可以承受适当的风险 （6）创业者在压力下状态依然良好
理想与现实的战略性差异	（1）理想与现实情况相吻合 （2）管理团队已经是最好的 （3）在客户服务管理方面有很好的服务理念 （4）所创办的事业顺应时代潮流 （5）所采取的技术具有突破性，不存在许多替代品或竞争对手 （6）具备灵活的适应能力，能快速地进行取舍 （7）始终在寻找新的机会 （8）定价与市场领先者几乎持平 （9）能够获得销售渠道，或已经拥有现成的网络 （10）能够允许失败

【说明】：
（1）该指标体系主要适用于具有行业经验的投资人或资深创业者对创业企业的整体

评价。

（2）该指标体系必须运用创业机会评价的定性与定量方法才能得出创业机会的可行性及不同创业机会间的优劣排序。

（3）该指标体系涉及的项目比较多，在实际运用过程中可作为参考选项库，结合使用对象、创业机会所属行业特征及机会自身属性等进行重新分类、梳理简化，提高使用效能。

（4）该指标体系及其项目内容比较专业，创业导师在运用时要多了解创业行业、企业管理和资源团队等方面的经验信息，要掌握这50多项指标内容的具体含义及评估技术。

2. 蒂蒙斯创业机会评价体系的局限性

（1）评价主体要求比较高。蒂蒙斯的创业机会评价指标体系是到目前为止最全面的评价指标体系，其主要是基于风险投资商的风险投资标准建立的，这与创业者的标准还是存在一定的差异的。这些评价标准经常被风险投资家使用，创业者可以通过关注这些问题而受益。运用该评价体系，要求使用者具备敏锐的创业嗅觉、清晰的商业认知、丰富的管理经验和系统的行业信息。创业导师自己使用一般问题不大，而如果直接给初次创业者或大学生创业者来做创业机会自评，效果不会太好。即使如此，仍然不影响该评价体系作为创业者的项目选择与评价的参考标准。

（2）蒂蒙斯指标体系维度有交叉重复问题。该指标体系的各维度划分不尽合理，存在交叉重叠现象。比如，在竞争优势、管理团队、创业者的个人标准和理想与现实的战略性差异这四个维度中，都存在"管理团队"的评价项目，维度划分标准不够统一。再比如，行业与市场维度中的第11项"拥有低成本的供货商，具有成本优势"，与竞争优势维度中的第1项"固定成本和可变成本低"存在包含关系与重叠问题。这会直接影响使用者的评价难度和考量权重，在一定程度上影响了评价指标的有效性。

（3）指标体系缺乏主次，定性定量混合，影响效果。蒂蒙斯指标体系另外一个比较明显的缺点是指标多而全，主次不够清晰。其指标内容既有定性评价项目，又有定量评价项目，而且这些项目有交叉现象。一方面，评价指标太多，使用不够简便；另一方面，在运用其对创业机会进行评价时，实际上难以做到对每个方面的指标进行准确量化并设置科学的权重，实践效果不够理想。

3. 应用蒂蒙斯创业机会评价体系时的注意事项

（1）影响创业机会评价结果的三个重要因素。

① 评价主体的个性特征差异。由于评价者在信息处理方式和行为决策风格等方面存在显著差异，使得不同评价者在评价同一个创业机会时会出现结果差异。

② 评价主体的工作年限。蒂蒙斯在研究中指出，企业工作经验对创业者能否做出正确判断有重要影响作用，他认为"具有10年以上的企业经验，才能识别出各种商业行为，并获得创造性的预见能力和捕捉商机的能力。"因此，工作年限超过10年的创业者的意见比工作年限较短的创业者和管理者的意见更值得重视，评价结果更为可靠，即对创业导师的工作经验要求比较高。

③ 评价主体的管理经验。在进行机会评价时，评价者的知识结构、专业技能会起到重要的影响作用。有高管工作经验意味着其可以掌握更多的决策经验和资源控制能力。因此，在进行机会评价时，对创业导师的管理经验，尤其是高级管理经验的要求

较高。

（2）评价创业机会的 5 项基本标准。无论采用何种评价体系和评价方法，都需要考虑创业机会评价的基本标准。有研究指出，评价创业机会至少有以下 5 项基本标准。

①对产品有明确的市场需求，推出的时机也是恰当的。

②投资的项目必须能够维持持久的竞争优势。

③投资必须具有较高回报，从而允许一些投资中的失误。

④创业者与机会之间必须相互适合。

⑤机会中不存在致命的缺陷。

这 5 项基本标准，为创业导师应用该工具提供了基本工作准则，以达成评价的预定目标和可靠结果。

6.3.3　创业机会评价体系简化版

囿于蒂蒙斯创业机会评价体系的提出背景与局限，创业导师和创业者在实际进行创业机会评价时，通常会参考该指标体系，筛选出符合国情环境、行业特征与评价者特质的精简化的指标体系。

1. 姜彦福的创业机会评价重要指标序列

创业机会评价的 10 项重要指标序列是清华大学姜彦福教授的实证研究成果，指标类别与具体指标如表 6-2 所示。创业导师可以运用姜彦福的评价体系进行打分，以保证评价结果的公正性。

表 6-2　姜彦福的创业机会评价重要指标序列

指 标 类 别	具 体 指 标
管理团队	创业者团队是优秀管理者的结合
竞争优势	拥有优秀的员工和管理团队
行业与市场	顾客愿意接受该产品或服务
致命缺陷	不存在任何致命缺陷
个人标准	创业者在承受压力的状态下心态良好
收获条件	机会带来的附加价值具有较高的战略意义
管理团队	行业和技术经验达到了本行业内的最高水平
经济因素	能获得持久的税后利润，税后利润率要超过 10%
竞争优势	固定成本和可变成本低
个人标准	个人目标与创业活动相符合

2. 中创教育的大学生创业机会评价体系

中创教育通过对大学生创业指导的实践研究，提出了一套简单易操作且效果比较好的评价体系，供创业导师作为课堂教学与咨询辅导的工具，如表 6-3 所示。

表6-3 中创教育的大学生创业机会评价体系

指 标 类 别	具 体 指 标
致命缺陷	不存在任何致命缺陷
行业与市场	（1）顾客可以接受产品或服务，愿意为此付费； （2）市场容易识别，可以带来持续收入
管理团队	创业者团队是优秀管理者的结合
个人标准	个人目标与创业活动相符合
竞争优势	固定成本和可变成本低
战略性差异	在客户服务管理方面有先进的服务或运营理念
经济因素	（1）项目对资金的要求不是很大，能够获得融资； （2）能获得持久的税后利润，税后利润率要超过10%； （3）有良好的现金流，能占到销售额的20%甚至30%以上

创业者可以参考中创教育的创业机会评价体系，运用标准矩阵打分法，确认自己的创业项目优势，完善自己的创业规划。

6.3.4 创业机会评价的两种简便方法

蒂蒙斯创业机会评价体系只是一套评价标准，在进行创业机会评价实践时，还需要科学的步骤和专业的评价方法才能操作。下面介绍两种常用且易操作的评价方法。

1. 标准矩阵打分法

标准矩阵打分法是指将创业机会评价体系的每个指标设定为三个打分标准，如"最好"得3分，"好"得2分，"一般"得1分，形成的打分矩阵表。在打分后，求出每个指标的加权评价分。

这种方法简单易懂，易操作。该方法主要用于不同创业机会的对比评价，其量化结果可直接用于机会的优劣排序。只用于一个创业机会的评价时，则可多人打分后进行加权平均。其加权平均分越高，说明该创业机会越可能成功。一般来说，高于100分的创业机会可进一步规划，低于100分的创业机会，则需要考虑淘汰。

2. 选择因素法

该方法可以看作标准矩阵打分法的简化版。评价者通过对创业机会的认识和把握，按照蒂蒙斯创业机会评价体系的各项标准，看机会是否符合这些指标要求。如果统计符合指标数少于30个，说明该创业机会存在很大问题与风险；如果统计结果高于30个，则说明该创业机会比较有潜力，值得探索与尝试。应用该方法时需要注意一点，如果机会存在"致命缺陷"，需要一票否决。致命缺陷通常是指法律法规禁止、需要的关键技术不具备、创业者不具备匹配该创业机会的基本资源等方面的系统风险。

该方法比较适合于创业者对创业机会进行自评。

【案例剖析】

[案例6-2]　　　　雾霾背景下创业机会的评估

我国许多地方深受空气污染困扰，雾霾频频爆发，随着雾霾天气的持续，"PM2.5"成为各大商家的促销热词。口罩、空气净化器大卖，室内健身火爆，清肺防霾医药走俏，躲霾游走红等。数据统计显示，京东电商平台一天的口罩销售量曾达到300万只。

由于普通大众对空气质量的重视程度越来越高，激发规模各异的中国企业纷纷推出防雾霾新产品。消费者已经不满足于口罩和空气净化器，他们开始把目光投向了防雾霾的可穿戴设备。这给中国的创业公司带来了新商机。

三位爸爸也在2014年初开始为孩子的健康"谋划"着一些事情，但他们选择的是打造儿童专用净化器，让更多的孩子享受到干净的天气，而这款净化器的名字就叫作"三个爸爸"。

【分析思考】

"三个爸爸"搭乘移动互联网顺风车，精准定位用户，建立社群，用重度垂直的思维和用户进行深入沟通，并提炼出用户的关键痛点，作用于产品设计，从而打造出孩子专用的净化器。同时，"三个爸爸"利用互联网的方式做营销，用极少的营销成本，迅速建立口碑和品牌，并创造了中国第一个千万级众筹的纪录。

成功识别创业机会，对创业机会进行科学、理性、系统的评价是创业活动成功的起点和基础。创业导师如何评价创业者的项目选择方向是否正确、是否可行、有多大价值，是创业指导过程中经常遇到的专业问题。蒂蒙斯创业机会评价体系，给我们提供了一套系统的评价框架和可量化的指标体系。这个工具可以帮助创业导师和创业者，科学深入地评价创业项目的可行性及其价值。

【交流探讨】

[探讨6-3]　　　　眼镜市场势将风云再起

中国青少年近视率居高不下，其中小学生近视发病率为22.7%，中学生为55.22%，高中生为70.34%，大学生更是高达85%。加之中国已经进入老龄化社会，目前全国50岁以上老年人口约有3.2亿，90%以上需要佩戴老花镜。

仅在近视镜和老花镜这两块市场的商机就不可估量，再加上太阳镜、司机防护镜、电脑防辐射镜等各种功能智能眼镜也已越来越多地进入了人们的生活，市场前景十分可观。

中国眼镜市场的现状千头万绪，但唯一能让我们笃定的是：中国眼镜市场商业模式亟须创新，势必要给老百姓一个物美价廉的全新体验。

随着现代科技的发展，面对由大数据、物联网所带来的人性化、智能化的行业变革，Google Glass、联想M100等高科技眼镜的出现更是让传统眼镜市场措手不及，应对无招，本来销售手段就单一的中国眼镜市场如再不进行革新和升级，真的是要在前狼后虎的夹缝中"喘息"了。

面对这一切，如要盘活中国眼镜市场，专家指出，并非毫无办法。谷歌眼镜 Google Glass 的"高大上"着实有点雷声大雨点小，昂贵的价格让众多消费者"望镜兴叹"。因此，老百姓亟须一款"接地气"、人人都消费得起的、物美价廉的产品，既符合实际需求又能跟得上时代发展的潮流。

庞大的市场潜力，引来了大量外资的涌入。在传统和现代之间，我国眼镜市场势将风云再起。专家预测：具备现代化的研发理念、创新的商业模式、接地气的亲民价格等要素构成了中国眼镜市场发展的必备基本条件，创业者应把握住这难得的创业良机。

【各抒己见】

风云再起的眼镜市场给了创业者难得的创业良机，参考蒂蒙斯创业机会评价体系的标准，运用标准矩阵打分法对这一创业机会进行评价。

【实战训练】

[训练 6-2] 运用创业机会评价体系进行创业机会评估

以下为大学生创业的推荐领域。

方向一：高科技领域

身处高科技前沿阵地的大学生，在这一领域创业有着近水楼台先得月的优势，"易得方舟""视美乐"等大学生创业企业的成功，就是得益于创业者的技术优势。但并非所有的大学生都适合在高科技领域创业，一般来说，技术功底深厚、学科成绩优秀的大学生才有成功的把握。有意在这一领域创业的大学生，可积极参加各类创业大赛，获得脱颖而出的机会，同时吸引风险投资。

推荐商机：电子商务、软件开发、网站开发、网络服务、手机游戏开发等。

方向二：智力服务领域

智力是大学生创业的资本，在智力服务领域创业，大学生游刃有余。大学生能够充分利用高校教育资源，更容易赚到"第一桶金"。此类智力服务创业项目成本较低，一张桌子、一部电话就可开业。

推荐商机：设计工作室、翻译事务所等。

方向三：连锁加盟领域

统计数据显示，在相同的经营领域，个人创业的成功率低于 20%，有的则高达 80%。对创业资源十分有限的大学生来说，借助连锁加盟的品牌、技术、营销、设备优势，可以较少的投资、较低的门槛实现自主创业。但连锁加盟并非"零风险"，在市场鱼龙混杂的现状下，大学生涉世不深，在选择加盟项目时更应注意规避风险。一般来说，大学生创业者资金实力较弱，适合选择启动资金不多、人手配备要求不高的加盟项目，从小本经营开始为宜；此外，最好选择运营时间在 5 年以上、拥有 10 家以上加盟店的成熟品牌。

推荐商机：动漫店、快餐业、家政服务、校园小型超市、数码速印站等。

方向四：开店

大学生开店，一方面可充分利用高校的学生顾客资源；另一方面，由于熟悉同龄人的消费习惯，因此入门较为容易。正由于走"学生路线"，因此要靠价廉物美来吸引顾客。此外，由于大学生资金有限，不可能选择热闹地段的店面，因此推广工作尤为重要，需要经常在校园里张贴广告或和社团联办活动，才能广为人知。

推荐商机：高校内部或周边地区的餐厅、早餐店、咖啡屋、美发屋、文具店、书店等。

方向五：技术创业

在校期间精通一门技术，可以让大学生很快融入社会。有一技之长既可开店创业，也可打工积累资本。好酒不怕巷子深，所以有一技之长的大学生在开店创业的时候，可以避开热闹地段节省大量的门面租金，把更多的创业资金用到经营活动中去。

推荐商机：3D打印、电子产品维修、广告服务、机械产品加工等。

请选择感兴趣的推荐商机运用"中创教育的大学生创业机会评价体系"进行创业机会评估。

6.4 分析客户需求

【见多识广】

6.4.1 客户群体的类型

站在利润的角度上来看，不同群体的客户都是企业的主要利润来源，他们是企业大力培养的对象，是市场的基石。但是将客户进行有效的分类，将客户群体归类，然后进行不同培养，能够对企业利润增长有巨大的帮助。

客户群体主要有四种类型。

（1）老客户、大客户　　　　（2）新客户、大客户

（3）新客户、小客户　　　　（4）老客户、小客户

电子活页 6-5

【电子活页】

扫描二维码，浏览"电子活页6-5"的内容，了解"客户群体的类型"的具体内容。

6.4.2 消费者对市场的基本期望和要求

1. 期望能在市场上买到称心如意、符合需要的商品

商品的花色品种、规格、式样、数量、质量、包装等都要符合消费者心意，即能满足消费心理上的要求。

2. 期望商品价格合理，同购买能力相适应

人们在生活上和心理上对物质资料的要求是无止境的，但要受购买力的限制。因此，每个消费者在市场上购买商品时，总是希望在有限制的收入范围内，花费最少的代价得到最大的满足感。

3. 期望购买及时、方便

供应商品的时间、地点和方式方法适应自己的要求。

4. 期望得到良好的市场服务

如良好的服务态度和服务质量、优美的购货环境、周到的售货服务等。

以上是消费者对市场的共同要求，也是他们购买商品的一般心理。据此，企业就应在商品的使用价值、价格、供货时间、地点、方式方法，以及各种服务工作等方面，做出基本的经营决策，以满足消费者的共同要求。但是，不同的消费者在不同时期、不同地点购买不同商品的具体要求又是千差万别的。因此，企业在经营活动中，除要掌握消费者的一般心理要求之外，还要灵活地掌握不同消费者的特殊心理要求。

6.4.3 消费者需求的特征

消费者需求的特征如下。

（1）多样性　　（2）发展性　　（3）伸缩性
（4）层次性　　（5）可诱导性　（6）联系性和代替性
（7）时代性

电子活页 6-6

【电子活页】

扫描二维码，浏览"电子活页 6-6"的内容，了解"消费者需求的特征"的具体内容。

6.4.4 少年儿童消费者群体的消费心理特征

少年儿童消费者群体是由 14 岁以下的消费者群体构成的，这部分消费者在人口总数中所占比例较大。他们一般由父母养育和监护，自我意识尚未完全成熟，道德观念有待完善，缺乏自我控制能力，没有独立的经济能力，因此，具有特定的心理和行为。这部分消费者又可根据年龄特征分为儿童消费者群体和少年消费者群体。

（1）儿童消费者群体的消费心理特征

① 消费需求逐渐由本能的生理性需求发展为有自我意识的社会性需求。

② 从模仿型消费逐渐发展为带有个性特点的消费。

③ 消费心理从感性消费逐渐发展为理性消费。

（2）少年消费者群体的消费心理特征

① 要求独立购买所喜欢的商品。

② 购买行为的倾向性开始确立，购买行为趋于稳定。

③ 消费观念开始受社会群体的影响。

电子活页 6-7

【电子活页】

扫描二维码，浏览"电子活页 6-7"的内容，了解"少年儿童消费者群体的消费心理特征"的具体内容。

6.4.5 青年消费者群体的消费心理特征

青年是指少年向中年过渡时期的人群，一般指15岁～35岁的人。

（1）青年消费者群体的特点

① 青年消费者群体人数多，是一支庞大的消费群体。

② 青年消费者具有巨大的购买潜力。

③ 青年消费者群体的购买行为具有扩散性，对其他各类消费者会产生深刻的影响。

（2）青年消费者群体的消费心理特征

① 追求时尚、表现个性。　　② 突出个性、表现自我。

③ 追求实用、表现成熟。　　④ 注重感情、冲动性强。

【电子活页】

电子活页 6-8

扫描二维码，浏览"电子活页6-8"的内容，了解"青年消费者群体的消费心理特征"的具体内容。

6.4.6 中年消费者群体的消费心理特征

中年消费者群体一般是指35岁至退休年龄阶段的人。中年消费者人数众多，大多处于决策者的地位，且购买的商品既有家庭用品，也有个人、子女、父母的穿着类商品，还有大件耐用消费品。因此，了解、把握中年消费者群体的心理特征，对企业进行正确营销决策具有重要的意义。

（1）理智性强，冲动性小　　　　（2）计划性强、盲目性小

（3）注重传统、创新性小

【电子活页】

电子活页 6-9

扫描二维码，浏览"电子活页6-9"的内容，了解"中年消费者群体的消费心理特征"的具体内容。

6.4.7 老年消费者群体的消费心理特征

老年消费者一般是指60岁以上的人。随着社会生活环境的改善和卫生、保健事业的发展，世界人口出现老龄化的趋势，老年人在社会总人口中所占的比例不断增加。老年人是一个特殊的消费者群体，老年消费者市场是一个全世界都在关注的市场。老年消费者在生理和心理上同青年消费者、中年消费者相比发生了明显的变化。

（1）消费习惯稳定，消费行为理智

（2）商品追求实用性

（3）消费追求便利，要求得到良好的售后服务

（4）消费需求结构发生变化

（5）较强的补偿性消费心理

电子活页 6-10

【电子活页】

扫描二维码，浏览"电子活页6-10"的内容，了解"老年消费者群体的消费心理特征"的具体内容。

6.4.8　大学生的消费心理特征

大学生消费内容表明，他们正朝着追求现实、重视自我发展，并呈现出如下特点。

（1）讲究实用性　　　　　　　（2）崇尚个性化

（3）追求前卫性　　　　　　　（4）注重差异性

【电子活页】

扫描二维码，浏览"电子活页6-11"的内容，了解"大学生的消费心理特征"的具体内容。

电子活页 6-11

6.4.9　女性的消费心理特征

在现代社会，谁抓住了女性，谁就抓住了赚钱的机会。要想快速赚钱，就应该将目光瞄准女性的口袋。在日常的生活中，女性不仅是个人消费品的购买者，也是大多数儿童用品、老年人用品、男性用品的决策者。

女性购物往往受心情主导，随机性很强。调查表明，18～35岁的女性九成以上都有过各种各样的非理性消费行为，也就是受打折、朋友、销售人员、情绪、广告等影响而进行的"非必需"的感性消费。非理性消费占女性消费支出的比重达到20%。而且，随着女性的经济独立能力越来越强，家庭中，由女性做出购买决定的商品也越来越多。在商家眼里，这意味着无限的商机。

（1）注重商品的外表和情感因素　　　（2）注重商品的实用性和细节设计

（3）注重商品的便利性和生活的创造性　　（4）消费的攀比心理

（5）消费的犹豫心理

【电子活页】

扫描二维码，浏览"电子活页6-12"的内容，了解"女性的消费心理特征"的具体内容。

电子活页 6-12

【案例剖析】

[案例6-3]　　　　　　　　　胡润全球富豪榜顺势而生

胡润，1970年出生在卢森堡，就读于英国杜伦大学，专业学的是中文。1990年的时候到中国留学，后来就留在安达信会计师事务所上海分部工作，成为一名会计师。但是，胡润遇到了一件麻烦事，每次休假回到英国，大家都会很好奇地问他，中国什么样？这个问题看似简单，不过还真是难回答，关键是没有标准。胡润为了这件事特别烦恼，一个在中国留学的人，连这个简单的问题都回答不了，白在中国上学了。每次回国，胡润都要受这种刺激。1999年，当时正好是中华人民共和国成立50周年，给你介绍50个中国特别成功的人，不就可以让你知道新中国成立50年来的变化吗？基于这样的想法，胡润后来推出了胡润全球富豪榜。

【分析思考】

客户是企业最宝贵的资源，企业其他所有资源存在的意义就在于满足客户的需求，否则，将失去存在的价值。因此，满足客户需求是企业生存的唯一目的，利润只是在满足客户需求过程中的结果；社会责任也只能在满足客户需求并创造了利润后才能实现。所以，满足客户需求是在市场经济条件下，企业生存发展的永恒主题。

（1）满足客户对产品的需求。

一是满足客户对产品质量的需求，要保证产品的安全和健康。

二是满足客户对产品数量的需求，要保证按时、按计划供给。

三是满足客户对产品个性化的需求，要保证产品的特色。

四是满足客户对产品造型的需求，尤其是高档产品，不但是卖质量，而且是卖品相、卖造型，高档产品的高价格在一定意义上讲主要体现在产品造型的要求上。

（2）满足客户对服务的需求。

随着生活水平的提高，人们不仅要购买产品，而且要购买服务；人们在满足生理需求的同时，也要满足心理上的需求。优质服务往往比优质产品更能使客户的心理得到满足。因此，营销人员对客户要微笑服务、有求必应、热情主动，帮助客户解决实际问题，用真情和温情打动客户的心，以提高客户的满意度和忠诚度。

（3）满足客户对价格的需求。

我们一般比较重视满足客户对产品和服务的需求，而忽视客户对价值的需求，即对产品价格的需求。其实，我们应该清醒地认识到，之所以研究客户和消费者的需求心理，为客户和消费者提供满意的产品和服务，归根到底是为了让客户和消费者接受我们对产品所制定的价格。如果客户和消费者不接受我们产品的价格，我们在为满足客户对产品和服务的需求上所做出的努力都将付之东流，失去意义。所以，我们制定产品价格一定要以满足客户价值需求为准绳，一定要使客户感到我们所提供产品的价格是物有所值的。因为，客户最根本的心理，就是能使自己的消费物有所值。

【交流探讨】

[探讨6-4]　　**用社区思维打造一个会沟通的女性品牌**

据报道：范小米和她的团队大概是用了 8 个月的时间，通过卖化妆品赚了三千多万元。在这个过程中，她的团队从刚起步不到 10 个人发展到将近 60 人，而她们的社区平台，粉丝量已达 120 万。

范小米这个团队里面，几乎没有人有传统属性。她们的特点是不以产品为导向，而是以人为导向，通过"社区思维"来圈住用户，进而植入产品。

以下内容来自创始人自述。

● 以价值观来提炼用户，用强相互社交沉淀粉丝

我是通过做社区来销售的，我有我的目标人群，假定她们处于 18 岁到 30 岁这个区间，然后定位她们是高端或者是中高端的客户。我通过"圈养"这些女性来进行转化，也就是说

我不是以产品为导向，而是以人为导向的。我认为，我让她们加入了我的群体之后，我可以植入任何产品，如化妆品，我可以植入任何类型的东西。

我首先提炼用户，这个用户并不一定要求她是80后或者90后，当然我们比较偏向80后、90后，这和我们的特点及产品的特点有关。我们提炼用户是以我们的价值观为导向的，我们所传递的一定是对品牌的迷恋、对女性生活解放和时尚女性生活方式的向往。

● 媒体思维做产品，颠覆传统做营销

我们注重做内容，这和传统的公司设置不一样。传统公司可能比较注重组织结构，一些行政部门，包括HR，这些我们都没有。我们所有的东西都是围绕做内容而生的。因为我们是要"圈养"住我们社区里的人，所以我们的设计团队很强，这也是我们最重要一块，包括平面设计师、UI设计师、开发师、段子手、文案企划等。我们团队在做内容还有传播内容、网络推广方面非常擅长，这也是我们有竞争力的一个地方。另外我们有信息攫取部门、信息转化部门，从陌生人变成粉丝，从粉丝变成顾客，从顾客变成代理，我们只需要几个步骤。我已经把这个步骤无限放大，不是我一个人在做项目，我们能够打造100个甚至1000个项目，这就是互联网的去中心化。

产品的研发是以倒推的方式进行的。我们是自主研发的自营品牌，研发团队有上海等地的，也和国外跨境包括瑞士、日本的研发团队进行合作。我们跟传统是不一样的，传统是先出产品再投放市场，我们是先看市场再投放产品，先让我们的粉丝人群去试用然后做决定，当然我们可以设计产品导向。

因为我不是传统的，所以没有刻意去寻求怎样转型，甚至没有去考虑传统是怎样的，应该怎么去改变，然后怎么用互联网思维。我和我的团队本身就是在互联网时代成长起来的，不存在痛苦的转型。所以我们一开始做的时候，是个自然而然的过程。

我们是有自媒体属性的，自媒体本身就是我们的强项，我们注重做内容，并不总是做产品，我们是用媒体思维在做产品。因为现在找流量很方便，所有东西都是透明的，这些小流量聚集起来其实是很简单的，重点是你怎么把流量沉淀下来。其实，方法也很简单，但是你得有不同，你的每一次内容的迭代，每一次不同的互动，都是变现。也就是说你要明白自己想抓住的精准的用户是哪类人群。在了解这些人的特征以后，所有的一切都是围绕她生活的方方面面形成的，不是单纯为了切入产品而切入产品，而是先切入她的生活，占有她生活的方方面面之后，再往里面植入东西、植入产品，化妆品也好，其他东西也好。

总的来说，范小米通过强相互社交解决客户体验和信任的问题，用优质内容打造平台和社区，以颠覆性的营销思维强化用户黏度和复购率。而在商业模式和盈利模式这一块，范小米想做的是通过人与闲置空间加上电商平台的互动，从而打造一个互联网物流。

【各抒己见】

本案例销售的产品满足了哪些客户群体的哪些消费需求？是通过什么方式了解与满足消费需求的？哪些方面值得广大创业者学习和借鉴？

【实战训练】

[训练6-3]　满足客户个性化的需求

随着拥有汽车的族群越来越年轻化，特别是女性车主很青睐有个性的车贴，如何美化装饰自己的爱车已成为当前有车一族的热门话题。车贴就是一种最为直观、醒目、实惠的车身外部装饰方式。分析特色车贴满足了客户的哪些需求？

目前人们所饮用的水以酸性为主，导致人们体内酸碱不平衡，营养成分缺失严重。市场中各种水产品存在一定的不足，如矿泉水，虽然可以补充人体所缺的各种矿物元素，但是由于水分子团比较大，不易被人体吸收；纯净水，虽然能够调节人体内的酸碱平衡，但是缺少各种微量元素。如何使普通自来水优化，以弥补现有产品的不足，满足大众化的健康需求？

6.5　选择创业项目

"创业做什么好？"创业前，有不少创业者因为寻找创业项目的问题而苦恼、纠结。但其实选择创业项目并不难，一看社会的发展方向，二看人们的具体需求，从这两点着手，从中选出一个自己感兴趣或者在某方面有优势的项目就行了。

【见多识广】

6.5.1　选择创业项目的原则

很多创业者选择创业项目都不知如何入手，从而盲目选择创业项目，导致创业失败。那么到底如何正确选择创业项目呢？选择创业项目有哪些原则呢？

1．因时而动

正确选择创业项目要看两个时间段的市场行情。

看当前的市场需求、市场空白和市场上畅销的产品，看行业今后长远的发展前景，是否符合国家产业政策，是否适应人们的消费发展趋势。选择当前畅销的产品项目，要注意冷静分析，弄清畅销的真正原因。

想要开创自己的一番事业，就必须先要知道国家目前在扶持鼓励哪些行业发展，哪些行业是允许创业的，哪些是限制的。创业者选择国家政策扶持鼓励行业，对于日后企业发展将起到不可估量的作用。

2．因需而动

不少创业者只是认为，办企业办公司就是为了赚钱，哪些行业热火哪些赚钱就做哪些，其实这种想法是不对的。创业必须树立一个"企业是为解决客户需求才存在"的观点，才能确保企业长盛不衰。创业项目的选择是以市场为导向的，投资什么项目不是凭空想象出来的，必须要从社会需求出发。要想知道社会需求，就必须要做调查，特别是第一次创业者必须对

市场做出详细的调研报告。

3. 因人而异

市场就好比一片汪洋大海，创业老前辈都称之为下海。创业者好比沧海一粟，但是每一个人都有自己的长处和优势，当你对某一行业、某一领域感到熟悉时，又在技术上有所专长，这就是自己行业长处之一了。切记，能充分发挥自己的长处和优势，并且选择自己有兴趣、熟悉的行业，创业就成功一半了。

一般所说的好的创业项目，是说目前市场行情总体看好，大部分从业人员有利可图。但产业市场行情看好的，也不见得人人都能发展。再好的项目，如果不适合自己，也有可能亏损。反之，大家都认为行情不好、不愿意去投资的冷门产业，如果自己有优势，也可以尝试去做。

6.5.2 选择投资项目的路径

按照以下四个步骤来确定选择投资项目路径。

（1）排除一大片，知道什么事情是不可以做的

（2）画出一个圈，知道哪些事情是能长期做的

（3）列出一个序，把可能做的事情排列出来

（4）切入一个点，把想法变成做法

【电子活页】

扫描二维码，浏览"电子活页6-13"的内容，了解"选择投资项目的路径"的具体内容。

电子活页 6-13

【案例剖析】

[案例6-4]　　　　　满足个性化需求的创业项目选择

随着生活水平的提高，人们在吃穿用方面基本都已得到了满足，这时，彰显个性就成为当下的市场主流。例如，很多人尤其女性都不希望在街上碰到有人和自己穿一样的衣服、拿一样的包包。买手机的时候，都不愿意选择人人都用的"街机"，还得给手机买一个好看的"外套"。因此，人们对个性化的不断追求，也就促成了当下一个巨大的商机。

时下的很多行业，因为竞争的加剧，盈利空间都在不断缩小，老老实实做传统零售的空间已十分有限，一些聪明的商家便开始不断追求个性化，这些商家便从万千商家中脱颖而出，吸引了消费者挑剔的眼光，在减少竞争的同时开拓了发展空间。

那么，创业者应该如何做到个性化呢？或者说，有哪些行业是符合个性化市场需求的呢？这里，就将个性化概念分为两种说明。

一种是商品的个性化，抓住消费者标榜时尚个性的需求，提供独一无二的个性化商品或服务，比如手机美容、汽车美容等，根据顾客的需求，让他们的手机或爱车充满个性；又如DIY产品、DIY巧克力、DIY植物等，将传统巧克力或植物经过DIY变成个性化商品。

另一种则是店铺个性化，比如强调咖啡文化的星巴克，通过一种文化理念博得消费者认同，彰显个性。

【分析思考】

　　个性化需求是建立在市场的基础之上的，虽然与众不同，但不代表创业者个人标新立异的需求，需要创业者把握好个性与实用性之间的尺度。同时，由于个性化产品的流行时限不长，就要求创业者在进货、销售的时候，都要随时保持其独特性。

　　未来对生活的追求将从生存型走向所谓的享受和发展型，品质、体验、服务、个性化这些关键词在各个场合，在各自企业实践中都能感受到。在这样几个词所构建的趋势下，我们要注意用户在发生什么样的变化。工业社会，用户叫生产者，我们只是生产东西，基本上是卖方市场，你能够买到符合你基本生活的产品已经非常幸运了。今天更多是消费者在买一些消费品，买一些供需之外的服务。到今天，用户变成了创造者，他在买你的产品，但在这种产品中，没有他的思想，没有他的价值主张，他是不会购买的。

　　互联网时代，用户逐渐年轻化，80 后、90 后已成为互联网主力消费人群。如何把握用户特性，满足他们个性化的需求？

【交流探讨】

［探讨6-5］　　　　运用孙正义选择项目的标准选择创业项目

　　孙正义是日本软银公司的创始人，也是互联网产业的超级投资人，孙正义年轻时的创业道路，居然是一条可以复制的创业道路。

　　孙正义在美国上大学的时候，为了获得创业的第一桶金，他想出了一套构思发明、研发专利、销售专利的赚钱方法。于是，他每天固定花一定的时间，构思发明的设想，用了大约一年的时间，积累了 200 多个发明的点子。最后选定一个"会发音的多国语言翻译机"的发明方案。然而由于一没钱，二没技术，孙正义又想出一个办法：对一系列的教授进行推销说服，说服他们接受先进行研制，然后等卖出专利，拿到专利费后，才支付报酬的方案。终于有一个教授同意了他的方案。接着，经过几个月的共同奋战，研制出专利样品。最后，孙正义回到日本，向许多企业推销，经过艰苦努力，终于将专利卖给了夏普公司，并且卖了 1 亿日元，挣到了人生的第一桶金。

　　大学毕业后，在如何选择自己的事业方向的问题上，孙正义又想出了一套办法。

　　首先设定若干项事业选择标准，如行业前景、是否创新、入行门槛、竞争情况、个人兴趣等标准；其次把自己认为有前途的几十个领域或相关项目找出来，并对这些项目做长达一年的认真的市场调查和经营计划；再次在调查研究的基础上，写出了几尺厚的资料，根据选择标准，终于选择了最符合条件的"软件流通事业"（即软件批发业），从而全力以赴地投入此行业，并获得了巨大的成功，从此走上了一条成功的人生道路。

【各抒己见】

　　运用孙正义选择项目的标准，从以下列举的项目方向中选择 5 个项目，并进行调查研究，最终确定拟创业的项目。

　　（1）指甲美容店；（2）绿色干洗店；（3）男士饰品店；（4）清洁洗涤店；（5）个性车贴店；（6）礼品代理店；（7）花泥画廊；（8）鲜花食庄；（9）特色伞店；（10）新奇特玩具店；（11）宠物写真馆；（12）个性纪念品店；（13）社区小厨房；（14）鲜亮啤酒屋；（15）家

庭小菜园。

💡 **【实战训练】**

[训练 6-4] 选择拟创业项目并进行 SWOT 分析

如今，越来越多的大学生毕业后选择直接创业，或者在校期间就开始创业实践。不论你的具体情况怎样，如果你要创业，首先要选择好创业项目。以下项目方向为大学生创业通常考虑的项目意向。

（1）选择个人有兴趣或擅长或从事的人员少的项目。

（2）选择市场消耗比较频繁或购买频率比较高的项目。

（3）选择投资成本较低的项目。

（4）选择风险较小的项目。

（5）选择客户认知度较高的项目。

（6）可先选择网络创业（免费开店）后进入实体创业项目。

（7）选择民生行业进行创业。

（8）选择教育行业进行创业。

（9）选择加盟项目。

（10）选择新兴的行业。

（11）选择可以在家里创业的项目。

（12）选择没有在市场上出现的商机，或者是在你的生活范围内没有大幅度覆盖的商业。

请结合以上项目意向，从以下列举的项目方向中选择 6 个拟创业的项目。

（1）教育培训；（2）餐饮服务；（3）DIY 创意；（4）推销服务；（5）设点摆摊；（6）图文设计；（7）网店微店；（8）加盟连锁；（9）中介服务；（10）咨询服务；（11）化妆护理；（12）瘦身减肥；（13）特色便利店；（14）婴幼儿用品专卖；（15）服饰专卖。

最后综合考虑各方面因素确定一个拟创业项目，并运用 SWOT 分析法，对拟创业项目进行分析，找出优势、劣势，其中 S 代表 Strengths（优势）、W 代表 Weaknesses（劣势）、O 代表 Opportunities（机会）、T 代表 Threats（威胁）。将表 6-4 填写完整。

表 6-4 拟创业项目的 SWOT 分析

内部条件（自身条件）	内部自身优势（S）	内部自身劣势（W）
外部环境（社会因素）	社会环境机会（O）	社会环境威胁（T）

单元 7
塑造创业团队

无论多优秀的个体，必须与合适的团队相融合，才能发挥最大价值。如果没有共同的方向、没有共识、不懂协同，无论多少个优秀的个体，都不会成就一支强有力的团队，绝不会有成大事的机会。

今天的职场，无论你从事什么工作、处于什么环境，都无法脱离其他人对你的支持，靠个人单打独斗已经很难赢得胜利，只有通过团队的力量才能提升自我的竞争力。可以说，随着竞争的日趋激烈，团队精神已经越来越为企业和个人所重视，因为这是一个团队的时代。

【课程思政】

本模块为了实现"知识传授、技能训练、能力培养与价值塑造有机结合"的教学目标，从教学目标、教学过程、教学策略、教学组织、教学活动、考核评价等方面有意、有机、有效地融入团队精神、实干精神、进取精神、踏实作风、竞争意识、忧患意识、正视困难、合作共赢、扬长避短、友善互信 10 项思政元素，贯穿课程教学全过程，让学生思想上有正向震撼，行为上有良性改变，真正实现育人"真、善、美"的统一、"传道、授业、解惑"的统一。

？【知识导学】

7.1 认知创业团队

7.1.1 团队与创业团队的含义

不同的学者从不同的角度界定了团队（Team）的定义。

路易斯（Lewis，1993）认为，团队是由一群相互认同并致力于达成共同目标的人所组成的，这一群人相处愉快并乐于工作在一起，共同为达成高品质的结果而努力。在这个定义中，路易斯强调了三个重点：共同目标、工作相处愉快和高品质的结果。

盖兹贝克和史密斯（Katezenbach and Smith，1993）认为一个团队是由少数具有"技能互补"的人所组成，他们认同于一个共同目标和一个能使他们彼此担负责任的程序。盖兹贝克和史密斯也提到了共同目标，并提到了成员"技能互补"和分担责任的观点，同时还指出团队是个少数人的集合，保证相互交流的障碍较少，比较容易达成一致，也比较容易形成凝聚力、忠诚感和相互信赖感。但是，团队必定是以达到一个既定结果为最终目标的，共同的目标是团队区别于群体的重要特征。

因此，团队可以定义为是由少数具有技能互补的人组成的，他们认同于一个共同目标和一个能使他们彼此担负责任的程序，并相处愉快，乐于一起工作，共同为达成高品质的结果而努力。团队就是合理利用每一个成员的知识和技能协同工作，解决问题，达到共同的目标的共同体。

创业团队是由一群具有技能互补、责任共担的创业者组成的，他们是为了实现共同的创业目标和一个能使他们彼此担负责任的程序，共同为达成高品质的结果而努力的共同体。

创业团队是两个或两个以上具有一定利益关系的、拥有所创建企业所有权或处于高层主管位置，并共同承担创建和领导新企业责任的人所组成的工作群体。

7.1.2 创业团队的组成要素

创业团队一般具备五个重要的团队组成要素，称为5P。

1. 目标（Purpose）

创业团队应该有一个既定的共同目标，为团队成员导航，知道要向何处去，没有目标这个团队就没有存在的价值。目标在创业企业的管理中以创业企业的远景、战略的形式体现。

2. 人（People）

人是构成创业团队最核心的力量。三个及三个以上的人就形成一个群体，当群体有共同奋斗的目标就形成了团队。在一个创业团队中，人力资源是所有创业资源中最活跃、最重要的资源。应充分调动创业者的各种资源和能力，将人力资源进一步转化为人力资本。

目标是通过人员来实现的，所以人员的选择是创业团队中非常重要的一个部分。在一个团队中可能需要有人出主意，有人定计划，有人实施，有人协调不同的人一起去工作；还需要有人去监督创业团队工作的进展，评价创业团队最终的贡献，不同的人通过分工来共同完成创业团队的目标。在人员选择方面要考虑人员的能力如何，技能是否互补，人员的经验如何等。

3. 创业团队的定位（Place）

创业团队的定位包含以下两层意思。

（1）创业团队的定位。创业团队在企业中处于什么位置，由谁选择和决定团队的成员，创业团队最终应对谁负责，创业团队采取什么方式激励下属。

（2）个体（创业者）的定位。作为成员在创业团队中扮演什么角色，是制订计划还是具体实施或评估。是大家共同出资，委派某个人参与管理；还是大家共同出资，共同参与管理；或是共同出资，聘请第三方（职业经理人）管理。这体现在创业实体的组织形式上，是合伙企业或是公司制企业。

4. 权限（Power）

创业团队当中领导人的权力大小与其团队的发展阶段和创业实体所在行业相关。一般来说，创业团队越成熟领导者所拥有的权力相应越小，在创业团队发展的初期阶段领导权相对比较集中。

5.　计划（Plan）

计划有两层含义。（1）目标最终的实现，需要一系列具体的行动方案，可以把计划理解为达到目标的具体工作程序。（2）按计划进行可以保证创业团队的工作进度。只有在计划的操作下创业团队才会一步一步地接近目标，从而最终实现目标。

7.1.3　创业团队的类型

从不同的角度、层次和结构，可以划分为不同类型的创业团队，而依据创业团队的组成者来划分，创业团队大体上可以分为以下三种类型。

（1）星状创业团队

（2）网状创业团队

（3）虚拟星状创业团队

电子活页 7-1

【电子活页】

扫描二维码，浏览"电子活页 7-1"的内容，了解"创业团队的类型"的具体内容。

7.1.4　创业团队必备的组成成员

一个强大创业的团队必备核心领军人物和核心成员。

1.　核心领军人物

大学生创业团队组建时经常忽视团队领军人物的个人创业素质与能力，多数情况下，以出资多少、年长、关系远近或者最早识别到商机的发起人确定为创业团队领军人物，过于简单、过于依赖情感关系，这样导致企业在成长过程中一旦遇到重大问题时，没有核心人物迅速做出决策，凝聚团队成员共识，并带领团队走出困境。

团队核心领军人物需要具备以下要素：勇敢、无私、担当、胸怀和魅力……然而勇敢是第一位的。任何一支团队都会不断面临新目标、新挑战，尤其在创业公司，很少人能看清未来，找到真正可持续的盈利点。在这种巨大的不确定性面前，其他成员甚至包括领军人物本身，都难免会彷徨、挣扎、犹豫。所以作为领军人物必须足够勇敢，关键时刻能够站出来打破僵局，喊一嗓子：就这么干！

团队核心领军人物能将团队利益放在第一位，能与真正有贡献的人分享财富，信任并给予团队成员适当的权责。妥善处理各种权力和利益关系，了解团队成员的需求，识别并尊重团队成员之间的差异，制定合理的团队管理规则，并使所有指标尽可能地量化。

2.　充分共识基础上的三五个核心成员

几乎所有成功的创业团队，都有三五个核心成员作为支撑。柳传志、雷军、周鸿祎等创业成功人士都曾在不同场合阐述过核心班子的重要性。柳传志一直将"搭班子"放在首位，然后才是定战略、带团队。雷军在做小米初期，最大的精力就用在招揽七位核心成员了。周鸿祎更是推崇乔布斯的理论：大部分的成功在于找到真正有天分的人才。

所以，一旦你有条件成为领军人物并组建一支团队，首要任务是"搭班子"，投入一切能投入的精力去网罗核心人才。这些人才不仅要互补，更要在意愿上达成充分共识。如果时机等不了，而且眼前的团队还凑合，那就边干边找。

7.1.5　团队领头人的必备素质

创业的成功首先是模式的成功，然后是服务和品牌，最后才是技术。不管是模式、服务、品牌还是技术，都是人去执行，归根到底成功的关键还是在于团队。一个优秀的团队最显著的特征是有一个强有力的核心，这个核心就是团队领头人。

（1）团队领头人要具有前瞻性
（2）团队领头人对市场要相当的敏感
（3）团队领头人要有超人的胆识
（4）团队领头人要有非凡的毅力

电子活页 7-2

【电子活页】
扫描二维码，浏览"电子活页 7-2"的内容，了解"团队领头人的必备素质"的具体内容。

7.1.6　一个团队必备的五个基本要素

搭建一支优秀的创业团队对任何创业者而言，都是一项至关重要的工作。创业者之所以多遭破产厄运，最主要的原因在于他们缺少一支优秀的创业团队。力是相互的，人与人之间的关系也是，扯皮、争斗，只能是两败俱伤，唯有互相配合，团队合作，方能共同繁荣！

可以说，失败的创业者从创业一开始，就奠定了创业失败的命运。想要打造一支优秀的创业团队，先来看看你们有没有具备这些要素。一个团队必备的五个基本要素如下。

（1）信任　　　　（2）换位　　　　　（3）沟通
（4）谨慎　　　　（5）快乐

电子活页 7-3

【电子活页】
扫描二维码，浏览"电子活页 7-3"的内容，了解"一个团队必备的五个基本要素"的具体内容。

7.1.7　创业团队的互补

1. 创业团队互补的含义

创业团队的互补是指由于创业者知识、能力、心理等特征，以及教育、家庭环境方面的差异，对创业活动产生的不利影响，通过组建创业团队来发挥各个创业者的优势，弥补彼此的不足，从而形成一个全面具备知识、能力、性格、人际关系资源等方面优势的优秀创业团队。

2. 建立优势互补的创业团队

从人力资源管理的角度来看，建立优势互补的创业团队是保持创业团队稳定的关键。研究表明，大多数创业团队组成时，并不是考虑到成员专业能力的多样性，大多是因为有相同的技术能力或兴趣，至于管理、营销、财务等能力则较为缺乏。因此，要使创业团队能够发挥其最大的能量，在创建一个团队的时候，不仅仅要考虑相互之间的关系，最重要的是考虑成员之间的能力或技术上的互补性，包括功能性专长、管理风格、决策风格、经验、性格、个性、能力、技术，以及未来的价值分配模式等特点的互补，以此来达到团队的平衡。太阳微系统公司就是一个非常值得借鉴的例子，创业初期维诺德·科尔斯勒找来的三个人分别是软件专家、硬件专家和管理专家，太阳微系统公司的创业团队非常稳定，稳定的团队为其带来了稳定的发展。

创业团队是由很多成员组成，那么这些成员在团队里究竟扮演什么角色，对团队完成既定的任务起什么作用。团队缺少什么样的角色，拟聘人员擅长什么，欠缺什么，什么样的人与团队现有成员的个人能力和经验是互补的，这些都是必须首先界定清楚的。这样，我们就可以利用角色理论挑选和配置成员，所挑选出的成员，才能做到优势互补，用人之长。因为创业的成功不仅是自身资源的合理配置，更是各种资源调动、聚集、整合的过程。

3. 创业团队中不同角色的贡献

不同角色在团队中发挥着不同作用，因此，团队中不能缺少任何角色。一个创业团队要想紧密团结在一起，共同奋斗，努力实现团队的远景和目标，各种角色的人才都不能或缺。

创业团队中不同角色的贡献如下。

（1）创新者提出观点　　　　　　（2）实干者运筹计划
（3）凝聚者润滑调节各种关系　　（4）信息者提供支持的武器
（5）协调者协调各方利益和关系　（6）推进者促进决策的实施
（7）监督者监督决策实施的过程　（8）完美者注重细节，强调高标准
（9）专家为团队提供一些指导

在一个创业团队中，成员的知识结构越合理，创业成功的可能性越大。纯粹是由技术人员组成的公司容易形成技术为主、产品为导向的情况，从而使产品的研发与市场脱节；全部是由市场和销售人员组成的创业团队缺乏对技术的领悟力和敏感性，也容易迷失方向。因此，在创业团队的成员选择上，必须充分注意人员的知识结构——技术、管理、市场、销售等，充分发挥个人的知识和经验优势。

【电子活页】

扫描二维码，浏览"电子活页7-4"的内容，了解"创业团队中不同角色的贡献"的具体内容。

电子活页7-4

7.1.8 高效团队的主要特征

高效团队是指发展目标清晰，团队成员在有效的领导下相互信任、沟通良好、积极协同工作的团队。高效团队的主要特征如下。

（1）明确的目标　　（2）互补的技能　　（3）相互的信任
（4）一致的承诺　　（5）高度的责任感　（6）良好的沟通
（7）合适的领导

【电子活页】

扫描二维码，浏览"电子活页7-5"的内容，了解"高效团队的主要特征"的具体内容。

电子活页7-5

7.2 认知团队精神

团队中的每个成员，若想把工作做好，想获得成功，首先就要有团队精神。在现代组织中，"善于与他人合作，具有团队精神"已成为衡量员工的一项重要标准。在组织中，优秀员工的能力不一定是最强的，可一定是最具有团队精神、能够融入整个团队之中的人。

一滴水只有融入大海才能生存，才能掀起滔天大浪。同样一个人，只有融入团队，才能更好地生存成长。俗话说："一根筷子轻轻被折断，十双筷子牢牢抱成团。"团队意识的重要性对于任何组织来说都是无与伦比的，小到公司，大到国家，都需要每个成员具有团队精神。

7.2.1 团队精神的含义

团队精神是一种集体意识，是团队所有成员都认可的一种集体意识。团队精神是高绩效团队的灵魂。简单来说，团队精神就是大局意识、服务意识和协调意识"三意识"的综合体，反映团队成员的士气，是团队所有成员价值观与理想信念的基石，是凝聚团队力量、促进团队进步的内在力量。

团队精神的基础是尊重个人的兴趣和成就，核心是协同合作，目的是最大限度发挥团队的潜在能量，反映的是个体利益和整体利益的统一，并进而保证组织的高效率运转。团队精神强调的是组织内部成员间的合作态度，为了一个统一的目标，成员自觉地认同肩负的责任，并愿意为此目标共同奉献。

团队精神尊重每个成员的兴趣和成就，要求团队的每个成员都以提高自身素质和实现团队目标为己任。团队精神的形成并不要求团队成员牺牲自我，相反，挥洒个性、表现特长保证了成员共同完成任务目标，而明确的协作意愿和协作方式则产生了真正的内心动力。团队精神是组织文化的一部分，良好的管理可以通过合适的组织形态将每个人安排至合适的岗位，充分发挥集体的潜能。如果没有正确的管理文化，没有良好的从业心态和奉献精神，就不会有团队精神。

所以说，团队精神是一种精神力量，是一种信念，是一个现代企业不可或缺的精神灵魂。而良好的企业团队，来自正确的管理文化，没有良好的从业心态和自我牺牲的精神，就不会有坚实的团队精神。

7.2.2 团队协作能力的含义

团队协作能力，是指建立在团队的基础之上，发挥团队精神、互补互助以达到团队最大工作效率的能力。对于团队的成员来说，不仅要有个人能力，更需要有在不同的位置上各尽所能、与其他成员协调合作的能力。

我们是一个整体，我们要共同面对困难，一起分享成功，时刻记住团队的利益与自己息息相关。在实现共同目标的过程中，对于失败我们应坦然面对，在困境中绝不放弃，面对失败不退缩、不屈服，想尽一切办法达成目标。

7.2.3　团队精神的基本要素

团队精神有如下基本要素。

（1）团队精神的基础——挥洒个性

（2）团队精神的外在形式——奉献精神

（3）团队精神的核心——协同合作

（4）团队精神的最高境界——团结一致

电子活页 7-6

【电子活页】

扫描二维码，浏览"电子活页 7-6"的内容，了解"团队精神的基本要素"的具体内容。

7.2.4　团队精神建设的重要性

1. 团队精神能推动团队运作和发展

在团队精神的作用下，团队成员产生了互相关心、互相帮助的交互行为，显示出关心团队的主人翁责任感，并努力自觉地维护团队的集体荣誉，自觉地以团队的整体声誉为重来约束自己的行为，从而使团队精神成为企业全面发展的动力。

2. 团队精神培养团队成员之间的亲和力

一个具有团队精神的团队，能使每个团队成员显示高涨的士气，有利于激发成员工作的主动性，由此而形成的集体意识、共同的价值观、高涨的士气，团结友爱，团队成员才会自愿地将自己的聪明才智贡献给团队，同时也使自己得到更全面的发展。

3. 团队精神有利于提高组织整体效能

通过发扬团队精神，加强团队建设进一步节省内耗。如果总是把时间花在怎样界定责任，应该找谁处理，让客户、员工团团转，这样就会减弱企业成员的亲和力，损伤企业的凝聚力。

7.2.5　团队精神的主要功能

如今的职场，团队成为企业生存和发展的不可或缺的重要因素，个人独闯天下的成功机会微乎其微。而要建立一个强有力的团队，每个员工必须树立团队精神，统一思想、团队合作、步调一致、以团队和企业利益为重。只要团队成员精诚合作，定能战胜困难、摆脱险境、创造奇迹。团队精神的主要功能如下。

（1）目标导向功能　　　　　　（2）团结凝聚功能

（3）促进激励功能　　　　　　（4）实现控制功能

电子活页 7-7

【电子活页】

扫描二维码，浏览"电子活页 7-7"的内容，了解"团队精神的主要功能"的具体内容。

7.2.6 培养团队协作能力的方法与途径

团队合作对个人的素质有较高的要求，除了应具备优秀的专业知识，还应该有优秀的团队协作能力，这种合作能力有时甚至比你的专业知识更加重要。培养团队协作能力的方法与途径如下。

（1）有明确的团队目标　　　　　（2）团队成员之间有开放的交流
（3）团队成员之间无条件的团结和忠诚　（4）善于学习
（5）正确激励　　　　　　　　　（6）强有力的领导
（7）高效的工作程序

【电子活页】

电子活页 7-8

扫描二维码，浏览"电子活页 7-8"的内容，了解"培养团队协作能力的方法与途径"的具体内容。

【各个击破】

7.3 组建与管理创业团队

【见多识广】

7.3.1 创业团队组建的基本原则

1. 目标明确合理原则

目标必须明确，这样才能使团队成员清楚地认识到共同的奋斗方向是什么。与此同时，目标也必须是合理的、切实可行的，这样才能真正达到激励的目的。

2. 互补原则

创业者之所以寻求团队合作，其目的就在于弥补创业目标与自身能力间差距。只有当团队成员相互间在知识、技能、经验等方面实现互补时，才有可能通过相互协作发挥出"1+1>2"的协同效应。

3. 精简高效原则

为了减少创业期的运作成本、最大比例地分享成果，创业团队人员构成应在保证企业能高效运作的前提下尽量精简。

4. 动态开放原则

创业过程是一个充满了不确定性的过程，团队中可能因为能力、观念等多种原因不断有人离开，同时也有人要求加入。因此，在组建创业团队时，应注意保持团队的动态性和开放性，使真正完美匹配的人员能被吸纳到创业团队中来。

7.3.2　创业团队组建的主要影响因素

创业团队的组建受多种因素的影响，这些因素相互作用共同影响着组建过程并进一步影响着团队建成后的运行效率。创业团队组建的主要影响因素如下。

（1）创业者
（2）商机
（3）团队目标与价值观
（4）团队成员
（5）外部环境

电子活页 7-9

【电子活页】

扫描二维码，浏览"电子活页 7-9"的内容，了解"创业团队组建的主要影响因素"的具体内容。

7.3.3　创业团队的组建程序及主要工作

创业团队的组建是一个相当复杂的过程，不同类型的创业项目所需要的团队不一样，创建步骤也不完全相同。创业团队的组建程序及主要工作如下。

（1）明确创业目标
（2）制订创业计划
（3）招募合适人员
（4）划分职权
（5）构建创业团队制度体系
（6）团队的调整融合

电子活页 7-10

【电子活页】

扫描二维码，浏览"电子活页 7-10"的内容，了解"创业团队的组建程序及主要工作"的具体内容。

7.3.4　创业团队的风险控制

1.　选择合理的团队成员

建立优势互补的创业团队是保持创业团队稳定性的关键，也是规避和降低团队组建模式风险的有效手段。在团队创建初期，人数不宜过多，能满足基本的需求即可。在成员选择上，要综合考虑成员在能力和技术上的互补性，基本保证具备理想团队所需的几种角色。而且，成员的能力和技术应该处于同一等级，不宜差异过大。如果团队成员在对项目的理解能力、表达能力、执行能力、社会资源能力、思维创新能力等方面存在较大的差异性，就会产生严重的沟通和执行障碍。

此外，在选择成员时还要考虑创业激情的影响。在企业初创期，所有成员每天都需要超负荷工作，如果缺乏创业激情和对事业的信心，不管其专业水平多高，都可能成为团队中的消极因素，对其他成员产生致命的负面影响。

"携程网"的成功，除了抓住互联网快速发展的契机，有一个良好的创业团队是关键。"携程网"的团队成员来自美国甲骨文公司、德意志银行和上海旅行社等，是技术、管理、金融运作和旅游的完美组合。大家共同创业，分享各自的知识和经验，避开了很多创业"雷区"。

2.　确定清晰的创业目标

创业团队在实践中要不断总结和吸取教训，形成一致的创业思路，勾画出共同的目标，以此作为团队努力的目标和方向，鼓励团队成员积极掌握工作内容和职责，竭诚与他人合作交流、贡献个人能力。

创业团队的目标必须清晰明确，能够集中体现团队成员的利益，与团队成员的价值趋向一致，并保证所有团队成员都能正确理解，这样才能发挥鼓励和激励团队成员的作用。此外，创业团队的目标还必须切实可行，既不应太高也不应太低，而且能够随着环境和组织的变化及时更新和调整。

3. 制定有效的激励机制

正确判断团队成员的"利益需求"是有效激励的前提。实际上，不同类型的人员对于利益的需求并不完全一样，有些成员将物质追求放在第一位，而有些成员则是希望能够获得荣誉、发展机会、能力提高等其他利益。因此，创业团队的领导者必须加强与团队成员的交流，针对各成员的情况采取合理的激励措施。

创业团队的利润分配体系必须体现出个人贡献价值的差异，而且要以团队成员在整个创业过程中的表现为依据，而不仅仅是某一阶段的业绩。其具体分配方式要具有灵活性，既包括诸如股权、工资、奖金等物质利益，也包括个人成长机会和相关技能培训等内容．并且能够根据团队成员的期望进行适时调整。

腾讯公司马化腾的创业团队多年来十分稳定，与其利润分配机制的有效性是分不开的。虽然腾讯公司的股权多次转让，但是它的 5 位创办人一直共同持有公司的大部分股份，公司的上市更是使得创业团队的 5 位成员均成了亿万富翁。

7.3.5　创业团队工作沟通的主要原则

每一位管理者，都是从管理菜鸟起步的。管理的每一项经验，都来自痛苦的经历。

创业团队工作沟通的主要原则如下。

（1）沟通的唯一原则——工作目标

（2）沟通的三种方式——用态度沟通、用方法沟通、用工具沟通

（3）上下级沟通原则——最小化可执行

（4）会议沟通的核心原则——一切围绕中心展开

（5）不同岗位间的沟通原则——找准接口

（6）部门间的沟通原则——均衡利益

（7）合伙人间的沟通原则——相互理解、相互约束、相互帮助

电子活页 7-11

【电子活页】

扫描二维码，浏览"电子活页 7-11"的内容，了解"创业团队工作沟通的主要原则"的具体内容。

7.3.6　如何组建优秀的创业团队

企业管理之神杰克·韦尔奇告诉我们："优秀的领导者应当像教练一样，培育自己的员工，带领自己的团队，给他们提供机会去实现他们的梦想。"企业的成长是人才成长的一个集中体现，创业者能否走得更远，取决于创业者和创业团队的基本素质。

企业的成功也是人才的成功。搭建一支优秀的创业团队对任何创业者而言，都是一项

至关重要的工作，它决定着创业的成败。优秀团队的标准是高度责任感、成功的行业经验、合作的心态。那么，我们怎样才能组建一支优秀的创业团队呢？

（1）扬长避短，恰当使用　　　　（2）既要讲独立，也要讲合作
（3）志同道合，目标明确　　　　（4）知己知彼，百战不殆
（5）完善股权，利益共享　　　　（6）相互补充，相得益彰
（7）心胸博大，宽厚待人　　　　（8）坦诚相待，相互尊重

电子活页 7-12

【电子活页】
扫描二维码，浏览"电子活页 7-12"的内容，了解"如何组建优秀的创业团队"的具体内容。

7.3.7　组建创业团队时不可或缺的几类人

创业是企业发展中一个非常特殊的阶段，对团队工作效率要求尤其的高，因此，创业团队中考虑下面几类能力的人。

（1）战略意识强的人　　　　　（2）执行力强的人
（3）号召力强的人　　　　　　（4）激情四射的人
（5）思维缜密的人　　　　　　（6）沟通能力强的人
（7）保守谨慎的人　　　　　　（8）踏实平凡的人
（9）不同思维的人　　　　　　（10）敢于向权威挑战的人
（11）综合能力很强的人

电子活页 7-13

【电子活页】
扫描二维码，浏览"电子活页 7-13"的内容，了解"组建创业团队时不可或缺的几类人"的具体内容。

7.3.8　创业初期创业团队需要注意的几个问题

大学生在创业初期往往会遇到各种问题，屡屡受挫，举步维艰。更有甚者，创业团队中的成员因种种原因纷纷辞职，退出团队，导致公司受到严重打击。

在创业初期创业团队需要注意以下问题。

（1）做好市场需求调查　　　　（2）制定好公司发展的目标
（3）团队分工要明确　　　　　（4）制定好公司的管理制度
（5）建立好良好的沟通机制　　（6）制定合理的利益分配制度

电子活页 7-14

【电子活页】
扫描二维码，浏览"电子活页 7-14"的内容，了解"创业初期创业团队需要注意的几个问题"的具体内容。

【案例剖析】

[案例7-1]　　　　雁行千里排成行，团结协作齐飞翔

秋去春归的大雁在飞行时总是结队为伴，队形一会儿呈"一"字形，一会儿呈"人"字形，一会儿又呈"V"字形。大雁为什么要编队飞行呢？

一群编成"人"字队形飞行的大雁，要比具有同样能量而单独飞行的大雁多飞行70%的路程，也就是说，编队飞行的大雁能够借助团队的力量飞得更远。其原因是：大雁以"人"字形飞行，为首的雁在前头开路，它能帮助左右两边的大雁形成空气流动，减少飞行的阻力，使每只大雁都能够顺利到达目的地。

大雁的叫声热情十足，能给同伴鼓舞，大雁用叫声鼓励飞在前面的同伴，使团队保持前进的信心。当一只大雁脱队时，会立刻感到独自飞行的艰难迟缓，所以会很快回到队伍中，继续利用前一只大雁造成的浮力飞行。

一支队伍中最辛苦的是领头雁。当领头的大雁累了，会退到队伍的侧翼，另一只大雁会替代它的位置，继续领飞。当有的大雁生病或受伤时，就会有两只大雁来协助和照料它飞行，日夜不分地伴随它的左右，直到它康复或死亡，然后它们再继续去追赶前面的队伍。

如雁一般，无论在困境或顺境时都能彼此维护、互相依赖，再艰辛的路程也不惧怕遥远。在雁阵中的每一只雁都会发出"呱呱"的叫声，鼓励领头的雁勇往直前。在旅程中遭尽坎坷，可能还会失败，但只要团队相互鼓励、坚定信念，终究还是能够成功。

【分析思考】

一个由相互联系、相互制约的若干部分组成的整体，经过优化设计后，整体功能能够大于部分之和，产生1+1>2的效果。

雁群飞行的阵势，向我们揭示了一个深刻的道理：不能没有团队精神，因为成功在于合力，在于协作。一盘散沙难成大业，握紧拳头出击才有力量。任何一支团队，成员之间必须团结一致，大家心往一处想，劲往一处使，才能无往而不胜。团队行动的速度有多快，并不是取决于团队中走得最快的那个人，而是最慢的那个人。正如我们所熟悉的"木桶"原理一样，一个木桶的容量多少是由木桶中最短的那块木板的长度决定的。

启示1：与拥有相同目标的人同行，能更快速、更容易地到达目的地，因为彼此之间能互相推动。

启示2：如果我们与大雁一样聪明的话，我们就会留在与自己目标一致的队伍里，而且乐意接受他人的协助，也愿意协助他人。

启示3：在从事困难的任务时，轮流担任与共享领导权是有必要的，也是明智的，因为我们都是互相依赖的。

启示4：我们必须确定从我们背后传来的是鼓励的叫声，而不是批评的叫声。

　　启示5：如果我们与大雁一样聪明的话，我们也会互相扶持，不论在困难的时刻或在坚强的时刻。

【交流探讨】

　　[探讨7-1]　　　　　　　　　　**唐僧师徒团队**

　　《西游记》里的唐僧师徒四人（唐僧、孙悟空、猪八戒和沙僧）一起去西天取经，他们性格迥异，各有优缺点，但共同的理想将他们联系在一起，一路虽多有冲突、险象环生，但终能同心协力、各显神通，历经千山万水，不惜跋山涉水，终于完成取经大任，并获得个人事业的成功，修成正果。

　　在取经团队中四个人是相互依存、缺一不可的。唐僧虽既非擒妖能手，又不会料理行程上的事务，但是他能把握大局，信念坚定，得到上司的直接授权，又有广泛的社会资源。唐僧得到唐太宗的直接任命，被授以袈裟和金碗，又得到以观音为首的各路神仙的广泛支持和帮助，起到了凝聚和完善的作用，是团队的核心人物。孙悟空本领超强，冲锋陷阵，不拘小节，起着创新和推进的作用，是实现组织目标的关键人物。猪八戒虽然本事稀松，组织纪律性不强，好吃懒做，但具有乐观主义精神，能屈能伸，能说会道，在项目组中承担了润滑油的作用，并起到信息沟通和监督的作用。沙僧言语不多，任劳任怨，承担了挑担等粗笨的工作，起到了协调和实干的作用。

　　师徒几人的技能相互补充，相得益彰，这是团队成功的关键。

　　唐僧是那种"完美型"的人，崇尚美德，喜欢探索人的心灵世界，追求至善至美的艺术品位，严肃认真、注重细节、执着追求真理，一直遵循着"既然值得去做，就应该做到最好"的信念。孙悟空是那种"力量型"的人，永远充满着活力，勇于超越自己，崇尚行动，无坚不摧，在意工作的结果，对过程和人的情感漠不关心，有时也会显得霸道和冷酷无情。猪八戒是那种"活泼型"的人，崇尚乐趣，情感外露，热情奔放，对生活充满热爱，与他在一起永远也不会无趣，但有时会好逸恶劳，缺乏责任心。沙僧是那种"和平型"的人，崇尚低调，情绪过于内敛，喜欢随波逐流，习惯既定游戏规则，听天由命，但有时会没有主见，缺乏对生活的热情，比较马虎和懒惰。这四人各有各的性格特点，而我们也应该感叹为什么四个人不同的性格特点，可以组成一个团队，能够成功地取到真经？每个团队成员都会有个性，这是无法也无须改变的，而团队的艺术就在于如何发掘成员的优缺点，根据其个性和特长合理安排工作岗位，使其达到互补的效果。

　　从他们不同的性格特点，也给了我们一个启示，就是一个成功的团队不需要每个人都很优秀、性格一样，比如一支足球队，除了需要前锋来负责进球，也需要后卫和门将来负责防守，这样才能在防住对方的同时，还可以取得进球，拿到比赛的胜利。一个团队也如此，需要形形色色的人、不同性格特点的人，这样才会让一个团队变得更加具有战斗力和合作力。

一个坚强的团队，应有四种人：德者、能者、智者、劳者，德者领导团队，能者攻克难关，智者出谋划策，劳者执行有力。唐僧是一个目标坚定、品德高尚的人；孙悟空有个性、有想法、执行力很强；猪八戒有乐观主义精神、能屈能伸、能说会道、尊敬唐僧；沙僧任劳任怨、忠心耿耿。总的来说，唐僧师徒团队各个成员能够优势互补、目标一致，每个人都能发挥自己的效用，所以形成了一个越来越坚强的团队。

【各抒己见】

（1）剖析唐僧师徒四人的性格特点，试解读个人性格与团队建设之间的关系。

（2）分析一个优秀创业团队的构成要素，如何让一个团队变得具有战斗力和合作力？

（3）一个创业团队应如何充分发挥团队力量，谈谈你的观点。

［探讨7-2］　　　腾讯五虎将：难得的黄金创业团队

腾讯的马化腾创业5兄弟，堪称难得，其理性堪称标本。12年前的那个秋天，马化腾与他的同学张志东"合资"注册了深圳腾讯计算机系统有限公司。之后又吸纳了3位股东：曾李青、许晨晔、陈一丹。这5个创始人的QQ号，据说是10001～10005。

为避免彼此争夺权力，马化腾在创立腾讯之初就和其他4个伙伴约定清楚：各展所长、各管一摊。马化腾是CEO（首席执行官），张志东是CTO（首席技术官），曾李青是COO（首席运营官），许晨晔是CIO（首席信息官），陈一丹是CAO（首席行政官）。

之所以将创业5兄弟称之为"难得"，是因为直到2005年的时候，这5个人的创始团队还基本是保持这样的合作阵形，不离不弃。如今，其中4个还在公司一线，只有COO曾李青挂着终身顾问的虚职而退休。

都说一山不容二虎，尤其是在企业迅速壮大的过程中，要保持创始人团队的稳定合作尤其不容易。在这个背后，工程师出身的马化腾从一开始对于合作框架的理性设计功不可没。

从股份构成上来看。5个人一共凑了50万元，其中马化腾出了23.75万元，占了47.5%的股份；张志东出了10万元，占20%；曾李青出了6.25万元，占12.5%的股份；其他两人各出5万元，各占10%的股份。

虽然主要资金都由马化腾所出，他却自愿把所占的股份降到一半以下，47.5%。"要使他们的总和比我多一点点，不要形成一种垄断、独裁的局面。"而同时，他自己又一定要出主要的资金，占大股。"如果没有一个主心骨，股份大家平分，到时候也肯定会出问题，同样完蛋"。

保持稳定的另一个关键因素，就在于搭档之间的"合理组合"。

马化腾非常聪明，但非常固执，注重用户体验，愿意从普通的用户的角度去看产品。张志东是脑袋非常活跃，对技术很沉迷的一个人。马化腾技术上也非常好，但是他的长处是能够把很多事情简单化，而张志东更多是把一个事情做得完美化。

许晨晔和马化腾、张志东同为深圳大学计算机系的同学，他是一个非常随和而有自己的观点，但不轻易表达的人，是有名的"好好先生"。而陈一丹是马化腾在深圳中学时的同学，后来也就读深圳大学，他十分严谨，同时又是一个非常张扬的人，他能在不同的状态下激起大家的激情。

如果说，其他几位合作者都只是"搭档级人物"的话，只有曾李青是腾讯5个创始人中最好玩、最开放、最具激情和感召力的一个，与温和的马化腾、爱好技术的张志东相比，是另一个类型。其大开大合的性格，也比马化腾更具攻击性，更像拿主意的人。不过或许正是这一点，也导致他最早脱离了团队，单独创业。

后来，马化腾在接受多家媒体的联合采访时承认，他最开始也考虑过和张志东、曾李青3个人均分股份的方法，但最后还是采取了5人创业团队，根据分工占据不同的股份结构的策略。即便是后来有人想加钱、占更大的股份，马化腾说不行，"根据我对你能力的判断，你不适合拿更多的股份"。因为在马化腾看来，未来的潜力要和应有的股份匹配，不匹配就要出问题。如果拿大股的不干事，干事的股份又少，矛盾就会发生。

当然，经过几次稀释，最后他们上市所持有的股份比例只有当初的1/3，但即便是这样，他们每个人的身价都还是达到了数十亿元人民币，是一个皆大欢喜的结局。

可以说，在中国的民营企业中，能够像马化腾这样，既包容又拉拢，选择性格不同、各有特长的人组成一个创业团队，并在成功开拓局面后还能依旧保持着长期默契合作，是很少见的。而马化腾的成功之处，就在于他从一开始就很好地设计了创业团队的责、权、利。能力越大，责任越大，权力越大，收益也就越大。

【各抒己见】

（1）分析腾讯创业团队中的五虎将在性格、特长等方面的互补性，各代表了创业团队中哪种类型的人？

（2）你认为腾讯创业团队最成功的地方是什么？

（3）腾讯创业团队的创业经历给了我们哪些启发？

【实战训练】

［训练7-1］扑克分组

【训练目的】培养个人的团队精神及顾全大局的精神，实现组织内部的信息共享。

【训练时间】30～40分钟。

【训练教具】对开白纸1张（事先就固定在白板或教室墙上），双面胶1卷（事先就裁成40cm左右、每组一条，由上而下间隔地粘贴在白纸上），普通扑克牌1副（抽去大小王，一共为52张），红色白板笔1支。

【训练过程】

（1）分发扑克牌。每人从52张扑克牌随机抽取一张牌，未得到开始指令时，不许看牌。

（2）在3分钟之内，每人将自己摸到的一张扑克牌去与另外的4张（或5张或6张）牌组合成一副牌组，要力争最快地组成优胜牌组。优胜规则如下：

① 按照同花顺子、同花、杂花顺子方式组合的，依次为第2、3、4优牌组。

② 由若干对子组成的杂花牌组中，对子数少者（如一组5张的牌中3+2相比2+2+1；6

张的牌中 3+3 相比 2+2+2）为第 5 优牌组。

③ 如果出现含炸弹的牌组，则化腐朽为神奇，一跃成为所有牌组中第 1 优牌组。

④ 某一组合类型中如出现两个以上同类牌组，则先组合成功（先上交）者为本类组合之优；

⑤ 各牌组中如果出现了一副不符合上述任一条标准的最差牌组，则表明了整个牌局的失败。

（3）宣布开始。密切观察参与者表现，催促大家及时将组合好的牌组交来，分别放好。

（4）公布成绩。收齐各副牌后，依照交来的时间先后，依次将各牌组中的每张牌有规律地粘贴在一条双面胶上，按照规则评出各牌组的位次，将其标注在各牌组旁。可以向最优牌组颁发小奖品。如果出现最差牌组，则宣布本次组合失败。

【训练点评】

在整个游戏过程中，单张扑克牌无论是好牌还是差牌，只有在组合后，才能实现其价值，才能发现是优胜牌组还是最差牌组。个人的价值是无法单个显现出来的，只有在群体中，个人的价值才可能得到证实或者显现。例如孤立的一张 K，或者一张 5，是无所谓谁大谁小的，只有在组合后其价值才能得到实现，组成优胜牌组，或者最差牌组。其次，在组合牌组的时候，也有可能出现这样的问题，例如有无可能适当调动若干张牌，以消灭最差的牌组，或提升优胜位次较低的牌组，从而使整个牌局改观。

【思考讨论】

（1）单个的牌有没有最好和最差的？

（2）怎样才能实现组合的最优化？你所在的小组获胜了吗？你认为获胜的关键是什么？

（3）在游戏过程中，你是积极寻找还是等别人来找你？

（4）该游戏给你什么启示？

［训练 7-2］ 疯狂的设计

【训练目的】锻炼大家的反应协调能力，增强组员的团体合作能力。

【训练时间】30 分钟。

【训练教具】包含单个字母的纸片、包含单词的纸片。

【训练过程】

（1）第一轮：每个小组派一个代表从字母纸片中随机抽取 1 张，然后小组成员用最短的时间摆出这个字母。

（2）第二轮：每个小组派一个代表从单词纸片中随机抽取 1 张，然后小组成员用最短的时间摆出这个单词。

7.4 设计创业企业的组织结构

7.4.1 组织结构设计的含义

所谓组织结构设计，是指建立或改造一个组织的过程，即对组织活动和组织结构的设计和再设计，是把任务、流程、权力和责任进行有效的组合和协调的活动。

7.4.2 组织结构设计的程序

企业内部的部门是承担某种职能模块的载体，按一定的原则把它们组合在一起，便表现为组织结构。

（1）分析组织结构的影响因素，选择最佳的组织结构模式。

① 企业环境。企业面临的环境特点，对组织结构中职权的划分和组织结构的稳定有较大的影响。如果企业面临的环境复杂多变，有较大的不确定性，就要求在划分权力时给中下层管理人员较多的经营决策权和随机处理权，以增强企业对环境变动的适应能力。如果企业面临的环境是稳定的、可把握的，对生产经营的影响不太显著，则可以把管理权较多地集中在企业高层管理人员手里，设计比较稳定的组织结构，实行程序化、规模化管理。

② 企业规模。一般而言，企业规模小，管理工作量小，为管理服务的组织结构也相应简单；企业规模大，管理工作量大，需要设置的管理机构多，各机构间的关系也相对复杂。可以说，组织结构的规模和复杂性是随着企业规模的扩大而相应增长的。

③ 企业战略目标。企业战略目标与组织结构之间是作用与反作用的关系，有什么样的企业战略目标就有什么样的组织结构，同时企业的组织结构又在很大程度上对企业的战略目标和政策产生影响。企业在进行组织结构设计和调整时，只有对本企业的战略目标及其特点进行深入的了解和分析后，才能正确选择企业组织结构的类型和特征。

④ 信息沟通。信息沟通贯穿于管理活动的全过程。组织结构功能的大小，在很大程度上取决于它能否获得信息、能否获得足够的信息，以及能否及时地利用信息。

总之，组织结构设计必须认真研究上述四个方面的影响因素，并与之保持相互衔接和相互协调，究竟主要应考虑哪些因素，应根据企业具体情况而定。一个较大的企业，其整体性的结构模式和局部性的结构模式可以是不同的。例如，在整体上是事业部制的结构，在某个事业部内则可以采用职能制的结构。因此，不应该把不同的结构模式截然对立起来。

（2）根据所选的组织结构模式，将企业划分为不同的、相对独立的部门。

（3）为各个部门选择合适的部门结构，进行组织机构设置。

（4）将各个部门组合起来，形成特定的组织结构。

（5）根据环境的变化不断调整组织结构。

7.4.3　企业组织结构设计的基本原则

我国的企业在组织结构的变革实践中积累了丰富的经验，也相应地提出了一些设计原则，现可以归纳如下。

（1）任务与目标原则　　　　　　（2）专业分工和协作的原则
（3）有效管理幅度原则　　　　　　（4）集权与分权相结合的原则
（5）稳定性和适应性相结合的原则

【电子活页】

扫描二维码，浏览"电子活页7-15"的内容，了解"企业组织结构设计的基本原则"的具体内容。

电子活页 7-15

7.4.4　创业企业组织结构的基本形式

企业的组织架构设计是创业企业由小变大的过程中必须经历的一个环节。企业的组织架构有很多种分类方式，常见的三种基本形式如下。

（1）职能型组织结构　　　　　　（2）事业部型组织结构
（3）矩阵型组织结构

【电子活页】

电子活页 7-16

扫描二维码，浏览"电子活页7-16"的内容，了解"创业企业组织架构的基本形式"的具体内容。

7.4.5　创业企业组织结构设计应避免的问题

对于创业企业，组织架构从无到有，就更会面临一系列复杂的问题。由于创业企业的特殊性，创业企业组织架构的设计应注意避免以下问题。

（1）组织构架设计过于细化
（2）构架设计过于扁平化，缺乏层次性
（3）权、责、利不一致问题
（4）管理幅度与构架层次问题
（5）组织构架设计的均衡性与制衡性
（6）管理的重叠与空白

电子活页 7-17

【电子活页】

扫描二维码,浏览"电子活页7-17"的内容，了解"创业企业组织架构设计应避免的问题"的具体内容。

7.4.6　德鲁克提出的五种组织结构模式

关于企业的组织架构模式，彼得·德鲁克提出了如下五种组织架构模式。

（1）功能式的组织架构　　　　　　（2）工作小组模式
（3）联邦式的组织架构　　　　　　（4）虚拟的分权化的组织架构
（5）系统结构模式

因为它们各有各的优点，各有各的限制，也各有各的特色。企业应该根据企业的任务、目的去选择，或者说，去调整。

【电子活页】

扫描二维码，浏览"电子活页7-18"的内容，了解"德鲁克提出的五种组织架构模式"的具体内容。

电子活页 7-18

【案例剖析】

[案例7-2]　　　　　　　　　　**分析广告公司的组织结构**

华恒广告有限责任公司的组织结构图如图7-1所示。

图 7-1　华恒广告有限责任公司的组织结构图之一

该公司实行总经理领导下的五部门平行的直线职能制形式，各岗位或部门的职责如下。

（1）总经理。负责公司的全面管理，着重负责公司重大决策、人事、财务和人员任免等事项。

（2）总经理助理。负责建立并完善公司全套管理制度和流程，协助总经理对外公关和日常管理沟通、监督运营计划的执行、进行项目管理和资源配合、全方位改善公司整体绩效等。

（3）市场营销部。负责公司市场推广、客户信息收集与管理、广告业务洽谈、合同签订、客户意见反馈、公司对外宣传，以及公司营销长远规划等方面。

（4）设计制作部。根据客户需求和市场调研情况进行广告的创意设计，制作符合客户要求的广告产品。

（5）财务部。负责资金结算、物资采购、财务管理、成本核算控制，以及员工薪金的发放等方面。

（6）行政部。负责公司的制度建设、工作协调、考核管理，以及公司的发展规划等方面。

（7）后勤保障部。负责各种物资的保管发放、广告产品的运输安装、员工住宿安排等方面。

随着华恒公司业务量的扩大、人员的增加、竞争力的提升，拟对创业初期的公司组织结构进行优化，初步优化方案如图7-2所示，增加人力资源部，对原市场营销部和设计制作部进行重新整合，分别成立媒体代理部、平面创作部和广告制作部，各业务部的市场营销、广告策划、设计制作和对外宣传自行负责。

图 7-2　华恒广告有限责任公司的组织结构图之二

【分析思考】

公司组织结构是否合理，对于企业的发展与生存起着至关重要的作用。对于各层管理人员来说，在一个结构设计良好的公司工作，能保持较高的效率，并且能充分显示其才能。而在一个结构紊乱，职责不明的公司工作，其工作绩效就很难保持在一个较高的状态，由于职责不清，管理人员无所适从，对公司产生失望乃至不满情绪，最终使公司效率低下，人员纷纷离开。

在大多数情况下，公司效益低并非由于没有一个正式的结构，而是由于采用了僵化的、不适合本公司特点和其他客观要求的组织结构形式。不论是紊乱的还是不合理的组织结构，都会导致公司的低效益

适当的公司组织结构可以使公司的各项业务活动更顺利地进行，可以减少矛盾与摩擦，避免不必要的无休止的协调，也才能提高公司的效率。

组织机构的合理设置，能保证整个组织分工明确，职责清晰，保证每一个部门工作的正常运行，同时保证整个组织管理流程的畅通。避免职责不清造成吃大锅饭的局面，避免出现责任问题时相互推诿的现象。

对于大多数刚刚创立的企业，由于其规模较小且资产配置较单一，所以管理一般呈现随意性。因为在公司创业初期，企业还没有必要在管理上花费太多的成本，他们应该把更多的精力集中在财务管理、生产管理、营销管理方面。在财务上重点为融资业务资金；在生产上主要是生产设备、生产工艺的调试、生产过程的控制、各种标准的制定；在营销上主要是如何进行市场定位，做好市场开发。对于处在这一生命进程阶段的企业，由于各种生产要素及契约关系简单，高度集权、粗放型的管理制度是比较有效的。

然而，随着企业的进一步发展壮大，企业在有形资产稳步增长的同时，包括品牌、技术、商誉等无形资产开始逐步在总资产中占有较大比例时，企业便开始进入成长期。刚刚进入成长期的企业通常都已建立大部分的规章制度，但是缺乏系统性、科学性，工作职责和程序类制度比较缺乏，规章制度中的大部分为纪律性要求，员工对制度执行的自觉性不足。这个阶段的企业人才流动性很大，优秀人才更不愿长期服务。员工工作效率较低，客户满意度不高，企业总体竞争力较弱。而在成长期的后期，企业内各个领域都已建立系统化、规范化现代企业制度，战略目标明确，组织架构合理，工作流程清晰，分工职责明晰，同时，信息化运用广泛，效果显著。这类企业员工工作主动性、积极性处于较高层次，拥有较为齐全的优秀人才，客户和员工满意度较高，竞争力较强，年度销售额一般为正增长。处在成长期的企业，财务管理、生产管理和营销管理仍然是企业管理的重点，但是与创业初期相比又各有侧重，比如，财务管理上融资成本管理的重要性渐渐凸显，生产管理上主要是生产的规范化、批量化、规

模化，而营销管理上则更多地关注品牌和开拓新市场的问题。

当企业进入成熟期时，企业资产达到一定规模后保持相对稳定，各种无形资产在资产配置中占有相当的份额，其数值也趋于稳定，资产结构趋于科学合理。经过初生期、成长期的发展历程，企业也积累了比较丰富的管理经验，并且独特的企业文化这时也初露端倪。但同时，成熟期的企业往往表现出组织机构臃肿、组织结构庞大复杂等特点，这时的企业管理往往集中在营销方面，其内容重点主要是保证比较稳定的市场份额。

衰退期的到来使企业感到了未来发展的危机，企业在经营战略、市场营销、生产运作、财务成本、人力资源等方面都可能出现了问题，使得企业在管理的各方面开始进行全面重新审视。

在企业的不同发展阶段，应适时地对公司组织结构做出调整和优化，使组织结构适应企业的发展，保证企业在激烈的市场竞争中立于不败之地。

【交流探讨】

[探讨7-3]　　　　　　　建立直线制的组织形式

好家智能家居公司创业初期拟采取直线形的组织形式，公司组织结构图如图7-3所示。

图7-3　好家智能家居公司的组织结构图

公司各岗位或部门的主要职责如下。

（1）董事会。由公司的股东代表组成，属于决策层，负责制定公司的总体发展战略，决定总经理的人选。

（2）总经理。负责公司各方面的经营管理，对董事会负责，决定副总经理和部门经理的人选，制定和监督企业战略实施。

（3）营销部。负责公司总体的营销活动，决定公司的营销策略和措施，并对营销工作进行评估和监控，包括市场分析、广告、公共关系、销售、客户服务等。

（4）技术部。负责产品的研发工作，拓展产品线的广度和深度，处理与产品有关的技术问题，并负责知识产权的具体管理。

（5）财务部。负责资金的筹集、使用和分配，例如财务计划和分析、投资决策、资本结构的确定，股利分配等；负责日常会计工作与税收管理。

【各抒己见】

日丰装修公司为一家创业公司，创业初期人员较少，也准备采用直线形的组织形式，参考好家智能家居公司的组织结构图和岗位职责，确定该公司的组织结构和岗位职责。

💡 【实战训练】

[训练 7-3] 因地制宜优化公司的组织结构

唯美广告公司管理幅度是一对五，就是一个总经理，管理五个职能部门，其组织结构图如图 7-4 所示。

图 7-4　唯美广告公司组织结构图

（1）如果创业初期唯美广告公司的业务量不大，人员也不多的前提下，其管理幅度是否合理？从公司的业务量、利润率、核心业务、公司规模（人数）等因素进行分析后，给出各部门层级横向管理范围的建议。

（2）试为各部门拟定相关职责。

（3）如果公司规模小，从节约人力资源成本方面考虑，公司拟将业务部拆分并入市场部，将财务部和行政部予以合并，分析其优化后的组织结构的合理性。

（4）随着公司的发展，业务量逐步增大，人员也逐步增加，应如何优化组织结构？提出改进方案，并阐明优化改进的理由。

单元 8
启动创业计划

创业计划是创业者叩响投资者大门的"敲门砖"，一份优秀的创业计划往往会使创业者达到事半功倍的效果。创业计划是创业者计划创立的业务的书面摘要，它用以描述与拟创办企业相关的内外部环境条件和要素特点，为业务的发展提供指示图。通常创业计划是市场营销、财务、生产、人力资源等职能计划的总合。

【课程思政】

本模块为了实现"知识传授、技能训练、能力培养与价值塑造有机结合"的教学目标，从教学目标、教学过程、教学策略、教学组织、教学活动、考核评价等方面有意、有机、有效地融入团队精神、实干精神、进取精神、踏实作风、竞争意识、忧患意识、正视困难、效率意识、成本意识、发展观念 10 项思政元素，贯穿课程教学全过程，让学生思想上有正向震撼，行为上有良性改变，真正实现育人"真、善、美"的统一、"传道、授业、解惑"的统一。

？【知识导学】

8.1 创业环境与优惠政策

良好的创业环境，对创业企业的成长和发展具有推动和促进作用；反之，则限制和阻碍其发展。因此，大学生创业时，应重视创业环境的研究，有效应对各种外部环境的变化，充分把握由环境所提出的挑战和环境所提供的创业时机。

党的十八大报告中明确指出："牢牢把握发展实体经济这一坚实基础，实行更加有利于实体经济发展的政策措施，推动战略性新兴产业、先进制造业健康发展，加快传统产业转型升级，推动服务业特别是现代服务业发展壮大，支持小微企业特别是科技型小微企业发展。"，报告同时指出："要贯彻劳动者自主就业、市场调节就业、政府促进就业和鼓励创业的方针，实施就业优先战略和更加积极的就业政策。鼓励多渠道多形式就业，促进创业带动就业。加强职业技能培训，提升劳动者就业创业能力，增强就业稳定性。"

8.1.1 创业环境的含义

创业环境是指创业者周围的境况，是在创业者创立企业的整个过程中，围绕着创业企业生存和发展变化，对其产生影响或制约创业企业发展的一系列外部因素及其所组成的有机整体，是创业者及其企业产生、生存和发展的基础，是创业活动的基本条件。

创业环境是指开展创业活动的范围和领域，是创业者所处的境遇和情况。它是对创业者创业思想的形成和创业活动的开展能够产生影响和发生作用的各种因素和条件的总和。

这里反映了创业环境内在的三个含义。

第一，创业环境是创业活动的领域。所有的创业活动都是具体的、现实的，都要有一个明确的方向和目标。在哪个行业里创业，创什么样的业，都要从实际出发，受环境的支配，不能随心所欲。创业环境在很大程度上规定了创业的性质和活动范围。

第二，创业环境是创业者面临的处境。环境在本质上是一个动态系统，具有较大的不确定性。创业环境始终处于不断的发展变化过程中，使创业者不断面临新的情况，解决新的问题，这就决定了创业是一项变革和创新的活动。

第三，创业环境是创业活动的基本条件。环境是一种客观存在，存在是决定意识的。创业环境对创业活动的决定性作用在于它能为人们的创业活动提供各种精神的或物质的条件，能从各个方面影响创业活动的进程，决定创业活动的成败。

创业环境是指那些与创业活动相关联的因素的集合，包括宏观环境、中观环境和微观环境。

（1）宏观环境。宏观环境又称为一般环境或总体环境，是指影响一切行业和企业的各种宏观力量，指那些给企业造成市场机会或环境威胁的主要社会力量。不同行业和企业根据自身特点和经营需要，以宏观环境因素所做分析的具体内容会有差异，但一般都涉及政治、经济、社会、技术、自然和法律等因素。

（2）中观环境。中观环境又称为行业环境。行业是指提供同一类产品（或服务）或提供具有可替代性产品（或服务）的企业群，行业环境分析的内容包括行业的生命周期阶段、行业的进入与退出障碍、行业的需求及竞争状况、行业主导技术的发展趋势及行业的发展前景。

（3）微观环境。微观环境是指企业的顾客、竞争者、营销渠道和有关公众等对企业营销活动有直接影响的各种因素。创业环境的微观因素是决定企业生存和发展的基本环境因素，除了企业能够直接控制的内容环节，还包括企业生产的产品或服务的性质、特点，以及它们在国民经济中所起作用的不同而形成的行业。这是企业生存与发展的具体环境，创业者应特别重视对创业环境的微观因素进行分析，要分析研究市场、行业等。

8.1.2　创业环境的表现形式

创业环境总是以多姿多彩的形式来表现自己的内涵的。对创业环境的观察角度不同，其表现形式也就不同。具体说来，创业环境主要有以下几种表现形式。

（1）社会环境与自然环境　　　　（2）内部环境与外部环境
（3）融资环境与投资环境　　　　（4）合作环境与竞争环境
（5）生产环境与消费环境

【电子活页】
扫描二维码，浏览"电子活页 8-1"的内容，了解"创业环境的表现形式"的具体内容。

电子活页 8-1

8.1.3 创业政策汇总

近年来，国务院办公厅、国家各个部委、各省市都陆续出台了各类有关促进大学生就业与创业的政策文件，如表 8-1 所示。从简化注册程序、提供资金扶持，鼓励学校创新创业教育，提供创业服务等方面进行了积极的推动。

表 8-1　创业政策汇总表

颁发部门	政 策 文 件
国务院	（1）国务院关于印发"十三五"国家战略性新兴产业发展规划的通知（2016 年 11 月 29 日） （2）国务院关于促进创业投资持续健康发展的若干意见（国发〔2016〕53 号） （3）国务院关于进一步做好新形势下就业创业工作的意见（国发〔2015〕23 号） （4）国务院关于加快构建大众创业万众创新支撑平台的指导意见（国发〔2015〕53 号） （5）国务院关于积极推进"互联网＋"行动的指导意见（国发〔2015〕40 号） （6）国务院关于进一步做好新形势下就业创业工作的意见（国发〔2015〕23 号） （7）国务院关于大力推进大众创业万众创新若干政策措施的意见（国发〔2015〕32 号）
国务院办公厅	（1）国务院办公厅关于深化高等学校创新创业教育改革的实施意见（国办发〔2015〕36 号） （2）国务院办公厅关于发展众创空间推进大众创新创业的指导意见（国办发〔2015〕9 号） （3）国务院办公厅关于支持农民工等人员返乡创业的意见（国办发〔2015〕47 号） （4）国务院办公厅关于同意建立推进大众创业万众创新部际联席会议制度的函（国办函〔2015〕90 号） （5）国务院办公厅关于促进以创业带动就业工作的指导意见（国办发〔2008〕111 号）
教育部	（1）高等职业教育创新发展行动计划（2015-2018 年） （2）教育部关于大力推进高等学校创新创业教育和大学生自主创业工作的意见（教办〔2010〕3 号） （3）教育部关于做好 2016 届全国普通高等学校毕业生就业创业工作的通知（教学〔2015〕12 号） （4）教育部关于做好 2017 届全国普通高等学校毕业生就业创业工作的通知（教学〔2016〕11 号） （5）教育部办公厅关于印发《促进高等学校科技成果转移转化行动计划》的通知（教技厅函〔2016〕115 号） （6）教育部办公厅关于报送深化创新创业教育改革实施方案的通知（教高厅函〔2015〕59 号） （7）教育部办公厅关于召开深化高校创新创业教育改革经验交流会的通知（教高厅函〔2016〕81 号）
国家发展和改革委员会	（1）国家发展改革委办公厅关于进一步做好支持创业投资企业发展相关工作的通知（发改办财金〔2014〕1044 号） （2）国家发展改革委办公厅关于做好 2015 年全国大众创业万众创新活动周组织筹备工作的通知（发改办高技〔2015〕2576 号） （3）关于促进东北老工业基地创新创业发展打造竞争新优势的实施意见（发改振兴〔2015〕1488 号）
人力资源和社会保障部	（1）人力资源社会保障部办公厅关于进一步推进创业培训工作的指导意见（人社部发〔2015〕197 号） （2）人力资源社会保障部关于贯彻落实《国务院关于进一步做好新形势下就业创业工作的意见》的通知（人社部发〔2015〕42 号） （3）人力资源社会保障部关于做好 2016 年全国高校毕业生就业创业工作的通知（人社部函〔2016〕18 号） （4）关于举办中国农业科技创新创业大赛的通知
财政部、国家税务总局	（1）《财政部 国家税务总局关于进一步扩大小型微利企业所得税优惠政策》（财税〔2015〕99 号） （2）《财政部 国家税务总局关于小型微利企业所得税优惠政策的通知》（财税〔2015〕34 号）
科技部	（1）科技部关于进一步推动科技型中小企业创新发展的若干意见（国科发高〔2015〕3 号） （2）科技部关于印发《发展众创空间工作指引》的通知（国科发火〔2015〕297 号）
共青团中央办公厅	（1）共青团中央办公厅关于高校共青团积极促进大学生创业工作的实施意见（中青办发〔2015〕2 号） （2）共青团中央关于印发《关于加强共青团促进青年创业就业服务体系建设的实施意见》的通知（中青发〔2014〕1 号）

续表

颁发部门	政策文件
多个部委联合	（1）财政部等四部委关于支持和促进重点群体创业就业税收政策有关问题的补充通知（财税〔2015〕18号） （2）国土资源部等六部委关于支持新产业新业态发展促进大众创业万众创新用地的意见（国土资规〔2015〕5号） （3）五部门关于推动小型微型企业创业创新基地发展的指导意见（工信部联企业〔2016〕394号） （4）人力资源社会保障部等九部门关于实施大学生创业引领计划的通知（人社部发〔2014〕38号）

8.1.4 大学生自主创业的相关优惠政策

按照《国务院关于进一步做好新形势下就业创业工作的意见》（国发〔2015〕23号）、《国务院办公厅关于深化高等学校创新创业教育改革的实施意见》（国办发〔2015〕36号）等文件规定，高校毕业生自主创业优惠政策主要包括以下内容。

1. 贷款、税收、收费方面的优惠政策
① 注册资金（本）的优惠政策。
② 企业所得税征收的优惠政策。
③ 自主创业贷款的优惠政策。
④ 税收的优惠政策。
⑤ 创业担保贷款和贴息的优惠政策。
⑥ 免收有关行政事业性收费的优惠政策。
⑦ 社会保险补贴的优惠政策。

2. 创业服务、培训方面的优惠政策
① 享受培训补贴。
② 免费提供创业指导服务。
③ 享受创业指导与扶持政策。
④ 取消高校毕业生落户限制。

3. 创新创业教育教学方面的优惠政策
① 创新人才培养。
② 开设创新创业教育课程。
③ 强化创新创业实践。
④ 改革教学制度。
⑤ 完善学籍管理规定。

【电子活页】

电子活页 8-2

扫描二维码，浏览"电子活页 8-2"的内容，了解"大学生自主创业的相关优惠政策"的具体内容。

8.1.5 SWOT 分析法

SWOT 分析法又称态势分析法，SWOT 四个英文字母分别代表：优势（Strength）、劣势（Weakness）、机会（Opportunity）、威胁（Threat）。所谓 SWOT 分析，即态势分析，就是将与研究对象密切相关的各种主要内部优势和劣势、外部的机会和威胁等，通过调查列举出来，并依照矩阵形式排列，然后用系统分析的思想，把各种因素相互匹配起来加以分析，从中得出一系列相应的结论，而结论通常带有一定的决策性。

SWOT 分析法常常被用于制定企业发展战略和分析竞争对手情况，在战略分析中，它是最常用的方法之一。进行 SWOT 分析时，主要有以下几个方面的内容：

（1）分析环境因素　　　　　　　　（2）构造 SWOT 矩阵
（3）制订行动计划

【电子活页】

电子活页 8-3

扫描二维码，浏览"电子活页 8-3"的内容，熟悉"SWOT 分析法"的具体内容。

【各个击破】

8.2 选择商业模式

商业模式创新是当今企业获得核心竞争力的关键。马云凭淘宝横扫了零售界；乔布斯把通信功能安在电脑上，顺便就把诺基亚击溃了；佳能尼康这些后生小辈，拿着数码相机几乎就把百年柯达送进了火葬场！

柯达公司是数码相机的发明者，诺基亚公司对智能手机的关注和研发远远早于苹果公司。数码相机发明人萨森曾经效力于柯达公司的应用研究实验室，他获得一项新任务：研究一种名为"电荷耦合器件"的新技术，一年之后，数码相机在他的手下诞生了。数码影像技术改变了整个行业，但萨森没想到的是，它同时让全球最大的影像公司之一柯达开始陨落。柯达最核心的商业模式是售卖胶卷，有了数码相机，谁还会买胶卷？于是，柯达冷藏了这项技术。萨森说，在过去许多年里，柯达向数码影像领域投入了几十亿美元的资金，但是最终遭遇了一个无法逾越的障碍，"柯达转换商业模式变得很困难，从某种意义上说，新技术吞噬掉了一家曾经利润丰厚、品牌家喻户晓的企业。"

同样的案例，诺基亚最先关注和研究了智能手机，但最后，却被苹果用"智能"击溃。转换商业模式甚至远比科技创新困难，这意味着传统的盈利渠道要被放弃或削弱，即使是它正在为你贡献利润。原有的组织结构要被打破，原有的资源配置要被重组，原有的利益机制要重新分配……这意味着，一个商业组织，既要耐心等待消费者消费习惯的转变，又要承受组织内部既得利益者的压力，甚至要同时承受资本的压力，熟悉的、利润丰厚的领域被抛弃，新的产品或服务暂时还没有占领市场，中间必然会造成利润下滑等一系列问题。

【见多识广】

8.2.1 商业模式的含义与组成

奥斯特沃德（Osterwalder）和图斯（Tucci）提出的定义：商业模式是一种包含了一系列要素及其关系的概念性工具，用以阐明某个特定实体的商业逻辑。商业模式描述了公司所能为客户提供的价值及公司的内部结构，合作伙伴网络和关系资本等用以实现（创造、营销和交付）这一价值并产生可持续、可盈利性收入的要素。

按照 IBM 商业研究所和哈佛商学院克利斯坦森教授（Christensen）的观点，商业模式就是一个企业的基本经营方法。它包含四部分：用户价值定义、利润公式、产业定位、核心资源和流程。

（1）用户价值定义。用户价值定义是为目标用户群提供的价值，其具体表现是给用户提供的产品、服务及销售渠道等价值要素的某种组合。

（2）利润公式。利润公式包括收入来源、成本结构、利润额度等。

（3）产业定位。产业定位是企业在产业链中的位置和充当的角色。

（4）核心资源与流程。核心流程包括企业的生产和管理流程，而核心资源则是企业所需的各类有形和无形的资源。

8.2.2　商业模式的特征

商业模式具有以下两个主要特征。

（1）商业模式是一个整体的、系统的概念，而不仅仅是一个单一的组成因素。如收入模式（广告收入、会员费、服务费）、向客户提供的价值（在价格上竞争、在质量上竞争）、组织架构（自成体系的业务单元、整合的网络能力）等，这些都是商业模式的重要组成部分，但并非全部。

（2）商业模式的组成部分之间，必须有内在联系，这个内在联系把各组成部分有机地关联起来，使它们互相支持、共同作用，形成一个良性的循环。

8.2.3　商业模式的作用

（1）一个好的商业模式可以促使创业者全面思考市场需求、生产、分销、企业能力、成本结构等各方面问题，将商业的所有要素协调成一个有效、契合的整体。

（2）一个好的商业模式可以使顾客了解企业可能提供的产品和服务，实现企业在顾客心目中的目标定位。

（3）一个好的商业模式可以使员工全面理解企业的目标和价值所在，从而调整自己的行动与企业的目标达到和谐。

（4）一个好的商业模式可以使股东更清晰、方便地判断企业的价值及其在市场中的地位变化。

8.2.4　商业模式的构成要素

商业模式主要由 4 个密切相关的要素构成，这 4 个要素互为作用时能够创造与实现价值。

（1）客户价值主张

（2）盈利模式

包括以下构成要素：① 收入模式；② 成本结构；③ 利润模式；④ 利用资源的速度。

（3）关键资源

（4）关键流程

【电子活页】

扫描二维码，浏览"电子活页 8-4"的内容，熟悉"商业模式的构成要素"的具体内容。

电子活页 8-4

8.2.5 创新商业模式的方法

商业模式创新就是对企业的经营方法进行变革。一般而言，有以下 4 种方法。

（1）改变收入模式　　　　　　（2）改变企业模式

（3）改变产业模式　　　　　　（4）改变技术模式

【电子活页】

电子活页 8-5

扫描二维码，浏览"电子活页 8-5"的内容，熟悉"创新商业模式的方法"的具体内容。

8.2.6 对比五种常见的电子商务模式

电子商务模式是指企业运用互联网开展经营取得营业收入的基本方式，也就是指在网络环境中基于一定技术基础的商务运作方式和盈利模式。目前，常见的电子商务模式主要有 B2B、B2C、C2B、C2C、O2O 等几种。五种常见的电子商务模式的对比如下。

（1）B2B 模式。B2B（Business to Business）是指商家与商家建立的商业关系。

（2）B2C 模式。B2C（Business to Consumer）就是我们经常看到的供应商直接把商品卖给用户，即"商对客"模式，也就是通常说的商业零售，直接面向消费者销售产品和服务。

（3）C2B 模式。C2B（Customer to Business），比较本土的说法是要约，由客户发布自己要些什么东西，要求的价格是什么，然后由商家来决定是否接受客户的要约。

（4）C2C 模式。C2C（Customer to Consumer）是指客户自己把东西放上网去卖，是个人与个人之间的电子商务。

（5）O2O 模式。O2O（Online To Offline）是将线下商务的机会与互联网结合在一起，让互联网成为线下交易的前台。

【电子活页】

扫描二维码，浏览"电子活页 8-6"的内容，熟悉"对比五种常见的电子商务模式"的具体内容。

电子活页 8-6

8.2.7 当下三种最赚钱的商业模式

如今，商业模式研究已经成为企业界中最热闹的话题。在商业模式中，又属盈利模式最为重要。以下三种模式，是商业中最快圈钱的模式。

（1）免费模式

（2）招商加盟连锁模式

（3）O2O 模式

【电子活页】

电子活页 8-7

扫描二维码，浏览"电子活页 8-7"的内容，了解"当下三种最赚钱的商业模式"的具体内容。

8.2.8 "互联网＋"时代的六大商业模式

现代管理学之父彼得·德鲁克说："当今企业之间的竞争，不是产品之间的竞争，而是商业模式之间的竞争"。

"互联网＋"企业四大落地系统：商业模式、管理模式、生产模式、营销模式，其中最核心的就是商业模式的互联网化，即利用互联网精神（平等、开放、协作、分享）来颠覆和重构整个商业价值链。目前来看主要分为六种商业模式。

电子活页 8-8

（1）工具＋社群＋商业模式　　（2）长尾型商业模式
（3）跨界商业模式　　　　　　　（4）免费商业模式
（5）O2O 商业模式　　　　　　　（6）平台商业模式

【电子活页】

扫描二维码，浏览"电子活页 8-8"的内容，了解"'互联网＋'时代的六大商业模式"的具体内容。

8.2.9 创业企业十大创新商业模式的案例分析

在互联网思维被赋予多重定义的时代，商业模式和传统的商业模式最大的区别在于，不再是关于成本和规模的讨论，而是关于重新定义客户价值的讨论。商业模式就是如何创造和传递客户价值和公司价值的系统。可见，客户价值及客户价值主张的重要性非同一般。

2015 年是万众创业年，众多创业企业爆发，各种各样的创新型商业模式出现在市场中。这里精选了 2015 年各行各业的创业企业中具有代表性的创新商业模式案例，供中小型创业企业参考。

（1）滴滴巴士——定制公共交通
（2）百度度秘——表面它陪你聊天，其实你赔它消费
（3）干净么——餐饮界的 360，免费还杀毒
（4）人人车——"九死一生"的 C2C 坚挺地活了下来
（5）e 袋洗——力图用一袋衣服撬动一个生态
（6）实惠 App——团购不彻底，直接免费
（7）不久的将来给小费将成为常态
（8）多点（Dmall）——不是多点少点的问题而是快点

电子活页 8-9

（9）云足疗——上门服务中的垂直环节
（10）大疆——消费级无人机市场的霸主

【电子活页】

扫描二维码，浏览"电子活页 8-9"的内容，了解"创业企业十大创新商业模式的案例分析"的具体内容。

8.2.10 十个传统行业的未来商业模式分析

在移动互联网的冲击下，各个传统行业都将发生显著的商业模式改变，"价值重塑战略"将越来越成为传统企业的必然选择。

（1）快餐等服务业的价值重塑：高品质化＋客户聚焦＋O2O

（2）家电业的价值重塑：低价化硬件＋可运营生态链＋大数据服务

（3）教育业的价值重塑：平台化＋免费服务圈地＋增值服务收费

（4）音乐业的价值重塑：遴选好的原创音乐为核心＋生态体系延伸

（5）医疗业的价值重塑：智能健康终端＋云服务＋创新型运营企业

（6）鞋服业的价值链重塑：商品智能化＋店面智能化＋用户社群化＋大数据挖掘

（7）招聘等人力资源服务行业的价值重塑：基于大数据的智能中介服务

（8）证券业的价值重塑：互联网免费模式＋增值服务获利

（9）保险业的价值重塑：互联网低成本渠道＋产品创新＋大数据服务

（10）基金业的价值重塑：反向基金产品 C2B＋提升高附加值服务＋优化客户体验

电子活页 8-10

【电子活页】

扫描二维码，浏览"电子活页 8-10"的内容，了解"十个传统行业的未来商业模式分析"的具体内容。

8.2.11 颠覆未来的 11 种最佳免费商业模式

企业之间的较量，具体的战场体现在营销上。追究营销问题的源头，是"供求关系"之间的失衡。简单地说，就是我们的供应远远超出了市场的需求。产能过剩，产品过剩，也成了我们这个时代的烙印与标志。

如何改变供求之间的关系？如何让供在短期内小于求？如何获得更多的客户？这是多数企业家每一天不得不面对的问题。在竞争与思索中，诞生了一种全新的营销模式——免费模式。免费模式，是在这种矛盾下应运而生的新型模式。免费模式在未来的几年中，将会不断地渗透到各个行业中，这不单单是加速了行业内部的洗牌速度，更是加速了行业之间的洗牌速度。

未来，免费模式会让行业之间的界限变得更加模糊，尤其是边缘行业之间。随着时间的推移，会彻底颠覆我们对原有行业的认知。有人说它是一个天使，也有人说它是一个魔鬼，但不论如何，它已悄然而至，而你我要做的就是快速适应它的变革。

免费模式的核心是"设计企业隐性的利润空间"，即延长企业的利润链条，通过设计免费的项目，最大限度地吸引客户，而后在下一个阶段实现企业的盈利。

免费模式根据性质与行业的不同，可以分为以下的 11 种模式：

（1）体验型模式　　　（2）第三方付费模式　　　（3）产品型模式

（4）客户型模式　　　（5）时间型模式　　　　　（6）功能型模式

（7）空间型模式　　　（8）跨行业型模式　　　　（9）耗材型模式

（10）增值型模式　　　（11）利润型模式

【电子活页】

扫描二维码，浏览"电子活页 8-11"的内容，了解"颠覆未来的 11 种最佳免费商业模式"的具体内容。

电子活页 8-11

【案例剖析】

[案例8-1] 剖析"e袋洗"的商业模式设计

张荣耀90年代初创立荣昌公司，做皮货洗染，后来进入洗衣行业，成立"荣昌洗衣"，20多年发展了1000多家连锁店。

传统的洗衣行业表面风光，毛利挺高，其实净利润很低，因为房租占了很大一块，而且房租还在不断涨。随着竞争加剧，行业发展面临困境，同时用户的痛点非常突出。

于是，张荣耀决定创新商业模式，于2013年创立e袋洗，基于移动互联网，以O2O模式提供洗衣服务。e袋洗上线不到半年，在北京地区粉丝突破10万，日单突破1000单；2015年4月份日订单突破10万，创造了行业纪录；2014年获得腾讯的投资，估值2亿美元；2015年获得百度等投资，估值10亿美元。

下面我们梳理一下e袋洗商业模式设计。

1. 用户痛点

传统洗衣行业，到店洗衣是一件很麻烦的事情。首先要自己上门到洗衣店，到店后要一件一件清点、填单，洗好后还要自己去取，非常麻烦。用户有时间的时候，洗衣店可能关门了，好不容易到了洗衣店往往停车难。

时间问题、堵车问题、停车难问题、营业时间不能满足用户的取送需要、价格高、服务不标准化，这些用户痛点再加上自身经营面临的困境，使张荣耀在很多年前就开始思索转型。

2. 价值主张

e袋洗的价值主张非常清晰：基于移动互联网的"O2O在线洗护平台"。这是对荣昌洗衣自身的彻底革命，把自己原来的1000多家店全部关掉，完全变成一个线上服务的O2O公司。传统企业二次创业发新芽，长出新锐的互联网家政行业标杆品牌。

为了解决用户痛点，张荣耀最先做的转型探索不是做e袋洗，而是用更现代化的方式洗衣服。2000年开始和新浪合作，通过新浪网给洗衣店导流，这让他意识到，他的行业不仅是洗衣服，而是经营数据的行业，拥有庞大的用户数和频次。

2004年张荣耀对荣昌洗衣进行信息化改造，通过"一带四""联网卡"，在一家洗衣店周边设立四个收衣点，消费者用一张"联网卡"就能在其所有的洗衣门店使用。这次信息化改造虽然不属于重大的战略调整，但是为后来的e袋洗的推出打下很好的基础。

3. 解决方案

（1）产品与服务。先看e袋洗的产品和服务，即创造了什么样新的用户体验。

传统洗衣店是按件收费，e袋洗则是按袋计费，给你一个专业的帆布袋收取衣服，装多少都行，e也是"1"的意思，一袋99元（原价158元）。用户通过微信下订单，2小时内有人上门取件，一分钟完成交接、封袋，拿回去清洗，72小时以内送回，用户体验非常好。e袋洗将衣服分类、检查，全程高清视频监控，洗衣过程可跟踪。用户体验不只是省心，服务也更好，管理更规范，性价比高。

e袋洗迅速从北上广深拓展到省会城市，发展非常快。由于订单量太大，还是经常有用户投诉，e袋洗拿出足够的资金和诚意，对用户做出快速反馈，让有意见的用户重新建立好感。

（2）渠道与传播。再看渠道与传播。原来的渠道是终端的洗衣店，e袋洗去中介化，直接通过O2O完成，房租和中间环节都没有了，关掉1000多家店，把所有的洗衣业务搬到手机上完成。

用户体验的渠道变成手机，代表了移动互联网的特质。e袋洗制定了O2O在线洗衣行业的标准，通过微信预约，去掉烦琐的流程，去掉纸质衣物明细单，变为微信推送。

清洗选择专业的洗衣工厂，清洗、消毒、熨烫。服务时自动推送，全程跟踪，每个环节都可在微信上与用户保持互动。

（3）交易结构。再次是交易结构，即生态圈。e袋洗采用"众包＋外包"的模式。

所谓外包，就是把洗衣工厂外包给其他厂商，和传统的洗衣店、洗衣工厂合作。张荣耀在洗衣行业做了二十多年，对行业的品牌非常了解，知道哪个品牌的洗衣工厂更靠谱。行业的洗衣成本只占10%，房租、人工和设备折旧等占90%，所以选择高端与低端店面合作成本差别不大。为了保证洗衣品质，e袋洗只与一线品牌洗衣工厂合作。e袋洗制定了一套严格的标准，对合作的洗衣工厂的资质、品牌、店面面积、技术、员工数量、清洗流程等都严格把控和考核，以确保清洗的品质。

所谓众包，即以社区为单位招募配送人员，例如社区内退休的老大妈，让这些老大妈配送，用户感受很亲切。由于取送衣服的半径不能太远，所以取送衣服的人员需求量非常庞大。e袋洗通过共享经济促进中老年人再就业，创造了社会价值。

（4）盈利模式。如果在传统洗衣店，99元一袋肯定亏死了，根本无法维持，在线上运作则可把中间的成本砍掉，线上下单形成规模效应，边际成本递减，把节省下来的成本让利给消费者，消费者得到好处，自然会自发传播e袋洗。

【分析思考】

通过e袋洗这个案例，启发大家思考从找用户痛点到提出价值主张，再到提出解决方案，如何设计商业模式。

1. 设计商业模式的基本逻辑——设计商业模式的"三步曲"

第一步，找到用户痛点。商业模式设计最根本的切入点是用户的痛点，而不是怎么赚钱、能否上市等。用户的痛点，也可以泛化为行业的痛点和社会的痛点。例如，食品安全问题、婴儿奶粉问题、环境问题等。当很多国人到境外疯狂买东西，奶粉问题和食品安全问题不是明摆着的行业痛点和社会痛点吗？

痛点就是商机，痛点有多大商机就有多大。逐利是商人的本性，多数人做生意的出发点就是赚钱，而不是用户的痛点。卢梭说："企业家就是愿意被社会驱赶的驴子。"企业家一定要找到用户痛点，痛点在哪里，商机就在哪里。

第二步，提出价值主张。价值主张就是聚焦具体的一个点来凸显自己的核心价值，根据自身的情况决定聚焦什么痛点，然后面向社会提出自己的承诺。定位也好，品牌也好，都不离开清晰的价值主张。什么是品牌，品牌就是承诺，就是承诺我能解决什么问题。价值主张梳理清楚了，战略方向就比较清晰了。

第三步，提出解决方案。价值主张要落到解决方案。解决方案是一个系统，至少包括以下四个方面。

（1）产品与服务。能不能给用户新的体验、更舒服的体验，让用户的痛点有极大改善或者消失，如果能做到的话，那么你的产品与服务就有"杀伤力"。

（2）渠道与传播。这是市场营销层面的问题。互联网时代，产品即渠道，产品即传播，原来产品和渠道是分离的，现在消费者既是购买者也是传播者。

（3）交易结构。商业模式的本质是交易结构，即确定和政府、供应商、渠道及相关联企业之间的关系，构建企业生态圈。例如企业与企业之间的合作、加盟，以及外包、众包、众筹等。

（4）盈利模式。即收入来源，怎么赚钱。狭义的商业模式就是盈利模式。有的商业模式设计很有创新性和颠覆性，但问题是盈利模式没有设计好，企业长期不赚钱，不断融资烧钱，最后还是"死掉了"。

2. 商业模式设计的几点思考

（1）理念的创新。像e袋洗这些成功的商业模式，首先都是敢于在理念上大胆创新，具有一定超前性，捕捉时代的趋势，针对用户的关键痛点下手，抓住机会建立自己新的企业定位和商业模式。

而如何做到理念创新呢？我们在设计商业模式的时候首先要跳出来，特别是很多传统制造业的企业家朋友，长期在自己固化的行业和圈子里，如果老板不能跳出来，理念就很难创新，商业模式也就很难突破。

（2）适度超前。理念创新要有一定的超前性，但是过度超前就是找死。我们在设计商业模式的时候，不能过于理想化和超前。

比如说e袋洗，之所以在今天突然获得成功，其实是缘于厚积薄发，积累了多年的行业经验，特别是在十多年前就进行了信息化改造，这些基础非常重要。而跟e袋洗同时起步的其他一些O2O洗护平台公司，有很多不到一年就"死掉了"，烧了很多钱但仍未存活下来。因为有些东西严重超越了他们能力驾驭的范畴，他们可能对互联网、大数据、微信传播等都非常熟悉，但对线下的、对行业最基本的理解和管理能力不够，再好的商业模式最终也离不开产品。

张荣耀从1990年开始创业，经历了两三个发展阶段，2013年创立e袋洗时，一切都已经准备好了。这个准备不仅仅是对行业的准备，还包括他的团队，比如说，他从百度挖来了陆文勇来担任CEO，还有很多环节他都聘用了顶尖的高手，在做了充足的准备之后，他才正式创立了e袋洗。

对于商业模式的创新，很多人是急于求新、过度超前，不是跳起来摘苹果，而是跳起来摘星星。甚至有些人痴迷于乔布斯、马云等明星企业家，扬言要在互联网时代用新的商业模式颠覆世界，其实这些人都很不成熟，他们往往会制定出过度超前的、不成熟的商业模式把自己"搞死"。

（3）顺带赚钱。商业模式设计的原点不是为了有更高的行业利润，要先把盈利模式放到后面，放在最前面是用户的痛点，是我能帮用户和社会解决什么问题，能提供怎样的用户体验，设计什么样的交易结构，最后才是盈利模式的问题。

恰恰很多人设计商业模式时，太过急功近利，把赚钱放到首要位置，这类商业模式在资本市场和投资人那里行得通，但是最终市场并不买单，因为没有真正解决用户的痛点。如果没有解决用户的痛点和需求，一时博眼球是可以的，但是没有抓到根本。

（4）不断迭代。商业模式没有一成不变、一劳永逸的，任何商业模式都是阶段性的，要不断迭代、持续创新，不然就会出局。

商业模式严格地说应该叫"经营方式"，方式是持续创新的、不断变化的，一旦说成"模式"就固化了，在哪里成功往往最终也会在哪里失败。很多模式不是一下子设计出来的，很多都是在过程中不断完善、进化迭代、微创新、逐步成熟的。

特别是互联网时代的创业有个特点，很多模式考虑到七八分熟的时候就可以启动，这得益于资本市场，一些风险投资愿意对尚未完全成熟的商业模式进行投资，但前提是从用户的痛点出发，梳理出你的价值主张，提出一个初步可行的解决方案。

解决方案包括四个方面：产品与服务、渠道与传播、交易结构、盈利模式，这四个方面可能只考虑清晰两到三个方面，可能盈利模式还不太清晰，但有些人就已经敢干了。

例如，美国有一家做太阳能的公司，叫太阳城公司。这家公司起步时做屋顶太阳能，成本比较高，而且美国人经常搬家，太阳能设备移动不方便，所以产品推广起来很吃力。

这家公司的发展是典型的摸着石头过河、不断迭代的过程，当它发展到相当规模时仍然不盈利，因为前期一次性投资于太阳能发电设备和安装费用，而收费模式是租赁，收取租金回报非常慢，属于长投短收，这种盈利模式显然是有问题的。

后来，太阳城终于完善了商业模式，建立起一个宏大的交易结构，一方面绑定政府，因为太阳城有了众多的用户和订单之后，就以这些订单为筹码跟地方政府谈合作，之后再去对接资本市场（如基金、财团等），建立起灵活的融资方式。这样，太阳城终于解决了盈利模式问题，公司开始盈利，并迅速甩开竞争对手，成为美国太阳能领域的领导者。

［案例8-2］ 剖析四川航空免费大巴的共赢商业模式

在成都机场的出口处，有150辆涂着特别颜色的免费接送乘客的大巴车整齐地排列着。只要你买的是四川航空五折以上的机票，大巴可以免费把你拉到成都市区任何一个地方。

一辆免费大巴连接着四方利益体：航空公司、汽车公司、乘客、大巴司机，构建了一套各方共赢、皆大欢喜的商业模式。

在成都机场，150辆大巴昼夜不停地免费接送天南海北的旅客。免费中，旅客省下150元从机场到市区的打车费；免费中，司机每载一个客，获得四川航空公司付给的25元劳务费；免费中，大巴制造商风行汽车公司每年省下了超过200万人次受众群体的广告费；免费中，四川航空公司每年获利上亿元。

真的有这样"天上掉馅饼"的好事吗？且看航空公司构建的各方共赢的商业模式路线图。四川航空公司一次性从风行汽车订购150台风行菱智MPV休旅车，用于搭载来往于机场和市区的旅客，每台车原价14.8万元，四川航空只花9万元购得，仅此一笔交易，四川航空就节省了825万元。四川航空转手以17.8万的价格将车卖给司机，每台车赚8.8万元，150辆就赚1320万。

但四川航空也不是吃独食的，司机每搭载一名旅客，航空公司付给司机25元劳务费。对于司机而言，花17.8万元买辆风行菱智MPV休旅车，可获得机场到市区的专线特许经营资格，还不用再缴杂七杂八的管理费，一门心思为四川航空公司服务。

旅客乘坐四川航空提供的出租车可省下150元打车费，还可以享受免费上门接送的待遇，还有乘机五折的优惠。

而风行汽车得到的好处是，四川航空必须指令司机在载客途中向乘客详细介绍这台车子的性能、结构、油耗、性价比等资料，为风行汽车做活广告，做汽车义务销售员，为乘客提供体验式服务。每辆车可搭载 7 名乘客，按每天跑 3 个来回计算，150 辆车一年带来的广告受众人数是 $7 \times 3 \times 2 \times 365 \times 150 \approx 230$ 万，如此庞大的亲历体验的受众群体，其宣传效果可想而知。

【分析思考】

不难看出，四川航空的这一商业模式以免费大巴为"诱饵"，实现利益链上四方共赢。运用之妙，存乎一心。四川航空这一商业模式，构思缜密，真正用心到家，有三个特点。

1. 找更多的人结成利益共同体

四川航空找来风行汽车、出租车司机、旅客结成利益联盟，不吃独食，有舍才有得。四川航空让司机当起了风行汽车的业务员，让乘客在免费乘坐后成为风行汽车的潜在消费者，也成为四川航空的"回头客"。值得特别强调的是，四川航空也不是空手套白狼，它为利益各方提供了周到的服务，比如为风行汽车做广告，给司机提供稳定的收入，为旅客乘坐出租车提供免费服务。四川航空把各方的利益整合到免费大巴上，四方的利益都得到妥善照顾，各取所需，只不过是四川航空在利益链上的大头而已。

2. 找更多的人为自己支付成本

四川航空买了 150 辆风行菱智 MPV 休旅车免费接送乘客，很明显，成本是由风行汽车和司机分担的，风行汽车将车便宜卖给四川航空，司机高价购买四川航空转手"倒卖"的汽车。乘客表面上看是免费乘车，实际上也在分担四川航空的成本，即口碑成本。众多合作伙伴的加入，摊薄了四川航空的成本分担。

3. 找更多的人为自己创造利润

一个好的商业模式必须寻求众多利益关联方，为自己创造利润，实现自身利益最大化。四川航空为旅客提供免费班车，旅客自然会替四川航空说好话，势必给四川航空带来巨大的客源，利润当然会滚滚而来。四川航空公司已实现连续 12 年盈利。

从四川航空的案例不难看出，商业模式就是打造一个极致的商业平台，想办法用特殊的方式盈利，并且实现利润的最大化，而免费大巴只是其中的一个环节，只不过是四川航空将其"卖点"放大而已。

需要特别指出的是，四川航空的"免费午餐"并非消费陷阱，这与眼下商界司空见惯的免费骗局有着本质区别。时下，免费赠送、免费护理、免费试吃、免费试穿……越来越多的免费项目成为商品或服务的一种促销手段，充斥着这个市场，冲击着我们的眼球。比如某地区电信免费套餐，存入 5000 元话费，白送一支手机，可是那庞大的流量消费，让消费者惊呼上当，"白送"的手机成了一个烫手的山芋。在这里，免费是在挖坑，诱使消费者往里跳。

而四川航空的免费只是营销中的一个环节，其"免费"成本由其他利益关联方分担，消费者毫发不损（当然了，必须是五折以上机票），反而得到实实在在的免费乘车实惠。

营销的本质是"利益交换"，四川航空的免费大巴商业模式是一个整合式的营销策略，形同一个互利的"交换体系"。这种整合是以互利互惠为目的，其架构是一条互为利益支撑点的商业链条。而真正的共赢，是商业链条上每一个环节的利益都能得以实现。

在共赢中寻求自身利益最大化，这就是四川航空免费大巴的秘诀所在。

[案例8-3]　　　　　　　剖析滴滴打车的商业模式

滴滴打车的商业初衷很简单，这也是其商业模式，就是整合线下出租车资源，将打车的消费者整合到一个平台上，为他们提供打车和接送服务，其现在发展的主要业务有顺风车、快车、出租车、专车服务。

1. 推广模式

首先，滴滴打车软件刚上线推广过程中，采用样板案例和样板市场为案例推广，主要靠地推团队向出租车公司推广安装滴滴打车软件，虽然其间经历几次失败，但是在北京它还是拿下了北京昌平的一家出租车公司，并以此作为市场推广样板大肆推广。

其次，滴滴打车、快的、优步甚至其他移动端公司都一样，他们的策略都是培养消费者的习惯，而培养消费者消费习惯的方法就是补贴，如打车车费补贴；培养消费者支付习惯就用支付补贴，如用微信支付立减10元等；开拓司机市场采用的也是补贴形式，以抢占市场出租车或司机数量。

最后，线上＋线下推广。2014年3月3日，滴滴打车宣布与湖北卫视《我为喜剧狂》合作开启快乐营销，该节目从2014年2月13日播出以来，以"黑马"的姿态稳步爬升，创下连续八周全国省级卫视晚间节目收视率与市场份额双料冠军的佳绩。这一跨界联合足以让竞争对手措手不及，双方宣布合作后，在三八节期间推出了"打车找乐"联合活动，将电视、手机App、微博、微信多平台打通，让人眼前一亮。随后在愚人节期间，滴滴打车与《我为喜剧狂》在继续合作"打车找乐"活动的同时，还在北京、上海、武汉、深圳四大城市推出了"狂笑总动员"落地活动，将线上热度成功延伸到了地面，开创了电视节目与打车软件线上＋线下深度合作的新模式，既强化了品牌的关联度，又直观地向目标人群传递了有效信息，大大提升了跨界合作的附加值。

随后，这种开创性的跨界模式得到滴滴打车的推崇，俨然成为其营销"新宠"。乐视TV就紧随《我为喜剧狂》之后，在2014年3月底联合滴滴打车发起了一场"打车送电视"活动，与前者线上活动合作创意如出一辙。2014年4月2日，滴滴打车再与百丽集团旗下优购商城合作，推出"用滴滴添新衣"活动，实行"补贴＋购物卡"的奖励模式。打车软件营销转型的路径日渐清晰。

综上，可以看出滴滴打车的营销推广模式都是围绕着"钱"来推广的，采用的就是烧钱营销模式。

2. 盈利模式

滴滴打车前期无任何盈利，前期主要是培养用车市场的习惯，以补贴的策略来培养消费者打车习惯，同时也是为了发展用户数据，提升市场占有率。其后期的盈利模式主要分为以下几个方面。

（1）界面广告的收入。在App上插入广告界面和链接页面，客户点击即收取相关费用。

（2）信息挖掘服务。收集用户的地理位置信息补上即时定位信息的短板，同时还可以提供各城市实时路况信息，目前很多打车软件和地图公司合作，这也是未来的盈利点。

（3）收取交易手续费。当消费者打车成为习惯后就可以向出租车收取交易费用，比如说广州2万辆出租车，每车每天800元收入，其中20%为电招收入，一天就有320万，按照1%的交易手续费，一天就有3.2万，一个月就有9.6万；全国共有70个大中城市，那么一个月收入有 672 万元，一年就有 8.064 个亿（这个还不包含三线城市）。

（4）精准营销。腾讯只有少量的即时定位信息，而滴滴打车可以补齐短板，自从腾讯入股大众点评和京东商城后，就可以预期这些客户的用户信息，给其带来大量流量，从而提高转化率。

（5）抢占支付市场。

（6）互联网金融。滴滴打车宣布独家接入微信，可以烘托微信叫车和支付。

（7）预定专车服务，从乘客的车费中抽取部分佣金或全部费用。

【分析思考】

滴滴就是依靠商业模式发家的，而戴尔、宜家、亚马逊等也都是一批优秀的商业模式的代表。成功的企业都有它赖以成名的商业模式，那么这些商业模式都有哪些可遵循的特征？成功的商业模式都有哪些突出一个企业不同于其他企业的独特性？

商业模式就像球鞋，一穿上就知道适合不适合自己。无论是王健林和马云的"对赌"，还是董明珠与雷军的"悖论"，都是多样化的商业环境中的不同商业模式代表。

[案例 8-4]　　　　　**剖析苹果公司的商业模式**

2003 年，苹果公司推出 iPod 与 iTunes 音乐商店。这场便携式娱乐设备的革命，创造了一个新市场，并使苹果公司成功转型。短短三年内，iPod-iTunes 组合为苹果公司赚得了近 100 亿美元，几乎占到公司总收入的一半。苹果公司的股票市值一路飙升，从 2003 年的 50 亿美元左右，升至 2007 年的 1500 多亿美元。

苹果公司的成功众所周知，但很多人却不知道，苹果并非第一家把数字音乐播放器推向市场的公司。1998 年，一家名为"钻石多媒体"（Diamond Multimedia）的公司推出 MP3 随身听 Rio。2000 年，另一家叫 Best Data 的公司推出了 Cabo 64。这两款产品均性能优良，既可随身携带，又时尚新颖。但最后获得成功的为什么是 iPod，而不是 Rio 或 Cabo 64？

这是因为苹果公司不仅仅为新技术提供了时尚的设计，而且把新技术与卓越的商业模式结合起来。苹果公司真正的创新是让数字音乐下载变得简单便捷。为此，公司打造了一个全新的商业模式，集硬件、软件和服务于一体。这一模式的运行原理与吉列公司著名的"刀片＋剃刀"（Blades-and-Razor）模式正好相反：吉列公司是利用低利润的剃须刀来带动高利润刀片的销售，苹果公司却是靠发放"刀片"（低利润的 iTunes 音乐）来带动"剃刀"（高利润 iPod）的销售。这一模式以全新的方式对产品价值进行了定义，并为客户提供了前所未有的便捷性。

【分析思考】

企业产品与服务的更新换代实际上是商业模式的推陈出新。面对自由市场的竞争，所有的企业，不管是传统还是现代的，是在创业起点还是在腾飞过程的，都将面临残酷的考核。而一旦他们创造了独具价值的模式，就有可能领一时风骚，成时代标杆。成功的企业都有它赖以成名的商业模式，每一个成功的模式都有它价值创新的核心链条。

【交流探讨】

[探讨8-1]　　　　判断一个商业模式是否有价值

京东集团首席执行官刘强东认为：判断商业模式能否成功也有一套规律，叫"一托三"，凭借这四点基本上能够判断一个商业模式是否有价值。

一是团队。人永远是最重要的。京东制定了一个"倒三角"的管理模型，最底下的基础是团队。大部分企业"死掉"是因为团队跟不上发展的节奏。

二是用户体验、成本、效率。

（1）用户体验。不管做产品还是做服务，是在互联网还是传统行业，最核心比拼的是用户体验。微软如此，苹果公司更是如此。

（2）成本。在京东，成本比毛利更重要，只有成本降低，才有持续的能力为消费者提供低价，如果成本没有下降，只是为消费者提供一个低价，最后注定是死路一条。

（3）效率。看一家零售公司的效率，最核心的数据是库存周转天数。京东在库管理200多万个品种，库存周转天数仅30多天。

所以，创业公司在团队优秀的基础之上，在用户体验、成本或者效率三者之中，至少做到一点，同时另外两点又没有减损，基本上就能成功。

【各抒己见】

运用刘强东判断商业模式能否成功的"一托三"规律，根据你的分析判断以下两个公司的商业模式能否成功？

1. 倍智测聘网络科技股份有限公司（测聘网）

测聘网通过4C人岗匹配专利技术，结合大数据分析，解决双向精准匹配的问题，在成立一年内已进驻企业用户近2万家，为超过30万求职者提供最精准的应聘体验。

传统的第一代和第二代招聘产品已经无法满足应聘者和企业的双向需求。测聘网采用"测＋聘"的智能招聘模式，以"人才测评技术"关注个人职业发展路径，给供需双方造就了招聘及求职信息的匹配，实现了测评技术与招聘渠道的结合。这种

"测＋聘"的智能招聘模式，实际上是对企业岗位进行预筛选，同时根据求职者测评结果推荐合适的岗位信息，从而有效实现人岗匹配、人力资源优化配置。该模式不仅从根本上避免了求职者盲目应聘、招聘企业面对海量简历无从筛选的混乱状态，也克服了高端人才被动应聘、招聘企业缺乏人才评估标准和工具的窘境，在帮助企业快、准、狠地招到合适候选人的同时，在一定意义上促进了人力资源市场的良性循环和可持续发展。

2. 广州市爱沐餐饮有限公司（爱沐影院）

移动互联网＋私人影院，颠覆了传统影院，让电影可以定制，可以社交。私人影院的理念逐步走进人们生活，使人们能够追求高质量的观影效果又可以写影评，这对电影发烧友来说未尝不是个好选择。

爱沐电影是O2O电影社交平台，线下以小包厢大片库的方式提供私人观影空间，线上以小圈子大平台的方式提供兴趣交友社区。

爱沐目前有8家连锁私人影院实体店，具备私密空间、个性点播、随时观看、爽快吃喝、社交互动、文艺创作的特点，整体盈利状况良好。

idea 【实战训练】

［训练8-1］ 下个"风口"见社群新商业模式

社群经济作为一种未来核心商业的新模式，社群关注度不断提高。2015年8月6日，由腾讯公司举办的以"有群，有趣"为主题的中国互联网移动社群大会在北京国际会议中心盛大召开，腾讯QQ对外正式宣布社群体系全面开放，依托"QQ群、兴趣部落、QQ微信公众平台"打造全新的移动社群生态。

目前国内的社群模式取得成功的案例有：小米手机、罗辑思维、颠覆式创新研习社等。由于这些案例的成功，掀起了一股社群经济的"热潮"。所以传统企业想借助社群转型，互联网企业想借助社群革新，社群模式越来越受到企业的重视。

社群按照传统的理解，就是以血缘与地理位置划分的一种传统人际关系结构。而互联网带来了超越地域的联系与连接，社群成为一种拥有强关系、相同兴趣、爱好或者价值认同感的人共同组成的一个群体。

社群的火热让很多企业蠢蠢欲试，目前我国较成功的社群有以下几类模式。

1. 产品型社群

典型企业为小米科技。小米科技初创时精心挑选了100位超级用户，参与MIUI的设计、研发、反馈等。借助这100人的口碑传播，MIUI迅速得到推广。这100多人就是社群的第一批种子用户，这些用户具有强大的参与度，与企业是一种平行的关系，而不是单纯的消费者与商家的关系。单纯的消费者想要的更多是利益（如打折、优惠券等）而这100多的用户更加具有包容性，包容企业的过错，参与企业产品的研发。他们之间有着朋友间"患难与共"的联系。例如，小米科技有最新的版本体验，成功研发的配件也会第一时间告诉这群人，形成一种朋友间的连接。即使小米手机软硬件出现了问题，这群用户也会尽力去帮助，拥护，而不是离开。因此，小米科技的成功和最早的这一批社群用户有着莫大的关系。

2. 自媒体社群

典型代表就是罗振宇。罗振宇的《罗辑思维》是社群经济最早的定义者与实践者。尤其是罗振宇在四个月内两次招募付费会员，入账会员费近千万的故事，让人对社群商业的力量惊叹不已。而他做的是每天一段语音，每周一期视频脱口秀，不带重复，和当下生活联系紧密，接地气，能够引人深思、给人启发，提供持续而优质的自媒体内容，塑造了他的魅力人格。关键是这种魅力人格，产生了铁杆用户，他们拥护支持罗振宇，甚至愿意付出金钱。而罗振宇也给予这些用户关于《罗辑思维》的定制图书，各种活动的优先权等。这之间的关系是相互的，没有粉丝，只有朋友。用户对罗振宇的支持好比朋友间的欣赏，而罗振宇对用户好比朋友间的帮助，提供有用观点，一起活动游玩等。

3. 女性自组织社群

典型代表为趁早（北京）科技有限公司。趁早提倡的是在乎人性里应该被训练出的理性和自律。趁早在全国众多城市拥有"趁早读书会"，该读书会会自发策划一些活动，例如职场分享、电影沙龙、心理讲座主题等。对于趁早社群成员来说，这些活动主要能够拓宽知识面，解决问题，让大家一起成长，能够认识一些志同道合同频率的朋友等。趁早总部会给予读书会一些巡回演讲，跑团基金的支持。而读书会的发展，会聚集一部分拥有自律性、有追求、同频率的女性，形成一个社群，并由此打响趁早品牌的知名度。两者之间更多的是平等的连接，共同进步。

4. 学习型社群

典型代表为颠覆式创新研习社。颠覆式创新研习社是针对互联网思维的学习组织。该社群以年为单位收取会费，聚集了一批爱学习的人群。进该社群的人员有着相同的学习爱好，都是想改变自己或者是有创业梦想的人群。研习社主要为学员找名师提供大课供社员学习，而社员在学习知识的同时还可以认识到志同道合的朋友进行社交。两者间的联系围绕着一个关键词：学习。以学习为纽带聚集一帮人，形成一个学习社群。

社群的类别远不止以上几种，还有品牌型社群、兴趣型社群等。

分析社群商业模式有哪些新特点？需要具备哪些关键因素才能做成一个社群呢？

8.3　设计企业名称

【见多识广】

8.3.1　企业名称对企业的重要性

创业者在企业正式成立之前，必须进行企业名称设计，人们对一个企业的记忆和印象直接来自名称，企业的名称对企业形象有重大影响。

在新成立的公司或企业，投资者往往对公司起名十分重视，不惜花重金只为求得一个好名字。一个吉祥的公司名称可以给企业带来好的开始，朗朗上口、响亮、好记和好听，可以让自己的客户在最短的时间内记住自己的公司，从而为公司的长远发展奠定良好的基础，帮助公司快速向上发展。名称是企业最好的广告，为自己企业发展提供更多的助力。

（1）公司名字是企业形象的化身

（2）公司名字是企业资产

（3）一个好商名是聚宝盆

（4）打响公司知名度，在于巨额广告费，更在于好的商名

（5）公司名字是市场竞争的有力武器

（6）公司名字是老板身价与实力的载体

【电子活页】

扫描二维码，浏览"电子活页 8-12"的内容，了解"企业名称对企业的重要性"的具体内容。

电子活页 8-12

8.3.2　企业起名的基本原则

企业名称字虽不多，但意义万千，它远远超越了几个字的框架。作为企业字号，它体现了企业的信任度、核心竞争力、商誉，以及名称寓意和它未来发展的健康性。

不少国际知名品牌进入中国市场时，既保留了原品牌名称的精华，又兼顾了中国消费者的文化、生活习惯和审美心理，深具文化内涵。例如，宝洁公司将中华文化的内涵全部融入品牌，创出了具有中国文化风格的"飘柔""潘婷""海飞丝""舒肤佳""汰渍""玉兰油"等好听、好记、意蕴丰富的名称；爱立信刚进入大中华区时，品牌名称直译为"埃瑞克森"，后采用中国营销专家的建议改用"爱立信"，被赋予了深厚的中国文化背景，为爱立信这一洋品牌实现中国本土化、塑造美誉立了不少功。还有像可口可乐、宝马、奔驰等都是洋品牌中文俗译的神来之笔，起到了诠释品牌个性与文化内涵的作用。

企业起名的设计要遵循以下几个基本原则。

（1）公司起名易读易记原则　　　（2）公司起名暗示产品属性原则
（3）公司起名支持标志物原则　　（4）公司起名启发消费者联想原则
（5）公司起名适应地域文化的原则　（6）公司起名合法性原则

【电子活页】

扫描二维码，浏览"电子活页 8-13"的内容，了解"企业起名的基本原则"的具体内容。

电子活页 8-13

8.3.3　企业起名的基本要求

企业起名的基本要求如下。

（1）名副其实　　　　　　　　（2）名称有亲和力
（3）寓意美好　　　　　　　　（4）与众不同
（5）字义和谐、易读易记　　　（6）便于设计
（7）要注重天时地利人和　　　（8）要突显个性

【电子活页】

电子活页 8-14

扫描二维码，浏览"电子活页 8-14"的内容，了解"企业起名的基本要求"的具体内容。

8.3.4　有关企业名称的主要法律规定

企业名称就是指一个企业的全称，即企业的名字、字号，是企业区别于其他企业或其他社会组织，被社会识别的标志。

在我国，有关企业名称的法律规定主要包括在《公司法》《公司登记管理条例》《企业名称登记管理规定》三个法律文件中。可以根据以下规定重新审视自己的企业名称，然后再提交给工商部门。

有关企业名称的主要法律规定如下。

（1）《公司法》对公司名称的要求

（2）《公司登记管理条例》对公司名称的规定

（3）我的《企业名称登记管理规定》对公司名称的规定

【电子活页】

扫描二维码，浏览"电子活页 8-15"的内容，了解"有关企业名称的主要法律规定"的具体内容。

电子活页 8-15

8.3.5　企业起名的常见类型

企业起名的常见类型如下。

（1）以地名作企业名

（2）以吉祥和社会喜爱之物作企业名

（3）选用富贵气派类字作企业名

（4）选用传统商业味极浓的名称作企业名

（5）选用现代意味的名字作企业名

（6）使用奇异、幽默或逆反等别名俗语命名

电子活页 8-16

【电子活页】

扫描二维码，浏览"电子活页 8-16"的内容，了解"企业起名的常见类型"的具体内容。

8.3.6　企业起名的常见"门派"

企业起名的常见"门派"如下。

（1）植物学派：蘑菇街、荔枝 FM、土豆网、IT 桔子。

（2）动物学派：功夫熊、小猪短租、小马购车、土巴兔、考拉 FM、蜻蜓 FM、企鹅吃喝指南、搜狗、搜狐。

（3）数字学派：51 信用卡、58 同城、59store。

（4）叠字学派：陌陌、探探、抱抱、人人、脉脉。

（5）字母学派：YY，QQ，JJ 棋牌、KK 唱响。

（6）拟声学派：滴滴、么么搜、嘟嘟美甲。

（7）实物学派：豆瓣、穿衣助手、饭本、觅食、团车、爱屋吉屋、药给力。

（8）创意学派：拉勾网、3W 咖啡、喜马拉雅、黄油相机、面包旅行、雪球、斗鱼。

（9）国学学派：凤凰网、知乎、金箍棒、榫卯。

（10）洋气学派：TCL、LG、UCloud，OneAPM、MONO、EMIE、Yahoo、ebuy。

（11）衍生学派：找钢网、找塑料、找叉叉。

（12）同业学派：易果生鲜、一米鲜、每日优鲜、爱鲜蜂。

（13）游戏学派：三国叉叉、萌叉叉、全民叉叉。

【案例剖析】

[案例8-5]　　　　　　　　　　　　释义国际品牌名称

国际品牌要在全球范围内营销，必须要跨越种种文化障碍，如语言差异、消费习惯差异、宗教差异、制度差异等。因此国外品牌打入我国市场，必须要慎重考虑命名问题。那么国际著名品牌取中文名是如何取的呢？

1. 餐饮品牌的起名

麦当劳：蕴含多层意义。

麦当劳，英文名称是"McDonald's"，它由店主人名字的所有格形成。西方人习惯以姓氏给公司命名，像爱迪生公司、华尔特·迪斯尼公司、福特公司。但是中国人则比较喜欢以喜庆、兴隆、吉祥、新颖的词汇给商店命名，例如"百盛""大润发""好来顺""全聚德""喜来登"等。McDonald 是个小人物，他比不上爱迪生，人家是世界闻名的大科学家；也不如迪斯尼，因为迪斯尼成了"卡通世界"的代名词，所以如果老老实实地把"McDonald's"译成"麦克唐纳的店"，就过于平淡了，而"麦当劳"就非常成功，具体表现在以下几个方面。

- 大致保留了原发音。
- 体现了食品店的性质。
- 蕴含着"要吃麦就应当劳动"的教育意义。
- 风格既"中"又"洋"，符合华人的品位。

2. 饮料品牌的起名

可口可乐：绝妙之译。

众所周知，"可口可乐"就是"Coca Cola"，但是却很少有人追问一句：那是什么意思？原来 Coca 和 Cola 是两种植物的名字，音译为"古柯树"和"可乐树"，古柯树的叶子和可乐树的籽是该饮品的原材料，古柯叶里面含有古柯碱，也叫可卡因（有时用作麻醉药）。这样枯燥乏味甚至有点可怕的名字居然被翻译成"可口可乐"，真是让 Coca Cola 公司"化腐朽为神奇"。"可口可乐"译名的成功之处在于：

- 保留了原文押头韵的响亮发音；
- 完全抛弃了原文的意思，而是从喝饮料的感受和好处上打攻心战，手段高明；
- 这种饮品的味道并非人人喜欢，很多人甚至觉得它像中药，但它却自称"可口"，而且喝了以后还让人开心，即善于进行自我表扬，讨好大众。

上述两例是保留原品牌名称发音，而改变原意的成功范例。再例如译为"奔驰"的名牌汽车，原名"Mercedes Benz"是该汽车公司老板爱女的名字，译为"奔驰"是删除了复杂的 Mercedes，简洁而响亮。

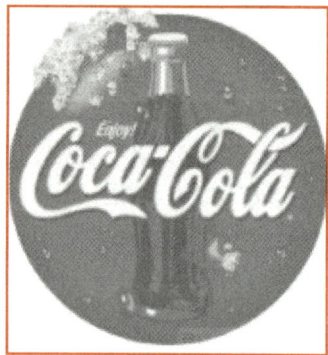

3. 家居品牌的起名

"Ikea"译为"宜家"是高招。

"Ikea"家具品牌，即便在瑞典也很少有人知道它的意思，是聪明的中译者赋予它"宜家"这美好的含义。实际上，Ikea是该品牌的创始人Ingvar Kamprad和他的农场名Elmtaryd及村庄名Agunnaryd的词首字母组合。

有的品牌名称只进行音译，例如"麦斯威尔"咖啡，仅仅是"Maxwell"的发音而已。由于它的诉求对象是白领阶层，尤其是"外向型"白领，因此这个名字是成功的。但如果想让广大华人买账，就不如"雀巢"。在雀巢咖啡刚进入中国大陆时，听村里的农民议论："雀巢"咖啡就是"鸟窝"咖啡。即使不懂英文的人也对它产生兴趣，可见名称的戏剧性效果非常有利于提高品牌的知名度。

名牌手机"诺基亚"，芬兰文原名"Nokia"，是生产厂家所在小镇的名字，很显然，译文比原文更富有高科技感，好像还有点"承诺亚洲"的味道。

【分析思考】

一个好的名字是一个企业、一种产品拥有的一笔永久性的精神财富。

名称对于一个企业的发展、兴衰起着至关重要的作用。企业拥有一个好名字，产品获得一个好品牌，是世界公认的"无形"资产。俗话说得好：名利，名利就是有名才有利。

名字不单纯是一个符号，在其背后有着思想的寓意、文化的背景、理想的存在，是个人与企业实力的展示。事业的成功虽不完全取决于名字的好坏，但名字无疑是影响事业发展的重要因素。

一个成功的企业，要创出自己的名牌，首先必须打出自己响亮的名称。企业的名称好比一面旗子，它所代表的是公司在大众中的形象问题，这是一个公司走向成功的第一步。名字响亮能让更多的人识别企业，了解产品；公司和产品有广泛的知名度和良好的信誉，才能吸引更多的客户，产生更大的效益。

一个企业，只要其名称、商标一经登记注册，就拥有了对该名称的独家使用权。一个好名字能时时唤起人们美好的联想，使其拥有者得到鞭策和鼓励。

以中国体操王子李宁的名称命名的"李宁牌"体育用品系列，寄寓了企业要以李宁的拼搏精神改变中国体育系列用品落后的局面，追求世界一流产品的企业精神。"李宁牌"对于他们来说，与其说是一个商标，不如说是一个企业精神的缩略语。

【交流探讨】

[探讨8-2]　　　　　　　　　　赏析公司名称

1. 华为

公司名字取义"中华之作为"，由一家成立于中国大陆本土的民营企业，成长为现在为世界各地通信运营商及专业网络拥有者提供硬件设备、软件、服务和解决方案的企业。

2. 百度

百度在取名之时，同谷歌所见略同，都围绕核心业务——搜索上做文章。"众里寻他千百度"是对于公司核心业务的最好诠释了。

3. Google

谷歌作为搜索巨头，其名称和搜索也颇有关系。Google 来源于数学词汇"googol"，表示 10 的 100 次方。创始人 Page 和 Brin 认为比较符合 Google 业务，寓意着通过谷歌的搜索引擎可以获取很多信息。

4. 外婆家

外婆家是一个知名的餐饮连锁机构，成立于 1998 年。从外婆家第一家店开张时就已经明确了自己的定位，而这个定位一直坚持到现在。取名外婆家，顾名思义，小时候在外婆家吃饭既热闹又好吃，一家人格外亲切。

5. 上好佳

风靡全国的 Oishi 上好佳系列膨化食品是 LIWAYWAY 与上海食品杂货总公司合作、于 1994 年投入生产的，至今已开发了 100 多种口味。以优良的品质、中等价位和优秀的服务，使上好佳系列休闲食品畅销全国各大中心城市，深受消费者的青睐。

Oishi 在日语中是"美味"的意思，"上好佳"在中文里则是"最好"的意思。用这个词为企业和产品命名，蕴含着上好佳希望所有产品都能表现出非凡的品质、上好的口味，被广大消费者所钟爱、接受的美好愿望。

【各抒己见】

（1）试分析"华为""百度""Google""外婆家""上好佳"这些著名公司的名称是否符合公司起名的基本原则。

（2）找几个大家都熟悉的公司名称，分析其寓意。

【实战训练】

[训练 8-2] 给创业公司起个美名

（1）拟创立一家定制化家政服务公司，例如打扫卫生、维修家电等，帮助客户解决家务服务的难题，而且提供远程服务，这些服务可以通过移动 App 轻松搞定。请代为该创业公司起个美名。

（2）拟创立一家出租高端服装公司，为他人创造一个"灰姑娘时刻"，为女性提供一些尝试体验自己不常穿的服装品牌的机会，让客户穿上梦寐以求的服装。让客户以名牌服装售价 10% ~ 15% 的价格，租赁衣服出席重要场合，从而解决大多数女性一直以来所面临的"满柜子衣服却发现无衣可穿"的难题。请代为该创业公司起个美名。

（3）拟创立一个专卖零食的购物网站，把健康的零食直接送到了人们家门口，让那些爱吃零食的人感到无比幸福。请代为该创业公司起个美名。

8.4 拟订创业计划书

【见多识广】

8.4.1 创业计划书的含义

创业计划书可以意指为商业计划书，是创业者在初创企业成立之前就某一项具有市场前景的新产品或服务，向潜在投资者、风险投资公司、合作伙伴等游说以取得合作支持或风险投资的可行性商业报告，用来描述创办一个新企业时所有的内部和外部要素：从企业成长经历、产品服务、市场、营销、管理团队、股权结构、组织人事、财务、运营到融资方案等。只有内容翔实、数据丰富、体系完整、装订精致的创业计划书才能吸引投资商，让他们看懂你的项目商业运作计划，才能使你的融资需求成为现实，创业计划书的质量对创业者的项目融资至关重要。

创业计划书的起草与创业本身一样是一个复杂的系统工程，不但要对行业、市场进行充分的研究，而且还要有很好的文字功底。对于一个发展中的企业，专业的创业计划书既是寻找投资的必备材料，也是企业对自身的现状及未来发展战略全面思索和重新定位的过程。一份高质量的创业计划书是基于产品分析，把握行业市场现状和发展趋势，综合研究国家法律法规、宏观政策、产业中长期规划、产业政策及地方政策、项目团队优势等的基本内容，着力呈现项目主体现状、发展定位、发展远景和使命、发展战略、商业运作模式、发展前景等，深度透析项目的竞争优势、盈利能力、生存能力、发展潜力等，最大限度地体现项目的价值。

创业计划书的编写一般是按照相对标准的文本格式进行的，是全面介绍公司或项目发展前景，阐述产品、市场、竞争、风险及投资收益和融资要求的书面材料。

8.4.2 创业计划书的作用

一般而言，创业计划书具有如下三方面的作用。

1. 使创业者整体把握创业思路，明确经营理念

每一位创业者或者准备创业者在创业之初都会对创建企业的发展方向及经营思路有一个粗略的设想，但如果把这一设想编写成规范的创业计划，则会发现自己要从事的事业并非如所设想的那样容易。例如，资金不足或市场增长率不够等，有些时候还不得不放弃创业的念头。创业计划可以使创业者严格地、客观地、全面地从整体角度观察自己的创业思路，明确经营理念，以避免因企业破产或失败而可能导致的巨大损失。另外，在研究和编写创业计划的过程中，经常会发现经营机会并不完全与所期望的一样，此时，创业者会根据实际情况采用不同的策略使创业活动更加可行。因此，我们说，创业计划的编写过程就是创业者进一步明确自己的创业思路和经营理念的过程，也就是创业者从直观感受向理性运作过渡的过程。

创业者应该以认真的态度对自己所有的资源、已知的市场情况和初步的竞争策略做尽可能详尽的分析，并提出一个初步的行动计划，通过创业计划书做到使自己心中有数。另外，

创业计划书还是创业资金准备和风险分析的必要手段。对初创企业来说，创业计划书的作用尤为重要，一个酝酿中的项目，往往很模糊，通过制定创业计划书，把正反理由都书写下来，然后再逐条推敲，创业者就能对这一项目有更加清晰的认识。

2. 帮助创业者凝聚人心，有效管理业

一份完美的创业计划书可以增强创业者的自信，使创业者明显感到对企业更容易控制、对经营更有把握，在创业实践中有章可循。因为创业计划提供了企业全部的现状和未来发展的方向，也为企业提供了良好的效益评价体系和管理监控指标，使创业者在管理企业的过程中对企业发展中的每一步都能做出客观的评价，并及时根据具体的经营情况调整经营目标，完善管理方法。

创业计划书通过描绘新创企业的发展前景和成长潜力，使管理层和员工对企业及个人的未来充满信心，并明确要从事什么项目和活动，从而使大家了解将要充当什么角色，完成什么工作，以及自己是否胜任这些工作。因此，创业计划书对于创业者吸引所需要的人力资源，凝聚人心，具有重要作用。

3. 宣传本企业，并为融资提供良好的基础

创业计划书作为一份全方位的项目计划，它对即将展开的创业项目进行可行性分析的过程，也在向风险投资商、银行、客户和供应商宣传拟建企业及其经营方式，包括企业的产品、营销、市场及人员、制度、管理等各个方面。在一定程度上也是拟建企业对外进行宣传和包装的文件。

一份完美的创业计划不但会增强创业者自己的信心，也会增强风险投资家、合作伙伴、员工、供应商、分销商对创业者的信心。而这些信心，正是企业走向创业成功的基础。

书面的创业计划书是创业企业的象征和代表，它使创业者与企业外部的组织及人员得以良好的沟通，是企业进行对外宣传的重要工具。

8.4.3 创业计划书的组成结构与主要内容

创业是件有风险的事情，因此要在创业之前做一个详细可行的创业计划书。常言道，如果你疏于计划，你就计划失败，讲的就是计划的重要性。创业计划书可以表明个人对于公司或企业未来发展的一个清晰思路，同时，也可展示出撰写者的明确态度。

一份创业计划书，至少要包括几个主要部分：市场分析、产品介绍、商业模式、团队介绍、发展规划、财务计划。其中每个部分还可以再细分介绍。比如，市场分析部分，就可以包括市场现状分析、市场需求分析、市场规模分析、市场趋势分析、竞争分析等。

一般来说，市场分析的相关页面会在创业计划书的比较前面的部分，毕竟这是一个创业项目之所以成立的前提条件。

1. 封面

封面是一份创业计划书的脸面，封面的设计要有审美观和艺术性，一个好的封面会使阅读者产生最初的好感，形成良好的第一印象。封面主要内容应该包括项目名称、公司名称、指定联系人、联系方式、保密约定等。

封面未必就是一页，可以有首页和扉页，首页可以只有标题和 Logo，主要信息和保密约定也可以放在扉页。

项目名称或者公司名称可以加一个副标题，以进行项目的解释或者表达一种文化、目

标等，如 ×× 行业开拓者、领导者、第一品牌等。

此外，还可以加上撰写时间或版本号之类的。

2. 目录

目录尽量紧凑一点，最好不要超过 2 页。

3. 创业计划摘要 / 执行摘要

创业计划摘要列在创业计划书的最前面，它是浓缩了的创业计划书的精华。创业计划书摘要是创业计划的概括总结，是全部计划书的核心之所在，要提炼要点，以求一目了然、引人入胜，以便评审专家或投资人能在最短的时间内评审计划并做出判断。摘要是对后面的正文部分内容的高度概括，方便投资人或评审人快速浏览整个项目。一般包括以下内容。

- 创业项目概念与概貌；
- 市场机遇与营销策略；
- 目标市场及发展前景；
- 创业项目的竞争优势；
- 主要产品和业务范围；
- 创业项目营业收入与盈利预测；
- 创业项目的核心团队描述；
- 创业项目股权与融资；
- 其他需要着重说明的情况或数据。

部分内容可以与下文重复。

计划摘要还可以包括企业介绍，在介绍企业时，首先要说明创办新企业的思路，新思想的形成过程，以及企业的目标和发展战略。其次，要交代企业现状、过去的背景和企业的经营范围。在这一部分中，要对企业以往的情况做客观的评述，不要回避失误。中肯的分析往往更能赢得信任，从而使人容易认同企业的创业计划书。最后，还要介绍一下创业者自己的背景、经历、经验和特长等。创业者的素质对企业的成功往往起关键性的作用。在这里，创业者应尽量凸显自己的优点并表示自己有强烈的进取精神，以给投资者留下一个好印象。

在计划摘要中，还可以涉及下列问题。

- 企业所处的行业，企业经营的性质；
- 企业主要产品和业务范围；
- 企业的市场在哪里，谁是企业的顾客，他们有哪些需求；
- 企业的合伙人、投资人是谁；
- 企业的竞争对手是谁，竞争对手对企业的发展有何影响；
- 产品生产计划、销售计划；
- 资金需求状况与财力计划；
- 管理者及其组织。

投资人或评审人看创业计划书时，第一眼看的是标题。标题直接决定了是否接着看摘要，摘要又决定了是否会看后面的细节性内容。

所以，执行摘要一定要写好，撰写要求精练，每个点尽量用一两句话描述，以呈现结果为主，不要附带过程性的描述，一般二三页为宜。摘要也尽量要写得简明、生动，特别要说明自身企业的不同之处及企业获取成功的市场因素。

4. 市场调查与市场预测

当创业者新开办创业企业时、企业要开发一种新产品或向新的市场扩张时，首先需要对整个市场进行一个全面的了解，在掌握市场现状、明确市场区域和特征的前提下，再对市场需求进行预测。如果预测的结果并不乐观，或者预测的可信度让人置疑，那么投资者就要承担更大的风险，这对多数风险投资家来说都是不可接受的。

市场预测首先要对产品需求进行预测，应该回答以下问题。

- 市场是否存在对这种产品的需求？在产品方面所提出的需求程度是否可以给企业带来利益？能带来多少利益？能否到达自己期望的水平？
- 新的市场规模有多大？产品需求发展的未来趋向如何？发展状态是否向好？影响需求都有哪些因素？

其次，市场预测还要包括对市场竞争、对企业所面对的竞争格局进行分析：市场中主要的竞争者有哪些？是否存在有利于本企业产品的市场空当？本企业预计的市场占有率是多少？本企业进入市场会引起竞争者怎样的反应，这些反应对企业会有什么影响？等等。

这一系列问题最好都要在计划书中详细表述出来。

在创业计划书中，市场预测应包括以下内容：需求预测、市场现状综述、竞争厂商概览、目标顾客和目标市场、市场容量和趋势、本企业产品的市场地位、市场区域和特征、竞争对手的竞争优势、估计的市场份额和销售额、市场发展的趋势等。

创业企业对市场的预测应建立在严密、科学的市场调查基础上。创业企业所面对的市场，本来就有更加变幻不定的、难以捉摸的特点。因此，创业企业应尽量扩大收集信息的范围，重视对环境的预测和采用科学的预测手段和方法。创业者应牢记的是，市场预测不是凭空想象出来，对市场错误的认识是企业经营失败的最主要原因之一。

5. 用户痛点／项目背景

用户痛点主要分别列出用户最重要的痛点关键词，表明该用户群有此类需求（需求要合理且强烈）。痛点需求与产品功能相对应，此处正是体现产品价值所在的关键。

项目背景简述该项目的必要性或应用价值，体现用户的痛点需求，以及简述现有产品的问题所在，而你刚好又具有能解决问题的技术或模式，正好解决用户痛点问题。

6. 市场分析／行业分析

简述你的公司处于什么样的行业、市场及什么区域，市场的特征是什么？分析是否有新生市场？将如何发展这个新生市场？

在行业分析中，应该正确评价所选行业的基本特点、竞争状况及未来的发展趋势等内容。关于行业分析的典型问题如下。

- 该行业发展程度如何，现在发展现状与动态如何；
- 创新和技术进步在该行业扮演着一个怎样的角色；
- 该行业的市场容量多大，扩张趋势如何，价格趋向如何；
- 该行业有哪些主要企业，竞争态势如何；
- 该行业的总销售额有多少，总收入是多少，发展趋势怎样；
- 该行业竞争的本质是什么，你将采取什么样的战略应对竞争；
- 进入该行业的障碍是什么，你将如何克服，该行业典型的回报率有多少；
- 政策因素对该行业的影响程度如何，经济发展对该行业的影响程度如何；
- 其他影响该行业发展的核心因素；

● 主要业务与阶段战略。

市场分析主要从市场现状、竞品分析、用户调研等方面撰写。

（1）市场现状。市场现状主要评估过去几年的市场容量，以及未来几年的发展趋势。

例如，我们计划或正在××行业竞争。这个市场的价值大约有×××，我们相信，整个行业的主要发展趋势将向着（环境导向型，小型化、高质量，价值导向型）发展。

市场研究表明（引用源）到20××年该市场将（发展/萎缩）到×××。在这段时期里，预计公司力争的细分市场将（成长、萎缩、不发展）。改变这种情况的主要力量是（如电脑降价、家电业的蓬勃发展等原因），这个行业最大的发展将达到×××。公司可能将产品/服务和×××公司/同级别公司的现行业务合并。而当今的类似××公司正面临着逐步提高的劳动力或成本等困难。

（2）竞品分析。竞品分析选取市场上3~5个具有代表性品牌的产品/服务，分别从价格、外观、功效、安全等方面进行比较。要注意，评价的时候要客观，不要太牵强。

（3）用户调研。用户调研主要是设计一份用户调研问卷，证明大家对公司的产品很感兴趣，上市后会购买，有效问卷要在1000份以上才会看起来比较像样，当然越多越有说服力。

7. 商业模式

商业模式主要回答怎么赚钱的问题，内容包括价值载体、目标客户、盈利模式和推广模式。

（1）价值载体。你卖的是什么，是产品还是服务。

（2）目标市场。我们将目标市场定义为A、B、C。现在，这个市场由多少个竞争者分享。我们的产品拥有以下优势：高附加值、出色的表现、高品位、为企业量体裁衣。

（3）目标消费群。是什么因素促使人们购买公司的产品，公司的技术、产品对于用户的吸引在何处，人们为什么选择公司的产品/服务/公司。

（4）目标客户。要搞清楚公司的产品/服务是谁在用，是谁掏钱购买，定位要准确。换句话说就是要清楚用户和客户的区别，最好还能对用户进行细分。

（5）盈利模式。你是怎么赚钱的，比如都是卖手机，手机卖场直接通过卖手机赚钱，网络运营商卖手机往往是通过充话费送手机的方式赚钱。

（6）推广模式。怎么让别人知道公司的产品或服务，别人可以通过什么样的渠道进行购买，你有没有比较新颖的推广方式。

商业模式主要强调三个方面：项目的市场前景和规模、细分垂直领域的客户画像、公司财务预测。在商业模式上，还要重点阐述生产和销售，两者不能厚此薄彼。而且还要详细写明企业的产业链，从上游到下游都要讲清楚。

如果项目产品是包括线上和线下两种营销模式，那么一定要讲得明白，尤其是线上自营门户网站，要说明前期需要投入的各种费用及每年的维护成本等，不能够只是单纯的写"具有自营网站"。

8. 公司概述

公司概述主要撰写公司简介、经营理念、经营策略、产品战略、新增价值、设施设备、发展历程与发展规划等，主要以展示公司的实力为目的。

对于初创企业，发展历程和发展规划需要说明创办新企业的思路、新产品的形成过程，以及企业的目标和发展战略。对于还没有成立公司的创业项目，以模拟形式介绍一下即将成立的公司，包括公司经营理念、战略目标、发展规划等。

（1）公司简介。公司简介包括公司的名称、宗旨、类别、结构、联系方式、概况等。

（2）经营理念。指出公司的远景目标，在追求和实现目标的同时，我们要报答那些关注我们发展的人士、客户和公众，描述公司所追求的荣誉和目标，描述各有关团体和人员如何受益。

（3）经营策略。在这里用最简洁的方式，描述公司的产品 / 服务、需要解决什么样的困难、准备如何解决、公司是否有最合适的人选。

（4）产品战略。阐释公司产品如何进行竞争，包括以下三个问题。

● 产品营销计划：产品定价和分销、广告和推广

● 产品开发计划：产品开发状态和目标、困难和风险

● 产品制造计划：产品制造周期，性能优化与质量提升。

（5）新增价值。说明公司的产品为消费者提供了什么新的价值。

（6）设施设备。需要对计划中的设施设备详细加以描述。

（7）发展规划。发展规划一是为创业者自己梳理思路，二是向投资人或评审人表明公司接下来的发展路线清晰、明确。其中包括产品线的拓展、新市场的进入、对外合作的战略、营销推广手段等，这可使得投资人或评审人清楚公司的想法及未来的走向和目标，也可增强投资人或评审人对项目的信心。

发展规划可分三个阶段来写：短期、中期、长期。（长期规划不重要，中期规划次之，短期规划最重要。）

● 短期规划：如产品迭代、团队招募、营销推广等。

● 中期规划：如拓展功能、拓展品类等。

● 长期规划：如拓展领域、营造生态链等。

（8）其他情况。

● 说明公司知识产权、专有权、特许经营权等的情况。

● 说明公司的商业机密、技术机密等保护措施。

● 公司是否存在关联经营和家族管理问题说明。

9. 管理团队 / 创业团队

企业管理或创办新企业都需要一个战斗力强的团队，企业管理的好坏，直接决定了企业经营风险的大小，高素质的管理人员和良好的组织结构则是管理好企业的重要保证。因此，风险投资家会特别注重对管理队伍的评估。

在创业计划书中，必须要对主要管理人员加以阐明，介绍他们所具有的能力、他们在本企业中的职务和责任、他们过去的详细经历及背景。此外，在这部分创业计划书中，还应对公司结构做一简要介绍，包括公司的组织机构图、各部门的功能与责任、各部门的负责人及主要成员、公司的报酬体系、公司的股东名单（认股权、比例和特权）、公司的董事会成员、各位董事的背景资料等。

10. 产品与服务

如果要问投资人或评审人最关心什么问题，最希望在创业计划书上看到哪些内容？那么毋庸置疑，答案就是产品应用的技术或产品本身的特点是否真的可以满足人们的需求，能在多大程度上解决现实生活中的问题，创造较大的市场。企业的产品 / 服务能否帮助顾客节约开支、增加收入。所以，在介绍产品时要尽可能表示出自己的产品与竞争对手相比有哪些

优势。当然，也要写出不足，列出后续改进措施。

产品与服务主要涉及以下方面。

（1）产品与服务概况。主要撰写产品的核心顾客价值、产品的核心竞争力、产品的研发历程、产品的影响力以及产品的未来规划等内容。

（2）产品与服务的核心价值。产品的核心顾客价值需要解释和说明产品能为顾客实现哪些基本效益或利益，换句话说就是，公司的产品能为顾客解决什么痛点和/或能满足顾客什么需求。

（3）产品与服务的核心竞争力。产品的核心竞争力主要从技术实现原理、技术特点、功能、独有技术、产品本身、附加服务等方面进行叙述。原理部分主要以原理框图为主，该部分内容由于过于专业，可以用几句话简述，详细内容也可以放在附件部分进行叙述。

（4）产品与服务的研发历程。产品的研发历程主要介绍产品是怎么来的，是依托或由哪所大学的实验室进行研发的，还是目前已经发表的论文、申请的专利，是否有权威部门的认证或鉴定。

（5）产品与服务的影响力。产品的影响力主要撰写获奖情况，也包括一些新闻媒体的报道，已产生的订单，已有的用户试用报告等。

（6）产品与服务的未来规划。产品的未来规划主要阐述产品的更新迭代、横向延伸与纵向深入，可以分初期、中期、长期来写。说明公司的下一代产品，并同时说明为将来的消费者提供的更多的服务是什么。

（7）服务与产品支持。产品是否经过政府或行业有关部门鉴定（提供资料），产品获得过何种奖励或荣誉；企业为自己的产品采取了何种保护措施，产品是否申请知识产权保护（专利、商标、版权、许可证），或与已申请专利的厂家达成了哪些协议。

（8）生产经营计划。主要包括以下内容。

- 新产品的生产经营计划：生产产品的原料如何采购，供应商的有关情况，劳动力和职员的情况，生产资金的安排及厂房、土地等。
- 公司的生产技术能力。
- 品质控制和质量改进能力。
- 将要购置的生产设备。
- 生产工艺流程。
- 生产产品的经济分析及生产过程。

11. 产品研发与生产制造

创业计划书中的生产制造计划应包括以下内容：产品制造和技术设备现状、新产品投产计划、技术提升和设备更新的要求、质量控制和质量改进计划。

在寻求资金的过程中，为了增大企业在投资前的评估价值，应尽量使生产制造计划更加详细、可靠。一般地，生产制造计划应回答以下问题。

- 公司现有产品的技术水平（国内、国际领先）；
- 生产地点在哪里，是委托生产还是自己生产；
- 企业生产制造所需的厂房、设备情况如何，生产设备性能质量如何；
- 生产设备的最大生产能力能否满足市场增长的需要；
- 公司有哪些开发设备、检测设备；
- 怎样保证新产品在进入规模生产时的稳定性和可靠性；

- 设备的引进和安装情况，谁是供应商；
- 生产线的设计与产品组装是怎样的；
- 供货者的前置期和资源的需求量如何；
- 生产周期标准的制定及生产作业计划的编制；
- 物料需求计划及其保证措施；
- 是否能够保证原材料的供应，选择了几家供应商；
- 周边生产配套情况，交通运输条件是否方便；
- 公司现有技术开发人员数量，技术负责人的技术水平和管理能力；
- 与同行业其他企业相比，公司技术人员的收入水平；
- 公司采取哪些措施保护关键技术；
- 质量控制的方法是怎样的；
- 采取了哪些生产管理制度，是否完善，执行情况如何；
- 成品率、返修率、废品率数据；
- 公司每年的技术开发投入计划占销售收入的百分之多少；
- 其他相关问题。

12. 营销策略/营销计划

营销是企业经营中最富挑战性的环节，影响营销策略的主要因素有消费者的特点、产品的特性、企业自身的状况、市场环境方面的因素。最终影响营销策略的则是营销成本和营销效益因素。

在创业计划书中，营销策略应包括以下内容。

（1）目标市场。应回答以下问题：你的细分市场是什么？你的目标顾客群是什么？你拥有多大的市场？你的目标市场份额为多大？

（2）竞争分析。告知分别根据产品、价格、市场份额、地区、营销方式、管理手段及财务力量划分的重要竞争者。应描述以下内容。

- 竞争描述；
- 销售过程和步骤；
- 营销成本；
- 公司产品所在的市场范围里有哪些竞争对手，竞争对手占有的市场份额是多少，市场策略是什么；你公司占有的市场份额是多少，市场策略是什么；
- 与竞争对手的产品相比，公司产品有哪些独特之处，这些独特之处对客户是否有用；
- 在竞争中公司的发展、市场和地理位置的优势所在；
- 产品的价格、性能、质量在市场竞争中所具备的优势；
- 公司产品的独特之处能否被竞争对手效仿，公司是否采取了实际措施保护自己的产品特点；
- 如果公司产品与竞争对手产品相比没有技术上、设计上或其他方面的独特之处，公司采取了哪些有效手段与对手竞争，竞争的结果能否提高你公司产品的市场份额，预计经过竞争后公司的份额能提高到多少；
- 公司产品的客户是哪些人，他们的分布情况，他们是怎样知道公司产品的；
- 公司采取哪些市场营销手段（广告、展销会、培训班、直销、电话销售、上门直销、分销网、零售网、邮购）；

- 准备拓展哪些新市场；
- 推出新产品的市场准备；
- 可能出现什么样的新发展；
- 你能否承受竞争所带来的压力；
- 竞争战略／市场进入障碍。

（3）营销策略。介绍企业所针对的市场、营销战略、竞争环境、竞争优势与不足、主要对产品的销售金额、增长率和产品或服务所拥有的核心技术、拟投资的核心产品的总需求等。

（4）营销计划。描述你所希望进行的业务，以及你所希望进入的细分市场、曾经使用的分销渠道等，还要描述你所希望达到的市场份额。

13. 财务规划与财务分析

（1）财务规划。财务规划需要花费较多的精力来做具体分析，其中就包括现金流量表、资产负债表及损益表的制备。流动资金是企业的生命线，因此企业在初创或扩张时，对流动资金需要有预先周详的计划和进行过程中的严格控制；损益表反映的是企业的盈利状况，它是企业在一段时间运作后的经营结果；资产负债表则反映在某一时刻的企业状况，投资者可以用资产负债表中的数据得到的比率指标来衡量企业的经营状况及可能的投资回报率。

财务规划一般要包括以下内容。

- 创业计划书的条件假设；
- 预计的资产负债表、预计的损益表、现金收支分析、资金的来源和使用。

可以这样说，一份创业计划书概括地提出了在筹资过程中创业者需做的事情，而财务规划则是对创业计划书的支持和说明。因此，一份好的财务规划对评估创业企业所需的资金数量，提高创业企业取得资金的可能性是十分关键的。如果财务规划准备得不好，会给投资者以企业管理人员缺乏经验的印象，降低创业企业的评估价值，同时也会增加企业的经营风险。那么如何制定好财务规划呢？这首先取决于创业企业的远景规划，创业企业是为一个新市场创造一个新产品，还是进入一个财务信息较多的已有市场。

（2）财务分析。财务分析是对投资机会进行评估的基础，它需要体现你对财务需求的最好预估。财务分析一般包括基础数据、财务报表、投资方案风险分析、财务效益评价结论等。

基础数据包括项目总投资、资金筹措方案、销售收入、产品成本、运营费用、税费及其他。财务报表包括资产负债表、利润表和现金流量表。

① 销售收入预估表。利用销售量的预估和已产生的生产和运营的成本，准备至少三年的收入预估表。重点说明主要的几项风险，比如，导致销售税减20%的风险，以及在当前的生产力情况下，为了达到曲线的增长，采取缩减的方式所带来的不利影响。这些风险都将影响销售目标和盈利的最终实现。收入状况是财务管理中可盈利计划的一部分，它可以显示出新资金的潜在的投资可行性。

② 资产负债表。对任何重大的事项，或不寻常的事项做出标注，比如流动资产／其他应付账款／到期的债务。

③ 现金流和盈亏平衡分析。这比资产负债表和收入报表更为重要，在阶段性时间节点你将会有多少现金是投资者很关心的问题。

④ 盈亏平衡图。计算盈亏平衡点，准备盈亏平衡图显示何时将达到平衡点，以及平衡点出现后将如何逐步改变。讨论平衡点是很容易还是很困难地达到，包括讨论与整个销售计

划相关的平衡点处的销售量、毛利润的范围及随之变化的价格。

14. 融资需求

融资需求主要介绍股权结构、融资需求，风险分析、资本退出机制等。

先说清楚目前公司的股权结构，然后合理地对自己的项目进行估值，再根据需要提出融资需求。

（1）融资需求。主要描述创业所需要的资金额、团队出资情况、资金需求计划、为实现公司发展计划所需要的资金额、资金需求的时间性、资金用途（列表详细说明）。

（2）融资方案。公司所希望的投资人及所占股份的说明，以及其他资金来源，如银行贷款等。

（3）资本结构。迄今为止有多少资金投入贵企业？你目前正在筹集多少资金？假如筹集成功，企业可持续经营多久？下一轮投资打算筹集多少？你希望寻求什么样的投资者？包括投资者对行业的了解，资金上、管理上的支持程度等。

（4）风险分析。风险分析部分要向投资人或评审人阐明项目实施过程中潜在的风险，并提出有效的风险控制和防范手段、风险规避措施。风险主要来自创业团队、产品及环境的不确定性，进一步可分为管理风险、技术风险、财务风险、市场风险、环境风险及其他不可预见的风险。

主要明确以下问题。

- 你的公司在市场、竞争和技术方面都有哪些基本的风险；
- 你准备怎样应对这些风险；
- 就你看来，你的公司还有一些什么样的附加机会；
- 在你的现有资本基础上如何进行扩展；
- 在最好和最坏情形下，你的五年计划如何。

对于创业计划书的各项数据估计，如果你的估计不那么准确，应该估计出你的误差范围到底有多大。如果可能的话，要对关键性参数做最好和最坏的设定。

（5）投资者退出方式。风险投资人来公司投资的主要目的是赚钱，见好就收，所以要设计一种最优的资本退出方式，使得投资人能得到最大的回报。资本退出主要有以下四种方式：IPO退出、并购退出、回购退出、清算退出。

- 股权回购：依照本创业计划的分析，公司对实施股权回购计划应向投资者说明。
- 利润分红：投资商可以通过公司利润分红达到收回投资的目的，按照本创业计划的分析，公司对实施股权利润分红计划应向投资者说明。
- 股票上市：依照本创业计划的分析，对公司上市的可能性做出分析，对上市的前提条件做出说明。
- 股权转让：投资商可以通过股权转让的方式收回投资，公司对投资商进行股权转让进行说明。

15. 项目实施进度安排

描述项目实施的计划进度及相应的资金配置、进度表。

实施进度包括以下领域的重要事件：收入、收支平衡和上现金流、市场份额、产品开发介绍、主要合作伙伴、融资。

16. 附录

附录是对正文关键部分的描述提供证据性的补充，主要有合同、财务报表、荣誉证书、专利证书、软件著作权、核心团队成员的履历、调查问卷、产品说明书、技术原理、主要创业者简历、授权等。

8.4.4 创业计划书的检查

创业计划书写完之后，创业者还要检查计划书，看一下该计划书是否能准确回答投资者的疑问，争取投资者对本企业的信心。通常，可以从以下几个方面对计划书加以检查。

（1）你的创业计划书是否显示出你具有管理公司的经验。如果你自己缺乏能力去管理公司，那么一定要明确地说明，你已经聘了一位经营大师来管理你的公司。

（2）你的创业计划书是否显示了你有能力偿还借款。

（3）你的创业计划书是否显示出你已进行过完整的市场分析，要让投资者坚信你在计划书中阐明的产品需求量是可信的。

（4）你的创业计划书是否容易被投资者所领会。创业计划书应该备有索引和目录，以便投资者可以较容易地查阅各个章节。

（5）为了保持投资者的兴趣，计划摘要应写得引人入胜。

（6）你的创业计划书是否在文法上全部正确。如果你不能保证，那么最好请人帮你检查一下。计划书的拼写错误和排印错误能很快就使投资的机会丧失。

（7）你的创业计划书能否打消投资者对产品／服务的疑虑。如果需要，你可以准备一款产品模型。

创业计划书中的各个方面都会对筹资的成功与否有影响。因此，如果你对你的创业计划书缺乏成功的信心，那么最好去查阅一下计划书编写指南或向专门的顾问请教。

8.4.5 创业计划书的评价

由于所选择的产品的不同、创业环境的优劣、创业人员能力的差异等区别，所以要对一个创业计划书的优劣进行评价是一件非常困难的事情。目前，投资人员和创业大赛的评审者多采用量化打分制来评定创业计划书之间的差异。

参考表 8-2 所示的创业计划书评价指标体系表对创业计划书进行自评。

表 8-2　创业计划书的评价标准体系表

评价指标	评价标准	创意可行性	商业计划	总计
执行概要	简明、扼要、具有鲜明的特色。重点包括对公司及产品的介绍、市场概况、营销策略、生产销售管理计划、财务预测；指出创业思路的形成过程和企业发展目标的展望；介绍创业团队的特殊性和优势等	2.0%	2.0%	4.0%
产品	如何满足关键用户的需要；进入策略和市场开发策略；说明其专利权、著作权、政府批文、鉴定材料等；指出产品目前的水平是否处于领先地位，是否适应市场的需求，能否实现产业化	7.5%	5.0%	12.5%
市场	市场容量与趋势、市场竞争状况、市场变化趋势及潜力、细分目标市场及客户描述，估计市场份额和销售额。市场调查和分析应当严密科学	5.0%	2.5%	7.5%

续表

评价指标	评价标准	创意可行性	商业计划	总计
竞争	包括公司的商业目的、市场定位、全盘策略及各阶段的目标等，同时要有对现有和潜在的竞争者进行的分析，对替代品竞争、行业内原有竞争进行的分析。总结本公司的竞争优势并研究战胜对手的方案，并对主要的竞争对手和市场驱动力进行适当的分析	10.0%	5.0%	15.0%
营销	阐述如何保持并提高市场占有率，把握企业的总体进度，对收入、盈亏平衡点、现金流量、市场份额、产品开发、主要合作伙伴和融资等重要事件有所安排，构建一条畅通合理的营销渠道和与之相适应的新颖而富有吸引力的促销方式	8.0%	2.0%	10.0%
经营	原材料的供应情况、工业设备的运行安排、人力资源的安排等。这部分要求以产品或服务为依据，以生产工艺为主线，力求描述准确、合理、可操作性强	2.5%	2.5%	5.0%
组织	介绍管理团队中各有关成员的教育和工作背景、经验、能力、专长等。组建营销、财务、行政、生产、技术团队。明确各成员的管理分工和互补情况、公司组织结构情况、领导层成员、创业顾问及主要投资人的持股情况。指出企业股份比例的划分	10.0%	5.0%	15.0%
财务	包含营业收入和费用、现金流量、盈亏能力和持久性、固定和变动成本；前两年财务月报、后三年财务年报。数据应基于经营状况和未来发展的正确估计，并能有效反映出公司的财务绩效	8.0%	5.0%	13.0%
总体评估	条理清晰；表述应避免冗余，力求简洁、清晰、重点突出、条理分明；专业语言的运用要准确和适度；相关数据科学、诚信、翔实；计划书总体效果好	12.0%	6.0%	18.0%
合计		65.0%	35.0%	100%

◎ 【案例剖析】

[案例 8-6]　　　　初识快递服务创业计划书

"明德快递服务公司创业计划书"的框架结构由以下六个部分组成。

一、项目介绍及分析　　　二、经营战略

三、初期运作　　　　　　四、组织结构

五、风险管理

电子活页 8-17

【电子活页】

扫描二维码，浏览"电子活页 8-17"的内容，了解"明德快递服务公司创业计划书"的基本框架结构和各部分的主要内容。

【分析思考】

常言道，兵马未动，粮草先行。创业计划书除了可以对项目进行深刻分析，还能够解决的关键问题就是让合作伙伴知道一起合作的生意是什么，准备怎么做，发展前景如何等。而且，拥有一份优秀的创业计划书，融资之路也会变得宽广很多。

如果有了一份详尽的创业计划书，就好像有了一份业务发展的指示图一样，它会时刻提醒创业者应该注意什么问题，规避什么风险，并最大限度地帮助创业者获得来自外界的帮助。因此，创业计划书有着非常重要的作用。

【交流探讨】

探讨 8-3　　　　　　　　评析悠闲居创业计划书

"悠闲居创业计划书"大纲由以下六个部分组成。

一、执行总结　　　　　　二、市场分析
三、风险分析及对策　　　四、市场与销售
五、财务分析　　　　　　六、公司发展战略

电子活页 8-18

【电子活页】

扫描二维码，浏览"电子活页 8-18"的内容，了解"悠闲居创业计划书"的基本框架结构和各部分的主要内容。

【各抒己见】

运用表 8-2 所示的创业计划书评价指标体系表及权重值，对本案例展示的"悠闲居创业计划书"进行评价，并计分。

【实战训练】

[训练 8-3]　优化完善快递服务创业计划书

对"案例 8-6"介绍的"明德快递服务公司创业计划书"进行进一步优化完善，力争使之成为一份优秀的创业计划书，并形成一份独立的文档。

具体要求如下。

1. 创业计划书的格式要求

（1）字形：大标题用 2 号黑体，中标题用 3 号黑体，小标题用 3 号楷体，正文用 4 号宋体。

（2）纸型：统一用 A4 纸，左侧装订。

（3）页边距：上 2.6cm、下 2.6cm、左 3.0cm、右 2.0cm。

（4）行距：1.5 倍行距

（5）结构层次序数："一""（一）""1.""（1）"。

2. 创业计划书的摘要

创业计划书摘要的篇幅应控制在两页纸内。创业计划书摘要根据不同项目的实际情况，可以适当进行删减或补充。摘要内容参考如下。

（1）公司基本情况：主要包括公司名称、成立时间、注册地区、注册资本，主要股东、股份比例，主营业务，公司地点、电话、传真、联系人等。

（2）主要管理者情况：主要包括姓名、性别、年龄、籍贯、学历/学位，毕业院校、政治面貌、行业从业年限、主要经历和经营业绩等。

（3）产品/服务描述：主要包括产品/服务介绍、产品技术水平，产品的新颖性、先进性和独特性，产品的竞争优势等。

（4）研究与开发：主要包括已有的技术成果及技术水平、研发队伍技术水平、竞争力及对外合作情况、已经投入的研发经费及今后投入计划、对研发人员的激励机制等。

（5）行业及市场：主要包括行业历史与前景、市场规模及增长趋势、行业竞争对手及本公司竞争优势、未来3年市场销售预测等。

（6）营销策略：主要包括在价格、促销、建立销售网络等各方面拟采取的策略及其可操作性和有效性，对销售人员的激励机制等。

（7）产品制造：主要包括生产方式、生产设备、质量保证、成本控制等。

（8）公司管理：主要包括机构设置、员工持股、劳动合同、知识产权管理、人事计划等。

（9）融资说明：主要包括资金需求量、用途、使用计划、拟出让股份、投资者权利、退出方式等。

（10）财务预测：主要包括未来3年或5年的销售收入、利润、资产回报率等。

（11）风险控制：项目实施可能出现的风险及拟采取的控制措施等。

3. 创业计划书的组成结构及主要内容

创业计划书的基本结构、主要内容及写作要求的参考模板如"电子活页11-8"至"电子活页11-19"对应的各个"创业计划书模板"所示。

单元 9
筹办创业企业

近年来大数据、云计算和移动互联网的快速发展，使创业、创新活动变成了社会大众人人可及的事情，众创、众包、众扶、众筹等一批集众人之智、汇众人之财、齐众人之力的创意、创业、创造与投资如雨后春笋般应运而生，使得那些有梦想、有意愿、有能力的人，无论是受过高校教育的科技工作者、大学毕业生，还是普通农民、家庭妇女、退役军人、失业人员等都可以参与进来，都可找到"用其智、得其利、创其富"的机会和空间。随着电子商务快速发展，淘宝网等平台凭借技术难度小、进入门槛低、初始资金需求量少等优势，帮助千百万普通民众实现创业梦想，在中国城乡地区形成了极强的示范和带动效应。

"三证合一、一照一码"商事制度改革简化了企业注册程序，极大激发了创业者的创业热情和市场活力，特别是为大学生创新创业"添柴加火"，有效推动了大众创业万众创新。

【课程思政】

本模块为了实现"知识传授、技能训练、能力培养与价值塑造有机结合"的教学目标，从教学目标、教学过程、教学策略、教学组织、教学活动、考核评价等方面有意、有机、有效地融入团队精神、实干精神、进取精神、踏实作风、竞争意识、忧患意识、正视困难、管理思维、责任意识、全局意识 10 项思政元素，贯穿课程教学全过程，让学生思想上有正向震撼，行为上有良性改变，真正实现育人"真、善、美"的统一、"传道、授业、解惑"的统一。

？【知识导学】

9.1 认知创业企业

9.1.1 创业企业及其特征

创业企业是指处于创业阶段，高成长性与高风险性并存的创新开拓型企业。创业活动作为经济发展的一支重要力量，在科学技术转化为现实生产力方面起着重要的作用。各界对创业企业的重视和研究不断深入。相比处于成熟阶段的企业而言，创业企业体现出以下显著特点。

1. 创新性

公司通过创新发掘其他人或其他公司没有发现或开发的机会，进入新市场，获得新客户，或用新的方式配置资源。创新性体现了公司参与新的想法、实验、创造性过程的倾向，并由此产生了新的产品、服务或技术过程。

2. 机会导向性

创业活动表现出的识别机会、利用机会、开发机会并产生经济成果的行为的特点，或者将好的创意迅速变成现实。

3. 创业活动的动态性

一方面企业的创业精神会促使创业行为随着企业的成长而延续并强化；另一方面机会的发现和利用是一个动态的过程。

9.1.2 创业企业发展阶段

创业企业通常会经历以下三个发展阶段。

1. 种子期

这个时期企业只有很少的人，这些人几乎全部是企业的股东，大家拿着很少的资金，仅凭一个想法在做。这个时期如果你加入他们，你可以得到期权，薪资待遇可能低于其他企业。这个时期的企业看重的是你这个人而不是你的技术。

2. 成长期

这个时期的企业是最不稳定的，公司高速发展有可能带来公司文化的流失，团队不再和谐，开始体会到上下级的差别。工资待遇一般比其他企业要高，招聘人员一定要那种来了就能做事的人。

3. 成熟期

企业这个时候形成了一套切实可行的管理办法和盈利模式。公司管理趋于正规化，但是我国很多成熟期的企业在企业文化方面仍显得不够成熟。公司的工资待遇处于市场的正常水平，因为公司有了知名度，招聘人员相对容易一些。

9.2 企业注册登记

2014年可以说是中国的创业元年，因为在这一年，国家出台了很多刺激全民创业的政策，包括新公司注册不再需要注册资金、不必再找第三方机构验资、一个地址可以注册多个公司、工商税费优惠减免、大学生创业最高可获得10万元创业基金、失业人员可获得最高8000多元的税费减免等。

9.2.1 "三证合一"后公司注册流程

1. "三证合一"登记制度

"三证合一"登记制度是指将企业登记时依次申请的，分别由工商部门核发的营业执照、质监部门核发的组织机构代码证、税务部门核发的税务登记证，改为一次申请，由工商部门核发一个加载统一社会信用代码的营业执照，即"一照一码"营业执照。"一照一码"营业执照就好比企业的"身份证"，企业凭执照可以在政府机关、金融、保险机构等部门证明其主体身份，办理刻章、纳税、开户、社保等事务，相关部门都予以认可，且全国通用。

2. "三证合一"注册登记制度的重要意义

全面推行"三证合一"登记制度改革，是贯彻党的十八大和十八届二中、三中、四中全会精神，落实国务院决策部署，深化商事登记制度改革的重要举措。加快推进这一改革，可以进一步便利企业注册，持续推动形成大众创业、万众创新热潮。这是维护交易安全、消除监管盲区的有效途径，是推进简政放权、建设服务型政府的必然选择，对于提高国家治理体系和治理能力现代化水平，使市场在资源配置中起决定性作用和更好地发挥政府作用，具有十分重要的意义。

3. "三证合一"后公司注册的基本流程

"三证合一"后公司注册的基本流程如表 9-1 所示。

表 9-1　"三证合一"后公司注册的基本流程

序号	步骤名称	需提交材料	说　明
1	办理企业名称核准	（1）《企业名称预先核准申请书》 （2）指定代表或者共同委托代理人授权委托书 （3）法人身份证复印件 （4）代理人身份证复印件	第一步：按照公司名称结构规定给公司取名，最少取 5 个名称，名称结构包含行政区划、字号、行业、组织形式。 第二步：咨询后领取并填写《企业名称预先核准申请书》《投资人授权委托意见》，同时准备相关材料。 第三步：递交《企业名称预先核准申请书》、投资人身份证、备用名称若干及相关材料，等待名称核准结果。 第四步：由工商局上网（工商局内部网）检索是否有重名，如果没有重名，就可以使用这个名称，就会核发一张《企业（字号）名称预先核准通知书》。核名通过后，领取《企业名称预先核准通知书》
2	网上预审	《企业设立登记申请书》、房屋租赁合同复印件、房产证复印件、公司章程、《企业名称预先核准通知书》、股东资格证明、指定代表或者共同委托代理人授权委托书，经营范围涉及前置许可项目的，应提交有关审批部门的批准文件	登录工商局网站，注册登录账号，把准备好的 PDF 电子版的资料按提示提交并填写相关内容，完成材料提交。材料提交后会需要大概 5 个工作日审核，如果材料有问题，那么会通知你修正后再次提交；如果审核通过，就可以登录工商局网站约定提交书面材料的时间
3	向工商部门提交预审后的书面资料	《企业设立登记申请书》、房屋租赁合同复印件、房产证复印件、公司章程（提供全体股东亲笔签名的打印件一份，有法人股东的要加盖该法人单位公章）、《企业名称预先核准通知书》、股东资格证明、指定代表或者共同委托代理人授权委托书、法人身份证、代理人身份证	按照你预约的时间带着书面材料去提交，一般情况是当时提交当时受理登记
4	领取营业执照	等工商部门通知去工商局拿营业执照	"三证合一"登记制度改革后新办理的营业执照，承载了原来的工商营业执照、组织机构代码证和税务登记证的功能。工商部门通过实时、自动、即时赋码的方法，按照核准的先后顺序，对新设立企业、变更企业发放加载全国唯一、终身不变的统一代码的营业执照。自 2015 年 10 月 1 日起，"三证合一、一照一码"登记制度改革在全国范围全面实施后，不再发放企业的组织机构代码证和税务登记证

续表

序号	步骤名称	需提交材料	说 明
5	篆刻公章备案	凭营业执照、法人身份证到公安局指定的专业刻章公司篆刻本公司公章、合同章、财务章	正规的章须到公安部门备案才有法律效力
6	税务备案，打印三方协议	带上所在公司房屋租赁合同并加盖公章、营业执照及全部公章去税务备案，打印三方协议	质监、国税、地税并联审批
7	开立银行基本账户	带上营业执照及公司公章、合同章、财务章和法人的身份证原件，房屋租赁合同一份并加盖公章去银行开立银行基本账户	可以选择公司注册所在地的商业银行开立银行基本账户，费用是 500～3000 元不等，各大银行的扣费标准的扣费时间不一样，有的是在账户中扣，有的是开户时预交。相关费用有小额存款费、回单箱费、网银使用费、年费等

4. 开办公司注册工本费

以下费用标准仅供参考，各地收费标准有所不同。

（1）企业名称核准：免费。

（2）验资费用：0 元

2014 年 3 月 1 日起实行注册资本认缴登记制，放宽注册资本登记条件。由公司股东（发起人）自主约定认缴出资额、出资方式、出资期限等，记载于公司章程，并承担缴纳出资不全的法律责任，注册公司不占用资金，不需验资费用。

（3）营业执照：以当地收费标准为准。

（4）银行询证费：0 元（认缴制不需要）。

（5）验资报告：0 元（认缴制不需要）。

（6）刻章：600～900 元。

（7）开立银行基本账户：800～1500 元（各个银行收费不一样）

（8）注册地址（商务挂靠地址）：1000～1500 元／年。

9.2.2 大学生自主创业的市场主体类型及注册流程的简化

大学生自主创业可采用的市场主体类型主要有个体工商户、个人独资企业、合伙企业、农民专业合作社和有限责任公司等，创办不同类型的市场主体，需要准备的材料和办理流程有所不同。

凡高校毕业生（毕业后两年内，下同）申请从事个体经营或申办私营企业的，可通过各级工商部门注册大厅"绿色通道"优先登记注册，其经营范围除国家明令禁止的行业和商品外，一律放开核准经营。

对限制性、专项性经营项目，允许其边申请边补办专项审批手续。对在科技园区、高新技术园区、经济技术开发区等经济特区申请设立私营企业的，特事特办，除了涉及必须前置审批的项目，试行"承诺登记制"。

申请人提交登记申请书、验资报告等主要登记材料，可先予颁发营业执照，让其在 3 个月内按规定补齐相关材料。凡申请设立有限责任公司，以高校毕业生的人力资本、智力成果、工业产权、非专利技术等无形资产作为投资的，允许抵充 40% 的注册资本。

9.2.3 个体工商户注册时需要准备的材料及办理流程

1. 需准备的材料

（1）经营者签署的个体工商户注册登记申请书。

（2）委托代理人办理的，还应当提交经营者签署的《委托代理人证明》及委托代理人身份证明。

（3）经营者身份证明。

（4）经营场所证明。

（5）申请前已经办理名称预先核准的须提交《个体工商户名称预先核准通知书》。

（6）申请登记的经营范围中有法律、行政法规和国务院决定规定必须在登记前报经批准的项目，应当提交有关许可证书或者批准文件。

（7）申请登记为家庭经营的，以主持经营者作为经营者登记，由全体参加经营家庭成员在《个体工商户开业登记申请书》经营者签名栏中签字予以确认。提交居民户口簿或者结婚证复印件作为家庭成员亲属关系证明，同时提交其他参加经营家庭成员的身份证复印件。

（8）国家工商行政管理总局规定提交的其他文件。

2. 办理流程

第1步：申请

（1）申请人或者委托的代理人可以直接到经营场所所在地登记机关登记。

（2）登记机关委托其下属工商所办理个体工商户登记的，到经营场所所在地工商所登记。

（3）申请人或者其委托的代理人可以通过邮寄、传真、电子数据交换、电子邮件等方式向经营场所所在地登记机关提交申请。通过传真、电子数据交换、电子邮件等方式提交申请的，应当提供申请人或者其代理人的联络方式及通信地址。对登记机关予以受理的申请，申请人应当自收到受理通知书之日起5日内，提交与传真、电子数据交换、电子邮件内容一致的申请材料原件。

第2步：受理

（1）对于申请材料齐全、符合法定形式的，登记机关应当受理。

申请材料不齐全或者不符合法定形式，登记机关应当当场告知申请人需要补充的全部内容，申请人按照要求提交全部补充申请材料的，登记机关应当受理。

申请材料存在可以当场更正的错误的，登记机关应当允许申请人当场更正。

（2）登记机关受理登记申请，除当场予以登记的外，应当发给申请人受理通知书。

对于不符合受理条件的登记申请，登记机关不予受理，并发给申请人不予受理通知书。

申请事项依法不属于个体工商户登记范畴的，登记机关应当即时决定不予受理，并向申请人说明理由。

第3步：审查和决定

登记机关对决定予以受理的登记申请，根据下列情况分别做出是否准予登记的决定。

（1）申请人提交的申请材料齐全、符合法定形式的，登记机关应当当场予以登记，并发给申请人准予登记通知书。

根据法定条件和程序，需要对申请材料的实质性内容进行核实的，登记机关应当指派两名以上工作人员进行核查，并填写申请材料核查情况报告书。登记机关应当自受理登记申请之日起15日内做出是否准予登记的决定。

（2）对于以邮寄、传真、电子数据交换、电子邮件等方式提出申请并经登记机关受理的，登记机关应当自受理登记申请之日起 15 日内做出是否准予登记的决定。

（3）登记机关做出准予登记决定的，应当发给申请人准予个体工商户登记通知书，并在 10 日内发给申请人营业执照。不予登记的，应当发给申请人个体工商户登记驳回通知书。

9.2.4　个人独资企业注册时需要准备的材料及办理流程

1.　需准备的材料

（1）投资人签署的《个人独资企业登记（备案）申请书》。

（2）投资人身份证明。

（3）投资人委托代理人的，应当提交投资人的委托书原件和代理人的身份证明或资格证明复印件（核对原件）。

（4）企业住所证明。

（5）申请前已经办理名称预先核准的须提交《企业名称预先核准通知书》。

（6）从事法律、行政法规规定须报经有关部门审批的业务的，应当提交有关部门的批准文件。

（7）国家工商行政管理总局规定提交的其他文件。

2.　办理流程

第 1 步：申请

由投资人或者其委托的代理人向个人独资企业所在地登记机关申请设立登记。

第 2 步：受理、审查和决定

登记机关应当在收到全部文件之日起 15 日内，做出核准登记或者不予登记的决定。予以核准的发给营业执照；不予核准的，发给企业登记驳回通知书。

9.2.5　合伙企业注册时需要准备的材料及办理流程

1.　需准备的材料

（1）全体合伙人签署的《合伙企业登记（备案）申请书》。

（2）全体合伙人的主体资格证明或者自然人的身份证明。

（3）全体合伙人指定代表或者共同委托代理人的委托书。

（4）全体合伙人签署的合伙协议。

（5）全体合伙人签署的对各合伙人缴付出资的确认书。

（6）主要经营场所证明。

（7）申请前已经办理名称预先核准的须提交《企业名称预先核准通知书》。

（8）全体合伙人签署的委托执行事务合伙人的委托书；执行事务合伙人是法人或其他组织的，还应当提交其委派代表的委托书和身份证明复印件（核对原件）。

（9）以非货币形式出资的，提交全体合伙人签署的协商作价确认书或者经全体合伙人委托的法定评估机构出具的评估作价证明。

（10）法律、行政法规或者国务院规定设立合伙企业须经批准的，或者从事法律、行政法规或者国务院决定规定在登记前须经批准的经营项目，须提交有关批准文件。

（11）法律、行政法规规定设立特殊的普通合伙企业需要提交合伙人的职业资格证明的，提交相应证明。

（12）国家工商行政管理总局规定提交的其他文件。

2. 办理流程

第 1 步：申请

由全体合伙人指定的代表或者共同委托的代理人向企业登记机关申请设立登记。

第 2 步：受理、审查和决定

申请人提交的登记申请材料齐全、符合法定形式，企业登记机关能够当场登记的，应予当场登记，发给合伙企业营业执照。

除前款规定情形外，企业登记机关应当自受理申请之日起 20 日内，做出是否登记的决定。予以登记的，发给合伙企业营业执照；不予登记的，应当给予书面答复，并说明理由。

9.2.6 农民专业合作社注册时需要准备的材料及办理流程

（1）需准备的材料

（2）办理流程

【电子活页】

扫描二维码，浏览"电子活页 9-1"的内容，了解"农民专业合作社注册时需要准备的材料及办理流程"的具体内容。

<图>电子活页 9-1</图>

9.2.7 有限责任公司注册时需要准备的材料及办理流程

（1）需准备的材料

（2）办理流程

【电子活页】

扫描二维码，浏览"电子活页 9-2"的内容，了解"有限责任公司注册时需要准备的材料及办理流程"。

<图>电子活页 9-2</图>

9.2.8 商事改革后企业注册的问题解答

（1）需要具备什么条件才可以注册公司？

（2）注册公司有没有注册资金限制？要不要实际出资？什么是注册资本认缴制？

（3）商事改革后，营业执照上面的注册资金和经营范围如何记录？

（4）商事改革允许公司"一址多照"和"一照多址"，具体如何解析？

（5）有投资关联的企业是指哪些企业？

（6）哪些地址是可以用来注册公司的？

（7）做注册资本认缴好还是注册资本实缴好？

（8）公司注册后每个月需要做账报税吗？

<图>电子活页 9-3</图>

【电子活页】

扫描二维码，浏览"电子活页 9-3"的内容，了解"商事改革后企业注册的问题解答"的具体内容。

【各个击破】

9.3 经营场所选择

【见多识广】

9.3.1 麦当劳选址的主要策略

（1）针对目标消费群 （2）着眼于今天和明天
（3）讲究醒目 （4）不急于求成
（5）优势互动

电子活页 9-4

【电子活页】
扫描二维码，浏览"电子活页 9-4"的内容，了解"麦当劳选址的主要策略"的具体内容。

9.3.2 经营场所选择的步骤

这里主要以开办餐饮、百货、美发等门店为例讨论创业企业选址的方法和原则，经营场所选择一般需要经过以下步骤：商圈调查、确定选址范围和目标、取得合适的经营场所。

1. 商圈调查

商圈一般是指零售企业的顾客所在或所来自的区域。广义上的商圈可以是任何企业的顾客或客户所在的区域。

进行商圈调查，就是要了解顾客来自何方；顾客找你或者你找他们是否方便；商圈内，尤其是周边是否有竞争对手，它们的经营状况如何等。

商圈调查的主要项目及内容如表 9-2 所示。

表 9–2 商圈调查的主要项目及内容

调查项目	调查内容
客户群和人流量	了解所调查区域内的潜在客户数量及其分布情况、潜在客户的消费能力、对所经营产品的认知和消费倾向等。对于零售店还需要观察和测算拟经营场所的过往人流量，同类经营店铺内的日常客流量等
交通便利程度	了解拟经营场所所在位置是否位于交通要道、公共交通是否方便、有无停车位等，以便了解顾客是否方便上门，外出送货或销售是否方便等
同类竞争者的分布	了解商圈内有多少竞争对手，商圈内同类企业的经营与拟开办企业有何差异；了解经营地的租金或维持成本；了解选址区域内的经营场地除租金、水电费外，是否还需要其他维持费用，如物业管理费等

常用的商圈调查方式包括蹲点观察和测算、电话查询、走访考察、活动调查、问卷调查、网上调查等。

2. 确定选址范围和目标

（1）搜寻目标场地。根据商圈调查结果，可以初步物色好适合开办企业的地段、街道、小区、楼宇等。下一步就需要实际找到你的经营场地。搜索途径很多，如房屋中介公司、物业公司的租赁信息，各种商用房、写字楼等的招租广告，出租房屋门窗上或附近醒目处张贴的招租告示等。搜寻的方法主要有通过网站查找、通过报刊查找、实地查找等。

（2）创业企业选址时应考虑的因素如表 9-3 所示。

表 9-3　创业企业选址时应考虑的因素

因素名称	说　　明
市场因素	从顾客和竞争对手两个角度来考虑市场因素
商圈因素	要对特定商圈进行特定分析
政策因素	符合当地政策倡导的产业方向、经营理念一致，能得到当地政府的政策支持
价格因素	考虑资金、业务性质、创业成功或失败后的安排、物业市场的供求情况、利率趋势等
个人因素	通常会选择住所附近经营，但是这样做有时可能会令创业者丧失更好的机会或经营受到局限
其他因素	物业因素也不能忽略

3. 取得合适的经营场所

选址范围确定后，需要最终取得合适的经营场所。经营场所的类型主要有商铺、摊位、专柜、写字楼、住房等。经营场所取得的方式主要有租赁、购买、联营、利用现有住房等。各种类型或方式说明如表 9-4 所示。

表 9-4　经营场所的类型和经营场所取得方式的说明

类型或方式	说　　明
商铺	临街的商铺、门店便于顾客上门，企业的独立形象好，但租金较贵。有的零售或服务不必在一楼，选择二楼或三楼商铺可以节省一定的租金。一些批发市场或商城里的精品店铺，以及购物中心里的店铺，虽然不临街，但如果客流量大，也是很好的选择。
摊位	批发市场内或一些大型商场或超市的零售摊位，单位平方米的租金往往比多数街道上的独立商铺要贵一些，但由于人流量很大，摊位的销售流水按单位面积计算也会高一些。
专柜	很多商场或超市会把场地空间分割，把部分或全部的商品经销分别以专柜形式包给不同的商户经营
写字楼	一般事务所、设计公司、咨询公司、培训学校的经营场所都选在写字楼，有些服务性零售企业也可在写字楼经营。写字楼的租金比商铺要低，也不会出现商铺里人流嘈杂的情况
与业主联营	与有经营场地或房屋的业主联营，用经营收入支付房租，可以大大降低场地的固定成本
自购经营场地	自行购买商铺、写字间，或者利用自己的商品住宅从事经营活动

【案例剖析】

[案例 9-1]　　　　　　　　　　星巴克的完美选址技巧

你想开一家自己的店吗？大家都知道，开店最重要的是地点，但要选在哪里好呢？星巴克前任副总裁亚瑟·鲁宾菲尔（Arthur Rubinfeld）以在自己任内，将星巴克由 100 多家扩展到全球 4000 多家分店的经验，为每个想成功开店的人指引完美选址四步骤。

第一步挑地方：确定人潮及流量

首先，你必须清楚人们要往哪里去，而不只是在那里，像早餐店要在上班族会走过的地方。你可以花点时间，在感兴趣的目标地区计算上午、下午、晚上各时段的人潮，统计进入附近店面的人数，看看经过的人当中，上班族、学生、家庭主妇的比例，而且至少要在平日和周末各算一次，才能知道人潮确实的分布状况。

除了人们往哪里去，你还要考虑人们得花多久才会到达你的店面。越便宜的产品，顾客越不愿花时间，如便利商店以 3 分钟来定义主要商圈、咖啡店大约是 5 分钟，除非你打算卖汽车这种高单价商品，否则一般而言，顾客最远只能忍受 7 分钟的交通时间。

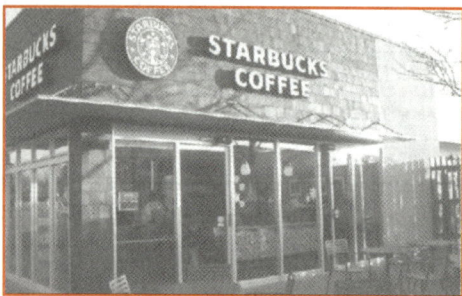

第二步找地点：访察周边环境

有了预选地点，第二步是先观察其周边环境，这时要用两种角度来观察，首先是商人的角度：什么迹象显示该地点可以创造业绩？其次，从顾客的角度：你会不会到这个地点逛街？黄金地段有冷门的角落，次级商圈也有热门据点，找地点最忌讳只看到别人成功，就想在隔壁复制一家店，除非你有把握做出自己的差异化。

此外，留意坐落在对角或不远处的竞争对手是否会抢走你的生意？你是否能在顾客行动路线上，抢先别人一步拦截顾客？随时注意对手的位置，寻找足以抗衡的地点，一定要保持领先地位，不然，位于同性质商店的下风处，小心生意也会一直处于下风。

第三步看店面：建筑等于活广告

请抱着初次约会的心情看店面。先远看，再近看，想象你的店面在这个空间里的感觉，一旦店名放在招牌上，会很显眼吗？开车经过的人看得到吗？行人能从人行道上就注意到吗？好的店面就像活广告，不只是让人方便找到你，也能向路上行经的潜在客户展示自己。

此外，建筑设计也是一个重点，这个地点适合零售业吗？吸引人吗？即使在外观设计上相似的购物街，质量方面也可能相当悬殊。该大楼的质量是否跟你的产品一样好？记住，一定要从品牌打造的角度来思考建筑物。

第四步选邻居：好邻居让你少奋斗

顾客会认为，彼此相邻的店面，其商品质量也类似，所以，跟类似的品牌坐落在同一地点十分重要，因为有些选址策略就是要"寄生"。在大百货公司旁开服饰店、在高级超市旁开饮食店，被大品牌所吸引的顾客，也会被你所吸引。

另外，如果能碰到一些像干洗店之类的优质邻居那更好，因为这些店面都有着"两次到访"的机会，人们把衣服送去洗，隔几天必定会再回来拿；邮局、超市也是这种好用的人潮回力镖，若能沾到它们的光，那对你的生意绝对是大大加分。

【分析思考】

要开办企业，首先得选好经营场所，好的经营场所可以提高经营效益、降低经营成本。

创业企业选址是指选定企业的经营场所或住所，这既是工商登记的要求，也是企业经营的需要。经营场所的费用是企业固定成本中的一大项开支，而且企业的经营位置关系到与客户的往来和销售，因此，选址的好坏直接影响到企业的经营效益。

【交流探讨】

［探讨9-1］　肯德基快餐店在中国开设第一家店的选址分析

1986 年 9 月下旬，肯德基快餐店开始考虑打入人口众多的中国市场。他们面临的首要问题是：第一家肯德基店址应当选在何处？这一决策对将来肯德基在中国市场的进一步开拓至关重要。现在有三个地点可供选择：上海、广州、北京。

上海。上海是中国最大的市场，有 1100 多万居民、19 000 多家工厂和中国最繁忙的港口，上海是中国最繁荣的商业中心，其优越的经济地位在国内显而易见。上海的明显优势是在这里容易获得合乎质量的充足的肉鸡供应，通过兴办合资企业，泰国的正大集团已经在东南亚地区建立了 10 个饲料厂和家禽饲养基地，可以为上海供应肉鸡。肯德基的东南亚办公室与正大集团有着良好的关系。虽然上海一向是主要的商业中心，但改革开放初人民收入水平增长不快，能否迅速接受西方快餐文化还是个疑问。而且它的噪音和污染令旅游者感到沮丧，西方游客不多。

广州。广州是可供选择的另一个方案。它位于中国东南部，离香港很近，作为中国 14 个沿海开放城市之一，广州在批准外资项目、减免税收和鼓励技术开发方面被授予更多的自主权，而且广州人的收入水平近几年增长很快。广州是西方商人经常光顾的地方，同时也是旅游者从香港出发作一日游的好地方。广州与香港相距不到 120 公里路程，公路铁路交通都很便利。在广州做买卖很容易得到肯德基香港办公室提供的服务。另外，广东地区的中国人也更熟悉西方管理惯例和西方文化。广东和香港同样讲粤语，差别不大，初步调查表明找到一个充分供应肉鸡的来源也没有什么困难。

北京。北京是中国的政治文化中心，这里有 900 万居民，人口数量仅次于上海。北京的外来人口数量众多，有潜在的消费群体。北京是中国的教育中心，是高等学府的聚集地，所有这些因素都造成人口大量涌入，这对肯德基销售的人民币结算部分是极为重要的。北京是那些向往故宫、长城、十三陵的国外游客的必到之地，这意味着肯德基将会有一个稳定的外汇收入。因此，如果在北京开设中国的第一家店，无疑将更吸引人们的注意力，并且不言而喻地表明政府的赞同态度，这将有助于今后往其他城市的进一步发展。调查也表明，北京城郊有好几个家禽饲养基地。然而，从政治方面说，外商在北京经营，政府可能会干预。

时任肯德基东南亚地区高级管理者的托尼·王及其团队权衡各个方案的利弊得失，决定把北京作为其进入中国的首选城市。

【各抒己见】

（1）肯德基在中国选择第一家店址时主要考虑了哪些因素？

（2）如果你是肯德基的决策者，你会选择哪座城市作为首次进入的目标？为什么？

idea 【实战训练】

［训练9-1］ 餐饮店店址选择

麦当劳的成功，除品牌优势外，在选址方面更具敏锐目光，进驻具发展潜力的地区。难怪有不少零售企业，都愿意在麦当劳旁开店。

1. 麦当劳的商圈调查

麦当劳市场目标的确定需要通过商圈调查。在考虑餐厅的设址前必须事先估计当地的市场潜能。麦当劳的商圈调查内容如下。

（1）确定商圈范围　　　（2）进行抽样统计　　　（3）实地调查

【电子活页】

扫描二维码，浏览"电子活页9-5"的内容，了解"麦当劳的商圈调查"的具体内容。

电子活页9-5

2. 开店选址时应注意的细节

一项事业的成功往往离不开天时、地利、人和。一旦决定开店，一定要对所选地点做全面的考察，了解该区人口密度、人缘等。开店选址是很讲究的,通常应关注下列10个要素。

（1）交通便利

（2）接近人们聚集的场所

（3）选择人口增加较快的地区

（4）要选择横街或障碍物较少的一边

（5）选择自发形成某类市场的地段

（6）根据经营内容来选择地址

（7）要有"傍大款"意识

（8）位于商业中心街道

（9）选择有广告空间的店面

（10）选择由冷变热的区位

现拟创业开设一家餐饮店，请参考"麦当劳选址的主要策略"，同时综合考虑以上10个要素,确定2～3个初选地址,最终综合考虑多方面因素,确定一个开设餐饮店的最佳地址。

［训练9-2］ 便利店店址选择

现拟创业开设一家便利店，试参考以下原则和方法确定一个开设餐饮店的最佳地址。

1. 选址原则

便利店选址要坚持方便顾客购买商品的原则，以节省顾客的购买时间，并最大限度满足顾客的需要，否则将失去顾客的信赖、支持，便利店也就失去生存的基础。便利店选址应以适应人流流向情况、人口分布，便利广大顾客购物为原则。在扩大销售的原则指导下，绝大多数便利店都将店址选择在城市繁华中心、人流必经的城市要道和交通枢纽、城市居民住宅区附近及郊区交通要道、村镇和居民住宅等购货地区。

商群一般有以下四种类型。

（1）城市中的商圈

（2）城市交通要道和交通枢纽的商业街

（3）城市居民区商业街和边沿区商业中心

（4）郊区购物中心

电子活页 9-6

【电子活页】

扫描二维码，浏览"电子活页 9-6"的内容，了解"商群的四种类型"的具体内容。

2. 公司选址考虑的主要因素

仅仅做出了店址的区域位置选择还不够，因为在同一区域内，一个便利店可能会有好几个开设地点可供选择，但有些地点对某一类便利店来说，是最满意的开设地点，而对另一类便利店来说，就不一定是合适的开设地点，如果把便利店设在这里，就会直接影响便利店开业后的商品销售。因此，便利店的选址要在做好区域或位置选择以后，细致地分析区域内的具体情况，做出具体营业地点的选择。

公司选址考虑的主要因素如下。

（1）分析交通条件。

（2）分析客流类型。一般便利店客流分为三种类型：自身客流、分享客流、派生客流。

（3）分析街道两侧的客流规模。

3. 分析竞争对手

4. 分析地形特点

5. 分析城市规划

6. 分析便利店的户型

电子活页 9-7

【电子活页】

扫描二维码，浏览"电子活页 9-7"的内容，了解"公司选址考虑的主要因素"的具体内容。

9.4 经营资金筹措

创业面临的难题之一就是"启动资金"，正所谓"万事俱备、只欠东风"。有时我们会看到"一分钱难倒英雄汉"和"出师未捷身已危，长使时贤泪满襟"的唏嘘场面。

【见多识广】

9.4.1 创业融资的含义

融资即一个企业的资金筹集的行为与过程。

创业融资是指创业企业根据自身发展的要求，结合生产经营、资金需求等现状，通过科学的分析和决策，借助企业内部或外部的资金来源渠道和方式，筹集生产经营和发展所需资金的行为和过程。

创业融资的意义如下。

（1）创业融资是实施创业计划的关键环节。

（2）创业融资能够体现企业或创业者良好的信用水平。

（3）创业融资是创业者及时抓住创业机会的重要手段。

9.4.2　创业融资的基本原则

1. 规模适当原则

合理确定融资规模，避免因融资不足影响生产经营的正常进行，又防止融资过多，造成资金闲置。

2. 融通及时原则

合理安排资金的融通时间，适时获取所需资金。避免过早融通资金形成的资金投放前的闲置，防止取得资金的时间滞后，错过资金投放的最佳时间。

3. 来源合理原则

不同来源的资金，对企业的收益和成本有不同影响，因此，企业应认真研究资金来源渠道和资金市场，合理选择资金来源。

4. 方式经济原则

不同融资方式条件下的资金成本有高有低。对各种融资方式进行分析、对比，选择经济、可行的融资方式。与融资方式相联系的问题是资金结构问题，企业应确定合理的资金结构，以便降低成本、减少风险。

9.4.3　创业资金的融资渠道

融资渠道是指取得资金的途径，即资金的供给者是谁。融资方式则是指如何取得资金，即采用什么融资工具来取得资金。

创业想不付出就有收获那是不可能的,天底下是没有天上掉馅儿饼这种事情的。想创业，就必须要有一定的资金，哪怕是小投入的创业，也需要一定的启动资金，资金不足只会阻碍发展。在创业的初期，很多的创业者都存在着资金短缺的情况，那么究竟怎样才能解决创业资金这一难题呢？

（1）自筹资金　　　　　　　（2）合作融资

（3）银行借贷（抵押贷款、信用贷款、担保贷款、贴现贷款、政策性贷款）

（4）风险投资　　　　　　　（5）政府的创业扶持资金

（6）股权融资　　　　　　　（7）债权融资

（8）融资租赁　　　　　　　（9）天使投资

（10）其他方式

电子活页 9-8

【电子活页】

扫描二维码，浏览"电子活页 9-8"的内容，了解"创业资金的融资渠道"的具体内容。

9.4.4　关于众筹

众筹是一种创业融资的方式，是一个近期才兴起的新生事物，相关法律与监管相对滞后，尚不够完善，但是其蕴藏的巨大优势和强大的潜力会渐渐显现出来，成为"创业梦工厂"。

（1）众筹的含义　　　（2）众筹的特征　　　（3）众筹的构成
（4）众筹的规则　　　（5）众筹模式运作的流程

【电子活页】

扫描二维码，浏览"电子活页9-9"的内容，了解"关于众筹"的具体内容。

电子活页 9-9

9.4.5　众筹的类型与潜在风险

在发起众筹之前，需要先了解众筹都有哪些类型，为自己需要筹集资金的项目选择一个合适的众筹方案，从而增加获得支持的可能性。根据相关的研究报告可知众筹可以分为以下四类。

（1）债权众筹：我给你钱，你之后还我本金和利息
（2）股权众筹：我给你钱，你给我公司股份
（3）回报众筹：我给你钱，你给我产品或服务
（4）捐赠众筹：我给你钱，你什么都不用给我

众筹的潜在风险主要为法律风险、信用风险、经济风险三类。体系内包括项目发布者的实际执行能力、营销能力、诚信水平，众筹平台对众筹项目的审核控制、信用状况、技术水平（抗入侵能力）。体系外包括非法集资、公募资金、监管法律的缺失、知识产权（原始专利）流失，以及市场需求的变化等。

【电子活页】

扫描二维码，浏览"电子活页9-10"的内容，了解"众筹的类型与潜在风险"的具体内容。

电子活页 9-10

9.4.6　众筹与非法集资的主要区别

众筹是指项目发起人利用互联网和社交网络传播的特性，发动公众的力量，集中公众的资金、能力和渠道，为小企业、创业者或个人进行某项活动或某个项目或创办企业提供必要的资金援助的一种融资方式。相比于传统的融资方式，众筹的精髓就在于小额和大量。融资的门槛低，而且不再以是否拥有商业价值作为唯一的评判标准，这为新型创业公司的融资开辟了一条新的路径。

非法集资是未经有关部门依法批准，承诺在一定期限内给出资人还本付息。还本付息的形式除以货币形式为主外，也有实物形式和其他形式。

众筹与非法集资的主要区别如下。

（1）投资人参与度不同　　　（2）目的不同
（3）风险不同　　　　　　　（4）运作方式不同

电子活页 9-11

【电子活页】

扫描二维码，浏览"电子活页9-11"的内容，了解"众筹与非法集资的主要区别"的具体内容。

9.4.7　创业融资路上的常见误区

资金是创业的血脉，是创业者亟待获得的启动资源。但创业企业筹集风险资金的过程却是艰难的。一般来说，风险投资公司一年要听数百位企业家阐述他们的创业计划，可最后投资的企业是极少的。因此，做好准备、把握机会、主动争取创业资金相当重要。

筹资的过程对于创业者来讲，实质上是推销你的公司、推销你的产品和你的梦想的过程。成功的企业家之所以会成功，一个重要的原因就是他懂得怎样向经验最丰富的投资商推销他的第一商品——初创的企业，从而获得资金的支持。

正因如此，在这种推销和争取风险投资的过程中，出现了很多误区，这是每一个初创业者必须要认识和注意的。

创业融资路上的常见误区如下。

（1）廉价出卖你的技术或创意　　　　（2）烧别人的钱圆自己的梦
（3）没有完善的融资战略设计　　　　（4）缺少对融资方案的比较性选择
（5）过度包装或不包装　　　　　　　（6）缺乏资金规划和融资准备
（7）缺少必要的企业融资知识　　　　（8）先期融资贷款未还、不讲信誉
（9）只顾扩张不建立合理的公司治理结构　（10）盲目对外出具融资担保函

【电子活页】

扫描二维码，浏览"电子活页 9-12"的内容，了解"创业融资路上的常见误区"的具体内容。

电子活页 9-12

9.4.8　注册资金相关法规

《企业法人登记管理条例》规定："注册资金是国家授予企业法人经营管理的财产或者企业法人自有财产的数额体现。企业法人办理开业登记，申请注册的资金数额与实有资金不一致的，按照国家专项规定办理。"

《企业法人登记管理条例施行细则》中有关注册资金数额的规定如下。

（1）注册资金数额是企业法人经营管理的财产或者企业法人所有的财产的货币表现。除国家另有规定外，企业的注册资金应当与实有资金相一致。

（2）企业法人的注册资金的来源包括财政部门或者设立企业的单位的拨款、投资。

（3）外商投资企业的注册资本是指设立外商投资企业在登记主管机关登记注册的资本总额，是投资者认缴的出资额。注册资本与投资总额的比例，应当符合国家有关规定。

公司的注册资金是国家授予企业法人经营管理的财产或者企业法人自有财产的数额体现。公司的注册资本是指公司在登记机关登记注册的资本额，也叫法定资本。

注册资本与注册资金的概念有很大差异。注册资金所反映的是企业经营管理权；注册资金是企业实有资产的总和，注册资本是出资人实缴的出资额的总和。注册资金随实有资金的增减而增减。

9.4.9　创业融资省钱窍门

许多人在创业初期往往求"资"若渴，为了筹集创业启动资金，根本不考虑筹资成本和自己实际资金需求情况。但是，如今市场竞争使经营利润率越来越低。因此，广大创业者

在融资时一定要考虑成本，掌握创业融资省钱窍门。

（1）精打细算，合理选择贷款期限

（2）用好政策，享受银行和政府低息待遇

（3）巧选银行，贷款也要货比三家

（4）合理挪用，住房贷款也能创业

（5）亲情借款，成本最低的创业"贷款"

电子活页 9-13

【电子活页】

扫描二维码，浏览"电子活页 9-13"的内容，了解"创业融资省钱窍门"的具体内容。

9.4.10　申请小额担保贷款

小额担保贷款是指通过政府出资设立担保基金，委托担保机构提供贷款担保，由经办商业银行发放，以解决符合一定条件的待就业人员从事个体经营自筹资金不足的一项贷款业务。国家规定对符合条件的高校毕业生自主创业的，可在创业地按规定申请小额担保贷款。

小额担保贷款按照自愿申请、社区推荐、人力资源社会保障部门审查、贷款担保机构审核并承诺担保、商业银行核贷的程序，办理贷款手续。

大学毕业生自主创业小额担保贷款贷款流程如下。

（1）社区推荐，街道初审，劳动保障局审核

（2）担保机构核保

（3）贷款申请审查与发放

电子活页 9-14

【电子活页】

扫描二维码，浏览"电子活页 9-14"的内容，了解"大学毕业生自主创业小额担保贷款贷款流程"的具体内容。

9.4.11　大学毕业生如何办理创业贷款

1. 需提供的材料

（1）婚姻状况证明、个人或家庭收入及财产状况等还款能力证明文件。

（2）贷款用途中的相关协议、合同。

（3）担保材料，涉及抵押品或质押品的权属凭证和清单，银行认可的评估部门出具的抵（质）押物估价报告。

除书面材料以外就是要有抵押物。抵押方式较多，可以是动产、不动产抵押，定期存单质押，有价证券质押，流通性较强的动产质押，符合要求的担保人担保。发放额度根据具体担保方式决定。

2. 方法与步骤

（1）受理。申请人向大学生创业管理服务中心提出申请，并提交相关申报材料，由大学生创业管理服务中心进行初审。

（2）审核。对初审通过的商业贷款贴息对象及金额，由人事局会同财政局等有关部门按产业导向、企业规模、就业人数、注册资本和利税等要素对申请商业贷款贴息对象的资料进行审核，并核定贴息金额。

（3）公示。经评审通过的商业贷款贴息对象和贴息金额由人事局和申请人所在单位或社区进行公示，公示期为5个工作日。

（4）核准。经公示后无异议的，由人事局下发核准通知书。

（5）拨付。根据相关部门核准通知书，财政局在贴息对象提供付息凭证后从扶持大学生自主创业专项资金中拨付资助资金。

【案例剖析】

[案例9-2]　　　　　　船王借钱买船

我们来看看，商界高手们是怎样借钱的。

在中国航运史上，有两位"船王"都是靠"借钱买船"发家的。一位是香港船王包玉刚。他开始创业的时候，就是向朋友借的钱。他借钱先买了一条破船，然后，用这条船去银行抵押贷款，贷来了款，再买第二条船。然后，再用第二条船作抵押，去买第三条船。他就是采取这种"抵押贷款"的办法，滚动发展起来的。

有一次，他竟两手空空，让著名的汇丰银行为他买来了一艘崭新的轮船。他是怎样操作的呢？我们来听听他的说法。他跑到银行，找到信贷部主任说："主任，我在日本订购了一艘新船，价格是100万，同时，我又在日本的一家货运公司签订了一份租船协议，每年租金是75万，我想请贵行支持一下，能不能给我贷款？"

信贷部主任说："你这个点子不错，但你要有担保。"他说："可以，我用信用状担保。"什么是信用状？就是"货运公司"从其他银行开出的信用证明。很快，包玉刚到日本拿来了信用状，银行就同意了给他贷款。你看，船都没有造，钱就给他了。你会问：为什么银行会给他贷款？我们来分析一下：

如果银行给他100万元造这条船，每年就有75万元的租金，不需2年，他就可以还清100万的贷款。

银行肯定担心，怕他有钱不还，或有情况还不了钱。这没关系，因为银行这里有货运公司的"信用状"担保，这家公司很守信用，如果他不给钱，银行可以找这家货运公司，安全不成问题。所以，银行就敢贷给他。如果你借了，又还了，今后别人才敢跟你打交道。

还有，包玉刚赚到一笔钱，不是像有些小财主那样，存起来，这样发展太慢，而是用来继续扩大规模。有规模才有效益，这样才能做大做强。他就是用这种"滚动式"的"抵押贷款"经营方式，在大洋里越滚越大，成为世界航运之首的。

香港还有一位船王叫虞洽卿，他也是靠借银行贷款起家的。他的诀窍是买旧船进行"包装"，再向银行抵押，得到贷款后，又买旧船"包装"再抵押。这样循环往复，资本就越滚越大。据说，他买一条旧船一般价格是5～10万元，修理配件、油漆一新后，到银行可贷款15～20万。就这样，他也用这种办法，滚成了一个"百万富翁"。

他这种贷款办法，比前面的办法又进了一步。一个进行了"包装"，一个没有"包装"。东西就是这样，一"包装"身价就上升，包不包装价值大不一样。俗话说：人靠衣装，佛靠金装。一个脸上不发光的人，永远成为不了一颗星。两位船王相同的是"滚动"发展，只有滚动才能大发展。

【分析思考】

随着大众创业、万众创新的不断推进，越来越多的年轻人走向创业之路，其中就不乏很多大学毕业生，他们满怀理想、抱负，有着对市场和对未来的憧憬与希望，踏上了创业的道路。在这个过程中，融资是一个难题，大学毕业生手里没有钱，只能通过融资方式获得，应该怎么办呢？

"有投入才会有产出"，要创业赚钱，就需要先投入资金。对于大多数创业者来说，资金是制约创业和发展的最大困境之一。只有做好资金的规划和筹措，才能保障你的创业不会因陷入"无米之炊"而夭折。

个人创业需要什么样的资金条件呢？一是要有固定资金和流动资金。固定资金是以货币形式表现的固定资产的价值，它包括垫支于厂房、建筑物、机器设备和运输工具等主要劳动资料上的资金。流动资金是用于垫支劳动对象和支付其他全部费用的资金。二是要有注册资金。

[案例9-3]　　　　　　　　　会籍式众筹——3W咖啡

3W咖啡是由许单单、马德龙、鲍春华三位创始人负责经营的，以股权众筹模式创办的新型咖啡馆。3W咖啡联合创始人鲍春华解释咖啡的经营理念为"以咖啡为载体，为创业培训及风险投资机构寻找项目搭建平台"。3W采用的众筹模式是向社会公众进行资金募集，每个人10股，每股6000元，相当于一个人6万元。3W有一个豪华的投资人阵容，包括乐峰网创始人、知名主持人李静，红杉资本中国基金创始及执行合伙人沈南鹏，新东方联合创始人、真格基金创始人徐小平，德讯投资创始人、腾讯创始人之一曾李青，高德软件副总裁郗建军等，这也让创始人许单单春风得意。3W咖啡很快以创业咖啡为契机，将品牌衍生到了创业孵化器等领域。

3W的游戏规则很简单，不是所有人都可以成为3W的股东，也就是说不是你有6万元就可以参与投资的，股东必须符合一定的条件。3W强调的是互联网创业和投资圈的顶级圈子。很少人是为了6万元未来可以带来的分红来投资的，3W给股东的价值回报在于圈子和人脉。试想如果投资人在3W中找到了一个好项目，那么多少个6万元就赚回来了。同样，创业者花6万元就可以认识大批同样优秀的创业者和投资人，既有人脉价值，又有学习价值。很多顶级企业家和投资人的智慧不是区区6万元可以买到的。

3W咖啡不只是一家普通的咖啡馆，它的业务还包括天使投资等，它会定期组织深度沙龙和聚会，促进富有创意的年轻人和创业者之间的经验分享交流和股东之间的合作交流。

【分析思考】

会籍式的众筹适合同一个圈子的人共同出资做一件大家想做的事情，例如3W这样开办一个有固定场地的咖啡馆方便进行交流。

创业咖啡注定赚钱不易，但这和会籍式众筹模式无关。实际上，完全可以用会籍式众筹模式来开餐厅、酒吧、美容院等高端服务性场所。这是因为现在圈子文化盛行，加上目前很多服务场所的服务质量都不尽如人意。通过众筹方式吸引圈子中有资源和人脉的人投资，不仅是筹措资金，更重要的是锁定了一批忠实客户。而投资人也完全可以在无须经营的前提下拥有自己的会所、餐厅、美容院等，不仅可以赚钱，还可以在自己朋友面前拥有更高的社会地位。

值得注意的是除了 3W 咖啡项目，国内很多的咖啡众筹项目都已以失败而告终，这不得不引起我们的思考，3W 咖啡的成功之道究竟在哪儿？其他咖啡众筹项目的失败又究竟是为何？

[案例9-4] "三个爸爸"29 天众筹 1000 万元背后的秘密

中国众筹金额最高纪录被再次刷新，"三个爸爸"儿童专用空气净化器，在京东众筹平台以 29 天众筹 1000 万元的成绩，冠绝众筹业界。

1. 好产品源自好概念

选择生产空气净化器，主要缘于负责人戴赛鹰刚晋升为准爸爸时，从医生朋友那里了解到由于孩子呼吸系统发育不完全，对污染的抵抗能力仅为成人的十分之一到四分之一，随着空气污染越来越严重，儿童呼吸系统疾病的发病率在逐渐上升。

戴赛鹰开始为自己未出生的孩子感到担忧，但是找遍市场上所有净化器，却没有一款属于儿童专用。市面上大多数净化器都对甲醛、过滤 PM2.5 缺乏明显成效。戴赛鹰与陈海滨、李洪毅两个做了爸爸的人交谈时，发现这是大家共同的苦恼。"自己打造一款专为孩子用的空气净化器"这个想法一拍即合。

雾霾天气和装修产生的甲醛污染问题一直都是民众很头疼的问题。戴赛鹰通过打造儿童专用空气净化器的概念，体现了产品背后的情怀。儿童是家长最愿意投资的对象，产品的生产更是牵动了万千家长的心。"三个爸爸"的名字容易被记忆，显得温情的同时又蕴藏着三个创始人的背后故事。

2. 用营销打开市场

有了产品概念，这个创业团队找到了高榕资本合伙人张震，并从其处获得了 100 万美元的过桥贷款。同时张震允诺，如果戴赛鹰团队能做出让他信服的产品，自己会再补充 900 万美元的投资。

固然三人有好产品，但如果是三人都是一般人可能不是那么容易获得创业资金支持的。戴赛鹰、陈海滨、李洪毅三人都是黑马会成员，有着婷美营销出身、保健资深从业者和清华技术流为背景，背后肯定少不了一堆资源和一帮朋友的支持。

3. 三个爸爸的发展历程：

2014 年 4 月，在张震的引荐下，创业团队和分众传媒董事长江南春牵上线，并与分众传媒签署战略合作协议。

2014 年 8 月，三个爸爸团队与"代言"团队共同策划新产品发布形式，代言团队为三个爸爸对接京东众筹资源。

2014 年 8 月 29 日上午 9:40 ～ 12:00，"三个爸爸"儿童专用空气净化器发布会在黑马会全球路演中心举行。

2014 年 9 月 15 日，"三个爸爸"发出冲击京东千万众筹预告获三千个点赞。

2014 年 9 月 19 日，"三个爸爸"空气净化器获国家室内车内环保产品中心检测除甲醛 CADR 值 117，专家说从未见过除甲醛效果这么好的净化器。

2014 年 9 月 22 日，"三个爸爸"在京东众筹平台发起千万众筹，截至上午 10:30，30

分钟众筹额突破 50 万元；截至上午 12:00 众筹额攀升到 100 万元；首发日众筹额将达到 200 万元人民币，创造互联网众筹新纪录。

2014 年 10 月 28 日，各大媒体宣传"三个爸爸"29 天众筹 1000 万元。

【分析思考】

众筹对风险投资很有吸引力，因为它要求企业家展现自己公司的实力，以及它们对市场的价值。这意味着，只有强大的团队和创新的理念才能接受市场检验，获得风投公司及其他投资者的青睐。

【交流探讨】

［探讨 9-2］　　　　投融资失败的前车之鉴

成功的创业公司无非是"创造或抓住了痛点，获得了融资，产品推出后受到了市场追捧，获得成功，最后也许还会被高额收购。"然而失败者就不一样了，他们起初都获得了相当规模的投资，最终却失败了，或是无法进入市场，或是在投资无法成功退出、被迫变卖资产、收购价低于投资额等。他们失败的原因不尽相同。

1. 乐淘网：五年四次转型难逃贱卖命运

乐淘网成立于 2008 年 6 月，平台上线之初就获得雷军等 200 万美元的天使投资。在雷军建议卖玩具的情况下，乐淘网最初的定位是销售玩具，彼时毕胜不懂电商也不懂零售，乐淘发展得也不顺利，于是毕胜和团队开始研究卖别的东西。2009 年 9 月，乐淘开始了第一次凶险的转型，从卖玩具改为卖鞋，从虚库代销到实库代销，毕胜一手建立了乐淘鞋类电商供应链体系。一切发展都是顺风顺水，乐淘也获得了资本市场的认可和青睐，先后获得 3 笔共 7000 万美元融资，投资方包括联创策源、老虎基金、德同资本、晨兴创投等。此时毕胜开始将乐淘带上了"狂飙突进"的扩张道路，在当时电商烧钱砸流量的大环境下，乐淘也狂砸广告费，成立子公司积极扩张，销售额增长的背后是越做越亏。2011 年底，毕胜抛出"垂直购销电子商务是骗局"论，2012 年乐淘开始转型做鞋类自有品牌，当年推出了恰恰、乐薇、茉希、迈威、斯伽 5 个自有品牌，砍掉了原来的代销业务，不过几个月就出现了数千万元的库存危机。2013 年，乐淘新的发展方向是"定制平台"，这也意味着此前确定的自有品牌之路已难以为继。2014 年 5 月，乐淘被卖掉了，接盘侠是广东冠鹏鞋业连锁经营有限公司，包括毕胜在内的乐淘原有股东全部退出。

在 2011 年乐淘顶峰的时候，网站访问量和销售额等方面均排在国内鞋类电商第一名，当时没人相信乐淘会死。如果乐淘没有成本失控，并一直坚持自己的垂直代销战略，也许就不会落得被迫贱卖的惨淡结局，但人生没有如果可言。其实几亿人民币的投资打了水漂，最倒霉不仅是创始人，还有投资人。

2. 国产沙盒网游《地球 OL》众筹仅筹到 500 多元

2015 年 10 月 19 日，曾经引发无数争议的在 Steam 和摩点两个平台进行众筹的沙盒游戏《地球 OL》宣布他们在摩点的众筹已经结束，虽然众筹目标只有 58888 元人民币，但是依旧没有达成目标。

国产沙盒网游《地球 OL》众筹失败，有以下几个原因。首先，技术不到位。相比较于国外，国内顶尖的开发者是少之又少。再者，国内游戏名声不好，以众筹的形式筹集资金，很难获得投资人的信任，更何况，游戏项目也并没有拿出成果来获取投资人的信任。最后，大环境所致。国内众筹环境本就鱼龙混杂，利用众筹来骗钱的项目大有人在。而游戏众筹又是一种不常见的项目，所以很难让投资人信任。

面对众筹失败的事实，融资者如果能从中总结出不足，对市场有个初步了解，失败也未尝不是一种收获。

【各抒己见】

通过分析本案例所提及两个投融资失败事件的原因，总结几条投融资失败的原因，诸如缺乏忧患意识、对自己和公司太过自信乐观、缺乏系统思考的意识、现金流控制出现问题、管理层团队不成熟等，对创业者融资提出一些建议。

【实战训练】

[训练9-3] 设计一个合适的融资方案

田心同学在居民区附近拟开设一家便利店，需资金6万元，而自己手中只有2万元，缺口4万元，需要进行融资。从以下融资方式中选择一种融资方式或者多种融资方式组合，设计一个风险小、付出小、到账快的融资方案。

融资方式之一：个人间借款

向亲属、朋友借款，它适合简单生产经营和资本积累的初期。但不足之处是一旦经营发生亏损，将无脸面对亲朋好友。

融资方式之二：股东"融资"

寻找合适的投资合伙人，国内外都有可能找到投资合伙人。牺牲一部分利益给别人，以换取一定资金，达到能开始经营和获利的目的。为吸引投资者，可采取股东置换的方式，留住经营资金。经营不好时，你可找另一个合伙人替换原合伙人；经营好时，你用自己替换原合伙人以达到经营资金充足，保证经营的目的。

融资方式之三：会员制

采取会员制融资的人一般有较好的无形资产或较特殊的实际资产。

融资方式之四：向银行贷款

各银行实施的一般为小额抵押贷款，以未到期的定期存单为抵押（人民币、外币存单均可），从银行取出一定金额，到期一次性归还。要想从银行拿到贷款，你首先要有资产，包括不动产和存单。

融资方式之五：典当

到典当行把自己的资产抵押，从典当行拿出资金。资产种类不受限制，大到房产、汽车，小到珠宝、首饰、服装等，只要典当行认为还值些钱的均可典当。而且手续便捷，很快拿到资金。但典当也有不足，只能救急，如果典当物成为死当，你的损失将会很大。

单元 10
提升创业绩效

企业经营的核心首先是生存、发展，最终要实现盈利，利润是衡量一个企业是否优秀的标准。利润永远是商业经济活动中的行为目标，没有足够的利润，企业就无法继续生存；没有足够的利润，企业就无法继续扩大发展。

企业的经济效益提高了，才有利于增强企业的市场竞争力，才有利于企业人才战略、产业调整和市场扩张战略的实施，才能实现企业的经营目标，才能实现企业财富最大化。

企业通过营销推广，提高企业及产品或服务的知名度，促进销售量的稳步增加，逐步提高市场占有率，实现销售收入增加。

在增收的同时节支，降低成本，控制各项费用支出，从而达到增加企业利润和效益的目的。节约成本就是一种变相的利润增长，在某些情况下，节约成本比利润扩张要更加容易。

【课程思政】

本模块为了实现"知识传授、技能训练、能力培养与价值塑造有机结合"的教学目标，从教学目标、教学过程、教学策略、教学组织、教学活动、考核评价等方面有意、有机、有效地融入团队精神、实干精神、进取精神、踏实作风、竞争意识、忧患意识、正视困难、质量意识、成本意识、效益观念10项思政元素，贯穿课程教学全过程，让学生思想上有正向震撼，行为上有良性改变，真正实现育人"真、善、美"的统一、"传道、授业、解惑"的统一。

？【知识导学】

10.1 创业绩效

创业不但可以完成创业的梦想，而且可以在一定程度上促进我国经济增长，并为我国创造了更多的就业机会。改革开放使国内经济实现了飞跃发展和经济体制市场化，中国经济全球化创造了大批的创业机会，私营企业大量涌现，创业型经济也成为国民经济的重要支柱之一。

随着国内创业活动的增加，越来越多的人把握住市场涌现的机会并取得成功，这在一定程度上也增加了人们对于创业成功所带来的财富的追求，从而增强了人们的创业动机。在当前经济全球化背景下，我国的创业者会对创业持有一种怎样的态度呢？虽然国内的马云、柳传志等人实现了传奇般的创业神话，这些创业事迹对大批潜在创业者形成了无形的精神激励，但是数据显示，国内的新创企业平均生存周期远远小于中国企业的平均寿命，比世界知名企业相差 10 倍。在这种不容乐观的创业成功率下，究竟是什么原因导致创业者的失败，是创业者不能及时发现正确的市场机遇？还是创业者不够努力呢？

学者们研究发现，主要影响因素有创业者特质、机会识别与开发、创业环境等，还有就是创业者具有的信念、坚持和奋斗的意愿程度。换言之，具有较高创业承诺的创业者们更容易取得创业成功。创业承诺是创业者的重要创业态度，创业承诺能很好地预测新创企业绩效，较高的创业承诺会使创业者更加富有斗志地去努力实现自己的创业目标。

创业动机是创业者实施创业的重要内因，是创业成功的主要影响因素，影响着创业者的行为。已有研究表明，创业动机可以促进创业活动的持续发展。创业动机是创业承诺的前因变量，较高创业承诺可以促进创业的执行和坚持，使创业团队充满信心，从而使企业更加稳定，提高新创企业绩效。

10.1.1　绩效与创业绩效

"绩效"一词来源于管理学，不同的人对绩效有不同的理解。有人认为绩效是指完成工作的效率与效能；有人认为绩效是指那种经过评估的工作行为、方式及其结果；有人认为绩效是组织为实现其目标而开展的活动在不同层面上的有效输出。更多的人认为绩效是指员工的工作结果，是对企业的目标达成具有效益、具有贡献的部分。

综上所述，绩效是成绩与成效的综和，是一定时期内的工作行为、方式、结果及其产生的客观影响。在企业中，员工的绩效具体表现为完成工作的数量、质量、成本费用，以及为企业做出的其他贡献等。

创业绩效是指在创业过程中完成某项任务或达到某个目标的程度。

10.1.2　企业绩效及评价指标

企业绩效是指一定经营期间的企业经营效益和经营者业绩。企业经营效益水平主要表现在盈利能力、资产运营水平、偿债能力和后续发展能力等方面。经营者业绩主要通过经营者在经营管理企业的过程中对企业经营、成长、发展所取得的成果和所做出的贡献来体现。

企业绩效包含效益和效率两个方面：绩效考核包括绩效结果、行为态度和绩效素质三个维度。对于管理而言，我们需要有好的效益的同时又需要用最快的时间达成这个结果。

不产生绩效的管理不是好管理。要注意的是，功劳才能产生绩效，苦劳不产生绩效；能力才能产生绩效，态度必须转化为能力才能产生绩效。

企业绩效评价的基本指标有 8 项，分别是净资产收益率、总资产报酬率、总资产周转率、流动资产周转率、资产负债率、已获利息倍数、销售（营业）增长率、资本积累率。其中，净资产收益率、总资产报酬率用于评价企业的财务效益水平，总资产周转率、流动资产周转率用于评价企业的资产营运状况，资产负债率、已获利息倍数用于评价企业的负债水平和偿债能力，销售（营业）增长率、资本积累率用于评价企业发展能力和增长潜力。

10.1.3　创业绩效研究的相关理论

（1）目标理论　　　　　　　　　　（2）系统资源理论

（3）过程理论　　　　　　　　　　（4）利益相关者理论

【电子活页】

扫描二维码，浏览"电子活页 10-1"的内容，了解"创业绩效研究的相关理论"的具体内容。

电子活页 10-1

【各个击破】

10.2　企业营销推广

【见多识广】

10.2.1　营销学四大经典理论：4P、4C、4R、4I

1.　4P 理论

4P 即产品（Product）、价格（Price）、促销（Promotion）和渠道（Place）四要素。

2.　4C 理论

4C 即顾客需求（Consumer's Needs）、成本（Cost）、交流与沟通（Communication）和便利性（Convenience）。

3.　4R 理论

4R 即关系（Relationship）、节省（Retrenchment）、关联（Relevancy）和报酬（Rewards）。

4.　4I 理论

4I 即趣味原则（Interesting）、利益原则（Interests）、互动原则（Interaction）和个性原则（Individuality）。

【电子活页】

扫描二维码，浏览"电子活页 10-2"的内容，了解"营销学四大经典理论：4P、4C、4R、4I"的具体内容。

电子活页 10-2

10.2.2　中小型企业创业初期的营销策略

企业营销是指将企业拥有的产品或服务从本企业转移到购买者（顾客）手中的企业经营活动。中小型企业创业初期的营销策略推荐如下。

（1）要认清自己生存的微观环境

（2）要认清自己竞争的优势所在

（3）将所有的策略和力量集中在前十名客户身上

（4）根据客户特征对每一个客户制定专门的销售策略

（5）时刻注意客户风险，确保财务安全

电子活页 10-3

【电子活页】

扫描二维码，浏览"电子活页 10-3"的内容，了解"中小型企业创业初期的营销策略"的具体内容。

10.2.3 创业者不可错过的六个营销策略

大营销时代，正在与一切的过去决裂，但是我们现实中的企业，依然在犹豫不决。所有的营销都应该是结果导向的，但是事实上，数据表明，90%以上企业营销，全凭老板天马行空，或策划部门封闭制造。如此的营销怎么可能有效？今日的营销，已不再是往日吆喝，而是当目标消费群需求产生时，你在那里。大营销不是花钱最多的营销，而是效果最好的营销。

大营销需要大创意，大营销需要立足目标消费群的真实需求，需要不同凡响的创意表现，为品牌和产品发声，大营销时代，效果至上。大营销时代已经到来，是主动拥抱还是被动拒绝，一切你做主。

创业者不可错过如下的六个营销策略。

（1）你的营销方案依据什么产生

（2）你的企业或产品最大优势是什么

（3）你的顾客真正的需求在哪里

（4）你能够满足顾客需求甚至做得更好

（5）你是否建立完整的营销体系，让你的顾客更方便知道及购买你的产品

（6）你是否能够行之有效地实现以上五点

电子活页 10-4

【电子活页】

扫描二维码，浏览"电子活页 10-4"的内容，了解"创业者不可错过的六个营销策略"的具体内容。

10.2.4 "互联网＋"时代如何面对营销环境与消费主体的变化

"互联网＋"时代应不断适应营销环境与消费主体的变化。

（1）营销环境的嬗变：移动化、碎片化、场景化

（2）消费主体的蜕变：个性化、社交化、娱乐化

（3）营销策略：大数据营销、内容营销、社群营销、场景化营销

电子活页 10-5

【电子活页】

扫描二维码，浏览"电子活页 10-5"的内容，了解"'互联网＋'时代如何面对营销环境与消费主体的变化"的具体内容。

10.2.5 创业公司如何做推广营销

刚开始创业的公司，做推广营销时，是不能和大企业比的，所以只好选择质优价廉的方式。

1. 销售终端的品牌推广方式

（1）现场导购　　　　（2）终端陈列　　　　（3）店头 POP 宣传

2. 渠道的品牌推广方式

（1）协助、配合、培训、支持经销商　　　　（2）加大渠道促销力度

3. 消费者互动推广方式
(1) 参观生产现场　　　　　　(2) 直接促销活动

4. 传媒品牌推广方式
(1) 软性文章细无声　　　　　(2) 小众媒体锁定人

电子活页 10-6

【电子活页】
扫描二维码,浏览"电子活页 10-6"的内容,了解"创业公司如何做推广营销"的具体内容。

10.2.6　网络营销的主要途径与方式

说起网络营销,太过于宽泛了,所有以互联网平台和手段进行的营销都是网络营销,网络营销整体系规划非常重要,可以从这几个方面下手。

(1) 微信　(2) 微博　　　　(3) 论坛　　　(4) 网络评论
(5) 博客　(6) 视频与微电影　(7) 问答百科　(8) 事件炒作

电子活页 10-7

【电子活页】
扫描二维码,浏览"电子活页 10-7"的内容,了解"网络营销的主要途径与方式"的具体内容。

10.2.7　创业企业如何做好互联网营销

在如今的互联网背景下,如何让用户找到你成为问题。流量争夺战已经打响,互联网营销的价值随即凸显。创业企业可以从以下几个方面入手做好互联网营销。

(1) 网络是载体,营销是核心　　(2) 多元化营销手段
(3) 创造话题比砸广告重要　　　(4) 方便成为硬指标
(5) 不能只有用户,没有粉丝

电子活页 10-8

【电子活页】
扫描二维码,浏览"电子活页 10-8"的内容,了解"创业企业如何做好互联网营销"的具体内容。

10.2.8　创业企业如何做好社群营销

社群是通过兴趣爱好所建立的一个圈子,社群营销是通过这个圈子的人对圈子的信任而产生的营销模式。自从前几年小米通过粉丝运营搞得风生水起后,大家都知道社群对我们企业产品推广、销售有着非常重要的意义。大家都知道社群很重要,可是,我们应该如何去做社群营销?

(1) 核心价值定位　　　　(2) 有效引导　　　　(3) 规则引导
(4) 人工引导　　　　　　(5) 活动引导

【电子活页】
扫描二维码,浏览"电子活页 10-9"的内容,了解"创业企业如何做好社群营销"的具体内容。

电子活页 10-9

【案例剖析】

[案例10-1]　乐视开创了企业利用众筹营销的先河

国内知名视频网站乐视网牵手众筹网发起世界杯互联网体育季活动，并上线首个众筹项目"我签C罗你做主"，只要在规定期限内，集齐1万人支持（每人投资1元），项目就宣告成功，乐视网就会签约C罗作为世界杯代言人。届时，所有支持者也会成为乐视网免费会员，并有机会参与一系列的后续活动。这可能是国内第一次用众筹方式邀请明星。

这次众筹项目的意义在于开创了企业利用众筹模式进行营销的先河。首先，利用了众筹模式潜在的用户调研功能。乐视网此次敢于发布签约C罗的项目，相信乐视网就早已准备好了要跟C罗签约世界杯代言，通过此次与众筹网联合，可以让乐视网在正式签约之前，进行一次用户调研。

其次，乐视网通过与众筹网的联合，对签约C罗代言世界杯活动进行了预热。乐视网充分利用了众筹潜在的社交和媒体属性，在世界杯还没到来的时候就做出了充分的预热。

最后，乐视网可以借此次活动拉动世界杯的收视，并且为正式签约C罗之后的活动积累到用户。

乐视网的这一创举一方面让众筹网越来越多地进入大家的视线，另一方面也给整个众筹行业起到了带动作用。

【分析思考】

营销推广对于初创企业来说，一直是最难以解决的问题之一。当大型企业推出新产品时，他们会在电视、线上等渠道进行铺天盖地的广告营销，有时甚至还会雇佣公关公司来进行营销。

但是对于大多数初创企业来说，他们没有足够的资金。那么初创企业该怎么办？我们只能依靠预算较低的营销形式，如微信、微博、邮件、口碑营销等。于是各种适合初创企业的营销手段应运而生，这些手段成本较低但有效，而且能够为初创企业带来更多的用户。

[案例10-2]　知味葡萄酒杂志的精准化社群营销

知味葡萄酒杂志是一家专注于为葡萄酒爱好者提供轻松的葡萄酒文化、专业的品酒知识、实用的买酒建议和精彩的品鉴体验的创业公司。

自创业以来，知味的推广与内容始终以社群为核心。通过知味专业、垂直的葡萄酒媒体内容和线下的葡萄酒教育体系，知味已然成为国内最火的葡萄酒媒体，超过50万的葡萄酒爱好者聚集到了知味周围的葡萄酒文化社群里。

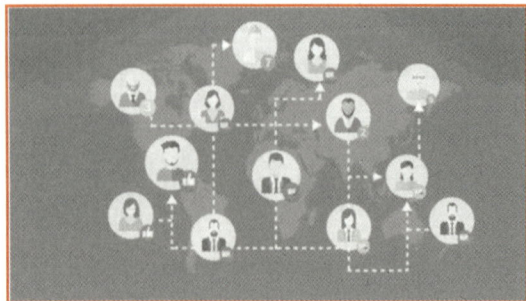

社群已经建立，运营应该怎么做？知味并不希望像传统的方式那样，单纯地搜集所有会员的联系方式做成通信录，或者是在社群内部群发广告。知味认为，社群营销是依赖个人偏好及消费行为特征所构建的社群，在增值服务这方面，应适度规避"商业激励"，而采用"情感维系"来升华客户与厂家和品牌的关系。

所以他们使用了 Convertlab 的 DM Hub 中的用户数据采集功能。知味能够通过内容标签的方式收集所有社群用户与知味的交互行为与内容偏好。

用户不管是看了一篇特定内容的公众号文章，参加一场特定主题的品酒活动，还是购买了知味所推荐的葡萄酒或周边产品，知味都能记录下来。

通过足够长时间的数据搜集，知味可以通过结构化获取的用户信息对他们进行分类，并通过不同主题的话题社群将用户组织到一起。

例如，阅读过较多次数关于意大利葡萄酒文章的用户，或者参加过知味组织的意大利葡萄酒品鉴会的用户，都会被邀请加入"知味意粉"小组。这样的情况下，葡萄酒爱好者用户会陆续被不同主题的社群以网状的形式包括到至少一个社群小组中。

这样一来，精准的分组使得社群活跃度非常高，而且还为精准定向地向用户发送他们感兴趣的内容信息和产品营销内容提供了有效通路。同时，基于对庞大的粉丝数据系统进行挖掘，知味可以据此为其粉丝发送完全个性化的促销信息。

例如，知味可以设定自动流程规则，让系统自动向在过往的一个月内参加过入门级葡萄酒培训课程的客户发送中级葡萄酒培训课程的培训信息。这样个性化、差异化的优惠大大地提高了粉丝购买的可能性，也降低了信息推送的成本。

知味还使用了平台活跃度打分的功能，交互频繁的用户活跃分数会上升。对于不够活跃的用户，定向推送一些"召回"目的的内容以降低用户流失。3 个月内，粉丝的活跃度上升了 55%。

通过 DM Hub 方案，9 个人的团队管理了上百万的红酒爱好者社群。产品简单易用，可以同时完成大数据的采集、分析和结果跟进，让这样一个小团队可以轻松收集大数据。客户与知味社群平台的黏性非常高，长期形成的情感维系要远比"满 500 积分抵 5 元消费"这样的商业折扣要受用得多。

【分析思考】

知味通过使用多样的营销功能与分析工具，做到了全方位精准化的社群营销。

从当前的消费者市场而言，营销到底应该怎么做，才能做到低投入高产出，并让用户获得最佳体验？知味葡萄酒杂志给出的答案是精准化社群营销。

新时代，社群营销应该怎么做？基于数据挖掘的个性化、精准化营销能让你的社群与众不同，并以最高 ROI（投资回报率）达到用户与企业的双赢。

[案例 10-3]　　　　　　　小米的互联网营销之道

有一家创业公司，从 0 做到 300 亿元的销售收入只用了 3 年，估值超过 100 亿美元，堪称中国创业奇迹。

没错，这就是小米。在互联网技术深入变革传统产业的今天，互联网营销显然成为实现转型升级绕不过去的词。

对于小米成功的秘诀，除了雷军总结的七字要诀"专注、极致、口碑、快"，还有就是他在多场合反复强调的"用户参与"。在雷军看来，小米卖的不是手机，而是梦想和参与感。

说到互联网营销策略，小米论坛就是其具体体现之一，这个策略是围绕粉丝经济战略来制定的，通过小米论坛聚集用户，与用户互动加深感情，继而让用户越来越认同小米，最终成为小米的粉丝。

建立小米论坛是策略，但论坛建好后，如何向论坛引流增加注册用户数，如何活跃论坛的氛围，如何增加用户的黏性等，就延伸到战术层面的问题了。

我们知道这个小米是靠粉丝经济成功的。首先小米是有一个明星，因为有明星才容易聚集粉丝。小米的明星就是"雷布斯"，由于雷军特别喜欢学乔布斯的打扮，所以周鸿祎给他起了个名字叫"雷布斯"，一开始是用来嘲讽雷军的。实际上这个名字又形象又生动，后来大家都叫雷军"雷布斯"了。所以有人说是周鸿祎把价值几千万的名字送给了雷军。

那光有明星还不够，小米还提炼了信念口号，它的信念口号就叫"为发烧而生"。他说发烧是一种生活态度，是一种对高品质的追求。这是他发布小米1时重点提出来的，按照这种说法，买小米的人都是懂手机的发烧友。实际上买小米的很多人都是买不起苹果的人，如果有钱了，很多粉丝都会买苹果不会继续买小米。但是，这样的一种信念口号实际上也给了消费者一个购买理由，其实我不是没钱，我是聪明，我是发烧友懂手机。

后来，小米又起了一个青春的口号"150克青春"。因为它的红米实际上是小米青春版，面向大学生用户。所以，要做粉丝经济，除偶像之外，还要有独特的信念口号。

小米的粉丝经济实际上是由种子用户去慢慢扩张的，它一开始有一百个天使用户，这些天使用户几乎都是版主。这一百个人拿到五千个铁杆粉丝，然后一万到十万个特别忠诚的粉丝，再到几百万个不一定很忠诚的粉丝，形成了一个粉丝体系。所以先找到种子用户，然后去扩张，这是小米的玩法。

那我们看得到现在小米的每个新产品都要发动粉丝，小米官网有一个小米产品用户开发平台，它的口号是"每个用户都是产品经理"，让用户深度参与，去体验测评，这也是非常重要的方法。

小米建立起一个关系链裂变的粉丝金字塔，这种金字塔里面一开始的一万个人是特别忠诚的，基本上会一直跟随小米；发展到十万个人是比较忠诚的；再到几百万不算是很忠诚的粉丝，但也是对小米有感情的。这个体系里面还有很多特权机制，就是前一百多个人都能得到F码（Friend码，指用于购买物品所具备的一种优先权）。

【分析思考】

粉丝经济是互联网营销的核心战略，也是小米最核心的竞争力。

社群成了我们这个社会最重要的主题，人和人的连接对于企业的营销传播变得特别重要，所以在这个时代我们要学会把消费者当成活生生的人，来与他沟通。要沟通我们的情怀、我们的故事，争取让他愿意去帮我们来主动传播信息。

把我们的用户通过我们的运营变成强关系，然后变成粉丝。粉丝积累得多了，那你的品牌创意就一定会成功。

[案例 10-4] 江小白的成功营销之道

在 2013 年出现的一个酒叫江小白，可能大家都听说过。江小白这个酒是江津老白干的白酒，原来是卖 10 块钱的。陶石泉承包下来后给他起了一个名字叫江小白，还设计了一个动漫形象和一句宣传语：我是江小白，生活很简单！然后又做了十二瓶格言瓶。这一瓶酒就卖到 25 块钱。

江小白的定位是互联网青春小酒，是 80 后、90 后的最爱，它跟茅台、五粮液的内涵是完全不一样的。

【分析思考】

现在的产品如果你只卖功能肯定很难成为爆款，产品的调性和故事甚至比功能更重要。现在的互联网品牌都要像奢侈品一样，去经营调性和故事。

一个产品在这个时代卖的往往不只是功能，而是背后的精神归属，产品也要有自己内在的魅力人格。现在都比较流行把品牌拟人化，因为产品非常多，但是人是有个性的，是有内在的魅力人格的。

[案例 10-5] OPPO 与 vivo 的成功营销之路

2016 年，华为手机（含荣耀品牌）出货量 1.4 亿部，而脱胎于原步步高系的 OPPO 手机出货量 8000 万台、vivo 手机出货量 5000 万台，OV 两大阵营加起来 1.55 亿台，其利润率达 15%，接近三星，销量和利润率均超过华为手机，成为中国智能手机市场最大赢家。

OPPO 与 vivo 的成功营销策略如下。

（1）聚焦目标客户群，定位简单精准。

（2）深刻理解消费者需求，将产品做到简单极致。

（3）蓝绿海洋漫灌洗脑，打造强大的终端网络竞争力。

（4）标准化的终端促销、服务与体验，将用户现场体验做到极致。

（5）利益共享机制形成良性渠道组织生态，实现渠道有效管控和成本领先优势。

（6）高空权威媒体广告轰炸＋地面人海口碑传播，构筑产品品牌优势。

（7）敏捷的物流配送服务系统。

（8）简单极致的高绩效文化竞争力。

【电子活页】

扫描二维码，浏览"电子活页 10-10"的内容，了解"创业企业如何做社群营销？"的具体内容。

电子活页 10-10

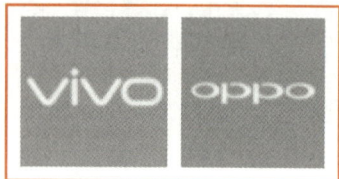

【分析思考】

OV阵营对消费者需求的深刻理解力、用户导向的极致产品设计力，终端网络的覆盖力、影响力与有效管控力在一定程度上超越了其他手机品牌，OV阵营赢在构建了一个真正用户导向的、简单极致的伟大终端网络系统。

【交流探讨】

［探讨10-1］　　探讨校园便利店的营销策略

拟在学校附近开设了一家便利店，消费群体主要以学生为主，具有购物次数多、数额小的显著大众性消费特点。目前，便利店以食品、文具生活用品为主导型商品。

便利店拟采取以下营销策略。

1. 开业期间开展促销活动

开业期间，到校园便利店购买任何货品满30元，凭小票即有机会赢取100元校园便利店消费券。连续6星期，每周送出1张消费券。同时有大量精美礼品，100%中奖。

开业期间，前50名顾客可排队领取价值10元的抵价券。去校园便利店买任何正价货品满30元，凭消费券即可抵去相应价格，但消费券不可重复使用。

2. 优惠活动

（1）当天消费正价商品满20元，凭小票可赠送精美小礼品。

（2）可领取校园便利店积分卡，将每次消费额（满10元）的全额计入积分卡里（1元1分），当月积分满150分即可参加抽奖（100%中奖）。最高奖项为校园便利店50元消费券1张。

（3）实行早餐VIP制，在校园便利店预定早餐的顾客可享受早餐送货上门的服务，若预定1周5天早餐的顾客还可享受9折优惠。

（4）每天1款特价商品，保证低于当地任何超市的价格，特价商品限量贩卖。

3. 定价策略

便利店商品定价一般比超级市场高20%左右，且通常不采用降价促销手段，毛利率较高。但是因为校园便利店的目标群体都是经济情况不宽裕的学生，因此，校园便利店应在保证不亏损的前提下，尽量调低价格。拟采取以下定价方式。

（1）递向定价。考虑大学生的承受力，先通过调查得出学生愿意并能承受的价格，再考虑成本费用，以获取一定的利润。

（2）对比定价。首先，校园便利店参考商圈附近3~5家同业商店的定价，而拟定明确、系统的价格策略。校园便利店若经营与超市相同的产品时，价格不可太高，否则会留下价格很高的恶劣印象；经营超市没有的商品或自有产品时，才可拉高价格，用这部分商品互补盈亏。

（3）差别定价。销量大、受欢迎的产品定价不宜过高，有特色的自有产品才是校园便利店利润最高的部分，无利的便民服务尽量做到顾客满意，定价应尽量压低，以树立形象为目标。

此外，一些学校有专用的校园卡，用于饭堂餐费、热水费等，条件允许的话，可以与校方联系，让学生刷校园卡付款，真正在校园内实现"一卡通"。

【各抒己见】

（1）分析校园便利店的这些营销策略是否可行？哪些策略还需进一步细化与优化？

（2）以小组为单位，经深入探讨提出更好的营销策略。

【实战训练】

[训练 10-1]　制定校园咖啡馆的营销策略

咖啡，成为越来越多人的宠儿，人们越来越爱喝咖啡。创业，从开家咖啡馆开始，也是不少人的选择。随之而来的"咖啡文化"充满生活的每个时刻。无论在家里、办公室或各种社交场合，人们都在品着咖啡。咖啡逐渐与时尚、现代生活联系在一起。遍布各地的咖啡屋成为人们交谈、听音乐、休息的好地方，咖啡丰富着我们的生活，也缩短了你我之间的距离，咖啡逐渐发展为一种文化。随着咖啡这一历史悠久饮品的广为人知，咖啡正在被越来越多的中国人所接受。

咖啡馆由明德学院在校学生自主创办，在学校正门右边街道一个显眼的位置，这里虽然装修简单，但特别有家的味道，甚至比家还温馨，还放松。南面墙全部是书架，上面横七竖八地摆满了各种书籍。吧台坐落在正中央，吧台后面的墙上挂着一个木质的酒架，码放着各式各样的咖啡豆。北面除大门外，余下的部分全部是明亮的玻璃飘窗，窗台很低，上面落满了各种杂志，靠窗的地方只摆放着方桌，每桌可以坐 4～6 人。但是，这里的空气、光线、声音更让人迷恋、难舍，感觉就像在家里一样轻松自由。

以小组为单位，为校园咖啡馆制定可行的营销策略，并撰写简洁的《校园咖啡馆营销策略书》。

10.3　企业销售收入预测

【见多识广】

10.3.1　销售收入的含义

销售收入也叫营业收入或经营收入，是指企业发生在商品产品、自制半成品或提供劳务，使产品所有权转到顾客，收到货款、劳务价款或取得索取价款凭证，而认定的收入，即企业产品销售和其他销售所取得的收入。前者的销售收入包括产成品、代制品、代修品、自制半成品和工业性劳务销售收入等。后者的销售收入包括除产品销售收入以外的其他销售和其他业务收入，如材料销售收入、包装物出租收入及运输等非工业性劳务收入。企业专项工程、福利事业单位使用本企业的商品产品，视同对外销售。

10.3.2　销售预测的影响因素

尽管销售预测十分重要，但进行高质量的销售预测却并非易事。在进行预测和选择最合适的预测方法之前，了解对销售预测产生影响的各种因素是非常重要的。

一般来讲，销售预测的影响因素主要有以下两大类。

1. 外界因素

（1）需求动向 　　　　　　　（2）经济变动

（3）同业竞争动向 　　　　　（4）政府、消费者团体的动向

2. 内部因素

（1）营销策略 　　　　　　　（2）销售政策

（3）销售人员 　　　　　　　（4）生产状况

【电子活页】

扫描二维码，浏览"电子活页 10-11"的内容，了解"销售预测的影响因素"的具体内容。

电子活页 10-11

10.3.3　销售预测的定性分析法

定性预测法是在预测人员具备丰富的实践经验和广泛的专业知识的基础上，根据其对事物的分析和主观判断能力对预测对象的性质和发展趋势做出推断的预测方法。这类方法主要是在企业所掌握的数据资料不完备、不准确的情况下使用，通过对经济形势、国内外科学技术发展水平、市场动态、产品特点和竞争对手情况等情况资料的分析研究，对本企业产品的未来销售情况做出质的判断。

销售预测的定性分析法主要有市场调研法和判断分析法，其中判断分析法的具体方式一般可分为下列几种。

（1）意见汇集法 　　　　　　（2）特尔菲法

（3）专家小组法 　　　　　　（4）模拟顾客综合判断法

【电子活页】

扫描二维码，浏览"电子活页 10-12"的内容，了解"销售预测的定性分析法"的具体内容。

电子活页 10-12

10.3.4　销售预测的定量分析法

定量预测法主要是根据有关的历史资料，运用现代数学方法对历史资料进行分析加工处理，并通过建立预测模型来对产品的市场变动趋势进行研究并做出推测的预测方法。这类方法需要在拥有尽可能多的数据资料的前提下运用，以便能通过对数据类型的分析，确定具体适用的预测方法，对产品的市场需求做出量的估计。

销售预测的定量分析法主要有以下几种类型。

1. 趋势预测分析法

（1）算术平均法 　　　　　　（2）移动平均法

（3）移动加权法 　　　　　　（4）指数平滑法

2. 因果预测分析法

（1）一元回归直线法 　　　　（2）多元回归法

【电子活页】

扫描二维码，浏览"电子活页 10-13"的内容，了解"销售预测的定量分析法"的具体内容。

电子活页 10-13

10.3.5　使用移动平均法预测销售情况

1. 使用简单移动平均法预测销售情况

简单移动平均法是从 n 期的时间数列销售量中选取 m 期（m 数值固定，且 $m<n/2$）数据作为样本值，求 m 期的算术平均数，并不断向后移动计算观测其平均值，以最后一个 m 期的平均数作为未来第 $n+1$ 期销售预测值的一种方法。

其计算公式如下：

$$Y_n = \frac{X_{n-1} + X_{n-2} + \ldots + X_{n-m}}{m}$$

式中：Y_n 未来第 n 期的预测值；X_{n-1} 为第 $n-1$ 期的实际销售量；X_{n-2} 为第 $n-2$ 期的实际销售量；X_{n-m} 为第 $n-m$ 期的实际销售量；m 为移动平均的时期个数。

由于移动平均法只选用了 n 期数据中的最后 m 期作为计算依据，故而代表性较差。此法适用于销售量略有波动的产品预测。

2. 使用二次移动平均法预测销售情况

二次移动平均法是对一次移动平均数再进行第二次移动平均，再以一次移动平均值和二次移动平均值为基础建立预测模型，计算预测值的方法。

由于运用一次移动平均法求得的移动平均值存在滞后偏差，特别是在时间序列数据呈现线性趋势时，移动平均值总是落后于观察值数据的变化。二次移动平均法正是要纠正这一滞后偏差，建立预测目标的线性时间关系数学模型，求得预测值。二次移动平均预测法解决了预测值滞后于实际观察值的矛盾，适用于有明显趋势变动的市场现象时间序列的预测，同时它还保留了一次移动平均法的优点。二次移动平均法适用于时间序列呈现线性趋势变化的预测。二次移动平均法预测销售情况的步骤如下。

（1）首先根据历史销售数据 X_n 计算一次移动平均值 Y_n：

$$Y_n = \frac{X_n + X_{n-1} + X_{n-2} + \ldots + X_{n-m+1}}{m}$$

（2）在一次移动平均值基础上计算二次移动平均值 M_n：

$$M_n = \frac{Y_n + Y_{n-1} + Y_{n-2} + \ldots + Y_{n-m+1}}{m}$$

（3）分别计算预测模式的系数 A_n、B_n：

$$A_n = 2Y_n - M_n$$
$$B_n = 2*(Y_n - M_n)/(m-1)$$

（4）计算销售预测值：

$$Y_{n+t} = A_n + tB_n$$

【说明】

X_n：第 n 期实际销售数，一般为某一时段的平均值。

Y_n：第 n 期的移动平均值。

m：进行移动平均所包含的时段数。

M_n：Y_n 基础上二次移动平均值。

A_n、B_n：销售预测线性方程的系数。

t：待预测的月份。

Y_{n+t}：销售预测值。

10.3.6 产品销售价格的定价方法

产品销售价格的高低受成本费用、市场需求和竞争状况三方面因素影响和制约，定价方法主要有以下几种类型。

1. 成本导向定价法

（1）成本加成定价法　　　　　（2）目标利润定价法

（3）边际成本定价法（边际贡献定价法）（4）盈亏平衡定价法

2. 需求导向定价法

（1）认知价值定价法　　　　　（2）需求差异定价法

（3）逆向定价法

3. 竞争导向定价法

（1）随行就市定价法　　　　　（2）投标定价法

4. 产品差别定价法

（1）顾客细分定价　　　　　　（2）产品形式差别定价

（3）形象差别定价　　　　　　（4）地点差别定价

（5）时间差别定价

电子活页 10-14

【电子活页】

扫描二维码，浏览"电子活页 10-14"的内容，了解"产品销售价格的定价方法"的具体内容。

10.3.7 创业企业如何制定新产品价格

创业企业新产品上市或新服务项目推出中，很重要的一环是如何给产品或服务定价。产品或服务的定价是否正确，直接关系到产品的销量、企业能不能获利、目标消费者能不能接受等问题。这是一个让很多经理人头疼的决策。

影响价格最终形成的因素有很多，除产品成本、竞品分析、目标消费者分析及需求确定等之外，还要考虑营销战略、企业目标、政府影响和品牌溢价能力等因素。创业企业按以下基本步骤和基本方法制定新产品价格。

（1）选择定价目标　　　　　　（2）确定需求

（3）估计成本　　　　　　　　（4）分析竞争者的成本、价格和历史价格行为

（5）选择定价方法

【电子活页】

扫描二维码，浏览"电子活页 10-15"的内容，了解"创业企业如何制定新产品价格"的具体内容。

电子活页 10-15

【案例剖析】

[案例 10-6]　　　　　　　预测家家乐网上商城的销售量

家家乐网上商城前 3 季度某款电子产品的销售数据如表 10-1 中第 2 列所示，现拟运用二次移动平均法预测第 3 季度（10、11、12 月）销售情况。

表 10-1　家家乐网上商城某款电子产品前 3 季度的销售数据及第 3 季度销售情况预测

销售月份 n	月平均销售	一次移动平均值	二次移动平均值	预测数据
1 月	1532			
2 月	1645			
3 月	1770	1649		
4 月	1790	1735		
5 月	1551	1704	1696	
6 月	1840	1727	1722	
7 月	1880	1757	1729	
8 月	1830	1850	1778	
9 月	1921	1877	1828	
10 月				1975
11 月				2024
12 月				2073

1. 计算一次移动平均值

拟设定时段数为 3，一次移动平均值的计算过程如下。

$Y_3 = (X_1 + X_2 + X_3)/3 = (1532+1645+1770)/3 = 1694$

$Y_4 = (X_2 + X_3 + X_4)/3 = (1645+1770+1790)/3 = 1735$

$Y_5 = (X_3 + X_4 + X_5)/3 = (1770+1790+1551)/3 = 1704$

$Y_6 = (X_4 + X_5 + X_6)/3 = (1790+1551+1840)/3 = 1727$

依此类推，计算的一次移动平均值如表 10-1 中第 3 列所示。

2. 计算二次移动平均值

拟设定时段数为 3，二次移动平均值的计算过程如下。

$M_5 = (Y_3 + Y_4 + Y_5)/3 = (1649+1735+1703.67)/3 = 1696$

$M_6 = (Y_4 + Y_5 + Y_6)/3 = (1735+1703.67+1727)/3 = 1722$

依此类推，计算的二次移动平均值如表 10-1 中第 4 列所示。

3. 确定预测模式的系数

取 $n=9$，确定预测模式的系数。

$A_9 = 2Y_9 - M_9 = 2*1877-1828 = 1926$

$B_9 = 2*(Y_9 - M_9)/(3-1) = 2*(1877-1828)/2 = 49$

4. 计算销售预测值

t 分别为 1、2、3，预测第 3 季度的销售量。

$Y_{10} = A_9 + 1 * B_9 = 1926 + 1*49 = 1975$

$Y_{11} = A_9 + 2 * B_9 == 1926 + 2*49 = 2024$

$Y_{12} = A_9 + 3 * B_9 == 1926 + 3*49 = 2073$

销售预测值如表 10-1 中第 5 列所示。

10 月销售预测为 1975，11 月销售预测为 2024，12 月销售预测为 2073。

【分析思考】

随着市场经济的发展和经济的全球化，企业面临着越来越残酷的市场竞争。企业要想赢得竞争、赢得客户，就必须在最短的时间内，以最低的成本将产品提供给客户，这使得进行正确及时的产品销售预测及由此做出可靠的决策，成为现代企业成功的关键要素。

销售计划的中心任务之一就是销售预测，无论企业的规模大小、销售人员的多少，销售预测影响到包括计划、预算和销售额确定在内的销售管理的各方面工作。通过销售预测，可以调动销售人员的积极性，促使产品尽早实现销售，以完成使用价值向价值的转变。销售预测是企业以销定产的需求，根据销售预测资料，安排生产，避免产品积压。

【交流探讨】

[探讨 10-2]　　　　预测惠康智能家居公司各月的销售收入

惠康智能家居有限责任公司主要致力于智能衣柜、智能门窗、智能厨具等家具的研发、生产和销售。公司以国内家具行业为服务市场，充分利用高校研发力量，推进高新技术成果的产业化。公司成立初期主要生产电子窗帘，门窗，针对传统家具企业，解决过去同类产品性价比过低、产品功能单一、性能不稳定和环境效益不佳的问题，满足家居智能化、系列化、专用化和高档化方向发展的需求。

公司上半年（1 至 6 月）的销售量及销售额如表 10-2 所示。

表 10-2　公司上半年（1 至 6 月）的销售量及销售额

月　份		1	2	3	4	5	6
智能台灯	销售数量（件）	420	340	756	1166	2080	2238
	平均单价（元）	80	80	80	80	80	80
	月销售额（万元）	3.36	2.72	6.048	10.428	16.64	20.584
智能充电终端	销售数量（件）	140	250	321	230	460	99
	平均单价（元）	2500	2500	2500	2500	2500	2500
	月销售额（万元）	35	625	780	575	1150	247.5
智能门窗	销售数量（件）	383	218	436	196	549	518
	平均单价（元）	1200	1200	1200	1200	1200	1200
	月销售额（万元）	4510.3	261.6	523.2	235.2	658.8	621.6

续表

月　份		1	2	3	4	5	6
电子窗帘	销售数量（件）	466	790	326	120	496	602
	平均单价（元）	100	100	100	100	100	100
	月销售额（万元）	4.66	7.9	3.26	1.2	4.96	6.02
智能洗衣机	销售数量（件）	123	214	90	231	70	129
	平均单价（元）	800	800	800	800	800	800
	月销售额（万元）	10.54	17.12	7.2	184.8	56	103.2
合计	月销售总额（万元）	512.46	914.34	13110.6	8210.68	1186.4	998.9
	半年销售总额（万元）						5761.98

表 10-2 中用公式（销售数量 * 平均单价＝月销售额）计算出月销售额，把每种产品的月销售额加在一起得到月销售总收入，最后把 6 个月的销售收入加在一起，就得到了半年的销售总收入。

【各抒己见】

试分别使用判断分析法、算术平均法、简单移动平均法、二次移动平均法预测下半年（7至 12 月）的销售量和销售额。

【实战训练】

[训练 10-2] 预测悠闲居有限责任公司的销售额

悠闲居有限责任公司拟采用的定价原则是根据类似餐饮、休闲、娱乐服务的市场价格、客户价值、成本和毛利目标来确定。

1. 收费标准

餐饮和 DIY 人均消费 45 元左右，夏令营 1500 元 / 人左右，时间为 1 周左右，1 年 2 期。各项服务及收费标准如表 10-3 所示。

表 10-3　各项服务及收费标准

心理辅导服务	周一到周五		周六到周日	
	普通价	会员价	普通价	会员价
	180 元 / 小时	160 元 / 小时	200 元 / 小时	180/ 小时

桌面游戏	周一到周四		周五		周六		周日	
	普通价	会员价	普通价	会员价	普通价	会员价	普通价	会员价
12：00 ～ 18：00	8	5	10	8	10	8	10	8
18：00 ～ 23：00	10	8	12	10	15	12	15	12

心理辅导服务	周一到周五				周六到周日			
	普通价		会员价		普通价		会员价	
	180 元 / 小时		160 元 / 小时		200 元 / 小时		180/ 小时	
8：00 ～ 12：00 时段	24	15	30	24	30	24	30	24
13：00 ～ 18：00 时段	32	20	40	32	40	32	40	32
发泄小屋	普通价	会员价	普通价	会员价	普通价	会员价	普通价	会员价
8：00 ～ 12：00 时段	35	30	40	35	40	35	40	35
13：00 ～ 00：00 时段	40	35	45	40	50	40	50	40

【说明】：① 音乐空间主要针对学生。② 桌面游戏按小时收费，发泄小屋按 15 分钟收费。③ 生日当天顾客持本人身份证打 5 折并赠送精美小礼品一份，其他人 8.5 折。

2. 付款方式

个人付款可直接到吧台缴纳，会员持充值会员卡消费，只需每次到吧台刷卡 1 次。

公司各项业务的销售量或营业量的预测如表 10-4 所示，根据表 10-4 各项服务及收费标准，计算各项业务的周销售额或营业额、周总营业额，并将计算结果填入表中。

表 10-4　销售额预测表

公司业务	销售量或营业量预测	周销售额或营业额预测
餐饮、DIY、小饰品	周六和周末顾客达 300 人次 / 日，周一到周五为 150 人次 / 日	
心理咨询	每周 8 人，每人 1.5 小时，人均 180 元 / 时	
桌面游戏	周六周日顾客达 100 人次 / 日，周一到周五为 50 人次 / 日	
发泄小屋	周六周日顾客达 30 人次 / 日，周一到周五为 15 人次 / 日	
周总营业额		

10.4　企业成本费用预测

【见多识广】

10.4.1　成本与费用的含义

成本与费用是两个既相互联系又存在区别的会计概念，就一般意义而言，成本费用泛指企业在生产经营中所发生的各种资金耗费。企业的成本费用也就是企业在产品经营中所耗费的资金的总和。

成本是商品经济的价值范畴，是商品价值的组成部分。人们要进行生产经营活动或达到一定的目的，就必须耗费一定的资源，其所耗费资源的货币表现及其对象化称之为成本。

成本是生产和销售一定种类与数量产品以耗费资源用货币计量的经济价值。企业进行产品生产需要消耗生产资料和劳动力，这些消耗在成本中用货币计量，就表现为材料费用、折旧费用、工资费用等。企业的经营活动不仅包括生产，也包括销售活动，因此在销售活动中所发生的费用，也应计入成本。同时，为了管理生产所发生的费用，也应计入成本。同时，为了管理生产经营活动所发生的费用也具有形成成本的性质。

10.4.2　创业经费的组成

创业到底需要多少资金？这个问题主要依据选择项目的种类、规模大小、经营地点等情况而定。以小本投资项目为例，创业所需的经费主要由以下几个部分组成。

1. 项目本身的费用

这里指付给所选定项目的直接费用，如购买某种机器设备的费用。

2. 经营设备、工具等购置费用

主要指项目在经营过程中所需要的辅助设备和工具，如添置冰柜、锅等辅助工具的费用。

3. 房租，房屋装修费用及流动资金

在计算这些费用时，要根据当地市场行情计算，房租至少要计算 3 个月的费用，因为现在租房至少也是一季度付一次，有的是半年或者一年付一次。房屋装修费用视其项目而定。

4. 营业执照及其他类似的费用

从 2014 年 1 月 1 日开始全面实施商事改革制度，取消注册资本最低 3 万元的限制，改变原来的注册资本实缴制为注册资本认缴制。

5. 经营周转所需要的资金

运行一个项目，至少要准备能支付三四个月的经营周转资金，包括人员工资、水电费、电话费、材料费、广告费、维修费等。

一个项目在最初运行时，需要经过至少 3 个月的市场培育期，这 3 个月内也许盈利很少，也许根本就没有盈利或会亏本，因此，事先必须要有足够的资金准备。

10.4.3　企业经营成本费用的构成内容与分类

企业为进行生产经营活动购置各种生产资料或采购商品而支付的价款和费用，就是购置成本或采购成本。随着生产经营活动的不断进行，这些成本就转化为生产成本和销售成本。

1. 成本的构成内容

成本的构成内容要服从管理的需要，并且随着管理的发展而发展。国家规定成本的构成主要包括以下内容。

① 原料、材料、燃料等费用，表现商品生产中已耗费的劳动对象的价值。

② 折旧费用，表现商品生产中已耗费的劳动对象的价值。

③ 工资，表现生产者的必要劳动所创造的价值。

在实际工作中，为了促使企业厉行节约，减少损失，加强企业的经济责任，对于一些不形成产品价值的损失性支出，如工业企业里的废品损失、停工损失等，也列入产品成本之中。此外，对某些应从为社会创造的价值中进行分配的部分，如财产的保险费用等也列入产品成本。这说明产品成本的实际内容，一方面要求反映成本的客观经济实质；另一方面又要按照国家的分配方针和财务管理制度规定，把某些不属于"固定成本＋变动成本"的内容列入成本，而把某些属于劳动耗费性质的费用列为营业外支出或从留利中开支。

2. 成本费用的分类

（1）制造成本与期间费用。

① 制造成本是指按产品分摊的、与生产产品直接相关的成本费用，构成项目包括直接材料、直接工资、其他直接支出和制造费用等。

② 期间费用是指在一定会计期间内所发生的与生产经营没有直接关系或关系不大的各种费用，构成项目包括管理费用、财务费用和销售费用。

（2）固定成本与变动成本。按照成本的习性，可以把成本划分为变动成本和固定成本。

① 固定成本是指不随产量的变化而变化的成本，如厂房等固定资产的投资形成的成本，数额是固定的，并不由于生产数量出现变化而发生变化。

② 变动成本是指随着产量的变化而变化的成本，如产品成本中的直接材料，是随着产品产量的变化而同比例变化的。

（3）总成本与单位成本。

① 总成本是指企业在一定期间内，生产所有产品的成本费用总和。

② 单位成本是指企业在一定期间内，平均每生产一件产品的成本。

两者之间的关系：总成本＝单位成本 × 产品数量

10.4.4　工业企业产品生产成本的基本构成

工业企业产品生产成本（也称制造成本）由直接材料、直接人工和制造费用三部分组成。

1. 直接材料

直接材料是指在生产过程中的劳动对象，通过加工使之成为半成品或成品，它们大多形成产品的实体，或有助于产品实体的形成。直接材料包括企业生产经营过程中实际消耗的直接用于产品的生产，构成产品实体的原材料、辅助材料、备品备件、外购半成品、燃料、动力、包装物及其他直接材料。

2. 直接人工

直接人工是指生产过程中所耗费的人力资源，可用工资额和福利费等计算。直接工资包括企业直接从事产品生产人员的工资、奖金、津贴和补贴。其他直接支出包括直接从事产品生产人员的职工福利费等。

3. 制造费用

制造费用则是指生产过程中使用的厂房、机器、车辆及设备等设施及机物料和辅料，它们的耗用一部分通过折旧方式计入成本，另一部分通过维修、定额费用、机物料耗用和辅料耗用等方式计入成本。企业可以根据自身需要，对成本构成项目进行适当调整。

无论什么企业，无论什么生产类型的产品，也无论管理要求如何，最终都必须按照产品品种算出产品成本。按产品品种计算成本，是产品成本计算最一般、最起码的要求，品种法是最基本的成本计算方法。

10.4.5 成本在经济活动中的重要作用

成本在经济活动中主要有以下作用。

（1）成本是补偿生产耗费的尺度　　　　（2）成本是制定产品价格的基础

（3）成本是计算企业盈亏的依据　　　　（4）成本是企业进行决策的依据

（5）成本是综合反映企业工作业绩的重要指标

【电子活页】

扫描二维码，浏览"电子活页 10-16"的内容，了解"成本在经济活动中的重要作用"的具体内容。

电子活页 10-16

10.4.6 控制成本费用的常用方法与降低成本的主要措施

1. 控制成本费用的常用方法

（1）原材料成本控制。在制造业中原材料费用占了总成本的很大比重，一般在 60% 以上，高的可达 90%，是成本控制的主要对象。影响原材料成本的因素有采购、库存费用、生产消耗、回收利用等，所以控制活动可从采购、库存管理和消耗三个环节着手。

（2）工资费用控制。工资在成本中占有一定的比重，增加工资又被认为是不可逆转的。控制工资与效益同步增长，减少单位产品中工资的比重，对于降低成本有重要意义。控制工资成本的关键在于提高劳动生产率，它与劳动定额、工时消耗、工时利用率、工作效率、工人出勤率等因素有关。

（3）制造费用控制。制造费用开支项目很多，主要包括折旧费、修理费、辅助生产费用、车间管理人员工资等，虽然它在成本中所占比重不大，但因不引人注意，浪费现象十分普遍，是不可忽视的一项内容。

（4）企业管理费控制。企业管理费指为管理和组织生产所发生的各项费用，开支项目非常多，也是成本控制中不可忽视的内容。

上述这些都是绝对量的控制，即在产量固定的假设条件下使各种成本开支得到控制。在现实系统中还要达到控制单位成品成本的目标。

2. 降低成本的主要措施

（1）节约材料消耗，降低直接材料费用。

（2）提高劳动生产率，降低直接人工费用。

（3）推行定额管理，降低制造费用。

（4）加强预算控制，降低期间费用。

（5）实行全面成本管理，全面降低成本费用水平。

10.4.7 成本预测的含义与分类

1. 成本预测的含义

成本预测是指运用一定的科学方法，对未来成本水平及其变化趋势做出科学的估计。通过成本预测，掌握未来的成本水平及其变动趋势，有助于减少决策的盲目性，使经营管理者易于选择最优方案，做出正确决策。

2. 成本预测的分类

按预测的期限分，成本预测可以分为长期预测和短期预测。长期预测指对 1 年以上期间进行的预测，如 3 年或 5 年；短期预测指 1 年以下的预测，如按月、按季或按年。

按预测的内容分，成本预测可以分为制订计划或方案阶段的成本预测和在计划实施过程中的成本预测。

10.4.8 成本预测的常用方法

（1）定量预测法。

（2）趋势预测法。趋势预测法包括简单平均法、平均法和指数平滑法等。

（3）因果预测法。因果预测法包括量本利分析法、投入产出分析法、回归分析法等。

（4）定性预测法。

（5）成本预测的高低点法。

【电子活页】

扫描二维码，浏览"电子活页 10-17"的内容，了解"成本预测的常用方法"的具体内容。

电子活页 10-17

10.4.9 营业成本的核算及记账方法

营业成本是企业为生产产品、提供劳务等发生的可归属于产品成本、劳务成本等的费用，应当在确认产品销售收入、劳务收入等时，将已销售产品、已提供劳务的成本等计入当期损益。营业成本包括主营业务成本和其他业务成本。

1. 主营业务成本

主营业务成本是企业销售商品、提供劳务等经常性活动所发生的成本。企业一般在确认销售商品、提供劳务等主营业务收入时，或在月末，将已销售商品、已提供劳务的成本转入主营业务成本。主营业务成本按主营业务的种类进行明细核算，期末，将主营业务成本的余额转入"本年利润"科目，结转后本科目无余额。

企业应通过"主营业务成本"科目核算主营业务成本的确认和结转情况。

企业结转主营业务成本时，借记"主营业务成本"科目，贷记"库存商品""劳务成本"科目。期末，应将"主营业务成本"科目余额转入"本年利润"科目，借记"本年利润"科目，贷记"主营业务成本"科目。

2. 其他业务成本

其他业务成本是企业确认的除主营业务活动以外的其他经营活动所发生的支出。其他业务成本包括销售材料的成本、出租固定资产的折旧额、出租无形资产的摊销额、出租包装物的成本或摊销额等。

企业应通过"其他业务成本"科目核算其他业务成本的确认和结转情况。

企业发生或结转的其他业务成本，借记"其他业务成本"科目，贷记"原材料""周转材料""累计折旧""累计摊销""银行存款"等科目。期末，应将"其他业务成本"科目余额转入"本年利润"科目，借记"本年利润"科目，贷记"其他业务成本"科目。

其中销售产品、商品和提供劳务的营业成本，是由生产经营成本形成的。

【案例剖析】

［案例10-7］　预测香飘飘咖啡馆开办初期的费用支出

拟创立香飘飘咖啡馆，各项开办初期的费用支出预计如下。

1．咖啡馆店面费用

咖啡馆店面拟租赁房屋，与房屋业主协商，达成房屋租赁协议。协议内容包括房屋地址、面积、结构、使用年限、租赁费用、支付费用方法等。租赁的优点是投资少、回收期限短。预算 10 ～ 15m² 店面，租赁费用大约在 9 ～ 12 万元，为保险起见，暂预测为 12 万元。

2．装修设计费用

咖啡馆的效果图、平面图、施工图的设计费用，大约 6000 元。

3．装修、装饰费用

（1）外墙装饰费用。包括招牌、墙面、装饰费用。

（2）店内装修费用。包括油漆、装饰、木工等费用。

（3）其他装修材料的费用。包括玻璃、地板、灯具等，人工费用也应计算在内。

按标准装修，费用预算为 360 元 /m²，装修费用共 360*15=5400 元。

4．设备设施购置费用

（1）沙发、桌、椅、货架，共计 2250 元。

（2）音响系统，共计 450 元。

（3）吧台所用的烹饪设备、存储设备、洗涤设备、加工保温设备，共计 600 元。

（4）产品加工使用所需的吧台、咖啡杯、冲茶器、各种小碟等，共计 300 元。

净水机采用美的品牌，这种净水器每天能生产 12L 纯净水，每天销售咖啡及其他饮料 100 至 200 杯，净水机价格大约在 1200 元。

咖啡机拟选择电控半自动咖啡机，其价格约 350 元，加上另外的附件也不会超过 1200 元。磨豆机价格在 330 ～ 480 元。冰沙机的价格约 400 元。制冰机每天的制冰量是 12kg，价格约 550 元。

设备设施购置费用共计 7430 元左右。

5．首次备货费用

购买咖啡豆、奶、茶、水果、冰激凌等的费用，大约 1000 元。

6．开业费用

开业费用预计 3450 元。

7．周转金

开业初期，咖啡馆要准备一定量的流动资金，主要用于咖啡馆开业初期的正常运营，预计 2000 元。

各项成本费用预算如表 10-5 所示。

表 10-5 各项成本费用预算表

费用支出项目	金额（元）
咖啡馆店面费用	120 000
装修设计费用	6000
装修、装饰费用	5400
设备设施购置费用	7430
首次备货费用	1000
开业费用	3450
周转金	2000
合计	145 280

【分析思考】

成本预测是进行成本决策和编制成本计划的依据。通过成本预测，掌握未来的成本水平及其变动趋势，有助于把未知因素转化为已知因素，帮助管理者提高自觉性，减少盲目性；做出生产经营活动中所可能出现的有利与不利情况的全面和系统分析，还可避免成本决策的片面性和局限性。有了科学的成本决策，就可以编制出正确的成本计划；而且，成本预测的过程，同时也是为成本计划提供系统的客观论证的过程，这一点足可以使成本计划建立在客观实际的基础之上。

预测是决策与计划的基础和前提条件，决策和计划则是预测的产物。成本预测是加强企业全面成本管理的首要环节。单靠事后的计算分析已经远远不能适应客观的需要，成本工作的重点必须相应地转到事前控制上。这一观念的形成将对促进企业合理地降低成本、提高经济效益具有非常重要的作用。

成本预测为降低产品成本指明方向和奋斗目标，是降低产品成本的重要措施。准确地预测企业成本指标，能为企业领导者正确进行生产经营决策提供依据，是增强企业竞争力和提高企业经济效益的主要手段。企业在做好市场预测、利润预测之后，能否提高经济效益以及提高多少，完全取决于成本降低多少。为了降低成本，必须根据企业实际情况组织全面预测，寻找方向和途径，并由此力求实现预期的奋斗目标，降低产品成本。

创业企业应有效控制各项成本费用支出，通过降低成本提高企业的经营效益。

【交流探讨】

[探讨10-3]　　　　　　　住一晚汉庭酒店经济房的成本分析

汉庭酒店一晚199元经济房的各项费用组成如下：空置房间成本54元（27.1%）、物业租赁40.6元（20.4%）、人员开支23.3元（11.7%）、利润18.4元（10.4%）、水电易耗品15.85元（7.9%）、折旧14.5元（7.3%）、管理11.6元（5.8%）、税收5.8元（2.9%）、市场营销2.9元（1.5%）、其他7.3元（6.1%）。

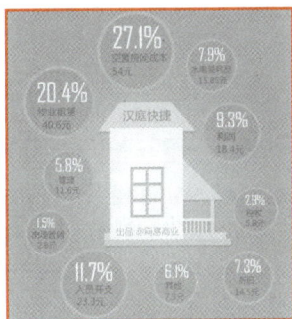

【各抒己见】

（1）如果汉庭酒店住一晚的价格不能改变，为 199 元，应如何控制成本，减少不必要的费用支出？

（2）各项成本中，空置房间成本占了 27.1%，采取哪些方法尽量减少酒店房间空置，从而提高酒店的利润。

idea **【实战训练】**

[训练 10-3] 制定红酒的成本费用控制策略

1919 酒类直供公司成立于 2006 年，是国内酒类最大的 O2O 平台，缩短了厂家与消费者的距离，能为消费者提供优质的服务，构建厂家与消费者面对面沟通的渠道。打破实体店的束缚，形成酒类行业 O2O 新局面，有效提升效率和节省中间成本，实现与终端用户的直接对接，真正实现"互联网＋"的转型，从而创造价值。

1919 酒类直供是国内酒类流通行业首家公众公司，集 16 年酒水行业营销经验，以 8 年业绩增长的市场表现，成为国内酒类流通行业的领军企业。

1919 打通线上、线下，使门店统一、标准化管理得以实现。店员进行的是"傻瓜式"工作，日常工作主要是理货、送货等。加上多年实践积累了成熟的零售管理经验，1919 门店能够被快速成功复制至全国。

1919 早已组建了强大的供应链来保证快速增长的货源需求。在各地进行地采，总部进行统采。除此，1919 还设立自营中心，独立与厂家对接，以公司强大的消费者数据为指导，专门开发自营产品。

1919 酒类直供成立互联网平台推广公司，实时掌握酒类市场销售动态，是国内最大酒类数据运用服务公司。除此，1919 互联网数据服务公司正在联合餐饮企业终端，与其他非酒品品牌商进行跨界合作，实现更多企业的 O2O，创造更大社会价值。

以一瓶售价为 268 元的进口波尔多红酒为例，假设一瓶进口红酒的价格构成如下：原料和酿造成本为 38.5 元，占 14.4%；人工成本为 22.5 元，占 8.4%；瓶子和软木塞为 7.5 元，占 2.8%；运输储存费为 16 元，占 6%；市场营销推广费用为 5.5 元，占 2.1%；代理商费用为 24.3 元，占 9%；酒庄收益为 110.4 元，占 7.3%；还有 134 元，用来缴纳了关税、增值税、附加税、所得税等，约占 50%。

1919 酒类直供公司拟通过其电商平台销售波尔多红酒，以适度降低国内的销售价格。

分析该红酒的成本构成，哪些成本或费用有进一步压缩的空间，制定成本费用控制策略。

10.5 企业税务分析与筹划

我国的税制比较复杂，不可能要求每个创业者都精通税法，但基本的财税常识必不可少。

【见多识广】

10.5.1 目前营业税改征增值税相关政策

2016年5月1日起，在全国范围内全面推开营业税改征增值税试点，建筑业、房地产业、金融业、生活服务业等全部营业税纳税人纳入试点范围，由缴纳营业税改为缴纳增值税。

目前营业税改征增值税相关政策条文如下。

（1）关于纳税人　　　　　　　　（2）征税范围
（3）税率和征收率　　　　　　　（4）纳税地点
（5）纳税义务发生时间　　　　　（6）税收优惠

电子活页 10-18

【电子活页】

扫描二维码，浏览"电子活页 10-18"的内容，了解"目前营业税改征增值税相关政策"的具体内容。

10.5.2 创业公司需缴哪些税

对于一般的创业公司而言，缴纳的税费只有6～10种，除去不经常发生且税率较低的小税种后，普通创业者需要重点关注以下3大类税种。

（1）增值税。增值税的纳税人分为一般纳税人和小规模纳税人。

（2）附加税。

① 城市维护建设税　　　② 教育费附加　　　③ 印花税

（3）企业所得税。

（4）个人所得税。

电子活页 10-19

【电子活页】

扫描二维码，浏览"电子活页 10-19"的内容，了解"创业公司需缴哪些税"的具体内容。

10.5.3 增值税的税率

（1）0税率：指免征增值税的经营项目适用的税率，如农业生产者销售的自产农业产品、出口货物等。

（2）3%：小规模企业适用的税率，无论贸易还是服务业都适用；开具的发票一般是"增值税普通发票"，收票单位不能抵扣销项税，只能作为成本发票冲减利润，少交所得税。如果去税务局代开，税率不变，但收票单位即可抵扣3个点的销项税了。

（3）5%：房地产企业销售房产、二手房交易及劳务外包服务等所适用的税率。

（4）6%：属于营改增的现代服务业的一般纳税人的税率，包括金融业（银行、保险、证券、期货、基金等）、生活服务业（餐饮、娱乐、房屋中介、旅游、美容美发、酒店住宿、快递等）、现代服务业（广告、会议、咨询鉴证、专业中介服务、信息技术服务、代理记账等）、建筑装修业（房地产、建筑、装修）。

（5）11%：交通运输服务所适用的税率，包括陆路（含铁路）运输、水路运输、航空运输和管道运输服务；邮政普遍服务、邮政特殊服务、其他邮政服务。

（6）13%：以下产品适用于 13% 的税率。

① 粮食、食用植物油、鲜奶。

② 自来水、暖气、冷气、热水、煤气、石油液化气、天然气、沼气、居民用煤炭制品。

③ 图书、报纸、杂志。

④ 饲料、化肥、农药、农机、农膜。

⑤ 国务院规定的其他货物。

⑥ 农产品（指各种动、植物初级产品）、音像制品、电子出版物、二甲醚、食用盐。

（7）17%：销售货物或者提供加工、修理修配劳务及进口货物的增值部分适用的税率。

10.5.4　增值税的计税方法

1.　基本规定

增值税的计税方法，包括一般计税方法和简易计税方法。

一般纳税人发生应税行为适用一般计税方法计税。一般纳税人发生财政部和国家税务总局规定的特定应税行为，可以选择适用简易计税方法计税，但一经选择，36 个月内不得变更。

小规模纳税人以外的纳税人（以下称一般纳税人）因销售货物退回或者折让而退还给购买方的增值税额，应从发生销售货物退回或者折让当期的销项税额中扣减；因购进货物退回或者折让而收回的增值税额，应从发生购进货物退回或者折让当期的进项税额中扣减。

一般纳税人销售货物或者应税劳务，开具增值税专用发票后，发生销售货物退回或者折让、开票有误等情形，应按国家税务总局的规定开具红字增值税专用发票；未按规定开具红字增值税专用发票的，增值税额不得从销项税额中扣减。

小规模纳税人发生应税行为适用简易计税方法计税。

2.　一般计税方法的应纳税额

应纳税额计算公式：应纳税额 = 当期销项税额 - 当期进项税额

当期销项税额 = 当期销售额 × 适用税率

当期销项税额小于当期进项税额，不足抵扣时，其不足部分可以结转下期继续抵扣。

3.　简易计税方法的应纳税额

简易计税方法的应纳税额是指按照销售额和增值税征收率计算的增值税额，不得抵扣进项税额。应纳税额计算公式：应纳税额 = 销售额 × 征收率。

简易计税方法的销售额不包括其应纳税额，纳税人采用销售额和应纳税额合并定价方法的，按照下列公式计算销售额：销售额 = 含税销售额 ÷（1+ 征收率）。

【说明】

① 进口货物退税：纳税人进口货物，按照组成计税价格和规定的适用税率计算应纳增

值税税额。

② 出口货物退税：纳税人出口适用零税率的货物，可以按照规定向税务机关申报办理该项出口货物的增值税退税。目前，出口退税率分 5%、6%、9%、11%、13%、17% 六档。

10.5.5　企业所得税的计税方法

企业所得税是指对中华人民共和国境内的企业（居民企业及非居民企业）和其他取得收入的组织以其生产经营所得为课税对象所征收的一种所得税。作为企业所得税纳税人，应依照《中华人民共和国企业所得税法》缴纳企业所得税，但个人独资企业及合伙企业除外。

企业所得税的计税方法如下。

（1）应纳税所得额的计算

（2）企业所得税的计算

（3）境外所得抵免税额的计算

【电子活页】

电子活页 10-20

扫描二维码，浏览"电子活页 10-20"的内容，了解"企业所得税的计税方法"的具体内容。

10.5.6　小型微利企业的税费优惠政策

为了促进小型微利企业的发展，国家先后出台了一系列扶持小型微利企业发展的税收优惠政策，并且对享受税收优惠政策的条件及后续管理等方面做了明确的规定。

针对小型微利企业出台的税费优惠政策如下。

（1）有关增值税的优惠政策

（2）有关企业所得税的优惠政策

（3）有关教育费附加等附加税的优惠政策

（4）有关行政事业性收费的优惠政策

电子活页 10-21

【电子活页】

扫描二维码，浏览"电子活页 10-21"的内容，了解"小型微利企业的税费优惠政策"的具体内容。

10.5.7　"营改增"后创业企业的税务筹划

税务筹划是通过对商业模式、交易模式、合同条款的事先安排，合法、合理降低税负成本。对于"营改增"企业而言，可以通过对纳税人身份、业务流程、销售及采购合同的筹划，实现不交、少交、晚交税的目的，具体而言，"营改增"创业企业可以从以下六个方面积极进行税务筹划。

1.　纳税人身份的选择

根据目前"营改增"的税收政策，应税服务年销售额超过 500 万元的纳税人为一般纳税人，未超过 500 万元的纳税人为小规模纳税人，500 万元的计算标准为纳税人在连续不超过 12

个月的经营期限内提供服务累计取得的销售额，包括减、免税销售额和提供境外服务的销售额。一般纳税人适用一般的税率，实行抵扣纳税；小规模纳税人适用 3% 的简易征收办法。适用何种纳税人身份更有利，不能一概而论，需要结合企业的资产、营收等财务状况具体判定。如果适用小规模纳税人更有利，可以通过分立、分拆等方式降低年销售额，以适用 3% 的简易征收。

2. 企业业务流程再造

增值税较营业税的一大优势就是可以避免重复征税，有利于行业的细分化和专业化发展，提高生产效率。在此背景下，企业可以通过将部分服务进行外包，做自己最为擅长的领域，例如，"营改增"后，企业是选择委托运输还是使用自营车辆运输，可以测算一下二者的税负差异，非独立核算的自营运输队车辆运输耗用的油料、配件及正常修理费用支出等项目按照 17% 的增值税税率抵扣，而委托运输企业发生的运费可以按照 11% 的税率进行抵扣，企业可根据实际测算结果，进行调整优化。

3. 供应商的调整

在增值税抵扣制度下，供给方的纳税人身份直接影响购货方的增值税税负。对于一般纳税人购货方，选择一般纳税人作为供给方，可以取得增值税专用发票，实现税额抵扣。如果选择小规模纳税人为供给方，取得的是小规模纳税人出具的增值税普通发票，购货方不能进项抵扣。因此，"营改增"后，企业可以通过选择恰当的供给方，实现税负的降低。需要提醒的是，选择小规模纳税人作为供给方，如果能够取得由税务机关代小规模纳税人开具的 3% 的增值税专用发票，购货方可按照 3% 的税率作进项税额抵扣。

4. 业务性质筹划

"营改增"后，对于一些具有税收优惠政策的业务领域，应积极通过筹划向其"靠拢"，以争取适用税收减免政策。以"四技"（技术开发、技术转让及与之相关的技术咨询、技术服务）业务为例，"营改增"前，国家对"四技服务"免征营业税；"营改增"后，国家对"四技服务"收入继续免征增值税。因此，对于科技类公司而言，对外提供相关技术服务签署合同时，应在合同条款中凸显"四技"合同的特征，履行相关备案义务。同时，需要提醒的是，"四技"业务享受增值税免税，无法开具增值税专用发票，导致下游采购方无法取得增值税专用发票。

5. 混业经营独立核算

"营改增"以来，在增值税原有 17%、13% 税率及 3%、4%、6% 的征收率的基础之上又增加了 6%、11% 两个低税率，同时将纳入增值税试点的小规模企业统一征收率为 3%。这样一来，我国目前增值税税率体系包括 17%、13%、11%、6% 及 3%、4% 的征收率。根据相关税法政策，混业经营中，不同税率项目需要分开核算，否则会统一适用高税率，因此，企业在"营改增"后，应对涉及的混业经营项目分开核算，以适用较低税率，降低税负成本。

6. 延迟纳税技巧

通过税务筹划实现推迟缴纳税款，无异于获得了一笔无息贷款，因此，企业可以通过筹划服务合同等方式推迟纳税义务的产生，但是前提是要合法，符合以下税收政策规定。

（1）纳税人提供应税服务并收讫销售款项或者取得索取销售款项凭据的当天，先开具发票的，为开具发票的当天。

（2）纳税人提供有形动产租赁服务采取预收款方式的，其纳税义务发生时间为收到预收款的当天。

（3）纳税人发生视同提供应税服务的，其纳税义务发生时间为应税服务完成的当天。

（4）增值税扣缴义务发生时间为纳税人增值税纳税义务发生的当天。

此外，对于企业购进诸如大额固定资产时，也可根据实际情况在180天内的认证期选择恰当的认证时点，因为按照规定，增值税专用发票需要在认证的次月申报纳税，如果企业当期没有充分的销项税额，进项税额也无法及时抵扣。

【案例剖析】

[案例10-8]　计算恒鑫信息服务公司缴税金额

恒鑫信息服务有限公司为高校毕业生自主创业企业，今年销售收入约300万元，成本、费用和各项支出约为198万元，以前年度没有发生亏损。该公司未达到一般纳税人标准，享受小规模纳税人政策。根据有关文件规定恒鑫信息服务有限公司属小微企业。

1. 应缴增值税

恒鑫公司属于小型微利企业，但未达到免征收增值税的标准，需要缴纳增值税，按以往5%的税率缴纳营业税，需要缴纳营业税约15万元。

实行"营改增"后，改按3%的征收率。

销售额＝含税销售额÷（1+征收率）=3000000/（1+3%）=2912621（元）。

应缴增值税=2912621*3%=87378.64（元）。

2. 应缴附加税

城市维护建设税＝实际缴纳的增值税*城市维护建设税税率=87378.64*7%=6116.50（元）。

教育费附加＝实际缴纳的增值税×征收率=87378.64*3%=2621.36（元）。

地方教育费附加＝实际缴纳的增值税×征收率=87378.64*2%=1747.57（元）

应缴附加税三项共计10485.44元。

3. 应缴企业所得税

应纳企业所得税的金额=3000000-1980000-10485.44=1009514.56（元）。

根据相关规定，符合条件的小型微利企业，减按20%的税率征收企业所得税。

应纳企业所得税=1009514.56*20%=201902.91（元）。

应缴增值税、应缴企业所得税、应缴附加税三项共计299766.99元。

4. 减免税费

根据相关政策规定，对持《就业创业证》（注明"自主创业税收政策"或"毕业年度内自主创业税收政策"）或2015年1月27日前取得的《就业失业登记证》（注明"自主创业税收政策"或附着《高校毕业生自主创业证》）的人员从事个体经营的，在3年内按每户每年8000元为限额依次扣减其当年实际应缴纳的增值税、城市维护建设税、教育费附加、地方教育附加和个人所得税。

因此实际应缴税额=299766.99-8000=291766.99（元）。

【分析思考】

依法纳税是公民和单位应尽的义务，税收是国家财政收入的主要来源，来之于民，用之于民。根据我国税法规定，所有企业都要依法报税和纳税。

近年来，为了促进小型微利企业的良性发展，政府先后出台了一系列扶持小型微利企业发展的企业所得税、增值税等一揽子税收优惠政策，并且不断加大力度。

小型微利企业是国民经济的重要组成部分，但在起步初期，一直面临着资金少、融资难等问题。随着我国税收优惠政策的持续发力，减负成效明显提升，小型微利企业"看得见、摸得着"的实惠越来越多，前景也会越来越"美"。

由于增值税是价外税，而营业税是价内税，3%的征收率换算成价内税只有2.91%，例如取得100元的收入，营业税的计算方法是100元*3%=3元，而增值税的计算方法是100/1.03*3%=2.91元。"营改增"后，恒鑫信息服务公司每年只用缴纳增值税87 378.64万元，税收负担下降近41.75%。

为了鼓励自主创业，政府先后出台了一系列税费减免政策。对这些小型微利创业企业来说，对收入减免流转税和对利润减免所得税是对他们雪中送炭、最直接的支持。税收优惠力度不断加大，释放出了越来越多的改革红利，社会的创新创业热情被迅速激发。

对于初创业者，应充分了解相关税费政策，在应交、尽交各项税费的前提下，充分享受政府各项税费优惠政策。

【交流探讨】

［探讨10-4］　　　计算一批业务应缴的税额

博雅文化传播公司是一家自主创业公司，其客户都规模较小，没有特别要求开增值税专用发票，所以，暂时没有申请一般纳税人，税率为3%。本月做了1笔2万元的业务，给客户开了1张2万元的发票，各项费用支出为8000元。

【各抒己见】

（1）就博雅文化传播公司这笔业务而言，分别应缴纳增值税、企业所得税、附加税分别为多少？

（2）由于该企业是自主创业企业，可以享受哪些税费优惠政策？

（3）如果该企业属小型微利企业，可以减免的各项税费为多少？

【实战训练】

［训练10-4］　计算波尔多红酒应缴税额

在训练10-3中可知每瓶波尔多红酒需要缴税134元，假设全年可以销售10000瓶，2016年5月的全面营改增后，分析134元的缴税由哪些税种组成？全年应缴税金额多少？各项税额分别为多少？

10.6 企业利润预测

10.6.1 利润的含义

从狭义的收入、费用来讲，利润包括收入与费用的差额，以及其他直接计入损益的利得、损失。从广义的收入、费用来讲，利润是收入与费用的差额。

利润按其形成过程，分为税前利润和税后利润。税前利润也称利润总额，税前利润减去所得税费用，即为税后利润，也称净利润。

利润是指企业在一定会计期间的经营成果，利润包括收入减去费用后的净额、直接计入当期利润的利得和损失等。直接计入当期利润的利得和损失，是指应当计入当期损益、会导致所有者权益发生增减变动的、与所有者投入资本或者向所有者分配利润无关的利得或者损失。

10.6.2 利润的计算方法

利润可以分为营业利润、利润总额、净利润三个指标，它们的计算公式分别如下。

营业利润＝营业收入－营业成本－营业税金及附加－销售费用－管理费用－财务费用－资产减值损失＋公允价值变动收益（－公允价值变动损失）＋投资收益（－投资损失）

利润总额＝营业利润＋营业外收入－营业外支出

净利润＝利润总额－所得税费用

应交所得税＝应纳税所得额＊税率－减免税额－抵免税额

应纳税所得额＝收入总额－不征税收入－免税收入－各项扣除－允许弥补的以前年度亏损

对各个计算公式中计算项的说明如下。

1. 营业收入

营业收入是指企业经营业务所确认的收入总额，包括主营业务收入和其他业务收入。

2. 营业成本

营业成本是指企业经营业务所发生的实际成本总额，包括主营业务成本和其他业务成本。

3. 营业税金及附加

营业税金及附加是指由于销售应纳消费税的商品应缴纳的消费税或提供劳务应纳的营业税，以及按一定比例计算应缴的城市维护建设税、教育费附加和资源税等。

4. 销售费用

销售费用是指企业在销售产品和提供劳务等日常经营过程中发生的各项费用，以及专设销售机构的各项经费，包括运输费、装卸费、包装费、保险费、广告费、展览费、租赁费（不包括融资租赁费），以及为销售本公司商品而专设销售机构的职工工资、福利费、办公费、差旅费、折旧费、修理费、物料消耗、低值易耗品的摊销等。

5. 管理费用

管理费用是指企业行政管理部门为管理和自制生产经营活动而发生的各种费用，包括企业在筹建期间内发生的开办费、董事会和行政管理部门在企业的经营管理中发生的或者应由企业统一负担的公司经费（包括行政管理部门职工工资及福利费、物料消耗、低值易耗品摊销、办公费和差旅费等）、工会经费、董事会费（包括董事会成员津贴、会议费和差旅费等）、聘请中介机构费、咨询费（含顾问费）、诉讼费、业务招待费、房产税、车船税、土地使用税、印花税、技术转让费、矿产资源补偿费、研究费用、排污费等。

6. 财务费用

财务费用是指企业为筹集生产经营所需资金等而发生的费用，包括企业生产经营期间发生的利息支出（减利息收入）、汇兑净损失（有的企业如商品流通企业、保险企业进行单独核算，不包括在财务费用）、金融机构手续费，以及筹资发生的其他财务费用，如债券印刷费、国外借款担保费等

7. 资产减值损失

资产减值损失是指企业计提各项资产减值准备所形成的损失。

8. 公允价值变动收益（或损失）

公允价值变动收益（或损失）是指企业交易性金融资产等公允价值变动形成的应计入当期损益的利得或损失。

9. 投资收益（或损失）

投资收益是指企业以各种方式对外投资所取得的收益（或发生的损失）。

10. 营业外收入

营业外收入是指创业项目发生的与日常活动无直接关系的各项收入，主要包括非流动资产处置利得、非货币性资产交换利得、债务重组利得、政府补助、盘盈利得、捐赠利得等。

11. 营业外支出

营业外支出是指创业项目发生的与日常活动无直接关系的各项支出，主要包括非流动资产处置损失、非货币性资产交换损失、债务重组损失、公益性捐赠支出、非常损失、盘亏损失等。

营业外收入和营业外支出应当分别核算。在具体核算时，不得以营业外支出直接冲减营业外收入，也不得以营业外收入冲减营业外支出。

10.6.3 盈亏平衡点的计算与分析

盈亏平衡点是利润为零的点，熟悉盈亏平衡点具有很重要的意义。了解盈亏平衡点的基本定义和基本做法尤为重要，只有这样，企业才能够利用盈亏平衡点的计算公式进行盈亏平衡点分析，从而知道自己还要不要继续生产，或者生产多少是盈利的。当企业生产处于盈亏平衡点时，业主就应思考到底是继续生产还是关闭企业，继续生产可以弥补固定成本但利润是零。

1. 基本定义

盈亏平衡点亦称为零利润点、保本点、盈亏临界点、损益分歧点、收益转折点。一般是指全部销售收入等于全部成本时（销售收入线与总成本线的交点）的产量。

以盈亏平衡点为界线，当销售收入线高于盈亏平衡点时企业盈利，当销售收入线低于

盈亏平衡点时企业就亏损。

盈亏平衡点可以用销售量来表示，即盈亏平衡点的销售量；也可以用销售额来表示，即盈亏平衡点的销售额。

2. 计算方法

如果假定利润为零和利润为目标利润时，想要得出盈亏平衡点，就要先分别测算出原材料保本采购价格和保利采购价格，再分别测算出产品保本销售价格和保利销售价格。

盈亏平衡点的计算公式，一般而言，可以分为如下几个类型。

（1）按实物单位计算。

盈亏平衡点 = 固定成本 /（单位产品销售收入 − 单位产品变动成本）

（2）按金额计算。

盈亏平衡点 = 固定成本 /（1− 变动成本 / 销售收入）= 固定成本 / 贡献毛益率

盈亏平衡点又称保本点，假设固定资产为 a，单位产品售价为 p，单位产品成本为 v，则保本点 $=a/(p-v)$。

一般说来，企业收入 = 成本 + 利润。如果利润为零，则有收入 = 成本 = 固定成本 + 变动成本，而收入 = 销售量 × 价格，变动成本 = 单位变动成本 × 销售量，这样由销售量 × 价格 = 固定成本 + 单位变动成本 × 销售量，可以推导出盈亏平衡点的计算公式为：

盈亏平衡点（销售量）= 固定成本 / 每计量单位的贡献差数

由于各年的固定成本和可变成本不同，各年的产品销售价格、销售额可能不同，所以各年的盈亏平衡点不同。在这种情况下计算盈亏平衡点的公式是：

某年的盈亏平衡点 = 该年固定成本 ÷[（该年含税销售额 - 该年可变成本 - 该年销售税金及附加）÷ 该年生产负荷]

3. 盈亏平衡点的分析方法

盈亏平衡点的分析又称为盈亏平衡分析、保本点分析或本量利分析法，是根据产品的业务量（产量或销量）、成本、利润之间的相互制约关系的综合分析，来预测利润，控制成本，判断经营状况的一种数学分析方法。

盈亏平衡分析主要有以下方法。

（1）按采用的分析方法的不同分为图解法和方程式法。

（2）按分析要素间的函数关系不同分为线性和非线性盈亏平衡分析。

（3）按分析的产品品种数目多少，可以分为单一产品和多产品盈亏平衡分析。

（4）按是否考虑货币的时间价值分为静态和动态的盈亏平衡分析。

（5）根据生产成本、销售收入与产量（销售量）之间是否呈线性关系分为线性盈亏平衡分析和非线性盈亏平衡分析。

盈亏平衡分析的目的就是找出这种临界值，即盈亏平衡点，判断投资方案对不确定因素变化的承受能力，为决策提供依据。

盈亏平衡点越低，说明项目盈利的可能性越大，亏损的可能性越小，因而项目有较大的抗经营风险能力，因而盈亏平衡点越低越好。

10.6.4 创业公司的常见盈利模式

不管你的产品、服务、App 有多么的优秀，只有当你的目标用户接触到它们的时候才有价值。以下为创业公司最常见的几种盈利模式及它们的优缺点。

（1）基于广告的盈利模式　　（2）合作盈利模式　　（3）交易型盈利模式

（4）订阅盈利模式　　　　　（5）网络销售　　　　（6）直销

（7）渠道销售（间接销售）　（8）零售销售　　　　（9）产品免费，服务收费

（10）免费增值模式

【电子活页】

扫描二维码，浏览"电子活页 10-22"的内容，了解"创业公司的常见盈利模式"的具体内容。

电子活页 10-22

10.6.5　如何提高企业利润

提高企业利润永远是商业经济活动中的目标，面对市场激烈的竞争，面对超低利润的产品销售局面，可以从以下途径入手提高企业利润。

途径一：开源节流，从管理入手

途径二：以少乱多、从包装入手

途径三：推陈出新，从产品入手

途径四：精减环节，从渠道入手

途径五：创意销售，从市场入手

电子活页 10-23

【电子活页】

扫描二维码，浏览"电子活页 10-23"的内容，了解"如何提高企业利润"的具体内容。

【案例剖析】

[案例 10-9]　　　　　预测快乐创造馆的盈利情况

快乐创造馆是一家专门致力于培养和提升少年综合素质的教育服务机构，帮助家长解决 3～13 岁孩子放学接管问题和二次教育问题，还有 0～3 岁孩子早教问题。快乐创造馆主要提供"潜力开发""心理素质训练""人格培养"等方面的服务内容，公司以"快乐创造人才，人才创造快乐"为经营理念，让少年儿童在全新的成长空间——快乐创造馆中找到成长的快乐，并开发自身潜力，培养健全的心理素质与人格。

快乐创造教育服务公司目前以 0～13 岁少年儿童为主要服务对象，为保证服务品质和教育成效，公司以少年儿童的年龄、目前的学习状态、兴趣、动手能力等综合能力为依据，按不同时段分别提供"快乐时光""成长俱乐部""快乐大本营"三大服务项目。"快乐时光"服务对象为幼儿园的孩子、各中小学的学生，为其放学后提供 3～5 小时安全托管服务。"成长俱乐部"为学龄前儿童提供脑力开发和社会交流的空间，为孩子提供与更多同龄孩子的交流机会。"快乐大本营"在寒暑假期间为孩子提供集中学习和休闲的空间，帮助孩子在快乐中提高创造力，激发创新思维，促进智力发育，为家长分担管教的责任。

快乐创造馆第一年的销售收入预测为 3 801 000 元，各个服务项目的预测收入如表 10-6 所示。

表 10-6　快乐创造馆销售收入预测表

服务项目	销售收入预测/元
成长俱乐部	495 000
快乐时光	1 758 000
快乐大本营	1 548 000
合计	3 801 000

快乐创造馆第一年的成本费用预测为 1974300 元，各个服务项目的成本费用如表 10-7 所示。

表 10-7　快乐创造馆成本费用预测表

服务项目	成本费用预测/元
教学用具、办公设备折旧	50 982
车辆折旧	23 750
装修摊销	22 500
员工工资、教学资料等变动成本	1 877 068
营销费用	97 200
管理费用	751 500
合计	2 823 000

2016 年 5 月的全面"营改增"后，快乐创造馆缴税项目主要为增值税、企业所得税及城市维护建设税、教育费附加等附加税，增值税、附加税估算为 209100 元，企业所得税估算为 192200 元，如表 10-8 所示。

表 10-8　快乐创造馆的利润预测表

项目	金额/元
一、营业收入	3 801 000
减：营业成本	1 974 300
营业税金及附加	209 100
营销费用	97 200
管理费用	751 500
二、营业利润	768 900
三、利润总额	768 900
减：所得税费用	192 200
四、净利润	576 700

【分析思考】

企业经营的核心首先是生存、发展，最终要实现盈利，利润是衡量一个企业是否优秀的标准。利润永远是商业经济活动中的目标，没有足够的利润企业就无法继续生存，没有足够的利润，企业就无法继续扩大发展。

【交流探讨】

［探讨10-5］　　　　测算项目的盈亏临界点

创业者万利准备生产一种产品，首先收集了计算分析项目的经济效益所需要的收入成本信息。根据当时的市场情况，生产一件该产品需要耗费直接材料50元，直接生产工人工资30元，生产该产品低值易耗品等变动制作费用为15元，生产车间设备折旧费、财产保险费、车间管理人员工资等固定制造费用为200 000元/月，销售费用中销售人员按销售件数的提成等变动销售费用为5元/件，销售人员基本工资等固定销售费用为150 000元/月，管理费用中全部为固定费用，其金额为50 000元/月。按照当时的市场价格，每件产品销售价格为150元，每月的正常产销量为10 000件。

【各抒己见】

（1）该产品每月的销售收入为多少？

（2）生产该产品的变动成本和固定成本各为多少？

（3）该产品的利润为多少？

（4）测算项目的盈亏临界点为多少？并根据该项目盈亏临界点对该产品的产销提出合理建议。

【实战训练】

［训练10-5］　预测悠闲居有限责任公司利润

悠闲居有限责任公司20××年利润预测表如表10-9所示，分别计算营业利润、利润总额、净利润，并将计算结果填入表10-9中。

表10-9　悠闲居有限责任公司20××年的利润预测表

项　　目	金额（元）
一、营业收入	5 131 680
减：营业成本	1 352 000
营业税金及附加	157 550
销售费用	200 000
管理费用	1 058 400
二、营业利润	
三、利润总额	
减：所得税费用	590 933
四、净利润	

单元 11
征战创业大赛

为贯彻落实《国务院办公厅关于深化高等学校创新创业教育改革的实施意见》（国办发〔2015〕36 号），进一步激发高校学生创新创业热情，展示高校创新创业教育成果，搭建大学生创新创业项目与社会投资对接平台。各级政府、各高校积极贯彻落实中央精神，推动创新创业教育，传播创新创业理念，提升创新创业能力，各种主题的创新创业大赛蓬勃开展，声势浩大。我国每年都有上百万的大学生和青年创客参加各种形式和主题的创新创业大赛，高校大学生主要参加的大赛有"互联网＋"大学生创新创业大赛、"挑战杯"大学生创业计划竞赛、"创青春"中国青年创新创业大赛。

创新创业大赛要求参赛者组成优势互补的竞赛小组，提出一个具有市场前景的技术、产品或服务，围绕这一技术、产品或服务，完成一份完整、具体、深入的创业计划，描述公司的创业机会，阐述创立公司、把握这一机会的进程，说明所需要的资源、提示风险和预期回报，并提出行动建议。

创新创业大赛的目的是培养和提高广大大学生的创业意识和创业素质，激发其创造能力和创业精神，锻炼和提高广大同学面向现代化建设需要，参与科技实践，把科学技术转化为生产力的实际能力和全面素质，激励广大同学勤奋学习，奋发成才。

【课程思政】

本模块为了实现"知识传授、技能训练、能力培养与价值塑造有机结合"的教学目标，从教学目标、教学过程、教学策略、教学组织、教学活动、考核评价等方面有意、有机、有效地融入团队精神、实干精神、进取精神、踏实作风、竞争意识、忧患意识、正视困难、乐观心态、谦逊态度、精益求精 10 项思政元素，贯穿课程教学全过程，让学生思想上有正向震撼，行为上有良性改变，真正实现育人"真、善、美"的统一、"传道、授业、解惑"的统一。

？【知识导学】

11.1 认知创新创业大赛

各类大学生创新创业大赛旨在深化高等教育综合改革，激发大学生的创造力，培养造就"大众创业、万众创新"生力军，在创新创业中增长智慧才干，在艰苦奋斗中锤炼意志品质，把激昂的青春梦融入伟大的中国梦。通过创新创业大赛推动创新创业教育与思想政治教育紧密结合、与专业教育深度融合，切实提高高校学生的创新精神、创业意识和创新创业能力，促进学生全面发展，努力成为德才兼备的有为人才。推动赛事成果转化和产学研用紧密结合，促进"互联网＋"新业态形成，服务经济高质量发展。以创新引领创业、以创业带动就业，努力形成高校毕业生更高质量创业就业的新局面。

（1）中国国际"互联网＋"大学生创新创业大赛

主办单位：教育部

中国国际"互联网＋"大学生创新创业大赛，由教育部与政府、各高校共同主办。大赛旨在深化高等教育综合改革，激发大学生的创造力，培养造就"大众创业、万众创新"的主力军；推动赛事成果转化，促进"互联网＋"新业态形成，服务经济提质增效升级；以创新引领创业、创业带动就业，推动高校毕业生更高质量创业就业。

【电子活页】

扫描二维码，浏览"电子活页 11-1"的内容，了解有关"中国国际'互联网＋'大学生创新创业大赛"的更多详情。

电子活页 11-1

（2）中国大学生服务外包创新创业大赛

主办单位：教育部

中国大学生服务外包创新创业大赛，是响应国家关于鼓励服务外包产业发展、加强服务外包人才培养的相关战略举措与号召，举办的每年一届的全国性竞赛。

（3）"挑战杯"全国大学生课外学术科技作品竞赛与大学生创业计划竞赛

主办单位：共青团中央等

挑战杯是"挑战杯"全国大学生系列科技学术竞赛的简称，是由共青团中央、中国科协、教育部和全国学联、举办地人民政府共同主办的全国性的大学生课外学术实践竞赛，是一项具有导向性、示范性和群众性的创新创业竞赛活动。"挑战杯"竞赛有两个并列项目，一个是"挑战杯"中国大学生创业计划竞赛，另一个是"挑战杯"全国大学生课外学术科技作品竞赛。

【电子活页】

扫描二维码，浏览"电子活页 11-2"的内容，了解有关"'挑战杯'全国大学生课外学术科技作品竞赛与大学生创业计划竞赛"的更多详情。

电子活页 11-2

（4）"创青春"中国青年创新创业大赛

主办单位：团中央

"创青春"中国青年创新创业大赛于 2014 年起举办，大赛发掘科技含量高、前瞻性好、示范带动作用强的项目，是青年喜爱、社会关注的创新创业示范赛事。

创青春是"创青春"全国大学生创业大赛的简称，是"挑战杯"中国大学生创业计划竞赛的改革提升。在原有"挑战杯"中国大学生创业计划竞赛的基础上，自 2014 年起共同组织开展"创青春"全国大学生创业大赛，每两年举办一次。

【电子活页】

扫描二维码，浏览"电子活页 11-3"的内容，了解有关"'创青春'中国青年创新创业大赛"的更多详情。

电子活页 11-3

（5）中国创新创业大赛

主办单位：科技部等

中国创新创业大赛是由科技部、财政部、教育部、国家网信办和中华全国工商业联合会共同指导举办的一项以"科技创新，成就大业"为主题的全国性创业比赛。

（6）"中国创翼"创业创新大赛

主办单位：人社部等

"中国创翼"创业创新大赛由中国宋庆龄基金会、人力资源社会保障部联合主办，以"共圆中国梦、青春创未来"为主题，包括主体赛事、创业创新路演赛和专项赛事、"欧格玛"杯大学生营销策划赛。参赛对象为年满18周岁但不超过40周岁的境内高校青年学生、社会青年、港澳台青年及海外留学青年。

（7）"创客中国"中小企业创新创业大赛

主办单位：工信部等

"创客中国"中小企业创新创业大赛是工业和信息化部与财政部联合主办的大赛，旨在围绕产业链，部署创新链，配置资金链。

（8）全国大学生电子商务"创新、创意及创业"挑战赛

主办单位：全国电子商务产教融合创新联盟

全国大学生电子商务"创新、创意及创业"挑战赛（简称"三创赛"）是由教育部高等学校电子商务专业教学指导委员会面向全国高校（含港澳台地区）举办的大学生竞赛项目，是教育部、财政部"高等学校本科教学质量与教学改革工程"重点支持项目。

（9）全国大学生节能减排社会实践与科技竞赛

主办单位：教育部高等教育司

全国大学生节能减排社会实践与科技竞赛是由教育部高等教育司主办的、唯一由高等教育司办公室主抓的全国大学生学科竞赛，为教育部确定的全国十大大学生学科竞赛之一，也是全国高校影响力最大的大学生科创竞赛之一。

（10）"挑战杯——彩虹人生"全国职业学校创新创效创业大赛

主办单位：共青团中央等

"挑战杯一彩虹人生"全国职业学校创新创效创业大赛是由共青团中央、教育部、人力资源和社会保障部、中国科协、全国学联主办的一项具有导向性、示范性和群众性的创新创效创业竞赛活动，每两年举办一届，分为全国和省级两级赛事。全国赛事采取各省轮流承办模式方式。

【电子活页】

扫描二维码，浏览"电子活页11-4"的内容，了解有关"'挑战杯——彩虹人生'全国职业学校创新创效创业大赛"的更多详情。

电子活页 11-4

【各个击破】

11.2 优选创新创业项目

【见多识广】

11.2.1 创新创业项目的选择原则

创新创业项目的选择主要包括以下六个原则。

（1）优势原则　　　　　（2）政策原则　　　　　（3）需求原则
（4）价值原则　　　　　（5）竞争性原则　　　　（6）投资性原则

【电子活页】

扫描二维码，浏览"电子活页 11-5"的内容，熟悉"创新创业项目的选择原则"的具体内容。

先分析表 11-1 中的示例描述，然后将各示例所对应的创新创业项目选择原则及相关说明填入表 11-1 的第 3、4 列中。

电子活页 11-5

表 11-1　灵活运用创新创业项目的选择原则，优选创新创业项目

序号	示 例 描 述	对应的选择原则	相关说明
1	如果你是学计算机专业的，那么做电子信息类项目或互联网项目就比较适合你；如果你是学服装设计专业的，那么服饰设计类创业项目就可能比较适合你；如果你是学电子商务和物流专业的，那么电商平台类项目就比较适合你；如果你是学环保专业的，那么节能环保类的项目就比较适合你		
2	如果你想做一个益智机器人的项目，而国家和产业政策都提到要扶植机器人产业的发展；如果你想做一个石墨烯电池的项目，而国家有新材料产业扶持政策；如果你想做一个存在废气排放的粉末冶金项目，而国家已经出台大气污染治理政策		
3	我国现在大气污染比较严重，经常出现雾霾和沙尘暴天气，如果你想做一个防范雾霾和沙尘暴的类似雾霾口罩和空气净化器项目。 随着人工智能技术的快速进步和发展，对于智能驾驶和智能机器人会有许多新的市场需求，这里面也存在很多的创业商机。 随着我国老年化社会的不断发展，老年人群体越来越大，对于养老和健康的服务需求越来越多，那么面向养老院、老人护理、健康美食、健康旅游就会有很多新的市场机会和创业机会		
4	如果你想做一个快递的项目，利润率只有 10%，而另一个亲子游项目的利润率可以达到 20%，很明显亲子游培训项目比快递项目利润率高，附加值高		
5	如果你想做一个 K12（kindergarten through twelfth grade，学前教育至高中教育）培训领域的细分市场，比如做脑电波培训，训练孩子控制运用脑电波的能力，从而来控制电灯泡发光、电动玩具运动、电器执行脑电波指令工作，对于 K12 的孩子可以达到寓教于乐的效果，孩子们在脑电波的理论培训和控制能力训练中，不仅可以达到学习科普知识的目的，还可以获得科学实践的效果，并且会在学习与实践中获得成为超能力人的快感		
6	如果你想做一个插花培训的亲子游项目，计划投资 5 万元就可以启动项目，每期培训大概可以招生 50 人，每期培训班可以盈利 5000 元，1 年就可以收回投资。如果你想做一个摘苹果机器人项目，计划启动资金 100 万元，可能研发出成熟产品需要 2 年，产品年销售额和利润额都不确定，几年能收回投资也不确定，这种项目的投资风险就较大，投资风险也不可控，不如插花培训的项目安全		

11.2.2 优质创新创业项目的五个评价维度

电子活页 11-6

优质创新创业项目的五个评价维度如下。

（1）创新性（产品创新、生产技术和工艺创新、模式创新）

（2）团队性

（3）商业性

（4）社会效益

（5）可持续性

【电子活页】

扫描二维码，浏览"电子活页 11-6"的内容，熟悉"优质创新创业项目的五个评价维度"的具体内容。然后从这五个评价维度对以下两个项目进行评价，分析这两个项目是否符合优质项目的基本条件。

【项目1】：华中科技大学的"'幸福虫'公益创业计划"

【项目简介】

践行"以商业运作的方式来做公益"的宗旨，本公司提出了实现社会公益的新模式：为农户提供免费母虫，养殖设备及技术培训，在养殖过程中提供实时指导，以协议的方式保证收购养虫户产出的产品，出售给下游企业获取利益以分润农户，从而建立一条完善的产业链，提高农民收入，推动农村经济发展，以可观的经济利润吸引外出人群返乡创业，能极大程度上解决空巢老人与留守儿童所引发的一系列农村社会问题。

【公益性阐述】

我们创立的运营模式能给农民带来巨大利润，对农民具有强大的吸引力，可以将农村外出人群吸引回乡创业，让他们能陪伴老人与孩子，减少留守所导致的一系列问题，完善家庭结构，促进社会稳定。

【创业性阐述】

黄粉虫养殖具有广阔的市场前景，市场需求大，投资回报率高，市场走势乐观。我公司具有先进的黄粉虫养殖与加工技术，接受我们培训的农户生产的鲜虫营养丰富，经我们加工的产品质量上乘，广受市场欢迎，创业成功率高。

【实践性阐述】

已完成市场调研；已成功举办校园宣传讲座；已获《央视新闻》《广州日报》《楚天都市报》等媒体报道；模式试点已运营成功；获得本校管理学院专人指导，做出翔实的可行性分析，确认项目切实可行。

附：黄粉虫的市场价值

（1）饲用价值。黄粉虫传统的应用主要是用于特种养殖，作为鲜活饲料用于饲养蛤蚧、蝎子、金钱龟、观赏鱼类、鸟类、蛙类等一些经济价值较高的特种经济动物；也可作为一般畜禽的饲料添加剂使用，从而可以提高产品的产量及质量。

（2）食用价值。黄粉虫富含蛋白质、维生素、矿物质等营养成分，蛋白质的含量大大高于鸡蛋、牛肉、羊肉等常规动物性食品，且有易于消化吸收的特点，是优良的蛋白食品。黄粉虫口感好，具有独特风味，容易被消费者接受，可进行煎炸、烘烤、精制成蛋白粉和酒精饮品、加工成含有果仁味道的蛋白饮品等各种形式的食品。

【项目 2】：吉林大学的"周末圆梦大学"

【项目简介】

"周末圆梦大学"是大学生针对初高中农民工子女所开展的集"实践""励志""筑梦""帮扶"于一体的系列公益活动。设计主题课程，利用周末带领青少年共享高校资源，播种信念理想，通过话剧展演、励志讲座、爱心午餐、科技启迪、职业启蒙等使孩子们体验大学生活的精彩瞬间。活动面向社会招募学员，全年开展 8 期，每期招收 100 名学员进入校园体验 4天大学生活。

【公益性阐述】

本项目致力于对农民工子女的关爱，给予农民工子女高质量的大学体验，是崇尚身心并举的公益模式，为青少年提供一次社会实践与心灵沟通相结合的成长经历；建立高效、创新、可持续的公益帮扶体系。

【创业性阐述】

吉禾以高校资源、活动经验和志愿者群体为基础，面向普通青少年开拓周末收费版和夏令营版活动。以"分包承办"的模块化运营，实现公益组织的社会化创业，以收益帮助更多青少年。目前已获得政府及企业支持 40 余万元。

【实践性阐述】

截至目前，本项目已成功运营 15 期，覆盖农民工子女 1500 余人，得到了学员的一致好评，建立了完善的志愿者资料库，与吉林省妇联、吉林大学团委结为合作单位。预计本年度启动夏令营版活动，扩大活动规模和收益。

【案例剖析】

[案例 11-1]　分享备战"互联网+"大学生创新创业比赛的经验

1.　赛前准备

参赛前一定要详细阅读相关的通知文件，组建一支结构合理、分工明确、有战斗力的比赛团队。团队应进行调查研究，了解目前市场需求，提出一个有新意、有价值的想法，通过创业计划书展现出来一个优质创业项目。

2.　选择项目

（1）从报纸、杂志、网络、电视等多种媒体中寻找课题。报纸、杂志、网络、电视中包含大量有用信息，通过这些媒体可以了解当下时事热点、发展趋势，从而启发我们寻找研究的方向，可以获得灵感。

（2）从专利和文献中寻找课题。充分利用现有专利和文献，从一系列专利和文献中将能满足自己需求的内容挑选出来，然后加以利用，或者从专利未解决的问题中寻找突破口，找到解决方案。

3.　写好项目计划书

我的"互联网+"创新创业大赛的项目计划书主要包括十个方面，各项内容介绍如下。

（1）封面。封面主要包括项目名称、参赛对象类型、参赛项目类型、学校名称、团队名称、组长姓名、指导老师、联系方式、标志 Logo 等。项目名称应在尽可能抓人眼球的同时，能够清楚表达项目的内容。

（2）项目概要。概括整个项目的主要框架，让评委一开始就能大体了解项目的主体内容。

（3）用户痛点。用户痛点主要分别列出用户最重要的痛点关键词ABC，表明该用户群有此类需求（需求要合理且强烈）。痛点需求与产品功能相对应，此处正是体现产品价值所在的关键。

（4）产品与服务。这一部分主要包含产品的功能、特点、应用领域、优势、创新内容、服务对象及已获得成果等。

（5）市场分析与定位。这一部分主要分析当前市场的背景、环境、行业竞争、行业定位等，说明时多用数据。

（6）商业模式。这一部分主要介绍项目是否适应市场的需求、如何满足用户需求、主要的盈利模式。该部分是投资者重点关注的对象，也是一个项目能否成功落地的关键所在。

（7）营销策略。这一部分介绍市场发展策略、产品策略、定价策略、渠道策略和促销策略等。

（8）团队介绍。这一部分主要介绍团队成员角色分工和成员情况，可以包括创业顾问、指导老师、主要投资人情况等。

（9）财务计划与分析。这一部分介绍股本规模与结构、融资方案、盈利能力分析、风险资金退出策略等。

（10）风险控制。这一部分分析潜在的风险，并提出相应的防范措施。

最后可以在项目书的附件中添加曾经获得过的奖项、专利、软件著作权、论文、合同、用户评价、公司资源等。

总体来说，项目计划书重点要写清楚你为什么要做这个项目，准备做些什么，怎么做这个项目，团队的构成人员和盈利模式。

通过参加"互联网+"大学生创新创业大赛，有效提高自己发现问题、分析问题、解决问题的能力，这对未来的工作、生活都有很大的帮助；也可以充分展现自己的实力，丰富阅历，提升竞争力。一句话受益匪浅，收获满满。

【分析思考】

（1）你认为本案例所描述的赛前准备是否充分、到位？

（2）除了案例所提及的选择项目的途径，你认为还有哪些途径可以选择项目？

（3）本案例所列的项目计划书的内容是否完整，你认为还可以增加哪些内容？

idea【实战训练】

[训练11-1]　选择合适的创业项目

1. 大学生创新创业大赛项目的选择方法

（1）要以明确的、可以向社会提供的产品/服务作为参赛作品。所提出的产品/服务应为参赛者参与的发明创造或经授权的发明创造，也可以是一项可能研发实现的概念产品或服务。

（2）对于这一产品/服务提出明确的目标顾客群。目标指明创业计划的投资价值所在，解释是什么（What），为什么（Why）和怎么样（How）。

（3）要求清晰、完整地说明产品/服务的特点、生产或运营方式、对顾客的吸收力等。

（4）分析本产品/服务与相关产品的竞争态势。如果是原有产品的替代品，要充分说明原有产品/服务的缺点，以及新产品/服务的优势所在。

（5）分析本产品/服务和与之相关产业间的相互影响，联系相关产业的发展前景对本产品/服务的市场前景做出评估。

（6）充分评估本产品/服务所面临的风险及确定风险级数，并分析化解风险或降低风险的措施。

（7）分析确定本产品/服务进入市场的渠道，说明是直销、分销或是其他销售方式。

（8）确定本产品/服务的定价策略，充分考虑替代品的竞争因素。

（9）说明本产品/服务拓展市场的策略，包括广告宣传、形象设计、营销方略等。

（10）详细说明产品/服务的预算及预期的利润。

2. 分析项目选择的合理性与项目实施的可行性

参考以上所述的大学生创业大赛项目的选择方法，如果选择以下两个项目作为创新创业大赛的参赛项目，分析项目选择的合理性、项目实施的可行性。

【项目1】"心狗健康"心电血压可穿戴监护仪

心血管疾病是危害人类健康的"第一顽疾"，同时也是我国城乡居民的首要死亡原因。目前对心血管疾病的预诊断主要是通过心电图来实现的，主流的心电监护仪具有价格昂贵、体积大、携带不便等问题，不利于患者在家中进行心血管疾病的预诊断。

"心狗健康"心电血压可穿戴监护仪是一种基于移动终端和云技术的先进诊断技术。相对于传统的心电图机，利用手机作为心电信号的显示装置，配合心电和血压模块，能够测量出心电图和血压，对十余种心血管疾病在线打分，结合专家系统迅速给出就医和饮食建议。通过互联网云平台管理用户病例，便于主治医生在线查看和咨询服务。上海护心信息科技有限公司通过十余年开发产品的积累，已经申请了10余项专利、6项计算机软件著作权，掌握多项核心技术，使竞争者无法模仿。

【项目2】"路云"公路健康管家

上海沐威交通科技有限公司旨在打造道路健康管家，检测道路病害，为养护服务提供数据支持，建立从快速数据采集，到云端数据管理，最终进行养护决策服务的一体化产业结构。通过自主研发的路面平整度快速检测系统可降低传统激光仪检测方法50%的设备费用，且可实现每日350公里的快速检测。同步推出数据管理云平台实现数据的移动互联管理，并提供面向对象的道路服务,如养护维修咨询等。"检测云""管理云""服务云"共同构成"路云"系统。

3. 选择一个拟参加创新创业比赛的项目

以小组为单位，每个小组自行选择一个拟参加创新创业比赛的项目。

11.3　撰写创业计划书

创业计划书是全面介绍创业项目情况，阐述产品市场及竞争、风险等未来发展前景和融资要求的书面材料。创业计划书的意义不仅在于融资目的，更重要的是对于企业发展的梳理和展现。

创业计划书有相对稳定的价值与意义，但是并没有唯一、固定的框架模板。框架模板服务于项目的价值与意义，建议创业团队根据自己项目的亮点，参照常规的框架，制定出适合自己的框架体系。

做参赛的创业计划书，并不是真正的创业计划书，说得简单点，就是你的项目策划方案。参赛创业计划书的目的，就是捕获评审专家或投资人的心。

【见多识广】

11.3.1　创业计划书概述

创业计划书是指项目方为了达到招商融资和其他发展目标等目的所制作的计划书。一份好的创业计划书的特点：关注产品、敢于竞争、充分市场调研，有力资料说明、表明行动的方向、展示优秀团队、良好的财务预计等，从而使合作伙伴会更了解项目的整体情况及业务模型，也能让投资者判断该项目的可盈利性。

能够精准传达产品价值信息的文案就是成功的计划书。但不要局限于此，一定要结合自己的项目实例完成创业计划书。

创业计划书对于一个非技术背景的、有兴趣的人士应清晰易读。创业计划可能的读者包括：希望吸纳进入团队的对象、可能的投资人、合作伙伴、供应商、顾客和政策机构。因此一份好的创业计划书应该写得让人看明白，避免使用过多的专业词汇，应当聚焦特定的策略、目标、计划和行动，篇幅要适当，适合的篇幅一般为 15 ～ 20 页。

创业计划书是创业者和投资人沟通的核心框架，你需要确保 VC（Venture Capital，风险投资，简称风投，又译为创业投资）想要了解的问题都包含在里面。一份好的创业计划书应做到清晰、简洁，重点突出，观点客观，自信，有说服力，避免使用"平台""唯一""全球领先"这些词，也不用"谢谢"。

11.3.2　写好创业计划书的重要性

足够闪亮的项目，投资人都是追着去的，不过这种传说中的好项目毕竟是少数。因此对于大多数创业者而言，更要重视创业计划书，以便赢得与更多人接触交流的机会。

（1）创业计划书是对创业思路的梳理。
（2）创业计划书是找投资人的敲门砖。
（3）帮你简洁、快速地展示你的项目。
（4）一份好的创业计划书会为企业加分不少。

11.3.3　创业计划书中常用的商业分析模型

（1）PEST 分析模型。
P- 政治（Political）、E- 经济（Economic）、S- 社会（Social）、T- 技术（Technological）。
（2）4Cs 营销理论（The Marketing Theory of 4Cs）。
消费者（Consumer）、成本（Cost）、便利（Convenience）、沟通（Communication）。

（3）SWOT 分析模型。

S- 优势（Strengths）、W- 劣势（Weaknesses）、O- 机会（Opportunities）、T- 威胁（Threats）。

（4）企业竞争力九力分析模型。

品 牌 力（Power of Brand）、 研 发 力（Power of Researching）、 营 销 力（Power of Marketing）、制造力（Power of Producing）、产品力（Power of Product）、资源力（Power of Sources）、决策力（Power of Decision-Making）、执行力（Power of Executing）、整合力（Power of Integrating）。

（5）波士顿矩阵（BCG Matrix）。

"明星类产品""问题类产品""金牛类产品""瘦狗类产品"。

（6）波特五力分析模型。

竞争能力、潜在竞争者进入的能力、替代品的替代能力、供应商的讨价还价能力、购买者的议价能力。

（7）麦肯锡 7S 模型（Mckinsey 7S Model）。

结构（Structure）、制度（System）、风格（Style）、员工（Staff）、技能（Skill）、战略（Strategy）、共同的价值观（Shared Values）。

（8）4PS 营销理论（The Marketing Theory of 4PS）。

产品（Product）、价格（Price）、促销（Promotion）、渠道（Place）、策略（Strategy）。

（9）STP 理论。

市场细分（Segmenting）、目标市场（Targeting）、市场定位（Positioning）。

【电子活页】

电子活页 11-7

扫描二维码，浏览"电子活页 11-7"的内容，熟悉"创业计划书中常用的商业分析模型"的具体内容。然后在撰写创业计划书时恰当运用这些商业分析模型。

【案例剖析】

[案例 11-2]　　　　　　　　如何撰写创业计划大纲

撰写创业计划书大纲的目的就是为真正撰写创业计划书提供一个思路参考。以下内容为创业计划大纲示例。

1. 概述

（1）摘要。在这部分你需要回答以下几个问题。

● 你是谁？

● 你或你的公司是做什么的？

● 市场痛点是什么？

● 谁能为你提供担保？

● 你目前的成就是什么？

● 你的团队怎样？

● 盈利模式是什么？有怎样的增长预期？

（2）解释你是谁。当你开始撰写创业计划书时，需要告诉潜在投资者你是谁？介绍你和你的公司、你的团队和团队成员的核心优势。

（3）简短的项目前景介绍。对项目做一个简短的前景介绍，不需要多详细。如果你需要向他们展示你的项目，一定要突出主要成就，如果你的项目还未启动，你可以强调你的项目带来的价值。

（4）告诉投资人或评审人你的潜在用户是谁

告诉投资人或评审人你的潜在用户是谁？向他们展示你的项目，解释你的服务理念。

2. 识别目标

（1）明确目标。要做到这一点，你需要回答以下几个问题。

- 你为什么要做这个项目？
- 你能提供什么？
- 你怎样才能解决用户痛点？

（2）项目价值。告诉投资人或评审人你的项目价值是什么？让他们看到可投资的兴趣点。

3. 产品和市场

（1）市场分析。这部分需要说明你的市场如何？谁在使用公司的产品？

（2）竞争分析。竞争对手的情况？你相对于竞争对手的优势何在？

（3）产品分析。

- 顾客希望企业的产品能解决什么问题？顾客能从企业的产品中获得什么好处？
- 企业的产品与竞争对手的产品相比有哪些优缺点？顾客为什么会选择本企业的产品？
- 企业为自己的产品采取了何种保护措施？企业拥有哪些专利、许可证，或与已申请专利的厂家达成了哪些协议？
- 为什么企业的产品定价可以使企业产生足够的利润？为什么用户会大批量地购买企业的产品？
- 企业采用何种方式去改进产品的质量、性能？企业对发展新产品有哪些计划等？

（4）营销策略。产品的定价模型是什么？产品的营销方案是什么？销售成本的构成如何？你的长短期销售目标是什么？

4. 财务

（1）财务状况。这部分需要简表说明公司在过去的基本财务数据，包括主营收入、主营成本、主营利润、管理费用、财务费用、净利润、补贴收入、总资产、总负债和净资产，主营产品的盈亏平衡点、毛利率和净利率。

说明过去的财务状况之后，还需要对未来财务情况做一个合理预测，包括预测的资产负债表、现金流量表、盈亏平衡表等。

（2）融资需求。说明你的融资目的和融资额度是多少？融资额度确定之后，需要说明你打算出让的股份股权是多少？资金的用途和使用计划？可以列出一个资金进度表，说明融资后未来3～5年平均年投资回报率及有关依据。

【电子活页】

多个创业计划书内容大纲如表11-2所示。分别扫描各个创业计划书模板对应的二维码，浏览"电子活页11-8"至"电子活页11-19"的内容，熟悉各个创业计划书模板的具体内容和写作说明。

表 11-2　创业计划书内容大纲

创业计划书模板 1	创业计划书模板 2	创业计划书模板 3
计划摘要 产品（服务）介绍 人员及组织结构 市场预测 营销策略 制造计划 财务规划	项目背景 产品与技术 市场与营销 战略与管理 融资与财务 风险与控制 风险资本退出	执行摘要 产品介绍 市场分析 商业模式 公司介绍 财务分析 融资需求
电子活页 11-8	电子活页 11-9	电子活页 11-10
创业计划书模板 4	创业计划书模板 5	创业计划书模板 6
执行摘要 公司背景 公司发展及运营 技术与产品 宏观环境分析 营销策略 风险及管控 财务预测	执行摘要 项目介绍 市场分析 竞争分析 产品与服务 商业模式 财务与融资 团队介绍 风险对策 附件材料 结语	摘要 公司概述 产品与服务 市场分析 竞争分析 营销计划及销售战略 财务分析 公司管理 产品研发 产品生产 资金需求情况及融资方案 项目实施进度 风险分析 投资者退出方式 附录
电子活页 11-11	电子活页 11-12	电子活页 11-13
创业计划书模板 7	创业计划书模板 8	创业计划书模板 9
项目概况 用户痛点 行业分析 产品优势 竞品分析 商业模式 运营现状 核心团队 发展规划 融资计划	项目摘要 / 执行概要 市场分析 / 行业分析 产品与服务 营销策划 / 品牌策划 公司概述 / 创业团队 财务分析 资本结构 投资者退出方式 风险分析 其他说明	执行摘要 产业背景和公司概述 市场调查和分析 公司战略 总体进度安排 关键的风险、问题和假定 管理团队 企业经济状况 财务预测假定 假定公司能够提供的利益

续表

创业计划书模板7	创业计划书模板8	创业计划书模板9
电子活页 11-14	电子活页 11-15	电子活页 11-16
创业计划书模板10	创业计划书模板11	创业计划书模板12
项目摘要表格 执行摘要 市场现存痛点 产品与运营 产品的核心竞争力 风险分析及应对措施 财务分析 团队成员介绍 未来计划 融资计划 附录附件	新创业务执行摘要 新创业务战略构想 新创业务市场调研 新创业务营销计划 新创业务研发计划 新创业务生产计划 新创业务财务计划 新创业务盈利计划 新创业务组织计划 新创企业融资计划 附表	执行摘要 公司（团队）简介 运营状况 市场分析 产品与服务 商业模式 竞争分析 未来前景与发展规划 财务分析 风险分析 附录
电子活页 11-17	电子活页 11-18	电子活页 11-19

【分析思考】

综合各个创业计划书模板的优点，思考如何对本案例所列的创业计划大纲进行完善与优化。

【实战训练】

[训练 11-2] 分析与编制创业计划书

1. 熟悉成功创业计划书的主要特征

（1）内容完整　　　　　　　（2）亮点突出

（3）逻辑清晰　　　　　　　（4）依据充分

（5）主次分明　　　　　　　（6）可行性强

2. 了解投资人对创业计划书的主要关注点

投资人通过阅读创业计划书进行项目初步判断，就是一个将信息组合整理，与自己的关注点相契合的过程。投资人对创业计划书的主要关注点如下。

（1）行业特征　　　　　　　（2）商业模式和前景预估

（3）创业团队　　　　　　　（4）运营数据与财务数据

（5）投资收益和风险评估

【电子活页】

扫描二维码，浏览"电子活页 11-20"的内容，熟悉"投资人对创业计划书的主要关注点"的具体内容。

电子活页 11-20

3．了解撰写创业计划时应尽量避免的几个问题

（1）文字太多　　　　　　　　（2）套用模板

（3）细究专业　　　　　　　　（4）误用数据

（5）缺少核心　　　　　　　　（6）过分预测

【电子活页】

电子活页 11-21

扫描二维码，浏览"电子活页 11-21"的内容，熟悉"撰写创业计划时应尽量避免的几个问题"的具体内容。

4．**了解书写创业计划书的主要禁忌**

（1）切忌谈市场大　　　　　　（2）切忌谈没有对手

（3）切忌求多求全　　　　　　（4）切忌过多强调细节

（5）切忌生搬市场数据　　　　（6）切忌空话太多

（7）切忌专业术语晦涩难懂　　（8）切忌过分修饰、内容空洞

（9）切忌呆板不生动　　　　　（10）切忌兜圈子

【电子活页】

电子活页 11-22

扫描二维码，浏览"电子活页 11-22"的内容，熟悉"书写创业计划书的主要禁忌"的具体内容。

5．**分析心"礼"有你礼品店创业计划书**

在熟悉成功创业计划书的主要特征、了解投资人对创业计划书的主要关注点、撰写创业计划时应尽量避免的几个问题、书写创业计划书的主要禁忌的基础上，对心"礼"有你礼品店创业计划书进行分析。

【电子活页】

（1）扫描二维码，浏览"电子活页 11-23"的内容，熟悉"心'礼'有你礼品店创业计划书"的具体内容。

电子活页 11-23

（2）该创业计划书具有成功创业计划书的哪些特征？

（3）投资人对创业计划书的关注点中哪些点已经考虑了？

（4）撰写创业计划时应尽量避免的几个问题在该创业计划书是否也存在？指出存在的问题。

（5）书写创业计划书的主要禁忌在该创业计划书是否出现了？

（6）在对创业计划书优劣进行分析完成后，对该创业计划书进行优化完善。

6．**编制创业计划书**

以小组为单位，撰写一份简洁的参赛用创业计划书，创业计划书的模板从"电子活页 11-8"至"电子活页 11-19"各个模板中选择一个模板。

11.4 做好创业路演

11.4.1 路演概述

路演是指通过现场演示的方法，引起目标人群的关注，使他们产生兴趣，最终达成销售，在公共场所进行演说、演示产品、推介理念，以及向他人推广自己的公司、团体、产品、想法。路演是一种推介方式，是一种宣讲手段。路演有两种功能，一是宣传，让更多的人知道你的项目；二是可以现场销售，增加目标人群的试用机会。

项目路演就是企业或创业代表在讲台上向投资方或评审专家讲解项目属性、发展计划和融资计划。项目路演可以让投资方在安静的环境里，在推介人声情并茂的展示下，真正读懂企业的项目，从而做出更为准确的判断。特别对于一些技术性强的项目，更能减少出现投资方看不懂和不理解项目的弊端。企业或创业代表可以通过自己的精辟讲解，以及和投资方之间的交流，快速对接自己的项目，减少融资路上的弯路。

项目路演的主要作用是传播信息、激发兴趣、说服决策，其好处在于可以同时让多个投资方认真地倾听你的讲解和说明，同时还可以有一个思考和交流的过程。通常情况下，投资方每天看到的计划书和接触的项目很多，甚至有的投资方一天阅读上百份创业计划书，所以筛选项目往往只能凭借一些市场份额、盈利水平等硬性指标，很难了解项目的精彩之处，很多优质的企业都因此而与投资擦肩而过。

11.4.2 路演的目的

提高创业项目成功率的一个常见手段是路演，不管核心成员有多么厉害，都要以项目为核心，路演便是体现的途径。项目路演对创业者的意义无可厚非，关键之处在于了解路演的技巧，以成功获得项目的启动资金。对于创业者来说，通过路演活动能够让投资人对自己的项目印象深刻，并且有深入了解的想法。

为了让投资方更确定地把钱投给你，创业代表或企业做出一个充满热情和吸引力的演讲，然后把创业计划提纲或详细的创业计划提交给被吸引的投资人。把东西讲清楚，让别人能理解，钱去哪里了，能不能赚钱，利润怎么样等资方比较关注的，把整个框架储存在客户心里，人家认可了、相信了才能给你投资。

路演时间都很短，所以在很短的时间内，如何把项目痛点表达清楚非常重要。另外，要在短短几分钟之内，说清楚项目或者产品的优势、目前存在的问题，以及目前已有的解决方案等。

11.4.3 线上路演的优势

路演一般分为线上路演和线下路演，线上路演的优势主要体现在以下三个方面。

（1）节约了路演的成本。

（2）利用互联网的传播特点提高了知名度。

（3）线上路演与观看路演的对象互动性更强。

11.4.4　项目路演时投资人的关注点

简而言之，比较直接的投资人最关注的就是下面这些点。

- 市场大不大，增长快不快。
- 产品好不好，逻辑顺不顺。
- 数据涨不涨，指标硬不硬。
- 模式有没有，收入行不行。
- 团队齐不齐，老大强不强。
- 融资多不多，价格低不低。

（1）一般投资人关注的要点有用户数、日新增、PV（Page View，页面浏览量或点击量）/UV（Unique Visitor，独立访客）、DAU（Daily Active User，日活跃用户数量）、留存率、用户停留时长、使用频率、竞品情况、未来发展方向与空间等。投资人最喜欢看的就是数字和图表，可以根据不同行业进行展示。

（2）收入模式。即清晰的、可信的、明确的、精准的、看得见摸得着的收入模式。对于一个创业公司来说，没有任何东西比收入更加重要了。

（3）资金用途和估值。这也是一个创业者和投资人不可回避的问题。想好了你需要多少钱？准备出让多少股份？不管你的心理价位是多少，你应该明确提出你的要价，不妨让它作为一个谈判的起点吧。

（4）有可能在三到五年内将公司价值提高多少倍，不管现在值多少钱。

（5）创业计划书中对资金需求有认真规划，确实需要这么多钱。

（6）有其他投资人准备一起投资的创业计划。VC 往往觉得人越多越安全，所以他们通常不喜欢成为交易中的唯一投资者。

（7）明确的退出方法。投资人最关心的问题是如何退出？他们希望看到你已经提前做好了安排，让他们能在交易中拿回自己的钱并获得回报。

11.4.5　项目路演的 5W1H 要素

项目路演的 5W1H 要素如表 11-3 所示。

表 11-3　项目路演的 5W1H 要素

序号	要素	创业项目路演	创业大赛路演
1	Who：路演的对象是谁？	投资人或客户，天使或投资经理	评审专家或投资人
2	Where：在什么场合路演？	小范围的私密沟通或大范围的公开演讲	公开比赛
3	When：路演的时间有多少？	30 秒电梯路演或 30 分钟深度路演	6 分钟
4	Why：路演的目的是什么？	传播什么样的信息 激发什么样的兴趣 说服什么样的决策	获得高分

序号	要　　素	创业项目路演	创业大赛路演
5	What：推介方式、宣讲手段	传播信息、激发兴趣、说服决策	推介项目
6	How：视觉与听觉	一份好的创业计划书 一次准备充分的演说	创业计划书、路演PPT、路演演讲

11.4.6　微型项目路演的基本步骤

微型路演基于创业计划书，面向投资人或评审专家或投资人，演讲不超过5分钟，一般采取三段式演讲。

1. 路演的开头

以故事开头，开头故事可以分为三类。

● 个人故事：从自己角度说故事，为什么启动这个项目。

● 痛点故事：从用户角度说故事，帮用户解决了什么难题。

● 愿景故事：从项目/企业的角度说故事，公司的美好未来。

下面有两个例子，分别是"美团外卖"和"三个爸爸"的故事。

（1）美团外卖。完成一整天忙碌的工作后，已经夜里12点了。你走出办公室，走在午夜的大街上，饥肠辘辘，还要坐两个小时的公交车回家。家里没有人等你，更没人给你做饭。这一刻，你从未感觉如此孤独，仿佛整个世界都抛弃了你。但是，美团外卖关心这个时候的你，给你温暖，能让你在20分钟内得到热气腾腾的晚餐。

（2）三个爸爸。凌晨两点，护士从产房走出来，告诉你："男孩，母子平安。"走到床边，你看到这个皱巴巴的小家伙，一种血脉相连的幸福感从天而降。接下来是无数次半夜起床冲奶粉的辛劳，无数次被尿到身上的尴尬。可是，当你看到他甜甜的笑脸，当你听到第一回奶声奶气的"爸爸"，你觉得只要能让他健康快乐长大，无论付出什么都是值得的。

2. 路演的中间

首先，这涉及一个主观效应，在客观用时上，中间内容占比超过80%，但是在主观感知上，开头和结尾反而是重头戏。

微型路演内容要突出优势，每页PPT都要有中心句。微型路演一定要具有"标签化"思维，要让听众/投资人得到明确的标签，属于你的标签。一定要明确你希望投资人或评审专家记住的那句话是什么？你希望投资人或评审专家回想起的关键词是什么？你希望自己的项目获得什么标签？

比如，提到北京，你想到了什么？提到上海，你想到了什么？提到西安呢？

3. 路演的结尾

路演的结尾，要么简洁有力，要么耐人寻味，也可以有三个类型：用愿景结尾、用亮点结尾、描述近期计划。

11.4.7　创业路演需做足的准备工作

（1）准备一份清晰、简洁的项目路演 PPT，避免出现密密麻麻的文字，尽量用简单的图表代替文字。

（2）如果创始人是技术出身，不擅长公开演讲，可以让合伙人进行项目的展示，自己则作为旁听者在必要的时候做补充。

（3）熟知公司的各项指标，无论是运营指标或是财务状况。

（4）提前对评审专家或投资人做些简单的功课，有利于你和投资人的交流。

（5）明确产品的定位，用一句口号把产品的亮点展示出来。例如，乔布斯推广 Macbook Air 时称它为"世界上最薄的 Macbook"，美菜的自我定位是"让天下做菜的不再买菜"。

（6）列出项目大纲，梳理自己的观点，分清项目的重点和次重点，并据此安排路演中每部分需要花费的时间。

（7）提前演练，严格控制路演时间。

（8）要有创业计划 B 方案，提前想好投资人可能会问的问题和答案，做最坏的打算，路演中一旦出现事故或者变化，随机应变。

（9）绝大多数的创业者不会只经历一场路演便成功融资，那么练习就显得十分必要了。创业者可以对投资人可能问及的问题提前进行预演，在实际问答的过程中，可以向潜在投资人再次展示公司业务指标与竞争优势。

掌握好以上这几点，路演之前好好准备，路演之中出色发挥，路演之后对投资人提出的问题与反馈详细记录，并不断改进，那么创业者会发现，路演中出现的问题越来越少，自己的路演水平也在不断提高，同时获得投资人融资的概率也越来越大。

11.4.8 制作路演 PPT

1. 路演 PPT 的主要作用

在路演当中，最常见的辅助工具就是项目路演 PPT。路演的 PPT 其实是项目的名片，让投资者通过 PPT 对项目有更全面的了解，所以我们要做的是让项目路演 PPT 与整个项目相符合，最大限度地呈现项目的优势和本质。

2. 路演 PPT 的内容与目的

团队	产品	营销	模式		WHAT	我们是做什么的？

3. 路演 PPT 的制作技巧

清晰的结构、统一的风格、精练的文字、形象的图表。

4. 路演 PPT 和项目 PPT 的区别

一般来讲，路演 PPT 和项目 PPT 是不一样的，路演 PPT 是配合演讲者的道具，起到提纲挈领的作用，既要提示重点、展示产品，又不能喧宾夺主。

而项目 PPT 更多的是向投资人展示项目的背景、定位、痛点、市场，竞争优势等。

【交流探讨】

[探讨11-1] 探讨如何制作优秀的路演 PPT

1. 熟悉路演 PPT 的制作要求和要点

路演 PPT 是为了配合项目演说，使得项目更加清晰明了的，因此应简单大气为好，切勿添加过多特效，画蛇添足。路演 PPT 的制作要求如下。

（1）整体要求　（2）时间限制　（3）清晰明了
（4）利用图表　（5）文字适合　（6）页数要求
（7）格式要求　（8）排版要求　（9）配色要求
（10）字体要求　（11）视频要求

电子活页 11-24

【电子活页】

扫描二维码，浏览"电子活页 11-24"的内容，熟悉"路演 PPT 的制作要求"的具体内容。

【各抒己见】

针对以下有关"路演 PPT 制作要点"的各项描述，你认为合适的在"□"中标识"√"，不合适的在"□"中标识"×"。

□ 讲述了一个令人信服且逻辑通顺的故事。

□ 通过数据有力验证了的商业模式。

□ 结尾有经充分研究推导出的明确融资数额。

□ 文字的大小要足够大的同时，要注意标题字和正文字大小的区别。

□ 重点内容设置加粗或者利用醒目的颜色标注。

□ 要通过你的讲解和 PPT 的文字，让评审专家或投资人迅速抓住项目的重点和亮点。

□ 找出关键词并且提炼出来，展示的时候，只展示关键词，剩余部分讲出来。

□ 数据、图表与文字结合。

□ 在一页 PPT 中，尽量不要出现两个句子在一起，多用关键字词。

□ PPT 一定围绕创业计划书展开，是创业计划书的精髓概括。

□ 要有理有据，条理完整，逻辑通顺。

□ PPT 中哪些内容该有，哪些内容不该有要搞明白。

2. 创新创业大赛路演 PPT 制作常见问题的解决方案

问题 1：PPT 文字太小

问题 2：PPT 文字太多

问题 3：PPT 重点不突出

问题 4：PPT 的部分内容缺失

问题 5：PPT 的页数把控不到位

电子活页 11-25

【电子活页】

描二维码，浏览"电子活页 11-25"的内容，熟悉"创新创业大赛路演 PPT 制作常见问题的解决方案"的具体内容。

【各抒己见】

针对以下有关"创新创业大赛路演 PPT 制作常见问题的解决方案"的各项描述，你认为合适的在"□"中标识"√"，不合适的在"□"中标识"×"。

□ 时长为 5 分钟，页数为 10 ~ 13 页。

□ 多图表，少文字。

□ 颜色简洁，除黑白灰以外的颜色不超过 3 种。

□ 每页都要有小 Logo，Logo 旁边加主题词，加深印象。

□ 字少（能理解），字大（能看到），提词器功能（既作为自己的提词器，也让观众知道讲到哪了），最好是微软雅黑字体。

□ 少用动画，只在需要观众集中注意力时用，让观众跟着你走。

□ 确定没有自动播放。

□ 无目录，留悬念。

□ PPT 格式不能用 PDF，会影响播放效果。

□ 要提前一小时去现场提前测试，每页都要试，有问题再修改格式，还要熟悉翻页器。

□ 了解现场屏幕播放器是 4:3 还是 16:9 的，根据幻灯片大小调整部分内容。

□ 演讲时少盯着 PPT 看，与观众有适度的眼神交流，让观众感受到你的气场，跟着你的节奏走。

【实战训练】

[训练 11-3] 制作路演 PPT

1. 选用合适的路演 PPT 模板

【电子活页】

多个路演 PPT 的内容大纲如表 11-4 所示。分别扫描各个"路演 PPT 模板"对应的二维码，浏览"电子活页 11-26"至"电子活页 11-32"的内容，熟悉各个"路演 PPT 模板"的具体内容和写作说明。各小组选择一份合适的路演 PPT 模板。

表 11-4 路演 PPT 的内容大纲

路演 PPT 模板 1	路演 PPT 模板 2	路演 PPT 模板 3	路演 PPT 模板 4
创业团队 项目简介 市场分析 竞争分析 商业模式 财务分析 未来发展 融资情况 结束	项目简介 目标用户痛点 解决方案 市场分析 竞品分析 运营数据 团队介绍 财务分析 愿景	开门见山页 问题与时机页 解决方案页 市场规模页 业务数据页 竞争能力页 商业模式页 团队页 结束页	封面 目录 做什么？ 为什么做？ 怎么做？ 做得怎样？ 谁在做 结尾
电子活页 11-26	电子活页 11-27	电子活页 11-28	电子活页 11-29

路演 PPT 模板 4	路演 PPT 模板 5	路演 PPT 模板 6	
问题 / 痛点 解决方案 数据验证 产品 市场分析 竞争分析 商业模式 市场推广策略 融资需求 + 财务数据 创业团队 愿景	项目概况 战略定位 市场分析 服务与产品 商业模式 竞争对手分析 营销推广 核心团队 运营现状 未来规划 融资金额及用途	封面 目录 你是谁 你解决的是什么问题（痛点） 你是怎么解决这个问题的（产品、逻辑） 为什么是你能解决这个问题（优势、竞品分析） 你们已经做了什么（里程碑） 团队介绍 财务预估，融资信息	
电子活页 11-30	电子活页 11-31	电子活页 11-32	

2.　制作路演 PPT

利用所选用的路演 PPT 模板，以小组为单位，制作一份路演 PPT。

11.4.9　备好项目路演必备的物品

1.　遥控笔

PPT 演讲在没有遥控笔之前，特别呆板，脱离不了鼠标，也就是脱离不了讲台或演讲台，或者需要有专职人员帮你操作翻页。

PPT 遥控笔现在不单有翻页的功能，更有直接打开超链接的无线鼠标功能、画线标注功能，可以做到完全脱离鼠标，在演讲场合自由互动，增加演讲的亲和力。遥控笔还有激光指示功能，清晰的激光点能让听众注意力更集中在你的演讲上。

2.　录音笔

录音笔主要用于录自己的 PPT 演讲，以便练习时反复听、反复练。比赛时，可以用来录其他团队的演讲，学习他人的长处，发现自己的不足。

3.　U 盘

U 盘主要用来存放 PPT。

4.　正装

正装是必要的，正装本身会让路演更有仪式感，一身正装能增加自身的整洁度，能提升自信，从而表现更好。

路演时，大多数人都身着正装，只有你一个人不穿的话会特别明显，这种差异性会给个人带来一定的心理压力。

11.4.10　合理分配路演的演讲时间

以下是以 5 分钟路演时间作为标准的。

1.　开场前

在开场之前，需要提前展示 PPT，因此首页可以用"项目名 + 公司 Logo+ 愿景"直击主题，给投资人清晰地展示。

2.　创业初衷（建议用时 30 秒）

首先介绍你遇到的问题或创业的初衷，通过故事将投资人带到你的项目里，此时应加强和投资人的眼神交流，避免长时间盯着 PPT。通常生动的演讲、风趣的言谈会给人留下更深的印象。

3.　公司概况（建议用时 30 秒）

用两句话介绍公司概况，目的是让投资人知道公司的背景，为后续的演讲内容做准备。

4.　产品 / 解决方案（建议用时 60 秒）

介绍你的产品和它是如何解决问题的，相比其他竞争对手有什么优势和亮点。

5.　盈利模式（建议用时 60 秒）

告诉投资人你的产品要如何变现，也就是商业模式和盈利模式，包含用户画像、竞争对手等。

6.　团队介绍（建议用时 60 秒）

介绍项目的管理团队，包括他们的学历和经验，如果没有特别出色的学历，就突出团队成员的大公司经验或相关领域的创业经验。尤其是相关领域的创业经验可以帮助避免创业中的一些坑。

7. 股权结构、融资计划及资金用途（建议用时 30 秒）

每部分只需要一两句话的介绍。

8. 运营规划与发展蓝图（建议用时 30 秒）

最后一点是项目的运营规划和发展蓝图。

【交流探讨】

[探讨11-2]　　　　　　　　　　探讨创业者路演成功的要点

一般的路演内容主要包括以下多方面的内容。

（1）执行摘要\项目概况　　　（2）项目简介　　　　（3）创业团队

（4）行业痛点　　　　　　　　（5）产品或服务　　　（6）商业模式与盈利模式

（7）营销策略　　　　　　　　（8）发展规划　　　　（9）融资需求和资金用途

（10）财务预算　　　　　　　 （11）竞争分析　　　 （12）投资人的"退出"策略

【电子活页】

扫描二维码，浏览"电子活页 11-33"的内容，熟悉"项目路演的主要内容"的具体内容。

电子活页 11-33

【各抒己见】

1. 分析早期投资人主要关注的项目内容

针对以下有关"早期投资人主要关注的项目内容"的各项描述，你认为合适的在"□"中标识"√"，不合适的在"□"中标识"×"。

□ 管理团队

□ 产品或服务

□ 市场情况

□ 竞争优势

□ 盈利模式

□ 融资计划

□ 数据情况

2. 熟悉创业者路演成功的要点

一场成功的创业者路演，可以立刻吸引投资方，让投资方从吸引到关注，从关注到投钱。

路演不仅是展示项目，更是有效的沟通。那么什么样的创业者路演算成功？内容又该如何设计？

针对以下有关"创业者路演成功的要点"的各项描述，你认为合适的在"□"中标识"√"，不合适的在"□"中标识"×"。

□ 概要性介绍公司或项目目前状况、核心团队成员简介，强调团队梯队互补性，借助工具化表现方式。

□ 有清晰的项目定位，进行同质化竞争分析，关键聚焦能解决的用户痛点，借助 SWOT 分析工具。

□ 现有的运营数据、已有的项目成果、证明项目价值市场潜力的素材，最好有案例佐证、社会报道、名人推荐。

□ 结合团队优势的软实力、硬实力，专利认证，资质证明。

□ 资金需求计划、资金分配、进项数据测试分析明确，有强烈的 ROI（Return of Investment，投资回报率）概念和清晰的运营策略。

［探讨 11-3］　　　　　探讨路演时该如何展示自己的创意或产品

创业者在做好了万全准备，也梳理清楚所要讲的内容之后，路演时该如何去讲也是十分值得注意的。

（1）讲好故事　　　　　　（2）抓住重点　　　　　　（3）靠谱的原型
（4）描述要简洁、清晰　　（5）语速要清晰，要慢　　（6）态度热情而自信
（7）要用数字说话　　　　（8）要让投资人记住　　　（9）要读懂投资人的反馈
（10）尽量将路演时间缩短　（11）记住路演经验　　　（12）不要一心二用
（13）不要好几个人轮番上台（14）不要讲太多次要问题（15）不要讲太多商业盈利模式
（16）不要夸大其词　　　　（17）不要太独特　　　　（18）不要用太多的技巧

【电子活页】

扫描二维码，浏览"电子活页 11-34"的内容，熟悉"路演时该如何展示自己的创意或产品"的具体内容。

电子活页 11-34

【各抒己见】

针对以下有关"公开场合做项目演示时的注意点"的各项描述，你认为合适的在"□"中标识"√"，不合适的在"□"中标识"×"。

□ 多几次路演的经验对创业者逻辑表达能力的提升很大。

□ 注重逻辑，实现高效沟通。

□ 投资人喜欢有逻辑、善于思考的创业者。

□ 要尊重评审专家或投资人，避免和评审专家或投资人过度争论。

□ 认真对待和投资人的互动过程，投资人的建议往往都是宝贵的。

□ 想办法让投资人记住你。

□ 想办法要到投资人的联系方式。

□ 做的是一项技术性产品，而不是一家公司。

□ 禁止提供不真实数据。

□ 避免过多的客套话。

□ 避免表现骄傲的神态，以及流露出对政府或某些环节的过度依赖。

□ 不理解投资人分期投资的概念。

□ 不要大篇幅地讲解技术细节。

☐ 不要面面俱到。

☐ 不要忽视"投资人如何退出"的问题。

[探讨11-4] 探讨路演时应避免出现的常见问题和禁忌

1. 了解创业大赛路演时应避免出现的常见问题

问题1：条理散乱　　　　　　　问题2：主角模糊

问题3：过于理性　　　　　　　问题4：方法不当

问题5：面面俱到　　　　　　　问题6：投身红海

问题7：不知所云　　　　　　　问题8：展示技术

问题9：盲目乐观　　　　　　　问题10：超出时间

问题11：弄虚作假　　　　　　　问题12：答非所问

电子活页 11-35

【电子活页】

扫描二维码，浏览"电子活页11-35"的内容，熟悉"创业大赛路演时应避免出现的常见问题"的具体内容。

2. 了解创业大赛路演的主要禁忌

（1）对目标市场不了解　　　　　（2）没有将项目和市场分开

（3）过多使用专业术语　　　　　（4）少画大饼，多谈实际

（5）只卖情怀，不谈产品　　　　（6）全程读PPT，过程很枯燥

（7）废话很多，实质内容很少

电子活页 11-36

【电子活页】

扫描二维码，浏览"电子活页11-36"的内容，熟悉"创业大赛路演的主要禁忌"的具体内容。

【各抒己见】

针对以下有关"创业路演时新手可能会出现的错误"的各项描述，如果是你在创业路演时可能会出现的错误，则在"☐"中标识"√"。

☐ 公司还没有做好准备就做融资演示。

☐ 缺少清晰、简洁且有吸引力的创业计划书作为支撑。

☐ 不理解投资人的退出策略。

☐ 我只需要1%的市场份额……

☐ 每个人都需要我的产品/服务……

☐ 我没有竞争对手……

☐ 讲不清要减轻用户什么痛点，讲不清公司将如何挣钱。

【实战训练】

[训练 11-4] 模拟创业路演

1. 熟悉创业路演的常用模式

创业路演的时长一般情况下是很短的，几分钟的有，十几分钟算正常，最长也不会超

过半个小时。你需要在这短暂的十几分钟内，让投资人把口袋的钱掏给你，为你的梦想、为你的事业去买单，这肯定是有一定难度的，也需要技巧的。

（1）讲清楚你的目标。你的目标是什么，你要做什么，这是你首先要为听众、为投资人解决的问题。你的目标不是说你想做什么，或者你自己想赚钱，而是解决了什么问题，满足了什么需求。

第一点，你要去证明市场上，确实存在一个没有被完全满足的需求。

第二点，人们愿意掏钱买你的产品，去解决这个需求。

第三点，说一下你未来想把你的公司做成什么样子，想把你的产品做成什么样子，达到什么样的规模，有什么样的收益，去描绘一个蓝图。

（2）讲清楚达到目标的途径。

（3）讲清楚团队的执行能力。

【电子活页】

扫描二维码，浏览"电子活页 11-37"的内容，熟悉"创业路演的常用模式"的具体内容。

2. 熟悉创业路演的常用技巧

（1）整体要求　　　（2）准备充分　　　（3）表现自然

（4）表达自信　　　（5）借助道具　　　（6）抓住关键

（7）完美结语

电子活页 11-37

电子活页 11-38

【电子活页】

扫描二维码，浏览"电子活页 11-38"的内容，熟悉"创业路演的常用技巧"的具体内容。

3. 模拟创业路演

灵活应用创业路演的常用模式和常用技巧，各小组进行模拟。

创业路演的评分规则如表 11-5 所示。

表 11-5　创业路演的评分规则

评分要点（分值）	评分内容
核心竞争力（30 分）	技术、产品、服务、商业模式领先性、创新性
	专利、商标、著作权登记、产权证书
	与竞争对手相比的优势程度
团队能力（20 分）	核心领头人的专业能力及资源
	团队成员的专业能力及分工是否合理
市场潜力（20 分）	潜在市场规模大小及已有的市场份额
	市场开发价值与开发成本
投资价值（20 分）	行业环境及现有基础条件是否成熟
	财务状况及融资条件
现场表现力（10 分）	路演方式的创新程度及现场感染力

11.5 做好创新创业比赛答辩

【见多识广】

11.5.1 评审专家或投资人常提的问题及示例

评审专家或投资人常提的五类问题如下。

（1）产品类问题　　　　　　　（2）市场类问题

（3）知识产权类问题　　　　　（4）团队相关问题

（5）竞争与投资问题

具体来看，要回答的是以下三类问题。

第一类："是什么"类型的问题

第二类："为什么"类型的问题

第三类："怎么样"类型的问题

电子活页 11-39

【电子活页】

扫描二维码，浏览"电子活页 11-39"的内容，熟悉"评审专家或投资人常提的问题及示例"的具体内容。

11.5.2 练习路演答辩三步骤

1. 写稿背稿

这里重点是怎么去做 PPT 的演讲，也就是练习讲 PPT。

首先要知道路演的时间是多少，如 5 分钟。接下来去测一下自己的语速，比如你 1 分钟 200 字的语速，那么对着 PPT 开始写文字稿，写 800 ～ 1000 字。然后就是背稿，要背得滚瓜烂熟。记住，PPT 演讲不是去读 PPT。

2. 精益练习

可以找个空旷的地方，比如操场、空教室，来模拟 PPT 演讲，这里可以先不放映 PPT，而在脑子中翻页，结合稿子与 PPT 进行同步训练。建议训练次数不少于 10 次。

3. 模拟答辩

上面两个步骤完成了，就可以来实战演练了。

由组员或舍友扮演观众，先模拟 PPT 演讲，然后模拟答辩，让他们给你提问题。模拟答辩至少进行两次，这样可以很大程度上减少你真正上场时的紧张感，并且有利于答辩和 PPT 演讲时更加淡定从容。

【交流探讨】

[探讨 11-5]　　　　　　　突破路演答辩的常用技巧

（1）心理　　　　　　（2）仪表　　　　　　（3）清晰

（4）自信　　　　　（5）语速　　　　　（6）回避

（7）有所侧重　　　（8）突出关键词　　（9）适当的停顿

（10）吐词清晰有力　（11）善用肢体语言

【电子活页】

电子活页 11-40

扫描二维码，浏览"电子活页 11-40"的内容，熟悉"突破路演答辩的常用技巧"的具体内容。

【各抒己见】

1. 探讨项目路演时投资人或评审专家经常问的问题

针对以下有关"项目路演时投资人或评审专家经常问的问题"的各项描述，你认为合适的在"□"中标识"√"，不合适的在"□"中标识"×"。

□ 你到底是谁？

□ 你要做什么？你的产品或服务到底有什么价值？

□ 你为什么要做这件事情？

□ 这件事情为什么重要？

□ 怎么做？你是不是有执行力和成功的把握？

□ 为什么你能做这件事情（技术、团队、市场营销、销售、竞争、里程碑）？

□ 公司的股权架构是什么样的？

□ 你自己在项目中投入了多少？

□ 什么时候公司账上开始有收入进来？什么时候公司达到盈亏持平？

2. 分析项目路演时投资人或评审专家有关财务方面的提问

针对以下有关"项目路演时投资人或评审专家有关财务方面的提问"的各项描述，你认为合适的在"□"中标识"√"，不合适的在"□"中标识"×"。

□ 公司资金需求。

□ 公司资金使用计划及进度。

□ 公司需求的投资形式。

□ 公司目前的资本结构。

□ 公司的投资回报／偿还计划。

□ 公司资本原负债结构。

□ 公司吸纳投资后股权结构。

□ 公司因投资而愿意付出的股权成本。

3. 熟悉项目路演时的答辩要点

针对以下有关"项目路演时的答辩要点"的各项描述，你认为合适的在"□"中标识"√"，不合适的在"□"中标识"×"。

□ 正确理解评审专家或投资人的提问，对评审专家或投资人问题的要点有准确的理解，回答具有针对性而不是泛泛而谈。

□ 及时、流畅地做出回答，能在评审专家或投资人提问结束后迅速做出回答，回答内容连贯、条理清楚。

□ 回答内容准确可信，回答内容建立在准确的事实和可信的逻辑推理上。

□ 特定方面的充分阐述，对评审专家或投资人特别指出的方面能做出充分的说明和解释。

【实战训练】

[训练11-5] 大学生创新创业大赛模拟评审

1. 熟悉大学生创新创业大赛的评审规则

典型的大学生创新创业大赛评审规则如表11-6所示。分别扫描中国国际"互联网+"大学生创新创业大赛的评审规则和"创青春"创新创业大赛的评审规则对应的二维码，浏览"电子活页11-41"和"电子活页11-42"的内容，熟悉大赛的评审规则。

表11-6　大学生创新创业大赛的评审规则

中国国际"互联网+"大学生创新创业大赛的评审规则				"创青春"创新创业大赛的评审规则
高教赛道创意组、初创组、成长组项目	职教赛道创意组、创业组项目	就业型创业组项目	萌芽赛道项目	创业实践组项目
创新性	创新性	创新性	创新性	经营状况
团队情况	团队情况	项目团队	团队情况	发展前景
商业性	商业性	商业性	实践性	营销策略
带动就业前景	带动就业与引领教育	带动就业	自主性	财务管理

电子活页11-41　　　　　　电子活页11-42

2. 模拟项目路演

以小组为单位进行项目路演，运用表11-7所示的"模拟创业路演PPT与答辩评分标准"对项目陈述效果、现场答辩效果和团队整体表现情况进行公正的评分。

表11-7　模拟创业路演PPT与答辩评分标准

评审项目	评审要点	评审内容
项目陈述（10分钟，50%）	产品/服务介绍	全面且客观地介绍和评价产品/服务的特点、性质和市场前景
	市场分析	对市场进行了细致的调查，并对调查结果加以严密和科学地分析
	公司战略及营销战略	公司拥有短期和长期发展战略及应对不同时期的营销战略
	团队能力和经营管理	对本公司的团队能力有清晰的认识。掌握并熟知本团队经营管理的特点，明确公司经营和组织结构情况
	企业经济/财务状况	公司不同经营时期的经济/财务状况均清晰明了，经济/财务报表具有严密性
	融资方案和回报	有完善且符合实际的企业融资方案，并进行企业的资本回报率的测算
	关键的风险及问题的分析	对企业在经营中可能遇到的关键风险和问题进行过先期考虑和分析，并附有实质性的对策

续表

评审项目	评审要点	评审内容
现场答辩 （5分钟，40%）	正确理解评审专家或投资人提问	对评审专家或投资人问题的要点有准确的理解，回答具有针对性而不是泛泛而谈
	及时流畅做出回答	能在评审专家或投资人提问结束后迅速做出回答，回答内容连贯、条理清楚
	回答内容准确可信	回答内容建立在准确的事实和可信的逻辑推理上
	特定方面的充分阐述	对评审专家或投资人特别指出的方面能做出充分的说明和解释
团队整体表现 （10%）	整体答辩的逻辑性及清晰程度	陈述和回答提问的内容具有整体一致性，语言清晰明了
	团队成员协作配合	团队成员在陈述时有较好的配合，能协调合作，彼此互补，对相关领域的问题能阐述清楚
	在规定时间内有效回答	在规定时间内回答评审专家或投资人提问，无拖延时间的行为

参考文献

[1] 彭新宇，陈承欢，陈秀清．职业素养的诊断与提高．北京：电子工业出版社，2018.

[2] 冯天亮，何煌．创新创业基础教程．北京：电子工业出版社，2021

[3] 葛海燕，黄华．大学生创新创业指导与训练．北京：清华大学出版社，2021

[4] 范太华．创新思维与创新方法．长沙：中南大学出版社，2018.

[5] 姚志恩．创新能力教程．北京：化学工业出版社，2018.

[6] 齐洪利．创新思维训练教程．北京：清华大学出版社，2019.

[7] 范新灿，韩晓洁．创新创业实务．北京：机械工业出版社，2021.

[8] 汤锐华．大学生创新创业基础．北京：高等教育出版社，2016.

[9] 李俊．创业基础与实践．北京：北京师范大学出版社，2021.

[10] 由建勋．创新创业实力．北京：高等教育出版社，2018.

[11] 何建湘．创业者实战手册．北京：中国人民大学出版社，2016.

[12] 刘艳彬，李兴森．大学生创新创业教程．北京：人民邮电出版社，2016.

[13] 张志胜．创新思维的培养与实战．南京：东南大学出版社，2016.

[14] 老枪．大学生创业实战个案．重庆：重庆大学出版社，2009.

[15] 杨敏．创新与创业指导．杭州：浙江大学出版社，2011.

[16] 郭斌，王成慧．大学生创新创业案例（第二辑．天津：南开大学出版社，2016.

[17] 张立艳．创业实训教程．天津：天津出版传媒集团，2015.

[18] 人力资源和社会保障部职业能力建设司．创办你的企业（大学生版）．北京：中国劳动社会保障出版社，2010.

[19] 宋紫燕．大众创业当老板．北京：中国铁道出版社，2016.

[20] 翟松辉．创新能力训练．北京：北京师范大学出版社，2013.

[21] 王文利，许丽洁．创业大讲堂．西安：西安电子科技大学出版社，2016.

[22] 胡秀霞．团队合作能力训练．北京：北京师范大学出版社，2013.

[23] 刘瑶．交流与沟通能力训练．北京：北京师范大学出版社，2014.

[24] 段轩如，秦朝森．创意思维实训．北京：清华大学出版社，2015.

[25] 孙洪义．创新创业基础．北京：机械工业出版社，2016.

[26] 卢飞成．创业实战．杭州：浙江大学出版社，2012.

反侵权盗版声明

电子工业出版社依法对本作品享有专有出版权。任何未经权利人书面许可，复制、销售或通过信息网络传播本作品的行为，歪曲、篡改、剽窃本作品的行为，均违反《中华人民共和国著作权法》，其行为人应承担相应的民事责任和行政责任，构成犯罪的，将被依法追究刑事责任。

为了维护市场秩序，保护权利人的合法权益，我社将依法查处和打击侵权盗版的单位和个人。欢迎社会各界人士积极举报侵权盗版行为，本社将奖励举报有功人员，并保证举报人的信息不被泄露。

举报电话：（010）88254396；（010）88258888
传　　真：（010）88254397
E-mail：　dbqq@phei.com.cn
通信地址：北京市海淀区万寿路 173 信箱
　　　　　电子工业出版社总编办公室
邮　　编：100036